# 自尊心の育て方

あなたの生き方を変えるための、認知療法的戦略

マシュー・マッケイ &
パトリック・ファニング

高橋祥友 訳

Ψ金剛出版

## SELF-ESTEEM

Matthew McKay, Ph.D.
& Patrick Fanning

SELF-ESTEEM 4/E

by

Matthew McKay, Ph.D. & Patrick Fanning

Copyrught © 2016 by NEW HARBINGER PUBLICATIONS INC.

Japanese translation rights arranged with NEW HARBINGER PUBLICATIONS INC.
through Japan UNI Agency, Inc.

## 推薦文

「著者のマッケイとファニングは人間の複雑な自己批判の傾向を深く認識している。本書は認知行動療法に基づいて，慎重にまとめられた自習書であって，単純な解決策ではなく，自尊心を育むための系統的なアプローチが解説されている」
　　　　　　　　　　　　　ロバート・E・アルベルティ，PhD：『Your Perfect Right』の著者

「肯定的な自尊心は，健康なパーソナリティの核である。本書には自尊心を育むための数多くの貴重な戦略や戦術が解説されている」
　　　　　　　　　　　　　フィリップ・G・ジンバルド，PhD：『Shyness』の著者

「『自尊心』とは実に特別な書名である。巧みな書名の選択は自習書の題としてはとくに重要である。皆さんに本書を一読することを強く奨めたい」
　　　　　　　　　　　　　ミッドウェスト・ブックレビュー

## 持続的な自信と自己価値

　人生がうまくいっている時には，自分自身について心地よく感じることは容易い。職場で昇進したり，新たに対人関係を築いたりすることは，自己像を改善させる。しかし，それほど事態が円滑に進まない場合には，何が起きるだろうか？　状況が変化して，人生についての自己価値の問題が生じる。しかし，幸いなことに，持続的な自尊心は，人生に起きたことにあまり影響を受けずに，状況をどのように解釈するかに大きく関与している。

　この全面的に改訂された『自尊心』第4版は，人生についての思考法を変化させることによって，自尊感情を改善させる手助けとなる。健康な自尊心と不健康な自尊心をどのように識別するか，一方的な判断を下し自己敗北的な思考にどのように距離を置くか，自分自身や自分の人生をどのようにして肯定的にとらえるか，これらの点について読者は本書から学ぶだろう。自分自身にもっとも重要なことを大切にして，否定的な思考や行動から我が身を守る重要な価値についても，この改訂版は取り上げている。もしも読者が自尊心の低さと必死になって闘っているならば，前向きな変化をして，生き延びていくために必要なすべてを，本書は提供するはずである。

# 目　次

## 第1章　自尊心の性質 …………………………………… 11
　原因と結果 ……………………………………………… 12
　本書の使用法 …………………………………………… 14
　セラピストに向けて …………………………………… 16

## 第2章　病的な批評家 …………………………………… 29
　一連の「〜すべき」思考 ……………………………… 32
　批評家の起源 …………………………………………… 32
　なぜ批評家に耳を傾けるのか ………………………… 35
　強化の役割 ……………………………………………… 36
　変動比率強化スケジュール …………………………… 39
　どのようにして批評家は強化されるか ……………… 40
　あなたの批評家を捕える ……………………………… 45

## 第3章　批評家を武装解除する ………………………… 49
　批評家の目的を明らかにする ………………………… 50
　反論する ………………………………………………… 51
　批評家を無力化する …………………………………… 55
　まとめの表 ……………………………………………… 59

## 第4章　正確な自己評価 ………………………………… 61
　自己概念のリスト ……………………………………… 62
　自分の欠点をリストにする …………………………… 65
　あなたの長所をリストにする ………………………… 71
　新しい自己描写 ………………………………………… 73
　自分の長所を誉める …………………………………… 75

## 第5章　認知の歪曲 ……………………………………… 79
　認知の歪曲 ……………………………………………… 80
　歪曲と戦う ……………………………………………… 88
　反　　論 ………………………………………………… 94

## 第 6 章　苦痛に満ちた思考を拡散する …… 113
- 自分の思考を観察する …… 114
- 思考を受け流す …… 116
- 観察する，名前をつける，受け流すを結びつける …… 117
- 批評家に距離を置く …… 119
- 例：トニーと 3 つの質問 …… 121

## 第 7 章　コンパッション（compassion；同情） …… 123
- コンパッションの定義 …… 123
- コンパッションに満ちた心に向けて …… 127
- コンパッションに満ちた反応 …… 128
- 価値の問題 …… 129
- 自己価値の肯定 …… 131
- 他者へのコンパッション …… 134
- 共　　感 …… 134

## 第 8 章　「〜すべき」思考 …… 145
- どのようにして価値は作られるのか …… 146
- 暴君のような「〜すべき」思考 …… 149
- 健康な価値と不健康な価値 …… 151
- 「〜すべき」思考が自尊心に及ぼす影響 …… 160
- 「〜すべき」思考を発見する …… 162
- 「〜すべき」思考に立ち向かい，改訂する …… 167
- 「〜すべき」思考を切り離す …… 170
- 償い：「〜すべき」思考が理にかなっている場合 …… 173

## 第 9 章　自分の価値に沿って行動する …… 175
- 人生の領域 …… 175
- 価値を行動に移すための 10 週間 …… 179
- 自ら関与する行動を計画する …… 182

## 第 10 章　失敗への対処 …… 185
- 失敗をとらえなおす …… 186
- 意識の問題 …… 190
- 責　　任 …… 191
- 意識の限界 …… 192
- 意識の習慣 …… 194
- 失敗についての意識を高める …… 195

## 第11章　批判に応える……201
現実についての誤解 ……202
批判に反応する ……214
すべてを総合する ……227

## 第12章　自分の望むものを求める……231
正当な欲求 ……232
「欲求」対「必要性」……233
欲求を言葉に表す ……237
適切な自己主張の依頼を抽出する ……240
全体のメッセージ ……240

## 第13章　目標設定と計画……247
あなたは何を求めているのだろうか？ ……247
取りかかる目標の選択： ……252
第一歩 ……252
取りかかる目標の選択： ……253
評価 ……253
目標を具体的なものにする ……254
心の中のビデオ制作 ……254
段階を書き出す ……255
真剣に関わる ……256
目標達成の障害 ……257
不十分な計画 ……258
知識不足 ……260
時間管理不良 ……261
非現実的目標 ……264

## 第14章　視　覚　化……271
なぜ視覚化が効果を現すのか？ ……272
視覚化の練習 ……274
効果的な自尊心視覚化のためのルール ……282
自尊心セッション ……285
特別に考慮すべき点 ……294

## 第15章　私はまだ大丈夫ではない……295
特別な脆弱性 ……297
苦痛から身を守る ……298

苦痛に向き合う ……………………………………………… 309
　治療の選択 …………………………………………………… 315

## 第16章　信　　念 …………………………………………… 317
　信念を同定する ……………………………………………… 318
　新たな信念 …………………………………………………… 329

## 第17章　子どもの自尊心を育む …………………………… 333
　親　の　力 …………………………………………………… 333
　鏡の役割としての親 ………………………………………… 334
　自分の子どもをよく観察する ……………………………… 335
　傾　　　聴 …………………………………………………… 344
　自尊心を育む言葉かけ ……………………………………… 349
　誉　め　る …………………………………………………… 351
　子どもを叱る ………………………………………………… 353
　躾（しつけ） ………………………………………………… 358
　罰に反対する事例 …………………………………………… 359
　正しく行うことを易しくする ……………………………… 360
　子どもを問題解決に関与させる …………………………… 362
　人生の事実：結果が伴うことを教える …………………… 363
　自　主　性 …………………………………………………… 365
　対人スキルを促進する ……………………………………… 370
　自尊心の手本 ………………………………………………… 371

　文　　　献 …………………………………………………… 373
　訳者あとがき ………………………………………………… 375

# 自尊心の育て方

あなたの生き方を変えるための,
認知療法的戦略

# 第1章

# 自尊心の性質

　自尊心（self-esteem）は心理的生存に不可欠である。これは生存のための必要条件であり，これなしでは基本的な欲求が満たされず，人生は非常に苦痛に満ちたものとなりかねない。
　人間を他の動物から識別する主要な要因のひとつは，自己についての認識，すなわち，アイデンティティを形成し，それに価値を与えることである。換言すると，人間は自分がどのような存在であるかを定義し，そのアイデンティティが好きか否かを決める能力がある。自尊心の問題とは，人間のこの判断能力の問題である。ある色，音，形，感覚が好きではないということがある。しかし，自分のある部分を拒絶すると，まさに生存に関わる心理的構造に深い傷を負わせることになってしまう。
　自分に判定を下し，拒絶すると，深刻な苦痛を引き起こす。そして，同様に，身体の傷を自ら進んで引き起こすようになると，自己拒絶の苦痛を増すような事態はすべて避けるようになる。対人関係，学業，職業上の危険をほとんど冒そうとしなくなる。人に会ったり，就職面接を受けたり，自己主張することがますます難しくなり，成功もおぼつかなくなってしまう。こうして，自分を他者の前に曝け出し，性的魅力を発揮し，人々の関心の的になり，批判に耳を傾け，助けを求め，問題を解決するという能力に自ら制限をかけてしまう。
　さらなる判定や自己拒絶を避けるために，あなたは防御の壁を築く。他者を非難したり，怒ったり，あるいは完璧な仕事をしようとするかもしれない。あるいは，大風呂敷を広げるかもしれない。あるいは，言い訳をしたり，アルコールやドラッグに救いを求めたりすることもあるだろう。
　本書は自分を一方的に不当に判断するのを止める方法を取り上げている。他者からの傷と自己拒絶といった古傷を癒す方法を取り上げている。そして，こ

のような認識や気分が変化すると，あなたの人生のすべての部分に波及効果が現れて，徐々に自由の感覚が広がっていくだろう。

## 原因と結果

　数多くの研究者が数千人もの人々に対して，何が自尊心を形作っているのか，健全な自尊心を維持できるのはどのような人か，それがいかに重要であるか，どのようにしてそれを育むかといった質問をしてきた。

　幼い子どもについての研究によれば，生後3～4年間の親の子育てのスタイルが，まずこどもの自尊心の最初の量を決定するという。その後，年長の子ども，思春期の人，成人を対象とした研究のほとんどには共通して混乱が認められる。すなわち，何が原因で，何が結果なのだろうかという点について，意見が混乱しているのだ。

　よい学業成績が自尊心を育むのか，あるいは自尊心が学業上の成功をもたらすのだろうか？　高い社会的地位が自尊心を育むのか，あるいは高い自尊心が高い社会的地位を得るのに役立つのだろうか？　アルコール依存症者は自己嫌悪のために飲酒するのか，あるいは飲酒するから自己嫌悪に陥るのだろうか？

　就職面接がうまくいったから自分が好きになるのか，あるいは自分のことが好きだから就職面接を首尾よくこなせるのだろうか？

　これらは，古くからある卵が先かニワトリが先かの疑問である。卵はニワトリから生まれ，ニワトリは卵から育つのと同様に，自尊心は人生のあなたの状況から生じ，人生の状況は自尊心によって大きな影響を受ける。さて，どちらが先なのだろうか？　この疑問は，あなたの自尊心を高めることに成功するかということに重要な意味合いがある。

　もしも外的状況が自尊心を形作るのであれば，自尊心を改善するには，自分の置かれた状況を改善すればよい。たとえば，あなたが高校を卒業していない，背が低い，母親が自分を嫌っている，スラム街に住んでいる，標準体重よりも100ポンド以上あるという理由で，あなたが自尊心の低さに悩んでいると考えてみよう。あなたがすべきことは，定時制高校に通う，6インチ背を伸ばす，別の母親に育ててもらう，ビバリーヒルズに引っ越す，100ポンド減量することである。しかし，これでよいだろうか？

　あなたはそんなことができるはずはないと承知している。親や自分の背についてあなたができることはない。あなたが望むのは事態が変わってくれたなら

ばということだけだ。すなわち，自尊心が状況を決定する。これが意味するのは，自尊心を改善すれば，あなたの置かれた状況が改善するということである。だから，自分を憎むのを止めれば，背丈は伸び，母親が別人のようになり，100ポンドは朝露のように消え去るだろう。

　このふたつめのシナリオもありそうにないと感じているならば，現実の世界を正確に理解していることを褒めたたえよう。

　実際には，自尊心と自分が置かれた状況は単に間接的に関連しているだけである。ある時点で100パーセント自尊心を決定している他の外部因子がある。それはあなたの思考である。

　たとえば，あなたは鏡を見て，「おや，私は太っている。だらしがない」と考える。この考えがあなたの自尊心を傷つける。もしも鏡を見て，「まあ，これでいい，髪をこうすればよく見える」と考えるならば，自尊心への影響は正反対となるだろう。鏡に映っている像は同じである。単に思考が変化するだけである。

　あるいは，ニュースについて話しあっているとしよう。あなたが右翼の反体制派に対して何かを言うと，あら探しをする友達が「いいや，それは左翼の反体制派のことだろう」と訂正する。もしもあなたが自分自身に対して「私は馬鹿なことを口にした」と言うのであれば，自尊心は急激に下がってしまう。「まあ，いいや，次ははっきり言おう」と考えれば，自尊心はそれほど傷つかずに済むだろう。いずれの場合も，あなたは状況を変えているわけではなく，単にその解釈を変えているのだ。

　これは状況が自尊心と何の関係もないという意味なのだろうか？　そうではない。もちろん，社会的地位について言えば，銀行の副頭取は，タクシー運転手よりも自分の職業について快く感じる機会は多い。これこそが，100人の副頭取と100人のタクシー運転手について調べると，高い地位の仕事が高い自尊心につながると一見科学的に「証明」される理由である。統計で見落とされているのは，副頭取の中には「私は今頃までに自分の銀行の頭取になっていなければならなかった。私は負け犬だ」と考えて，自尊心を傷つけている人もいるし，タクシー運転手の中には「たしかに私はただのタクシー運転手だ。でも，私はこうして家計を支え，子どもたちは学校の成績もよい。物事は実にうまくいっている」と考えて，気分のよい人もいる。

　あなたが人生を解釈する仕方を変えることによって自尊心を高めるという，認知行動療法の証明された方法を，本書では活用していく。あなたが習慣的に

行っている否定的な自己陳述をどのように発見し，それを解釈するかを示す。あなたの自尊心を貶めるのではなく，自尊心を強化するための，新たな，客観的な，肯定的な自己陳述をどのようにして作り上げるかを学ぶことができる。

## 本書の使用法

　本書は論理的にまとめられていて，もっとも重要でひろく活用できるものをまず第1章で取り上げる。
　第2章では，病的な批判，すなわちあなたを批判し，自尊心を低くする心の声について紹介する。
　第3章では，批判を止め，干渉されずに自由に自尊心を育むことができるようにする。
　第4章では，自分の長所と短所を正確に評価する方法を示し，自尊心を変化させる第一歩とする。
　第5章では，自尊心の低さを生む，認知の歪曲や非合理的な思考法について解説する。
　第6章では，拡散の過程を取り上げて，自己判定や反復する攻撃的思考を解き放つ戦略について取り上げる。
　第7章では，コンパッションの概念について紹介する。自尊心は他者および自己に対する同情と密接に関連している。
　第8章は，「〜すべき」思考についてである。どのように行動し，感じ，存在すべきかについてあなた自身が決めた規則のすべてについてである。「〜すべき」思考を繰り返し検討することは，古い否定的なプログラミングを打ち破るもっとも強力な方法のひとつである。
　第9章では，自分の人生に意義と方向を与える現実的な目標という，自分の価値を発見し，それに基づいて行動することに焦点を当てる。
　第10章では，失敗に向き合う態度を変化させ，過去の失敗を解き放つことによって，失敗にどのように対処するかを示す。
　第11章では，自尊心を失わず，他者を攻撃せずに，批判にどのように反応すべきかを取り上げる。
　第12章では，自分が何を望んでいるかを明らかにしていくのだが，これは自尊心の低い人にとってはもっとも難しい課題のひとつである。
　第13章では，現実的な目標を設定して，それを達成するための詳しい計画

を立てることを解説する。

　第14章では，視覚化という強力な技法を教える。これは自尊心の目標を設定し，それを達成するための一方法である。

　第15章は，「私はまだ大丈夫ではない」という章であり，中立的な態度を育みながら，苦痛から逃げ出すのを止めることを目指す。

　第16章は，誤った信念であり，自分の価値に関して深く抱いている確信について探り，それに立ち向かい，変化させる手助けをする。

　第17章は，もしもあなたに子どもがいれば，その子どものための章である。高い自尊心という何物にも替え難い遺産をどのようにしたらあなたの子どもに与えられるのかを説明する。

　本書の使用法は簡単である。まず第3章「批評家を武装解除する」の最後まで読んでほしい。そこに，表があるので，それを検討する。その表には，あなたが抱えている独特な問題に取り組むための適切な章が示してある。なお，一般的に，自尊心について学び，それを育もうとするならば，本書を最初から順に読んでいく。

　ただし，本書を読んだだけでは，この本から利益を得ることはできない。いくつかの作業をする必要がある。多くの章には練習や身につけるべきスキルが掲げられている。「目を閉じて，過去のある場面を想像してみよう」と本文にあったならば，あなたも実際に目を閉じて，それを想像してみる。「自分が劣っていると感じた3つの状況を別紙に書いてみよう」と本文にあったならば，あなたも実際に紙とペンを取り出して，3つの状況を書いてみなければならない。

　練習の代わりになるものはない。練習をする姿を想像するだけでは十分ではないのだ。練習についてざっと目を通して，またあとでここに戻って，試してみようというのでも十分ではない。もしも実際に練習をするよりも自尊心を改善する簡単な方法があるならば，当然，本書で取り上げているはずだが，そんなものはない。本書で取り上げている練習は，自尊心を高めるのに最高で，もっとも容易く，唯一の道であると筆者らは確信している。

　時間をかけて，本書を読み進めてほしい。多くの考えや，実行すべき事柄が満載されている。内容を完全に理解できるペースで本書を読んでいく。自尊心は長期間かけて発展していく。これまでの生涯をかけて今のあなたの自尊心が育まれてきたのだ。自尊心をいったん打ち壊して，もう一度築き上げるにはやはり長い時間がかかる。まず今から取り組みを開始して，あなたが必要な時間を使うことにしよう。

## セラピストに向けて

バーニー・ジルバーゲルド（Bernie Zilbergeld）はその著書『縮みゆくアメリカ（Shrinking of America）』の中で，多くの問題に対して心理療法は目的とするほどの効果は現れていないと結論を下した。しかし，結果に関する研究を総説したところ，心理療法は自尊心に対しては肯定的な影響を及ぼし，改善された自尊心は「おそらくカウンセリングのもたらしたもっとも重要な結果であるだろう」という（Zilbergeld 1983, p.147）。

不安，うつ病，摂食障害，性的問題，対人関係の問題などへの助けを求めて，クライアントはセラピーを受けに来る。症状が改善することもあれば，長年にわたる集中的な治療にもかかわらず持続する症状もある。しかし，ほとんどのクライアントはセラピーを受けて，個人の価値が高まったと感じるようになる。特定の症状が変化したかもしれないし，変化しなかったかもしれないが，クライアントは少なくとも，これまでよりもましだ，価値が高まった，能力が上がったと感じるようになる。

ただし，心理療法の問題は時間がかかりすぎることである。何か月も，しばしば何年もかけてようやく，セラピストからの肯定的な対応に反応して，クライアントの自己認識は変化していく。権威的な人から承認されるという感覚は，それがとくに批判的な親の代わりになるような場合には，非常に大きな癒しをもたらす可能性がある。しかし，自尊心を改善させるという活発な過程はクライアントの経験の多くの側面を変え得るのだが，それが実際に起こるのは，偶然起きることが多い。この過程にはしばしば必要以上に長期間がかかる。しかし，しばしば，何の計画も，成功を早める特定の介入もせずに，これが試みられている。

本書はこの過程を早めることについて書いてある。本書で解説する認知的再構成の技法を用いて，クライアントの自尊心をより早く，効率的に変化させることができる。慢性の否定的自己に対する語りかけについて探り，認知の歪みに系統的に取り組み，より正確で同情的な自己評価を育んでいけば，クライアントの自己価値感を高めるために，直接的に介入することができる。

### 診断について

基本的に2種類の自尊心の問題がある。すなわち，状況的なものと性格的な

ものである。状況的な自尊心の低さは，特定の領域だけに姿を現す。たとえば，ある人は親として，会話のうまい人として，性的パートナーとして自信に満ちているかもしれないが，仕事という状況で失敗をしがちである。社会的には無力だが，自分のことを強くて，有能な専門家であると見ている人もいるだろう。性格的な自尊心の低さは一般に，人生の初期に経験した虐待や遺棄から生じている。この場合に自分が「間違っている」という感覚は，より広範囲に認められて，人生の多くの領域に影響を及ぼす傾向がある。

　状況的に自尊心が低い場合は，認知的再構成が理想的に適合する問題である。認知の歪曲に直面し，短所よりも長所を強調し，間違いや批判に対処する特定のスキルを発展させることに焦点を当てていく。クライアントが自己を拒絶していないのであれば，非適応的な思考パターンを変えることによって，自身や自己価値についての感覚を有意に改善させることができる。

　性格的な自尊心の低さは，「自分は間違っている」という基本的なアイデンティティから発しているので，クライアントの思考を変化させるだけでは十分ではない。心の中の批判的な声を同定し，コントロールするだけでは，自分が間違っているという感覚を完全には解放できない。そこで，主な治療としては，否定的な思考を生み出している否定的なアイデンティティに焦点を当てることを強調する必要がある。治療の焦点は，自己同情と中立的な関与を育んでいくことに置く（第7章参照）。このような立場は，拡散や視覚化の技法によって強化できる。

## 認知的再構成による自尊心の改善

　クライアントの思考から取り組むのが最高の出発点となる。最近自分を責めた時に何を考えていたか質問する。患者の批判的な自己に対する語りかけをできる限り詳しく質問し，病的批判（pathological critic）の概念を紹介する（第2章「病的な批評家」と第3章「批評家を武装解除する」参照）。その批判に特別な名前を付けて，それをコントロールできるようにクライアントに働きかけていく。典型的な名前としては，「いじめっ子」「鮫」「尻を蹴る奴」「ミスター完璧」「マーシャ（クライアントの母親）」などがある。

　批判の声を人のように扱うことで，クライアントは心の中の自己非難の声を外部のこととしてとらえ始める。こうして，批判の声を正常な思考の流れの一部としてではなく，外部から聞こえてくる声のように経験するように働きかけるのだ。外部のことと認識できる何かと闘うほうが簡単である。批判的な声を

自己とは親和性のないもの，最終的にそれは「自分ではない」と拒絶できるものであるほうが楽でもある。

　病的批評家を見つけて，名前を付けるのと同時に，クライアントに「健康な声」も紹介できる。健康な声は，クライアントが現実的に考える能力である。この能力を強調し，強化することによって，クライアントが内なる批評家に反論するように働きかけていく。「健康な声」によくつけられる名前としては，「私の合理的な部分」「私の受け入れられる部分」「私の同情的な部分」「私の健康なコーチ」などがある。クライアントの自己概念に合った名前を選ぶ（たとえば，合理的，同情的，愛情に満ち，客観的な名前にする）。

　批判的な声と健康な声に二分することによって，クライアントが内なる批評家に立ち向かうように働きかけることができる。以下の対話はこの過程の一例である。

　　セラピスト：あなたが待っていて，新しい友達から何も言ってこない時に，心の中の批評家は何と言ってきましたか？
　　クライアント：私は面白くない人間だ，彼を退屈させた，もう私のことがあきあきしたと。
　　セラピスト：健康なコーチは何と言い返しますか？
　　クライアント：「私たちの会話は生き生きとしていて，面白い。ふたりの間にはすばらしいエネルギーがある」と言います。私もそう感じる気がします。
　　セラピスト：他には？　あなたはそのことをあれこれ気に病むべきだとコーチは言いますか，それとも何かあなたが起こすことができる行動はありませんか？
　　クライアント：私は彼に電話して，彼がどう感じているのか知ることができるでしょう。

　別の一例もある。

　　クライアント：私は職場で課題を締め切りまでにこなすことができませんでした。
　　セラピスト：心の中のいじめっ子はそのことに何と言いましたか？
　　クライアント：私は怠け者だと，何度も何度も言ってきました。「お前は

　　　　　　怠け者で，台無しにして，何もやり遂げることができない」
　　　　　　というのです。
　セラピスト：健康な声を使って，反論することができますか？
　クライアント：私に聞こえるのはいじめっ子の声ばかりです。
　セラピスト：では，いじめっ子に言い返す健康な声を見つけてみましょう。
　　　　　　あなたは本当に怠け者で，何もかも台無しにしてしまいます
　　　　　　か？
　クライアント：そうですね，私の健康な声は「お前はよく頑張って，課題
　　　　　　を仕上げて，提出した。締め切りに間に合わなかったことを
　　　　　　気にしているのはお前だけだ」と言います。
　セラピスト：では，いじめっ子は，台無しにすると，大げさに言っている
　　　　　　のですね？
　クライアント：そうです。いつも大げさに言います。

　認知の再構成の次の段階は，クライアントの心の中の批評家の主な機能を探し当てることである（第2章の「どのようにして批評家は強化されるか」参照）。いずれの場合も，批判的な声は何らかの肯定的な機能を持っているので，強化され続ける。望ましい行為を促進し，逆説的に自己価値を守り，苦痛に満ちた気分をコントロールするという機能である。
　内なる批判的な声をなぜ使うのか，それが自分を守るのにどのように役立っているのか，クライアントは理解しなければならない。次は，この問題がどのように取り扱われたかの一例である。

　セラピスト：あなたが夕食の時に気分が悪くなると，批評家は何と言いま
　　　　　　したか？
　クライアント：「彼女はお前が嫌いになるだろう。お前は何も知らないし，
　　　　　　たいして金もない。それに面白くもない」。
　セラピスト：批評家はつねに何らかの欲求を満たそうとしていると，私た
　　　　　　ちが話しあったことを忘れないでください。この時は，批評
　　　　　　家があなたを何から守ろうとしたのですか？
　クライアント：ぶち壊しになることから守っていました。
　セラピスト：批評家が拒絶の恐怖からあなたを守ろうとしていたのです
　　　　　　か？

クライアント：その通りです。
セラピスト：どのようにして？
クライアント：何が起きるか予想して，私が傷つかないように。
セラピスト：批評家は，いわばあなたの過敏性を減じて，あなたに準備をさせたという訳ですね。彼女があなたのことを嫌いになるかもしれないと心の準備ができているならば，あなたはそれほど気分が悪くならないのではないでしょうか。この点についてはこれまでもよく見てきましたね。これはあなたの心の中の批評家の主な機能のひとつです。拒絶の恐怖からあなたを守ろうとしているのです。

　批評家の機能を知るには，非常に多くの質問が必要な場合もある。いかに苦痛に満ちていたとしても，存在するすべての思考について説明しなければならない。というのも，そうすることに何らかの意義があるからである。したがって，批判的な自己攻撃は重要な機能を持っている。クライアントに次のような質問をしてみよう。「この状況で，批評家があなたを攻撃しなかったならば，あなたはどのように感じ，何に気づくでしょうか？　批評家はこの状況でどのようにしてあなたを助けるでしょうか？　あなたはこの状況で批評家がいなかったら，何をする，あるいは何ができないことを恐れているのですか？」。批評家の主な機能の一部は，第3章の「批評家を無力化する」に挙げてある。その章を参照して，批評家がクライアントのために果たしている主な機能について説明できるだろう。

　批判的な声の機能が明らかになると，それに立ち向かう際に，この情報を繰り返し用いることができる。たとえば，「また批評家の声に従って，達成不可能な目標に向かって必死になっている」「できないのに，なぜ試みるのかという批評家の声に耳を傾けて，また失敗の恐れに対処しようとしている」「また批評家の言いなりになっているのだから，そんなに自分を責める必要はない」などと自分に言い聞かせる。

　何が批評家を強化しているのか同定できれば，半ば成功したようなものである。次に，批評家の助けを借りる重要な欲求を，より健康的な方法で満たす方法を，クライアントは学ぶ必要がある（第3章の「批評家を武装解除する」参照）。失敗の恐れ，拒絶や自責の恐れなどに対処するのに，批評家が唯一の方法ではない。新たな，無害な戦略を編み出すべきである。

セラピスト：拒絶の不安を和らげる他の方法はありますか？　批評家を使わない他の方法です。
クライアント：あると思います。私たちはふたりともおそらく神経過敏になっていると自分に言い聞かせることができます。それに，私たちはそこでただ楽しい晩を過しているだけであって，それ以上である必要はありません。
セラピスト：言い方を変えると，ただのデートであって，彼女があなたにすっかり夢中になって，残りの人生をあなたと一緒に過ごすといったところまでかならずしも期待していないと，自分に言い聞かせるのですね。
クライアント：その通りです。
セラピスト：そのように考えなおすと，不安は和らぎますか？
クライアント：そうですね。

　**認知の歪曲を同定する**：第5章「認知の歪曲」では，自尊心の低さに寄与している思考の歪曲の9つの特定のカテゴリーを紹介する。第6章で解説する拡散（defusion）の過程を通じて，これらの歪曲を同定し，それに直面することは，治療計画の重要な一環となる。
　自分なりの術語を工夫してもよいが，できる限り多くの例を用いて，特定の歪曲を可能な限り正確に定義することが重要である。

セラピスト：「間抜け」「ペテン師」「馬鹿」といった単語は有害だと私は思います。というのも，どれもあなたを人として全面的に非難しているからです。ひとまとめにして貶める単語です。あなたは自分が納税について無知だとは言わないのに，「私は馬鹿な人間だ」などと言います。あなたは仕事の課題について自信がないとは言わないのに，「私はペテン師だ」と言います。このような単語はすべて，あなたの能力や資質のすべてを完全に否定しています。否定的な側面を単純に一般化して，肯定的なことを忘れているので，このような単語はあなたを貶め，有害です。それに明らかに間違っていて，不正確です。このようなレッテル貼りから逃れる方法を見つけて，

より正確になろうとするのも心理療法の一部です。

　今度は，セラピストは歪曲を定義し，課題も定義する。有害なレッテルの代わりに正確な用語を使うように，セラピストはクライアントに働きかけていく。

　　セラピスト：いいですか，あなたは自分のことをペテンだと言っています。これは自分を貶める，大雑把な言い方です。正確な表現は何でしょうか？
　　クライアント：私はもっと自分に自信を持つようにしようと思います。
　　セラピスト：それはこれからずっとですか，それともある事柄に対してですか？
　　クライアント：そうですね，連続性の視点からとらえています。私は実際よりも多くを知っているように思えます。
　　セラピスト：それでは，実際には，人があなたに期待しているほどは，あなたは少ししか知らないというのが，正確な表現ですか？
　　クライアント：はい。
　　セラピスト：ペテン師とは非常に異なりますね。
　　クライアント：たしかに。ペテン師はあまりにも大袈裟です。

　最初の数セッションで，自己批判的な思考の内容についてできる限り多くの特定の質問をする。たとえば，「あなたが家を訪ねた時に，批評家は何と言いましたか？　あなたが期末レポートを完成させた時には？　あなたの息子が腹を立てた時には？　前回のセッションの最後には？」　批判的な声の内容について多くを知れば知るほど，特定の歪曲と向き合う準備が整っていく。

　認知の歪みの概念を紹介する際には，もっとも重要なものだけに焦点を当てる。クライアントにあまり負担をかけてはならない。一時に，否定的思考パターンをひとつかふたつしか一般には覚えておくことができない。

　最初に歪曲に気づいたら，3つか4つの自己批判的な認知を検討して，それらには共通点があることを示すと役立つ。

　　セラピスト：先週，あなたは遅刻について話して，「すっかり台無しにした」と言いました。それから，税金の用紙に悪戦苦闘して，自分が馬鹿だと言いました。今日は自分のことを「ペテン」であっ

て，仕事ではまるで「馬鹿」だと言っていました。「台無し」「間抜け」「ペテン」「馬鹿」といった単語は有害なレッテルであって，実際にあなたの自尊心を下げてしまいます。私たちが協力して取り上げるのはこの問題の一部です。このようなレッテルのどれかをあなたが使う度に，あなたの傷は少しずつ広がっていき，自分の身体の奥へと進んでいきます。あなたを貶めるために，心の中の批評家は有害なレッテルをどの程度使うか気づいていますか？

　この例では，セラピストは宿題を出した。このようにすると，有害なレッテル貼りの特定の例を指摘することができるので，直面化により多くの衝撃があった。セラピストは「有害なレッテル貼り（toxic labeling）」（公式には「全般的レッテル貼り」(global labeling) として知られている）という単語を選んだ。というのも，クライアントが有機化学の専門家で，「有害」という単語は彼にとって強い意味があるからである。

　クライアントがより正確な表現ができるように助力する最善の技法は，ソクラテス式の質問である。これは，ソクラテスが，弟子との議論の際に論理的な矛盾を明らかにする際に用いた方法であった。次のような，利用可能な3種の質問がある。

1. 過度の一般化（overgeneralization）を明らかにする質問：「あなたがいつも台無しにしてしまうというのは本当ですか？　これまでに何ひとつとして，正しくできたことはありませんでしたか？」
2. 誤ったレッテル貼りを明らかにする質問：「Bの成績をとってしまった，あなたが台無しにしたということは本当ですか？」
3. 客観的証拠に欠ける点を明らかにする質問：「あなたが台無しにしたと人々が考える証拠は何ですか？」

セッションは以下のように円滑に進んでいった。

セラピスト：それでは，最近，批評家があなたを醜いと言っているのですね。
クライアント：そんなことばかり私に言ってきます。
セラピスト：醜いのは，あなたの顔や身体の全部ですか，それとも一部で

すか？ （これは過度の一般化を明らかにする一例である。）

クライアント：ほとんどは鼻ですが，私の顎も弱々しいと思います。そして，腹部がたるんでいて，子どもが生まれてから体形が戻りません。

セラピスト：あなたが好きな身体の部分はありますか？

クライアント：脚だと思います。そして，髪と目も。

セラピスト：それではあなたは多くの中から3つの特徴を過度に一般化して，自分はひどく醜いとレッテル貼りをしています。

クライアント：ええ，ちょっと変ですね。

セラピスト：あなたの顎と鼻が完全に醜くて，吐き気がするというのは本当でしょうか？（これは誤ったレッテル貼りを明らかにする一例である。）

クライアント：ええ，それほど魅力的ではありません。

セラピスト：でも，本当に醜いですか？

クライアント：ええ，全然です。まるで醜いです。

セラピスト：それでは，どんな言い方が正確でしょうか？ 健康な声は何というでしょうか？

クライアント：私の脚，髪，目は素敵だというでしょう。私は鼻，顎，腹部が好きではありません。

　批評家を論破する。あなたの目的は特定の反論を考えて，クライアントがそれを書きとめて，批判的な攻撃を受ける度にそれを使えるようにしておくことである。批評家と健康な声の間の対話，ソクラテス式質問，3つのコラム法（three-column technique）などを用いて，反論を練り上げていく（第5章の「3つのコラム法」参照）。時間をかけて，反論を評価し，修正していき，それが信じられて，効果を表すようになるまで続けていく。これはセラピーの過程を通じて活用することができる。歪曲に気づいたら，かならずそれを見定めて，それに直面すべきである。というのも，クライアントが自力でしてほしいとセラピストが願っていることをセッション中に，セラピストが手本を示すことができるからである。セラピストがクライアントの心の中の批評家に一貫して直面し，セラピストが歪曲を許さないのであれば，セッション以外に自宅でもクライアントが同じように立ち向かうように働きかけることになる。

セラピスト：わかりました。あなたが息子さんとの関係を台無しにしていると、心の中の批評家が言っているのですね。それも自己非難です。健康な声はそれにどう反論できるでしょうか？

**長所を見つける。**批評家を打ち負かす努力と並行して、クライアントの真の強さや能力を強化するプログラムも必要である。第4章「正確な自己評価」では、この方法を詳しく解説する。最低でも以下のことを実施すべきである。

1. クライアントと協力して、真の長所や能力をリストにする。自分の長所を探すのが難しければ、友人や恋人がクライアントをどう見ていると思うか質問してみる。
2. クライアントにとって何が最大の弱点か答えてもらう。
3. 弱点はしばしば侮蔑的な言い方で表現されていることを指摘する。正確で、中立的な表現で、これを言い換える。セラピストと話す時には、正確な表現だけを使うようにクライアントに指示する。
4. 長所のリストで明らかになったよい点を使うようにクライアントに働きかけていく。いろいろな場所に張り出しておき、これを強化する（鏡、押し入れの前面、財布などに長所を張り出しておく）。

長所のリストから、クライアントの真の長所と考えるものを2〜4個選んでみる。そのうちの少なくとも1つは毎回のセッションで利用する。これは、特定の長所を持ち出す創造的な方法を探して、各セッションの状況に組み入れていくという意味である。

> 「娘さんのドラッグの問題に対してとても粘り強く立ち向かわなければならなかったことが、私はよくわかります。私はあなたのその強さを繰り返し目にしてきました」
> 「あなたが本当に思いやり深くて、人助けの能力があることを、私は何度も見てきました。あなたは弟さんに多くを捧げてきました」
> 「問題解決と危機対処のあなたの能力を私は何度も見ています。あなたが最後に〜をした時のことを忘れてはなりません」

繰り返し長所を指摘しなければならない。もともと権威的な人物（親）が繰

り返しクライアントの価値を攻撃してきたために，クライアントの自尊心は深手を負っていることを忘れてはならない。人生初期に刷りこまれたこの思いこみを修正するために，別の権威的な人物（セラピスト）が肯定的な内容を繰り返すのには多くの時間がかかる。それを1回言っても，それを5回言っても，おそらく何の効果も表れないだろう。セラピストの賞賛が効果を表すには，セラピストはクライアントに対して，10回，15回，20回と繰り返す必要があるだろう。これこそが，焦点を当てるべき2～4の長所を選ぶべき理由である。クライアントの長所をあまりにも多く賞賛しようとすると，効果が薄まってしまって，どれに対しても効果が出ないことになりかねない。

**自己受容**（self-acceptance）。自尊心とは，単に自分の肯定的な特徴に気づく以上のことである。自尊心とは，自己や他者を中立的な立場で受け入れる態度である。第3，6，7，14章で，寛大で中立的な心の中の声を育む特定の練習を取り上げる。結局，批評家を真に打ち負かす唯一の方法とは，クライアントを否定的で，一方的な判断から解き放ち，自分を受け入れるマントラ（呪文）を作り，新たな態度が生まれるまでそれを何度も繰り返させることである。ここでのモットーは一貫した態度である。クライアントと一緒に作った自己受容のマントラをクライアントに繰り返し，繰り返し思い出させる必要がある。まずこの件を紹介し，次の6回のセッションでもこれを話題にし，そしてまたこれに言及して，ようやくわずかばかりでも効果が現れることだろう。自己受容の概念と言葉は，治療的作業という布の中にすべて編みこまれていく必要がある。

**特別な焦点の問題**。自尊心に対して否定的な影響をもたらす4種の問題がある。(1) 柔軟性に欠ける規則と「～すべき」思考，(2) 完全主義，(3) 批判に対する過敏性，(4) 適切な自己主張不能である。これらのどれであっても深刻な程度であるならば，とくに注意して取り上げる必要がある。これらの問題に対処する戦略は以下の章で詳しく解説する。

1. 「～すべき」思考については，第8章参照。
2. 完全主義については，第10章参照。
3. 批判に対して過敏な態度については，第11章参照。
4. 適切な自己主張ができないことについては，第12章参照。

**健康な声を強化する。**手厳しい批評家のいる人は，つねにある程度は否定的な心の声とやりとりをしている。セラピストの仕事は，自己攻撃の強度を和らげるとともに，より健康的な自己への語りかけを育むことである。換言すると，「お前は間違えた，お前は馬鹿だ」という心の声を完全に消し去ることはできないかもしれないが，「私は大丈夫だ，私は可能な限り全力を尽くしている」という強い声を同時に強化していくことができる。健康な声の力が増していくに連れて，それはより速く，強力に，確信をもって批評家の攻撃に対抗できるようになっていく。

健康な声を強化するために利用できる，いくつかの特定の介入法がある。

1. **拡散（defusion）**：この過程は第6章で解説するが，クライアントが自己の思考を観察する術を身につけ，その思考から自己を解放し，新たな視点を獲得し，批評家から距離を置く手助けをする。
2. **対処の語りかけ（coping statements）**：これは承認や，批評家が典型的に行う攻撃に対する特定の反論といった形をとる。
3. **視覚化（visualization）**：これらの技法は第14章で解説するが，クライアントは自分が自信に満ち，他者と一緒でも緊張せず，能力が発揮できることを想像するように働きかける。クライアントは自身の身体や行動を異なる視点でとらえるようになるので，この技法は自己概念の迅速な変化を促進する。
4. **アンカーリング（anchoring）**：これは第15章で詳述するが，自信を取り戻し，過去において自分のことを好きだった時のことを思い出し，それを現在につなげるための技法である。意図的に肯定的な気分を湧き上げる能力は，健康な声を強化するうえで重要な影響を及ぼす。

# 第2章

# 病的な批評家

　**病的な批評家**（pathological critic）とは心理学者のユージーン・セイガン（Eugene Sagan）が命名した術語であり，あなたを攻撃し，判断を下す，否定的な内なる声を指している。誰にも，批判的な内なる声はある。しかし，自尊心の低い人には，とても強烈で，はっきりとした声を浴びせかけてくる病的な批評家がいるのだ。
　批評家は，うまくいかなかったことについて責めてくる。批評家は，達成したことや能力について，あなたを他者と比較し，あなたに欠けていることを探し出す。完全でなければならないという不可能な基準を設定し，ごくわずかな失敗についても，あなたを叩きのめす。批評家はあなたの失敗をつねに記憶しておき，あなたの長所や達成したことを思い出させようとはけっしてしない。批評家にはあなたがどのように生きるべきかのシナリオがあり，その規則を少しでも破ろうとしようものなら，あなたが誤っていることを声高に叫び出す。批評家はあなたが最高でなければならないと命じ，もしも最高でなかったら，あなたは何者でもない。批評家は，馬鹿，無能，ブス，利己主義，弱虫と悪口雑言を吐き，それがすべて真実であるとあなたが信じるように仕向ける。批評家はあなたの友達の心を読み，彼らがあなたに退屈させられ，興味を失わされ，失望させられ，嫌悪されると，あなたに信じるように働きかける。批評家は，あなたが「いつも馬鹿なことを言う」「いつも人間関係を台無しにする」「締め切りまでに何も完成できない」などと訴えて，弱点を大げさに言い立てる。
　病的な批評家は，あなたの人生で，毎日あなたの自己価値を貶めるのに忙しい。しかし，その声はあまりにも聞き取りにくく，そして，あなたの思考の隅々まで浸透しているために，その圧倒的な悪影響に気づくことはない。自己攻撃は，つねに合理的で正しいと思われる。あら探しをし，判断を下そうとする心

の中の声は，自然で，よく知った自分の一部のように思える。実際には，批評家は心の中にいる肉食獣のようなもので，毎回の攻撃の度に，あなたが自分自身について抱いているよい感じを弱め，叩き潰そうとしてくる。

あなたの批評家は男の声のように響くかもしれないし，女の声のように響くかもしれない。その声は，母親のように，父親のように，あるいは自分自身が話しているかのように響くかもしれない。

あなたの批評家について知っておくべき最初の，そしてもっとも重要なことは，その攻撃がいかに歪曲されていて，誤っているものであっても，ほとんどつねに信じてしまうという点である。「おやおや，お前は馬鹿だ」と心の中の批評家が言ってくると，その判定は，今朝は疲れている，私の目は茶色だ，スプレッドシートの数式が理解できないといったことと同じように思えてしまう。自分が感じ，自分が行っていることをとても身近に認識しているので，自分を判断することはごく当たり前のことに感じる。しかし，批評家の攻撃は，自分の気分や行動という正常の過程の一部ではない。たとえば，最初のデートについてどう考えたか振り返ろうとすると，批評家はごく普通で，当たり前の考えについても文句を言い，あなたが退屈で，ヘマばかりして，ひどく神経質で，相手は二度とあなたとデートなどしたくないと，大袈裟に言い立てる。批評家はあなたの自尊心を摑んで，シュレッダーの中に放りこむ。

大声で，喚きたててくる批評家はとくに有害である。他のいかなるトラウマや喪失よりも，批評家はあなたの心理的健康にとって有害である。悲嘆や苦悩ならば，時間とともに薄れていく。しかし，批評家はつねにあなたの傍らにいて，判断を下し，非難し，あら探しをする。あなたは批評家から我が身を守る術がない。「またそんなことをした。お前は馬鹿だ」と批評家は言う。そして，あなたは何か悪戯をしたために叩かれる子どものように，自分が間違っていて，悪いのだと反射的に感じてしまう。

最近博士号を取得し，大学の教官に応募している29歳の昆虫学者の事例について考えてみよう。採用面接の際に，彼は面接官たちの服装や振る舞いを観察し，彼らがどのような人々であり，彼のことをどう思っているのか考えていた。面接官たちが何を期待しているのか考えながら，可能な限り最高の答えを検討して，質問に答えていこうとしていた。こういったことをしようとしている最中にも，批評家のいつまでも続く独り言も彼は耳にしていた。「お前はペテンだ。何も知らない。面接官を騙すことなどできない。お前が学位論文と呼んでいるでたらめな論文がいかに平凡か，面接官はすぐに見抜いてしまう

……。あれは下らない答えだった。ジョークのひとつも言えないのか？ 何かしろ！ お前がどれほど退屈な奴か，面接官は見抜いてしまう。たとえ職を得たとしても，お前が無能であることがすぐにわかって，失業してしまうだけだ。お前には誰も騙すことができない」

この昆虫学者は批評家の言葉をすべて信じた。どれもが理にかなったもののように思えた。その声を何年にもわたって聞いてきたので，毒を含んだ，一定した声の流れは，自然で，理にかない，真実であると感じられた。面接中に，彼はますます緊張し，答えは漠然としたものになっていった。冷や汗をかき，口ごもり，声は単調になっていった。彼は批評家の言うことに耳を貸し，彼がまさに恐れていたように，批評家は彼を変えてしまった。

批評家について知っておくべきもうひとつの重要な点は，批評家がある種の速記のような形で話しかけてくるということである。批評家は単に「怠け者」という単語を叫ぶだけかもしれない。しかし，この短い単語は，父親があなたが怠けているといって文句を言ったり，あなたの怠けを批判したり，怠けをいかに嫌っているか小言を言ったりといった何百回もの記憶を呼び起こす。その単語にはこのすべてが含まれていて，批評家がこの単語を口にする度に，嫌悪感がもたらすすべての影響を感じてしまう。

あなた自身の価値を貶めるために，批評家が過去のイメージや映像を使うこともある。デートの時の気まずい瞬間，上司から叱責を受けた状況，恋人との仲が悪くなった場面，子どもを叱りつけた時などのイメージを，批評家は持ち出すかもしれない。

法律事務所の秘書は，その批評家がしばしば「ヘマをする」という単語を使うことに気づいた。その点について考えると，「ヘマをする」というのは，否定的な出来事一般を指していることに気づいた。それは，無能，好かれていない，馬鹿げた危険を冒す，（彼女の父親のように）問題から逃げ出すといったことを意味していた。批評家が「ヘマをする」と言うと，その秘書は自分がそのようなすべての意味に当てはまると固く信じた。

批評家に関して奇妙なことのひとつとして，批評家はあなた以上に，あなたの心をコントロールしているように思えることがしばしばあるという点である。突然まくしたてて，次々に攻撃し，苦痛に満ちた状況にあなたを繰り返し引きずり出す。連鎖攻撃を仕掛けてきて，過去の失敗を見せつけ，苦痛に満ちた連想を次から次へと呼び起こす。批評家の口を封じようとしても，また別の失敗，別の拒絶，別の困惑を思い起こさせられる。

批評家はそれ自身の意志があるように見えるが、現実には幻想にすぎない。批評家に耳を傾けることに慣れきっているので、それを信じてしまい、その口をふさぐ方法をまだ身につけていないだけであるというのが真実である。しかし、練習をすることで、批評家が言ってくることを分析し、それに反論する術を身につけることができる。批評家があなたの自己価値感を傷つける機会を得る前に、あなたは批評家の口を封じることができる。

## 一連の「～すべき」思考

　批評家は多くの武器を備えている。もっとも効果的なものとしては、あなたが育った生活の価値や規則である。批評家は、「～すべき」思考であなたを縛りつける方法を手にしている。批評家は、今のあなたのやり方をあなたがすべきことと比較して、あなたが不十分で、誤っていると一方的な判断を下す。成績がAであるべきところがBであると、批評家はあなたを馬鹿だと言う。「結婚は永遠に続くべきだ」と批評家は言い、離婚したあなたを負け犬と罵る。「真の男は家族を支える」と批評家は言い、一時解雇されたあなたは失敗者だと非難する。「子どもが第一だ」と批評家は言い、時には夜に外出したいと思うあなたを自己中心的だと罵る。

　35歳のバーテンダーは、子どもの頃に躾（しつ）けられた「～すべき」思考を批評家が使うことについて次のように述べた。「父は弁護士でした。それで、私も専門家になるべきであって、それ以外は無駄だと、批評家が言ってきます。私は無理しても学校に行くべきだと感じています。スポーツ記事ではなく、本当の書物を読むべきだと感じています。カクテルを作ったり、ガールフレンドの家を訪ねたりするのではなく、世界の中で何かをすべきだと感じています」。今の自分以外の何かになるべきだと批評家に主張されて、この男性の自尊心は深く傷ついていた。実際には、彼はバーの雰囲気が好きだが、けっして知的でないわけではなかった。しかし、家族の期待に沿っていないといって、自分を拒絶し続けていた。

## 批評家の起源

　批評家は人生早期のあなたの親との関わりの中で生まれる。小児期を通じて、どのような振る舞いが許されるか、どれが危険か、どれが道徳的に誤っている

か，どうすれば愛されるか，何が人を困らせるかといったことを，親はあなたに教える。適切な行動については，親はあなたを抱きしめたり，誉めたりし，危険で，誤っていて，他者を煩わせる行動を罰する。罰を受けるような非常に多くの状況を経験しないで，成長することは不可能である。パーソナリティの理論家であるハリー・スタック・サリバン（Harry Stack Sullivan）はこのような罰を受ける出来事を，禁止のジェスチャー（forbidding gesture）と呼んだ。

　禁止のジェスチャーは，相手を驚かして，拒絶するという意図がある。子どもは尻を叩かれたり，叱られたりすると，咄嗟に親からの承認が得られなかったことを感じとる。その子はしばらくは悪い子である。意識的，無意識的に，親が身体的・情緒的な栄養の源であることを，子どもは知っている。子どもが拒絶され，自宅から追い出されると，死んでしまうだろう。したがって，親の承認は，子どもにとって生きるか死ぬかの問題である。悪いことをしたという経験は心の奥底まで感じ入る。というのもそれはすべてのサポートを失ってしまうのではないかという，恐ろしいほどの危険を伴うからである。

　すべての子どもは禁止のジェスチャーから情緒的な遺産を得て，それとともに成長していく。自分が誤ったことや悪いことをした時のすべての記憶を意識的かつ無意識的に引きずっていく。そして，自尊心に影響を及ぼす，避けがたい傷も残る。批評家の攻撃が始まり，「私はよくない」という初期の感覚が増す場合にも，この経験は起きる。誰かがあなたに腹を立てたり，あなたが間違いを犯したり，目標を達成できなかったりすると，あなたの一部も自分は悪いと進んで信じてしまうところがある。「私はよくない」という人生の初期の感覚があるから，批評家の攻撃がすでに自分自身について信じていることに当てはまるように感じられる。批評家の声は，賛同してくれない親の声であり，子どものあなたの行動をコントロールするような罰を与えて，禁止する親の声なのだ。

　批評家の攻撃の量と激しさは，あなたの「自分はよくない」という感覚の強さと直接的に関連する。人生初期の禁止のジェスチャーがそれほど強くなければ，成人になってから，批評家の攻撃はごく稀にしか起きないかもしれない。しかし，子どもの時に自分が間違っていたとか，悪かったとかいったメッセージがあまりにも強いと，成人の批評家は，ありとあらゆる機会をとらえて，攻撃を仕かけてくる。

　あなたの人生の初期の「自分はよくない」という感覚の強さを決定する5つの主な要因がある。

1. 好み，個人的な欲求，安全，適切な判断といった問題が，道徳的義務として誤ったレッテル貼りをされている程度。父親が静かであってほしいと願っている家庭では，子どもが騒ぐと，子どもは道徳的な間違いを犯していると感じさせられてしまう。成績がよくないと罪を犯したようにとらえる家庭もある。友達と過ごす時間が必要であると思ったり，性的な感情を抱いたりすると，間違っていると感じるように躾けられている子どももいる。手伝いをするのを忘れると悪いことのように感じる子どもや，通りでスケートボードに乗ると悪いことのように感じる子どももいる。好みや，課題の達成の失敗や，まずい判断などが問題ではない場合でも，親の態度が子どもが道徳的に間違っていると信じこませてしまって，それが自尊心の低さの基礎を築いていることがある。ある種の単語や文章が深刻な道徳的メッセージを伝えていることに気づくのは重要である。子どもが，お前は怠け者だ，我が儘だ，変人のように振る舞うなどと言われると，特定の状況はすぐに忘れ去られてしまう。しかし，自分が誤っているという感覚はその後も長く留まる。

2. 親が行動とアイデンティティを識別できなかった程度。通りに飛び出した時に，「悪い子だ」としか言われない子どもよりも，通りに飛び出す危険について厳しく警告された子どものほうが，高い自尊心を持つようになるだろう。「悪い子だ」と言われた子どもは自分の行動がよくないというメッセージを受け取るだろう。しかし，その子どもは自分がしたことと，ありのままの自分であることの間の識別を学ぶことはない。成人になると，批評家が行動と価値の双方を攻撃するようになる。子どもの不適切な行動と基本的に善良な性格の間を慎重に識別している親に育てられた子どもは，自分自身についてよい感じを抱き，はるかに穏やかな内なる批評家を持つようになる。

3. 禁止のジェスチャーの頻度。親からの否定的なメッセージの頻度は，人生の初期の自己価値感に深刻な影響を及ぼす。ヒトラー政権の宣伝相は，いかなる嘘でも信じさせるには，単にそれを繰り返せばよいと述べている。あなたはよくないという嘘は，親がたった1回叱責しただけで，信じられるようになったわけではない。それは批判が繰り返されることによって我が身に染みこんだのだ。「何をしているのだ？」「ヘマをするのを止めろ」と恐ろしいほど何度も言われて，そのメッセージが残る。しばらくするとあなたは何を言われているのかに気づく。すなわち，「私は悪い」である。

4. **禁止のジェスチャーの一貫性。** 親があなたのことを嫌いで,「クソ」という単語を使うとしてみよう。あなたはその表現が禁止というよりは,ありふれた表現ととらえるかもしれないが,もしも始終それを言われると,よく使われる単語であると認識せずに,なんとかしてそれをやり過ごそうとするようになるかもしれない。しかし,あなたが「クソ」と言われて,それを聞き流す場合と,怒り出す場合があると考えてみよう。そして,その単語は,他の規則についてと同様に一貫していないと考えてみよう。最初は混乱するかもしれないが,その後,偶然,攻撃されていくと,結局は非常に苦痛に満ちた結論に至るようになるだろう。時には問題なく,時には問題だとなると,あなたがしたことではなく,あなた自身が悪いとされる。あなたにはどこか間違っていることがあるとされてしまう。一貫しない育てられ方をした子どもは,筆舌に尽くしがたい自責感をしばしば感じる。自分が何か間違ったことをしたように感じているのだが,それははっきりとした規則を与えられず,それが何であるかを理解していなかったためである。
5. **禁止のジェスチャーが親の怒りや親が距離を置くことと関連していた頻度。** 子どもは適切な程度の批判に耐えることには耐えて,自己価値感に大きな悪影響を受けずに済む。しかし,批判に親の怒りや(距離を置くと脅したり,実際にそうするといった)引きこもりが伴うと,非常に大きな影響を及ぼす可能性がある。怒りや距離を置こうとする態度ははっきりとしたメッセージを伝える。すなわち,「お前が悪い。お前を見捨ててやる」というメッセージである。これは子どもが耳にするもっとも恐ろしいことなので,けっして忘れない。その出来事から長時間経っても,自分が間違っていたという強烈な印象が残る。そして,批評家はこの誤っていたという感覚を使って,大人になったあなたに心理的攻撃を仕かけて,叩きのめそうとする。

## なぜ批評家に耳を傾けるのか

　そうすると利益が得られるので,あなたは批評家に耳を傾けている。とても信じられないと思われるかもしれないが,批評家はあなたのある種の基本的な欲求を満たしているので,その手厳しい攻撃に耳を傾けるのは何らかの強化となっている。しかし,どのようにして苦痛をさらに増そうとするのだろうか？自分自身を攻撃することが,何らかの喜びや自分の欲求を満たすことになるの

だろうか？

　批評家の機能を理解するための第一歩は、誰にもある種の基本的欲求があることを認識することである。誰もが次のことを感じる必要性がある。

　　・安心できて、怖れを抱かないという欲求。
　　・世界の中で、自分は能率的で、能力があるという欲求。
　　・両親や重要な関係にある人々から受け入れられるという欲求。
　　・自分の価値やほとんどの状況で大丈夫であると感じる欲求。

　自尊心の低い人と比較すると、適切な自尊心を持っている人は、自分の欲求を満たすためにまったく異なる戦略を用いる傾向がある。適切な自尊心があれば、自分自身に対してある程度の自信がある。自身を脅かすことに立ち向かい、それを取り除くことによって、自己の安全を保つことができる。問題について心配するよりも、その問題を解決し、他者が自分に肯定的な反応を示すように働きかける方法を見つけられる。対人葛藤がいつのまにか過ぎ去るのを待つのではなく、それに直接対処できる。逆に、自尊心が低いと、自信をなくしてしまう。不安や対人的な問題に対処したり、危険を冒したりすることはできないと感じる。自分にはうまくやる自信がないと感じているので、人生は苦痛に満ち、事態を変化させることに伴う不安に立ち向かうのが難しい。

　そこに、批評家が姿を現す。自尊心の低い人は、しばしば批評家を頼りにして、不安、絶望感、無力感、拒絶、劣等感に対処しようとする。逆説的ではあるが、批評家はあなたを叩きのめそうとする一方で、あなたの気分をよくしてくれる。これこそが、批評家を取り除くのがいかに難しいかの理由である。あなたがこの世界でより安全で、居心地がよいようにするために、批評家は重要な役割を果たしている。しかし、残念ながら、批評家の支えに対してあなたが払っている代価は非常に大きいために、自尊心は一層貶められてしまう。しかし、批評家の攻撃が強まるほど、あなたがそれに耳を傾け続けることが強化され、不安や、非能率感や、無力感や、他者から傷つけられやすいという感じは少しずつ減っていくように感じられる。

## 強化の役割

　批評家の苦痛に満ちた攻撃がどのように強化されるのかを理解するために

は，どのようにして強化が行動や思考に影響するかについてまず検討する必要がある。

　正の強化（positive reinforcement）とは，報酬をもたらす出来事が起きた後に，ある特定の行動が生じ，将来，その行動が増える結果になることを指している。もしもあなたが芝刈りを終えた後に，妻があなたを抱きしめて，ありがとうと言うならば，彼女はあなたの芝刈りの活動に正の強化をもたらしている。もしもあなたが明快で，簡潔な書き方の報告書を提出したといって，上司に誉められるならば，上司が好む書き方に正の強化を受けたことになる。愛情や賞賛は非常に強力な報酬であるので，あなたはこれからも芝刈りをしたり，同じような書き方を繰り返すようになる可能性が高い。

　身体的な行動とまったく同じように，認知行動（思考）も正の強化によって増やすことができる。ある特定の性的空想で感情の昂ぶりを覚えると，その空想にふたたび耽ろうとする傾向がある。他者について批判的に考えることは，自己の価値が高まるように感じるので，強化される。もしも来るべき休暇について日中にあれこれと考えに耽ると，興奮や期待感が強まるならば，それが繰り返されるだろう。成功や達成についての記憶の後に自己の価値感が高まるのであれば，またその記憶に戻ろうとするだろう。あなたが嫌う人の不幸に拘ることは，快感や復讐心によって強化される。

　負の強化は，身体的あるいは心理的苦痛に置かれた時だけに生じ得る。苦痛を止めることに成功したいかなる行動も強化されるので，将来同様の苦痛を覚えるような場合に，強化が起きる可能性が高まる。たとえば，学生が最終試験の準備をしていると，ひどく退屈で，ごくありふれた活動にひどく惹かれることがしばしばある。いたずら書きをしたり，ゴミ箱にゴミを投げ入れたりするといった活動が強化されるのは，それがストレスに満ちた勉強からの一時的な救済をもたらすからである。一般に，ストレスや不安を和らげることは何でも強化される。癇癪を爆発させたとたんに緊張が和らげられるので，怒りはしばしば強化される。テレビを見る，食べる，熱い風呂に入る，引きこもる，文句を言う，趣味，スポーツ活動などは，緊張や不安の緩和によって強化されることがある。他者を非難することは，自分の失敗に対する不安を和らげるために，非常に高頻度の行為になるまで強化される。いかにも男らしい行動はある種の男性にとって社会的不安を和らげる効果があり，不安が和らいだことがとても大きな効果をもたらし，マッチョなスタイルは厚い鎧となり，すっかりその中に囚われてしまう。

正の強化とともに，負の強化もあなたの思考を形作る。不安，自責感，絶望，不全感といった気分を和らげるいかなる思考も強化される。たとえば，あなたは，気難しくて，あれこれと判断する義父に会う度に不安を感じるとする。ある日，義父の家へと向かう途中，あなたは自動車を運転しながら，義父が本当に頑固者で，その意見のほとんどが事実と反し，怒り出すと手に負えない我儘者であると考え始める。突然，あなたは不安というよりも怒りを感じ，不思議な救済感を覚える。あなたの追いつめられた考えは不安の軽減に強化されるので，その後の訪問中に，その老人に対して批判的な態度が増してきたことに気づく。

　仕事で間違いを犯すのではないかと不安を感じている人は，仕事を貶めたり（例：「馬鹿でもできる仕事だ」），上司を貶めたりして（例：「重箱の隅をつつく，尻の穴の小さい奴だ」），不安を和らげる。不安が再び生じると，誰かや何かを貶める考えがまた湧きあがってくる可能性が高い。恋愛の空想，誇大的な成功の空想，救済や逃走の夢，単純な問題解決の考えなどによって，絶望感が和らぐことがある。いずれの場合でも，絶望感を和らげるのに成功した特定の認知が忘れられることはない。同じ気分が生じたら，同じ認知が再び利用される確率が高い。

　悲嘆の過程は負の強化の力を示す古典的な例である。何が，故人や喪った対象について苦痛に満ちた記憶を繰り返し蒸し返すのだろうか？　二度と戻ってこないすばらしい日についてなぜ繰り返し考えるのだろうか？　逆説的ではあるが，喪失について強迫的に思い返すのは，苦痛を和らげる力があるからである。喪失を意識すると，非常に強い身体的・心理的緊張が生じる。欲求不満や絶望感は，それが放散されなければならないほどの水準にまで高まる。故人や喪った対象についての特定のイメージや記憶が呼び起こされ，それはその後に続く涙や短時間の茫然自失という形で和らげられるのに役立つ。このように，強迫的追想という悲嘆の段階は，緊張緩和と一瞬の比較的な平穏によって強化される。

　以上をまとめると，負の強化は基本的には問題解決過程の一種である。あなたは苦痛を覚えている。あなたは気分がよくなりたい。あなたは苦痛を和らげる何らかの行動や思考を探し求める。苦痛を和らげるのに効果がある思考や行動が見つかると，特定の問題に対する効果的な解決策として，それを自家薬籠中の物としてしまう。問題が再び起こると，その効果が証明された戦略を何度もまた用いることになる。

## 変動比率強化スケジュール

　ここまでは，持続的強化スケジュール（continuous reinforcement schedule）についてのみ解説してきた。持続的強化とは，ある特定の思考や行動がつねに強化されることを意味する。その行動を行う度に，快楽や救済感がつねに得られる。持続強化スケジュールの重要な側面とは，思考や行動の強化が止まると，それがすぐに消失へとつながることである。以前に強化されていた思考や行動に対して強化されなくなるとすぐに，それを行うことを止めてしまう。

　変動比率強化スケジュール（variable-ratio reinforcement schedule）では，状況は非常に異なる。この場合，強化は持続的なものではない。その行動を5度行った後に，はじめて報酬を得るのかもしれないし，次は20回目以後，次は43回目以後かもしれない。効果が現れるスケジュールは予測できない。強化されるまでに，その行動を数百回，あるいは数千回も行わなければならないこともある。予測不能の結果として，以前には強化された行動を長期間続けなければならないのだが，なかなか強化は得られない。そして，諦めるには長期間かかる。

　スロットマシーンは変動強化スケジュールに基づいて作動しているため，人々は嗜癖に陥り，すっかり疲弊してしまうまでスロットマシーンに取り組む。たった1枚の25セント硬貨で大当たりすることもあれば，何百枚も硬貨を入れ続けることもある。次の1枚の25セント硬貨で強化が起きるかもしれないので，人々はスロットマシーンを止められない。

　以下に，変動比率強化スケジュールの2つの例を挙げて，思考に及ぼす強力な影響を示す。

1. 強迫的な心配が不安を和らげるような効果的な解決をもたらすと，それは時々強化される。これが起きるのは年に1度か2度，あるいは一生の間に数回かもしれない。しかし，不安を抱いている人はその解決に注意を払い続けて，新たな不安でもそれを試みる。これはまるで，スロットマシーンに嗜癖している人が，次のコイン，次のコインと入れていき，その次のコインではかならず大当たりすると願っているようなものである。
2. 他者との気まずいやり取りを強迫的に思い出すことが強化されるのは，それを突然別の視点でとらえたり，あるいはそれほど拒絶や無能を感じな

かったりする時であるかもしれない。過去の記憶の中で、状況を救ったと思われる、あなたの言動を思い出す。恥辱感は消え去り、自分が受け入れられたように感じる。悲しい事実は、強迫的な想起がそのような一時的な救済では強化されることがほとんどないということである。あなたはうろたえるようなやり取りについての記憶に何時間も苦しみ、何とか気を取り直そうとして、必死にコインをスロットマシーンに入れ続けるようなものである。

## どのようにして批評家は強化されるか

あなた自身の批評家の主張は、正の強化も負の強化も受ける可能性がある。皮肉なことに、批評家はあなたを叩きのめす一方で、あなたの問題を解決し、限られた仕方ではあるものの、ある種の基本的な欲求を満たす手助けをしている。

### 批評家にとっての正の強化

以下に挙げるのは、正の強化によって、批評家が手助けしている欲求の例である。

**正しく行う欲求**。誰もが、その行動をコントロールする多くの規則や価値のリストを心の中に持っている。これらの規則がしばしば有用であるのは、危険な衝動を制御し、人生に構造と秩序の感覚をもたらすからである。何が道徳的か否かを定めることで、この規則は倫理的な枠組みを用意する。それは、友達や権威的な人物とどのように対応するか、どの程度性的に振る舞うか、どのように金銭を扱うかなどを示す。この内的な規則を破ると、人生は混乱に陥り、自分がとても価値ある存在であるという感覚を失うことになる。したがって、批評家はあなたに規則に従うように迫る。規則を破ったり、規則を破る誘惑に駆られたりすると、批評家はあなたがいかに間違っていて、悪いかを告げる。批評家は口汚く罵り、あなたが「正しいことをする」ように迫る。ある人は次のように言った。「私の批評家は私に嘘を言ったり、人を騙したり、なまけたりしてはならないと命令してきます。私にはそれが必要です」

**正しいと感じる欲求。**たとえ批評家があなたは間違っていると言いつつも，逆説的ではあるが，批評家はあなたがより強い価値や受容を感じるように手助けしている。ただし，それはごく一時的なものでしかない。

1. **自己価値。**批評家があなたの価値が一時的に高まったと感じる手助けするには，2つの方法がある。すなわち，あなたを他者と比較するか，非常に高い完全主義的な基準を設定するかである。

　　比較の作業とは次のように行われる。あなたの知能，達成，報酬，性的魅力，好感度，対人的能力，率直さ，すなわちあなたが価値を置くほとんどすべての性向や質を，批評家はつねに評価している。ある点で，あなたは自分が他者よりも劣っていると感じることが多くて，あなたの自尊心は損なわれる。しかし，時々，あなたは自分が他者よりも魅力的で，知能も高く，温かいと考えて，他者よりも優れていることに一時的な満足を覚える。そうなることは稀であるのだが，その一時的な満足は強化の効果を持つ。あなたと他者を比較する批評家は，変動比率スケジュールで強化される。あなたと他者を比較しようとする努力のほとんどは，あなたが劣っていると感じるようにさせるのだが，それがうまくいくような場合には，すなわち，比較によって自分をよく思えるような場合には，比較する習慣に囚われてしまう。

　　批評家があなたの価値を高める第二の方法とは，仕事での業績，恋人として，親として，魅力ある話し手として，主婦として，ソフトボールチームの一塁手として，信じがたいほど高い基準を設定することである。あなたはほとんどの場合，批評家の要求に応えるのに失敗し，自分が不適切だと感じる。しかし，ごく稀に，すべてが奇跡的に完璧にうまくいくことがある。あなたは仕事で業績が上がり，息子と深くて，愛情あふれる会話をし，ソフトボールチームのためにホームランを2本打ち，その後，バーで面白い話を6つする。そして，このようにしてあなたは批評家を変動比率スケジュールで強化する。たまたま批評家の掲げる高すぎる目標を達成した時には，ごく一時的ではあるが，自分自身に平穏を感じる。したがって，批評家が完璧を主張し続けるのは，あなたがそれを達成し，ほんの一瞬完璧であった時に気分が非常によいからである。

2. **批判的な親から受け入れられるという感覚。**この欲求を満たすために，批評家はあなたの親と一緒になって，あなたを攻撃する。あなたが自己中心

的だと，親が非難すると，批評家も同じことをする。あなたの性的行動を両親が拒絶すると，内なる批評家もあなたは不道徳だと罵る。あなたが馬鹿だ，太っている，負け犬だと親が決めつけると，批評家も一緒に悪し様に言う。あなたが親の否定的で一方的な判断に同意するような，批判的な言葉を自分に向かって発すると，あなたはそれに近い感情で強化される。親の視点を同定することによって，逆説的ではあるが，あなたはより安全で，受け入れられ，愛されていると感じるだろう。あなたは親の視点で物事をとらえ，親と同様に振る舞い，所属感や情緒的安全感を覚えて，それがあなたの批判的な声をさらに強化する。

　**達成の欲求。**年老いた馬のように，批評家はあなたに鞭を当てて，無理やり目標を達成させようとする。批評家はあなたの価値に手酷い攻撃を仕掛ける。もしも今週3つの商談をまとめなければ，あなたは怠け者で，無能力で，一家の大黒柱の資格はないと決めつけてくる。成績が平均3.5でなければ，あなたは馬鹿で，無能で，大学院入学の資格がないことが皆に知れ渡る。批評家を強化しているのは，けしかけられれば，あなたは物事を成し遂げようとするという点である。あなたは売り上げを高くすることも，本を理解することも，やればできる。そして，批評家があなたに課題の達成を迫る度に，その攻撃は強化される。

## 批評家にとっての負の強化

　批評家は，負の強化でもって苦痛に満ちた気分をコントロールするというあなたの欲求を満たす手助けをしているのかもしれない。批評家があなたの苦痛に満ちた気分を和らげたり，完全に止めたりする手助けができると，その声は大いに強化される。長期的効果はあなたの自尊心を破壊することであるとしても，自己への批判的な語りかけの短期的効果とは，苦痛に満ちた感情を緩和させることであるかもしれない。批評家があなたの自責感，恐怖心，抑うつ感，怒りを減らす手助けをしているいくつかの例を挙げてみよう。

1. **大丈夫ではない，悪い，価値がないという感覚。**心の奥底で，誰もが自分の価値に疑いを抱いている。しかし，自尊心が低いと，このような疑いがさらに強まっていき，不全感や絶望感のほうが，あなたの精神内界のよい部分よりも優勢になってしまう。その不全感はあまりにも苦痛に満ちてい

て，そこから逃れるためにおよそ何でもするようになる。そこに批評家が入りこむ。完璧という不可能な基準を設けて，批評家はあなたを手助けする。半年毎に昇進しなければならない，すばらしく美味しい食事を料理しなければならない，毎晩3時間子どもの宿題を見なければならない，パートナーの性的欲求を完全に満たさなければならない，一歩も立ち止まってはならない，ニューヨークタイムズ書評欄から得た情報を使って気の利いた会話ができなければならないといった具合である。この基準を達成することは不可能であるのだが，批評家はあなたに完璧であることを迫り，あなたはもはやそれほどの不全感や絶望感を抱かない。むしろある種の全能感を覚える。一生懸命働けば，全力を出しさえすれば，必死になって自分を変えようとすれば，すべてのことが可能だろうという訳である。

2. **失敗の恐怖**。今よりも創造的な仕事を探そうと考えている女性が，現在の安定した仕事を辞めることにひどく不安を感じる。そこに，批評家が救いの手を伸ばした。「お前にはできない。すぐに解雇されるだろう。十分に芸術的な才能がない。すぐに見破られてしまう」と批評家は言う。このような自己拒絶の言葉に次々に見舞われて，新たな試みをするのを1年先送りすることに決める。彼女の不安のレベルはただちに下がる。批評家の攻撃が直接的に彼女の苦悩のレベルを下げたので，批評家は強化される。変化をもたらし，危険を冒すことに伴う不安に向きあうに当たって，批評家はこの女性を守るのにとても役立つ。変化に向けた計画を捨てるところまで，批評家はこの女性の自信を引き下げた結果として生じた救済感によって批評家は強化される。

3. **拒絶の恐怖**。拒絶の恐怖をコントロールする方法のひとつとして，つねに拒絶を予測して，けっしてそれに驚くことがないようにするというものがある。批評家は多くの読心（mind reading）をする。たとえば，「彼女はお前が嫌いだ。彼はすっかり退屈している。彼らはお前に委員会に入ってほしくない。彼はお前の仕事が気に入らない。恋人が顔を顰めたのはもう興味がないということだ」。読心は，突然の狼狽からあなたを守る手助けをする。拒絶，失敗，敗北を予測しておけば，実際にそれが起きたとしても，傷はそれほど深くならずに済む。批評家の読心は，変動比率スケジュールで強化される。時々，批評家はある種の傷や拒絶を正確に予測することがある。そして，その予測は最悪の苦痛に対してあなたを脱感作させる手助けをするので，批評家は強化されて，読心が続く。

拒絶の恐怖に対処する他の方法は，まず自分自身を拒絶することである。批評家があなたの欠点や短所について攻撃している時に，あなたがすでに耳にしていないことを，誰か他の人が言うことはできない。38歳の貸付係の女性はこれを次のように述べた。「離婚後，私は自分が負け犬だと，自分自身に言い続けました。そういうふうに言うことが自分を守ってくれると考えています。自分でそれを言い続ければ，他の誰も言わないように感じていました。私自身がそう言っているのだから，他の人が私を負け犬と言う必要はないでしょう」。ある有名な詩人が同じ気分について次のように述べている。「私は自分の作品をつねに貶めていたような感じがした。そのために実に不思議なことに，他の人々は私の作品を酷評しなかった」。他者から攻撃されるのではないかというあなたの不安を和らげるのに役立つと，自分への攻撃はひどく強化される。

4. **怒り**。愛する人に向けられた怒りの感情は，非常に恐ろしく感じられる。怒りが意識に上ると，非常に強い不安感を覚える。その対処法は，怒りの矛先を変えて，自分自身を攻撃することである。失敗したのは，理解しなかったのは，そもそも間違いを起こして問題を作ったのは，自分であるというのだ。批評家が攻撃を続けていくと，あなたの不安は和らぐ。こうして，他者を傷つけたり，事態を悪化させたり，他者を怒らせて，攻撃されるといった危険を冒さずに済むのだ。

5. **罪責感**。批評家は親切にも，罰を与えることによって，あなたが罪責感に対処する手助けをしてくれる。あなたは罪を犯したので，批評家はその償いを求める。批評家が，あなたの利己主義，貪欲（どんよく），鈍感について繰り返し攻撃すると，あなたには徐々に贖罪（しょくざい）の意識が芽生え，時には破滅の感覚さえ生じることもある。それはまるで罪などそもそも犯していないかのような感じでさえある。あなたが批評家の審問室に座って，自分の罪についてのビデオを繰り返し見せられていると，罪責感が減じていく。批評家のあなたの自己価値感に対する攻撃が，自分が間違っているという厳しい感覚を一時的にでも和らげるのに役立つと，批評家は強化される。

6. **欲求不満**。「私は一日中，7人の病気の子どもたちの看病をしてきました。私は買い物をし，料理をし，息子の部屋から流れてくる大音響のリードギターのリフを聞き，台所のテーブルの上に請求書を広げてきました。そんな時に，私はつくづく自分が情けなくなります。自分がしてきたすべての馬鹿げた決定について考えると，本当に腹が立ってきます。こんな人生に

したのは私だ，私は結婚に失敗した，何も変えられないと恐れているのは自分自身だとの結論に達しました。しばらくすると，少し落ち着いて，眠りました」（と 36 歳の集中治療室勤務の看護師が語った）。批評家の攻撃が，興奮のレベルが下がることによって，強化されたのに気づいてほしい。自己に向けられた怒りは，疲れ果てた一日，騒がしい自宅，請求書に対する不安がもたらした緊張を和らげる効果があった。批評家を使って，あなたが自分自身に怒りを向けると，あなたの隠された目標は実際には，ひどく高まった欲求不満や否定的な気分を発散させようとするものかもしれない。この戦略に効果が現れ，緊張が和らげられる程度は，あなたを攻撃することで批評家が強化される程度と相関する。

批評家がいかにあなたの基本的欲求を満たす手助けしているかという例はこれだけではない。批評家について，そして，その攻撃がいかに強化されるかについて，あなたが考えるように，これは計画されている。あなたが自己攻撃の機能を発見する方法を同定し，どのようにしてそれがあなたを傷つけると同様に手助けしているかを知ることは非常に重要である。今は，批評家にとっての正の強化と負の強化に戻ることにしよう。あなたに当てはまる項目にそれぞれ星印を付けてみよう。あなたがどの欲求を満たすことに批評家は手助けしていて，その攻撃がどのようにして強化されているかが明らかになったら，次の段階「あなたの批評家を捕える」に進んでいく。

## あなたの批評家を捕える

批評家をコントロールできるようになるためには，まずそれが何を言ってくるのか聞き取れなければならない。生きている間中，意識のある間はいつも，あなたは心の中で独語をしている。経験，問題解決，将来への推測，過去の出来事の検討について解釈している。この持続的な自己会話のほとんどは役立つし，あるいは，少なくとも害はない。しかし，独語の中のどこかに批評家の告発が隠れている。あなたを貶めている行為の最中に批評家を捕えるには，特別な警戒が必要である。あなたは心の中の独語に注意深く耳を傾け続けなければならない。「馬鹿め。またつまらない間違いをした。お前は弱い。どこかがおかしいので，仕事を仕上げることができない。話も下手だ。彼女は飽き飽きしている」などと批評家が呟くのに，あなたは気づかなければならない。

過去の間違いや失敗のイメージで批評家が攻撃してくることもある。単語やイメージを使わないこともある。意識として，知識として，印象として，考えが浮かぶこともあるだろう。批判はごく一瞬閃いて，言語とは言えないもののように思えるかもしれない。あるセールスマンが次のように述べた。「私が人生を無駄にしていると直感的にわかる時があります。この空虚感を実感できます。これはまるで私の胃の中に重苦しい感じとして実感できるのです」

　批評家を捕えるには，真剣に取り組む必要がある。以下のような問題の多い状況での心の中の独語にとくに注意を払わなければならない。

- ・見知らぬ人に会う。
- ・性的に魅力的だと感じる人に接する。
- ・あなたが間違えた状況。
- ・批判されたと感じて，言い訳がましくなる状況。
- ・権威的な人物とのやり取り。
- ・あなたが傷つけられたと感じるか，誰かがあなたに腹を立てている状況。
- ・拒絶や失敗を引き起こしそうな状況。
- ・反対されそうな親や他の誰かとの会話。

## 練　習

　あなたの批評家をじっくり観察してみよう。一日中，自己攻撃に可能な限り注意を払ってみる。自分に向けて発した批判的な言葉の数を数える。心の中の独語が自己評価を否定している頻度が多いことに，あなたは驚くかもしれない。第2日目と第3日目には，もう少し深く進んでいく。攻撃の数をただ数えるのではなく，ノートを持ち歩いて，攻撃の言葉を書き留める。

　　自己攻撃をたくさん書き留めれば，書き留めるほど，よい。毎日，批評家の攻撃を少なくとも10個書上げることができたら，自分を誉めてあげよう。
　　夜にはもうひとつの課題がある。1枚の紙に，真ん中に線を引く。一方に「不快な気分を避けるのを助けてくれること」と見出しを書く。もう一方に「私が感じたり，何かをしたりする手助けになること」と見出しを書く。ノートに書き出した批判的な考えの一つひとつについて，その考えの

| 考えの数 | 時間 | 批判的な言葉 |
|---|---|---|
| 1 | 8:15 | 校長は私の遅刻にうんざりしているに違いない。 |
| 2 | 8:40 | なんて雑な授業計画だ。ああ，私は怠け者だ。 |
| 3 | 9:30 | 頭の悪い生徒たち。私が手助けできることはあまりない。 |
| 4 | 9:45 | シーラに昼食のリストを渡したのはまずかった。彼女は食堂でウロウロしている。 |
| 5 | 10:00 | 私はなんて教師なのだ？ 生徒たちの理解は一向に進まない。 |
| 6 | 12:15 | 食堂で馬鹿なことを言ってしまった。 |
| 7 | 12:20 | どうして私はこんなに馬鹿なのだろう？ |
| 8 | 14:20 | 今日のクラスは滅茶苦茶だった。どうやったら授業がうまく進められるだろうか？ |
| 9 | 14:35 | どうしてある生徒の絵を壁に飾らないのか？ 私はひどくまとまりがない。 |
| 10 | 15:10 | ひどい駐車をした。自動車の周囲に注意しろ。 |
| 11 | 15:40 | ひどく散らかっている。家事もできない。 |

| 考えの数 | 私が感じたり，何かをしたりする手助けになること | 不快な気分を避けるのを助けてくれること |
|---|---|---|
| 1 |  | もしも校長が私の遅刻を注意したら，私は驚き，傷つくだろう。 |
| 2 | 仕事をもっと慎重にやるようにしよう。 |  |
| 3 | よりよい授業計画を立てるように心がける。誰かに相談しよう。 |  |
| 4 | 誰にリストを渡すべきかよく考えよう。 |  |
| 5 | 自分の立てた授業計画に熱心に取り組もう。 |  |
| 6 |  | 社会不安症。自分が馬鹿だとすでに知っている。だから誰も私を傷つけたりしない。 |
| 7 |  | 社会不安症。 |
| 8 | 生徒対応の技術について他の教師に相談しよう。校長から批判されたら，私は驚き，傷つくだろう。 |  |
| 9 |  | もっと注意してまとめようとしないことに罪責感を覚える。 |
| 10 | 駐車の際にもっと気をつけよう。 | 安全ではない駐車をして我が身を責める。 |
| 11 | もっと片付けることにしよう。 |  |

機能を記録する。それがどのようにして正の強化や負の強化を得ているか，それはあなたが何かよいことを感じたり，したり，あるいは不快なことを感じるのを避けるのにどのような役割を果たしているかを記録する。次に挙げるのは，小学校1年生担当の24歳の教師が書いたものである。

　あなたもこの練習をすると同じように思うだろうが，彼女が自分のリストを眺めて，ある基本的なテーマに気づいた。攻撃がより高いレベルの達成や自己改善に駆り立てているために，批評家の攻撃は強化されていた。その点について考えると，批評家は彼女にあまりにも高い達成基準を設定していたとわかった。ごく稀に，その基準を実際に達成すると，彼女はすばらしい自己受容感を覚えた。この感覚のとりこになり，それが彼女の完全主義を強化していることに気づいた。社会不安症や拒絶されて当惑する恐れを避けるというテーマにも気づいた。このような新たな気づきがあって，この教師はもっとも重要な段階への準備ができた。それは批評家の武装を解くことである。

# 第3章

# 批評家を武装解除する

　ここまで読んできて，あなたは自分の中にいる批評家についてわかってきたはずだ。一日中続く自分への語りかけと，批評家の声をうまく分けられるようになってきていれば幸いである。この自己への語りかけというのは，麻薬王の疑いがある人に電話をするようなものである。相手を騙すためには，たわいもない会話をあれこれとしなければならない。相手が犯罪がらみの何かを言う瞬間をとらえるには，まず相手の言葉に耳を傾け続ける。

　批評家の武装を解く前に，あなたは批評家について知る必要がある。秘密は批評家の最大の力である。したがって，批評家の声に耳を傾けて，それに気づくことがうまくできるようになると，あなたは大勝利することだろう。批評家が攻撃してくる時にはいつも，あなたは深い心の傷を負っていることを忘れてはならない。さらに，あなたの価値に傷を受けてしまい，この世で自分の能力を感じ，幸せでいることが難しくなってしまう。批評家があなたに対して行っていることにとても耐えられない。それはあまりにも多くを奪い去る。

　覚醒している間中，つねに完全に注意を払い続けるというのは実際には不可能なので，とくに注意を払うべき状況を知っておく必要がある。前章で問題の多い状況のリストを挙げた。すなわち，間違えたり，批判されたり，反対しそうな人と向きあったりする場合である。しかし，批評家に注意を払う必要がある他の状況もある。それは，抑うつ感を覚えて，自分を貶めているような場合である。一般に，このような感情は批評家によって引き起こされ，まさに批評家が活動中であることを示している。あなたの気分を落とそうとしている批評家を捕えるには，次の4つのことをしなければならない。

1. 目を閉じて，数回深呼吸する。深く息を吸いこんだり，吐いたりして，横

隔膜を上下させる。
2. 身体をリラックスさせる。脚，腕，顔，顎，首，肩の緊張が解けていくことに注意を向ける。
3. 身体の中の抑うつ感に注意を払う。その場所に焦点を当てて，そこの感覚を実際に感じ取る。
4. 身体のその場所の感覚とともに浮かんでくる考えに耳を傾ける。あなたが自分自身に語りかけていることのすべてに注意を払う。次に，その感覚がどのように始まって，批評家が何を言っていたかを覚えておくようにする。

　抑うつ感を覚えたり，自分を貶めている時にかならずこの4段階を試みるようになると，批評家の攻撃の内容がより明確にわかってくる。

　前章の練習をしたならば，あなたは今では心の中の批評家の声の基本的なテーマが以前よりもよくわかっている。批判的な考えを分析して，それがどのようにしてそのような気分にさせて，その気分を避けるのにどうしたらよいのか，攻撃のパターンが見えてくる。ある人は，批評家の主な機能とは，罪責感を和らげることだと気づくかもしれない。また，達成の動機づけを高めるというのが批評家の主な機能だと気づく人もいるだろう。他の人にとっては，拒絶の恐れを和らげるのを批評家が手助けしているかもしれない。あるいは，批評家はあなたが窮屈で，つらい生き方に留まるように強いてくるかもしれない。批評家が用いているテーマに気づくことができると，あなたは反撃の準備が整ったことになる。

　批評家を武装解除するには，次の3段階がある。(1) 批評家の目的を明らかにする，(2) 反論する，(3) 批評家を無力化する。

## 批評家の目的を明らかにする

　批評家の隠された動機を突然明らかにするよりも，批評家との口論に勝つためのより効果的な方法がいくつかある。古典的な例として，喫煙と心疾患の間には関連が認められないというタバコ会社の「研究」がある。タバコ産業の隠された動機は明らかであるので，この主張を深刻に受け止める人はほとんどいない。

　批評家の仮面をはぐには，その真の目的と機能を明らかにしていく。あなたの批評家の正体を暴くには次のようないくつかの方法がある。

- お前（批評家）は私が育った時の規則に従って生きるように仕向けてくる。
- お前がいつも私を皆と比べているので，私の地位が低く感じることがある。
- 両親がかつてそうしたように，お前は私を叩く。私は両親を信じていたように，お前を信じてしまう。
- お前は私がもっとできると尻を叩き，おそらく自分のことを快く思う。
- お前は私が完璧であるようにと主張する。というのも，すべてを完璧にできれば，自分のことをようやくこれでよいと思えるからだ。
- 私にはできないとお前が言うので，私は見ようとしないのだけれども，実際には私が，台無しにするのではないかと心配する必要もない。
- 彼らは私を好きではないとお前が言うので，拒絶されても傷つかない。
- 彼女が私のことをすっかり嫌気がさしているとお前が言うので，何が事実であろうと，私は最悪の事態に対する心の準備ができている。
- 私は完全であれとお前に言われるので，馬鹿げたことだが私はほんの数分間だけでも完全をめざし，その結果，自分を快く思う。
- お前から責められるので，ジルと離婚することの罪責感が和らぐ。

　批評家の機能が明らかになっていくと，その語りかけの信憑性が下がってくる。あなたは隠された動機を承知している。批評家が何を喚き散らそうが，あなたはその隠された課題をすでに知っているので，傷を負う可能性は低くなる。その声が何らかの方法で強化されるから，批評家が攻撃してくることを忘れないでほしい。あなたの批評家が心理的生活の中で果たしている役割に気づき，何を狙っているのかわかれば，そのメッセージの持つ信憑性を確実に下げることができるようになる。

## 反論する

　自身の批判的な声に反論するという考えは，不思議なものに思えるかもしれない。しかし，実際のところ，本書の多くは反論について取り上げている。すなわち，子どもの頃に受けた，古くて否定的なプログラミングに反証し，それを拒絶する方法を学ぶということである。成長の過程で，ワンダは彼女を貶める数多くのメッセージを受けてきた。まずは父親から，次には自分自身の批判

的な声からであった。父親は腹を立てると，彼女を馬鹿呼ばわりした。とくに，高校で「必死に」勉強したのに，Cの成績しか取れなかったといって，父親はワンダを嘲った。人生を通じて，ワンダは父親の判断を信じてきた。最近では，「間抜けな方法で」何かをしようとするといって，批評家がつねに彼女を罵る。批評家に反論する方法を学んで，このようなメッセージを止めるまでは，ワンダの自尊心は改善しない。彼女にはいわば心理的大砲が必要で，それで批評家を吹き飛ばして，最後にはその口を封じなければならない。

次に，反論するための2つの方法である。これは批評家の口を数分間封じる。その2つをひとつずつ実験していく。それらを別々に，次に一緒に試してみる。どちらの方法のほうがあなたに役立つだろうか。

**代価を尋ねる**。批評家の機能を止めるための最高の方法のひとつは，その攻撃のためにあなたが支払っている代価について考えることである。批評家に耳を傾けると，あなたはどの程度の代価を支払う必要があるのだろうか？ 32歳の印刷会社の課長は，仕事，対人関係，幸せの程度に関して批評家が言ってくることを検討し，書上げてみた。

- 妻と一緒の時に，どのような批判にも言い訳がましくなる。
- 娘が言うことを聞かないと，娘に向って癇癪を破裂させる。
- アルと敵対し，彼との友情を失った。
- わずかな批判でも気づくと，母親に当たる。
- 拒絶されるかもしれないので，顧客になる可能性のある人に対して自己主張できない（おそらくこのために年に手数料1万ドルは損しているだろう）。
- 上司や権威的な人物を恐れているので，彼らに冷淡にしたり，距離を置いたりする傾向がある。
- 他者に対して，不安を感じ，防衛的になる。
- 人から快く思われていないとつねに考える。
- うまくいかないのではないかと恐れて，新しいことを試みるのが怖い。

自尊心の低さのために，この営業課長は人生のあらゆる領域で多くの代償を支払わなければならなかった。今ならば，批評家が攻撃してきても，「お前のために，私は言い訳がましくなって，人々を恐れるようになった。収入も減った。

友達も失った。娘に対しても厳しく当たる」と言い返すことができるだろう。
　今度は，あなた自身の批評家のためにかかる代償について評価する番である。対人関係，仕事，幸福の程度といったことについて，自尊心はあなたにどのような影響を及ぼしているのか書上げてみよう。リストができあがったら，もっとも重要な事柄を組み合わせて，まとめの言葉にして，批評家が攻撃してきた時には，それが使えるようにしておく。次のように批評家に言い返すのだ。「そんなことは割に合わない。お前のおかげで，こんな目にあった」

　**価値を肯定する**。この方法は練習するのが難しい。とくに難しいのは，自分のどこかが間違っている，自分は大丈夫ではないと確信している場合である。しかし，批評家を完全に武装解除しようとするのであれば，自分自身を肯定する術を身につけなければならない。反論するという最初の方法は重要であるが，それだけでは十分ではない。代償が大きすぎると主張するだけでは，批評家の辛辣な言葉を永久に止めることはできない。この方法は一時的には役立つ。しかし，批評家の口を封じたとしても，それがいた場所に何かを埋めないと，真空を作るばかりである。そして，批評家はまた舞い戻って来て，より多くの攻撃でその真空を埋める。批評家の口を封じたら，自分の価値を肯定的に意識することで置き換える必要がある。
　自分の価値を肯定することはけっして簡単な課題ではない。今では，あなたの価値はあなたの行動次第だと信じている。比喩的に言えば，あなたは自分を空の容器のように見ていて，少しずつ自分が達成したことでそれを埋めていかなければならないと考えている。最初は，基本的には何の価値もない，動いて，話をする身体でしかない。人生には本質的な価値などなく，なにか価値のある，何か重要なことを成し遂げる可能性があるばかりだと，あなたは批評家から信じこまされてきた。
　実際のところ，あなたの価値は意識，すなわち認識し，経験するという能力である。人間の価値は，まさに人間が存在するということである。あなたは複雑な奇跡の創造物である。あなたは生きようとし，それ故に，まったく同じことをしている他のすべての人と同じように価値がある。達成したことと価値には何の関連もない。あなたが何をしようとも，何の貢献をしようとも，それはあなたの価値を証明する欲求からではなく，あなたが生きているという自然な流れから生じている。自分が何をするかは，自己を証明する闘いとしてではなく，むしろ，完全に生きる衝動から生じるべきである。

あなたが癌の治療法を発見しようとしている研究者であろうと，通りを掃除している人であろうと，希望と恐怖，愛と喪失，欲望と失望を経験してきた。あなたは世界を見回し，その意味を探ろうとし，たまたま抱えた独特の問題に対処し，苦痛に耐えてきた。長年にわたり，あなたは苦痛の最中で気分がよくなるのに役立つ多くの戦略を試みてきた。その中には，短期的には効果があるが，長期的にはかえって苦痛を増してしまうものもある。そんなことは構わない。あなたは必死で生きようとしているのだ。人生ではすべてが難しいにもかかわらず，それでもあなたは試み続ける。それこそがあなたの価値であり，人間性であるのだ。

以下のような肯定の言葉が，批評家に距離を置こうとしている時に，あなたが使えるものである。

- 呼吸をし，感じ，意識しているから，私には価値がある。
- 私はどうして自分を傷つけるのか？ 私は必死に生きようとしている。私は全力を尽くしている。
- 私は痛みを感じ，愛し，そして生き延びようとしている。私は善良な人間である。
- 私の痛み，希望，生存の闘いは，私を他のすべての人間に結びつける。私たちは皆，生きようとしているだけであり，できる限り全力を尽くしている。

このうちのひとつがあなたに合っていると感じるかもしれない。どれも合っていると感じるかもしれない。あなたが信じられる言葉に辿りつき，批判的な声に置き換えることが重要である。

時間をかけて，あなた自身の肯定の言葉を書いてみよう。もしも正しい肯定の言葉を思いつくのが難しければ，第4章「正確な自己評価」，第7章「コンパッション」，第10章「失敗への対処」を参照して，あなたが信じられる肯定の言葉を編み出そう。

批評家の声に置き換えるための，肯定的な言葉が必要であることを覚えておこう。毎日，批評家からの攻撃を封じることができる度に，肯定の言葉を使うようにしよう。

## 批評家を無力化する

　批評家を武装解除する最高の方法は，その力を奪うことである。その役割を取り上げて，最後にはその口を封じる。批評家がどのように機能しているかを理解するだけでは十分ではない。批評家の機能とは，あなたの尻を叩いて何かを達成させようとしたり，拒絶される恐れからあなたを守ったり，罪責感を和らげたりすることであると，あなたはすでに承知しているかもしれない。しかし，その機能を知っているだけでは，あまり多くは変わらない。批評家の機能がなくても済むようになるためには，新たな，健康な方法で，同じ欲求を満たす必要がある。批評家に頼らずに，あなたの欲求を満たすための新たな，建設的な方法について，本書は取り上げている。

　以下に挙げるのは，前章から引用した，あなたが欲求を満たすのを典型的に批評家が手助けしている欲求のリストである。各項目の後に，批評家に頼らずに欲求を満たす他の健康的な戦略を短く解説してある。特定の手助けとなる本書の章も示してある。

　**正しく行う欲求**：あなたの古い戦略は，批評家に命令されるがままに「まっすぐで，狭い道」を歩むという方法に頼ってきた。より健康的な戦略は，一連の「〜すべき」思考や個人的な基準を再評価して，どれがあなたやあなたが置かれた現状に現実的に合っているかを見定める。「〜すべき」思考についての第8章では，あなたがそれに従って生きている規則を評価する段階的な方法を解説する。あなたの価値に沿って生きる方向性を示す健康なシステムについても取り上げる。すなわち，それぞれの選択肢について短期的結果と長期的結果を明確に理解したうえで決断することである。

　**正しいと感じる欲求**：一時的な価値の高さを重んじるあなたの古い戦略は，あなたを他者と比較し，非常に高い，完璧な基準を設定するものだった。より健康的な戦略は，自分自身をこれまでよりも現実的にとらえること（第4章「正確な自己評価」，第5章「認知の歪曲」，第6章「苦痛に満ちた思考を拡散する」）と純粋な受容（第7章「コンパッション」）を学ぶ。第14章では，視覚化を通じてあなた自身の見方や語り方の新たな方法を強化する。実際のところ，本書の大部分は，あなたが正しいと感じる欲求と，正確で受容的な自己評価の態度を育むように手助けすることに焦点が当てられている。

**達成する欲求**：あなたの古い戦略は，批評家に頼って，より多くを達成するように動機づけることであった。しかし，目標達成に失敗する度に，絶好の機会を逃す度に，あなたは不快になり，自分には価値がないと感じる。しかし，最大の問題は，批評家の主張こそがごく当たり前で，まったく正しいとあなたが固く思いこんでいることなのだ。あなたの価値はあなたの行動次第であるという嘘を信じて，疑わない。したがって，あなたの欲求を満たす，健康な方法への第一段階となるのは，あなたの行動があなたの価値を定めるという古い確信に立ち向かうことである（本章と同情［コンパッション］についての第7章の「自己価値の肯定」参照）。

第二段階は，目標が自分にとって適切なものであるかを見定める術を学ぶことに関連する。この家を手に入れたいのは本当にあなたなのか，それとも，あなたの父親か，配偶者か，あるいは「善良な不動産会社」の思惑なのだろうか？「～すべき」思考に関する第8章では，あなた自身の目標について評価を助ける方法を取り上げる。あなたの目標を短期的結果と長期的結果の視点から探り，それがあなたに適切であるかを決定する。率直に調べると，あまりにも代償が大きすぎる目標もかならず明らかになってくる。第9章「自分の価値に沿って行動する」では，あなた自身の価値を発見し，それを行動に移すことについて解説する。

健康な方法であなたの欲求を満たす最終段階は，動機づけの新たな源を探ることである。あなたをこれまでに動機づけていたのは批評家であり，目標に向けて必死で頑張らないと，攻撃を仕掛けてきた。健康な動機づけには，成功がもたらす肯定的な結果を視覚化することである。達成した目標がもたらす収穫を刈り取る自分自身を考えてみる，成功について細かい部分まで想像してみる，友達の賞賛の声を聞いたり満足を感じたりすることを想像してみるのは，非常に強力な動機づけの源を得たことになる。第14章「視覚化」では，望ましい行動を動機づけるために，想像力を用いる詳しい方法を解説する。

**否定的な気分をコントロールする欲求**：あなたの恐怖感，罪責感，その他の感情をコントロールするのを，逆説的ではあるが，批評家がどのようにして手助けしているのかを，前章で取り上げた。これはまるで，なにか怪我の痛みに耐えるために，爪を深く噛んでいるようなものである。あなたがコントロールするのを批評家が手助けしている否定的な気分には，以下のようなものがある。

1. **大丈夫ではない，悪い，価値がないという気分**：あなたが完璧という高す

ぎる基準を設定してこの気分を抑えこむのを，批評家が手助けしている。これが暗に示しているのは，理想の自分になるには，必死で努力するしかないということである。前述した「正しいと感じる欲求」の項で解説した段階を踏んでいくことで，批評家の力を借りずに，この気分をコントロールできるようになる。繰り返しになるが，この戦略では，自分自身を正確に見つめて，純粋に自分を受け入れていくことを学ぶ。

2. **失敗するのではないかという恐怖感**：批評家があなたに「お前にはできない」と語りかけることによって，失敗するのではないかというあなたの恐怖感を和らげるのを手助けしている。その結果，あなたは試そうともしないで，恐怖感も和らいでいく。失敗するのではないかという恐怖感をコントロールする健康な戦略とは，間違えることの意味をとらえなおすことである。自尊心の低い人は，失敗とは自分には価値が大きく欠けていることを示す指標であると見なしている。一つひとつの失敗は，自分は何かひどい欠陥があるという根源的な確信を再確認することになる。第10章では失敗に対処することについて取り上げているが，人間の性質に関する基本的な法則のひとつを取り上げる。それは，「人間は現在の意識に基づいた自分の欲求にもっとも合うと思われる行動をつねに選択する」というものである。自分が何を知っていて，何を望んでいたとしても，ある時点で，あなたは可能な限り最高の決断を下している。失敗に対処する秘訣とは，あなたが下した決定はすべて，その状況において最高のものであったと認識することである。

3. **拒絶されるのではないかという恐怖感**：批評家は将来起きることを予測し，あなたにその準備をさせることで，あなたが拒絶に対処できるように手助けする。また，他者がいかなる批判からも逃れられないように，あなたが行動することも，批評家は手助けする。拒絶されるのではないかという恐怖感に対処する健康的な方法としては次のようなものがある。(1) 失敗したとしても，その時点で可能な最高の決定であったととらえなおす（第10章の「失敗への対処」参照）。(2) 批判に対処する特定のスキルを身につける（第11章の「批判に応える」参照）。(3) 読心（mind reading）ではなく，予測される拒絶について検討することを学ぶ（第5章の「読心」の項を参照）。第一段階として，自分自身への語りかけを変えていく必要がある。人前での失敗はあなたの価値を示すものではなく，後に振り返ると，他の振る舞い方があったはずだと思うものの，それはあなたがその場

で下した単なる決断に過ぎない。第二段階は，あなたの行動を変化させることである。自己非難の塊になってしまうのではなく，批判に対して適切に自己主張しながら応じることを学ぶ。第三段階では，他者の思考や気分についてのあなたの思いこみを信用しないという決断が求められる。その代わりに，確認のスキルを育んでいく。すなわち，他者の否定的な気分と疑われるようなことについて特定の質問をしていく術を身につける。

4. **怒り**：あなたが怒りの恐怖に対処するために，それを自分自身への攻撃に向けるように，批評家は手助けする。怒りに対処する健康な戦略は，あなたの求めることを相手に伝えて，変化のために交渉する方法を学ぶことである。欲求が言葉に出して表されていなかったり，不十分に表されていたりするので，怒りは絶望感の副産物であることが多い。手に入れることができないかもしれないが，あなたには自分が求めることを要求する権利がある。あなたが望むものを求めることについての第12章では，自分の欲求をより効果的に訴える方法を解説する。適切な自己主張について学ぶことは，他者そして自分自身に対しても怒りの感情を和らげることになる。

5. **自責感**：批評家はあなたを罰することによって，あなたの自責感を和らげる手助けをする。よりよい戦略とは，自責感が健康な価値の否定，あるいは不健康な価値から生じているのかを見定めることである。「〜すべき」思考についての第8章では，あなたの個人的な価値体系を探っていく枠組みを示す。あなたが破った規則とその結果としての自責感は，個人としてのあなた，そしてあなたの置かれた独特の状況に十分に合ったものであるのか見きわめる必要がある。破られた規則が現実的なものであったかについても見きわめる。すなわち，善悪の完全な二分法ではなく，あなたの行動の結果に基づいていたという意味を見きわめなければならない。

　自分の規則が不健康なものであると気づいたら，古い価値に疑問を投げかけることによって，自責感と戦うことができる。こう言うのは易しいけれど，実行するのは難しい。第9章では，健康な価値を明らかにし，それを行動に移すことで自己価値を高めるための，段階的な方法を示す。

6. **欲求不満**：批評家はあなたを非難し，攻撃し，あなたの緊張の程度を減らすために否定的なエネルギーを十分に発散させることによって，あなたの欲求不満をコントロールする手助けをする。健康な戦略は，あなたの本来の価値を繰り返し再確認し，あなたのいかなる失敗もその時点で可能な最高の決断であったことを自分に言い聞かせることである。

## まとめの表

次に掲げる表は，本書の残りの部分を活用するためのガイドである。この表の左の列は，批評家が手助けしてくれるあなたの欲求のリストである。表の一番上の行は，同じ欲求を健康な方法で満たすための特定の選択肢を示す章の題である。「X」は，どの章で特定の欲求に対する適切な援助が解説されているかを示している。

| 批評家が手助けするあなたの欲求 | 正確な自己評価 | 認知の歪曲 | 苦痛に満ちた思考の拡散 | 同情 | 「〜すべき」思考 | 自分の価値に基づく行動 | 失敗に対処する | 批判に応える | 自分の望むものを求める | 目標設定と計画 | 視覚化 | 私はまだ大丈夫ではない |
|---|---|---|---|---|---|---|---|---|---|---|---|---|
| 正しいことをする欲求 | | | | | × | × | × | | | × | | |
| 正しく感じる欲求 | × | × | | × | | | | | | | × | × |
| 達成する欲求 | | | × | | × | × | | | | × | × | |
| 否定的な感情をコントロールする欲求 | | | × | | | | | | | | | |
| 大丈夫ではないという感覚 | × | × | × | × | | | × | | | × | × | × |
| 失敗するのではないかという恐怖感 | | | × | | | | × | × | | × | | |
| 拒絶されるのではないかという恐怖感 | | × | × | | | | × | × | | | | |
| 怒り | | | × | | | | | | × | | | |
| 自責感 | | | × | | × | | | | | | | |
| 欲求不満 | | | × | | | | | | | | | |

# 第4章

# 正確な自己評価

　独身男女の出会いの会では，女性のほうからその晩の最初のダンスの相手を選ぶというのが習慣になっていた。以下は，魅力的な女性が，細身で，身だしなみのよい男性のテーブルに近づいて行った時の会話である。

　　女性：私とダンスを踊ってくださいませんか？
　　男性：［周囲を見回して］えっ，僕とですか？
　　女性：このテーブルにはあなたしかいませんよ。
　　男性：そうですね。
　　女性：［ムッとして］あまり気乗りしないようですね。
　　男性：僕なんかが選ばれるとは思わなくて。
　　女性：［席に着く］どうして？　あなたは素敵ですよ。
　　男性：素敵？［皮肉っぽく］このスーツは買ってから15年経つし，身体にぴったりしていない。僕の鼻はピノキオみたいだし，髪も薄くなり始めていて，僕のダンスは砂利道で滑っているみたいですよ。
　　女性：［沈黙］
　　男性：それでも僕とダンスをしたいですか？
　　女性：［席を立つ］ちょっと考えてみるわ。

　この会話の男性は，その晩の独身グループの中でももっとも魅力的な人のひとりであった。しかし，彼の自己概念は，否定的な側面に過度に注意を向けられていたために，ひどく歪曲されていた。自分の肯定的な側面についての意識をすべて否定し，欠点と思っていることばかりに焦点を当てていた。
　自尊心の低い人は，自分自身を正確に見ていない。遊園地の歪んだ鏡に映っ

た像のように，彼らが目にする像は，自分の短所ばかりが拡大され，長所はひどく縮小されている。このように歪んだ像を目にすると，その結果として，強い不全感が生じる。というのも，そのような像は自分の周囲の人々と比べると，ひどく惨めなものに思われるからである。他者の長所や短所はバランスよくとらえるので，自尊心の低い人は，自分自身よりも，他者のほうを正確にとらえる。このような「正常な」人々すべてと比較すると，歪められた自我像はひどく欠点だらけのように見える。

　自尊心を高めるためには，古い歪んだ鏡を捨てて，あなたの長所と短所のバランスを正確にとらえることが絶対に必要である。この章では，自分自身を明確かつ正確に描写することを取り上げる。長所を過小評価したり，短所を過大評価したりするのではなく，本来のあなたという人間を認識し，その価値をありのまま認めることを学ぶ。

　正確な自己認識に向けた第一段階は，現時点において，あなたが自分自身をどうとらえているのか可能な限り詳しく書き出してみることである。以下に挙げるリストはあなたが自己概念をまとめるのに役立つ。

## 自己概念のリスト

　以下の領域について，自分自身をできるだけ多くの単語や文章で書き表してみよう。

1. **身体的外見**：あなたの身長，体重，顔，皮膚の質，髪，服装などとともに，他にも首，胸，胴，脚といった特定の身体の部分についても描写する。
2. **他者との交流の持ち方**：親密な人との関係や，友達，家族，同僚との関係，そして，社交の場で見知らぬ人とどのように接するかについて書いてみる。
3. **パーソナリティ**：あなたの肯定的そして否定的なパーソナリティ特性について述べる。
4. **他者はあなたをどうとらえているか**：あなたの友達や家族は，あなたの長所や短所をどのようにとらえているか書いてみよう。
5. **学校や職場での成績**：職場や学校で主要な課題にどのように取り組んでいるか書いてみる。
6. **人生の日常の課題にどう取り組んでいるか**：衛生，健康，生活環境の維持，料理，子育て，その他の個人的欲求や家族の欲求を満たす方法について書

いてみよう。
7. **精神機能**：あなたは問題をどのようにとらえて，解決しようとするかについての評価，学習や創造の能力，一般的な知識，特別な知識のある領域，これまでに得た知恵，洞察などを記録する。
8. **性的志向**：あなたは性的な人間としてどのように自分をとらえ，自分について考えているか書き記す。

　リストを書き終えたら，もう一度リストに戻って，長所と思うものや自分自身について気に入っているものに「＋」を付ける。短所と思うものや自分について変えたいと考えるものに「－」を付ける。どちらにも該当しないか，自分自身についての事実に基づく観察には何も印を付けない。
　製薬会社のセールス担当のエレノアは以下のような自己概念リストを作った。

### 1. 身体的外見
+ 大きな茶色の目
+ カールのかかった黒髪
+ オリーブ色の肌
+ 澄んだ，若々しく見える皮膚
- 出っ歯
- 太った腹
- 太すぎる太腿
+ 形のよい尻，5フィート5インチ，150ポンド
- 豊かな胸
- 醜い鼻
+ 流行のドレス30着が似合う
+ 化粧する必要がない
+ ジーンズやTシャツが好き，カジュアルドレスが好き
+ 長い首

### 2. 他者との交流の持ち方
+ 温かい
+ 率直
+ 他者を受け入れる，柔軟
- 限界設定ができない，断れない
- 受け入れすぎて，後で苛立つ
+ 会話上手
+ 他者を楽しませる
- 友達に不誠実
+ 対人関係がうまい
+ 聞き上手
- 自分がほしいものを求められない
- 見知らぬ人といると居心地が悪い
+ 保護的
+ 妥協上手
- 罪の意識を感じさせて，子どもに何かをさせる
- 子どもを攻撃し，詰ることがある

3. パーソナリティ
   - ＋ 責任感が強い
   - ＋ 面白い
   - ＋ オープン，外交的
   - ＋ 親しげ
   - − 独りでいるのが嫌
   - − おしゃべり
   - − 自分の思う通りにならないと不機嫌
   - − イライラすることがある
   - ＋ 家族に対して愛情深い
   - − 他者を喜ばせようとして必死になる
   - ＋ 忙しいのが好き

4. 他者はあなたをどうとらえているか
   - − 優柔不断
   - − 頑張りすぎる
   - − 忘れっぽい
   - − 何でも失くす
   - ＋ 前向き
   - ＋ 有能
   - ＋ 面白い

5. 職場での業績
   - ＋ 仕事が早い
   - ＋ 仕事熱心，高い動機づけ
   - ＋ 人好きがする
   - ＋ 人をリラックスさせる
   - − ストレス過多
   - − 電話での応対が下手
   - − セールスの電話を避ける
   - ＋ 専門領域の知識が豊富
   - ＋ セールス上手
   - − 書類整理が下手
   - − 落ち着きがない

6. 日常生活の課題
   - − 面会予約時間を忘れる
   - − 物事を先延ばしにする
   - ＋ 衛生状態がよい
   - ＋ すばやく，おいしい料理ができる
   - − 家事が下手
   - ＋ 歯の手入れが入念
   - ＋ 赤ん坊の安全や清潔に気を配る
   - − 馬鹿げた買い物をする
   - − 自分の外見に構わない

7. 精神機能
- － 議論やディベートが下手
- － 最近の出来事に疎い
- － 精神的に怠け者
- ＋ 直観的
- － 非論理的
- ＋ 新しいものを学ぶのが好き
- ＋ 物事がどのように機能するのか興味がある
- ＋ 頭の回転が速い
- － 非創造的

8. 性的志向
- ＋ ごく普通に興奮する、興味がある
- ＋ 夫の性的興奮を受け入れる
- － 抑制的
- － 自分から言い出すのが怖い
- ＋ 性的な好みを伝えるのが好き
- ＋ 気分を性的に伝えることができる
- － ひどく拒絶されたり、抑うつ感を覚えたりする
- － 受け身

　エレノアはこのリストを作るのに約1時間かかった。すぐに彼女は自分自身について非常に重要な点に気づいた。リストの各カテゴリーで、プラスとほぼ同様の数のマイナスがあることに気づいたのだ。自分の長所に気づくと同時に、人生のすべての領域で自分自身を否定的に判断していたことが多かったと明らかになった。

　すべての人がエレノアと同じような反応パターンを示すわけではない。あなたはリストの1つか2つの領域で、ほとんどがマイナスとなるかもしれない。そのような場合には、あなたの自尊心は一般的には良好なのだが、いくつかの特定の短所があることを示している。マイナスの項目がリスト上にたくさんあって、プラスよりもマイナスのほうが多ければ多いほど、現実的で、肯定的な自己概念を築くのに多くの努力が必要になる。

## 自分の欠点をリストにする

　新しい紙を用意して、2つの列にする。左側に、マイナスを付けた項目をひとつずつ書き上げていく。各項目の間に3行の空欄を置き、書き直したり、変化を書きこんだりする十分な余地を残しておく。

　欠点があることは何も間違いではない。誰にでも欠点はある。他者とは異なるリストを持っていない人など、この世にはひとりもいない。問題であるのは、

そのようなリストを持っていないことではなく，自分に対する攻撃のために自分の短所を使うという，その方法である。友達に向けた怒りを隠すということは，合理的な評価である。しかし，エレノアのように，「友達に対して不誠実」であると自分を糾弾するのは，自尊心を貶めてしまう。あなたのウエストが32インチで，3インチ減らしたいというのは，何かを変化させたいという現実的な評価である。しかし，私には「太った腹」があるというのは，自尊心に針を突き刺すようなものである。

　あなたの短所のリストの項目を修正し始める際に，従うべき4つの規則がある。

1. **侮蔑的な言葉を使わない**：「出っ歯」という項目は，「前歯が出ている」と書き換えるべきである。「電話での応対が下手」は「相手が細かい点をどのように受け止めたのかわからないので，電話では居心地が悪い。電話にはどことなく神経質になる」と書き換える。「馬鹿な買い物をする」は「その日の夕食に必要なものだけを買うので，何度も食料品店に行かなければならない」と書き改める。リストにもう一度目を通して，否定的な意味合いのある単語はすべて削除する。たとえば，「馬鹿」「おしゃべり」「優柔不断」「怠け者」「太った」「醜い」などである。このような単語はあなたの自己描写の語彙からは取り除かなければならない。これらの否定的なレッテルは，個々に時々用いるならば，それほど危険ではない。しかし，頻繁に用いると，ピラニアのように，あなたの自尊心を文字通り食い尽くしてしまいかねない。

2. **正確な言葉を使う**：否定的なことを大げさに言い立てたり，尾鰭(おひれ)を付けたりしない。自分の短所についての項目を書き直して，実際をありのままに表現する。事実だけを述べるようにする。「太すぎる太腿」というのは侮蔑的でもあり不正確でもある。エレノアの場合，正確な描写としては「21インチの太腿」となる。「書類整理が下手」というのも不正確な表現である。「注文伝票の項目に記入するのを忘れることがたまにある」と書き直した。さらに，「優柔不断」を「強い意見を持っている人に押し切られる傾向がある」と書き直した。「非論理的」に関しては，これは夫の考えであって，エレノア自身は非論理的だとは実際には考えていなかった。

3. **漠然とした言葉ではなく，明解な言葉を使う**：「すべて」「いつも」「けっして」「完全に」といった単語は消す。リストを書き直して，その傾向が

起きる特定の状況，場面，対人関係に限定した表現とする。「限界が設定できない。断れない」といった漠然とした表現を，問題が起きた特定の対人関係を反映するように書き直す。エレノアがそのような項目について考えたところ，書いたことが単に事実ではないと気づいた。不可能な要求をしてくる販売担当者に対しても，自分の子どもたちに対しても，母親に対しても，そして近所の人々に対しても，エレノアは「ノー」と言うことができる。しかし，彼女は夫や数人の親友たちには限界を設定するのが難しかった。そこで，「夫や親友が助けを求めてくると，それを断るのが難しい」と書き直した。「罪の意識を感じさせて，子どもに何かをさせる」という文章も書き直した。この問題が起きた主な状況はたった2回であったと気づいた。新たに「お互いを傷つけたり，祖父母を訪ねなかったりすることは間違っていると子どもたちが感じるように働きかける」と書いた。「独りでいるのが嫌」という項目は，「午後8時か9時以後に自宅に独りでいると不安で落ち着かなくなる」と書き換えた。「何でも失くす」は「時々，鍵やセーターが見つからないことがある」に変えた。具体的に書くと，弱点がそれほど広い領域に渡るものでもなければ，ひどく間違っているものでもないことがわかるだろう。あなたの問題はもはや広範囲にわたるものではないのだ。問題はある状況で，ある人々との間に起きることに気づく。

4. **例外や相応する長所を探す**：自分のことが本当に嫌になるように思う項目に対して，これは本質的な段階である。たとえば，エレノアは自分が欲しいものを要求することが難しいと気づいていた。病的な批評家は，彼女の自己価値を攻撃する武器として，これをしばしば用いた。彼女はまず例外を挙げることでこの項目を書き直した。「同僚，友達のバーバラやジュリー，自分の子どもたちに対しては，私は理にかなった自己主張をする。しかし，夫や他の親友たちに対してはそうではない」。エレノアがとくに問題視した他の項目は「精神的に怠け者」というレッテルだった。まったく興味を覚えない思考領域があることを認めつつ，重要な例外をひとつ加えて，その項目を次のように書き直した。「政治や哲学の問題，抽象的な思考には退屈する。人間の裏にある動機づけや衝動について考えるのは好きだ」。「議論やディベートが下手」はもうひとつの特別に敏感な領域であった。批評家はそれを用いて，彼女が自分自身のために，自分の地位を守るために立ち上がろうとしないと言って責めた。エレノアは相応する長所を含めて，その項目を次のように書き直した。「私にはそれを証明する

のに十分な事実もなければ，相手を徹底的にやっつけたいという衝動もない。しかし，私が気に入っている点は，私はつねに正しい必要はないということだ。他の人々が私に同意しないからといって，私が不機嫌になることはない」

エレノアが書き直した短所のリスト

| 元の記述 | 書き直した記述 |
| --- | --- |
| 1．身体的外見 | |
| 出っ歯 | 前歯が出ている |
| 太い腹 | 32インチのウエスト |
| 太すぎる太腿 | 21インチの太腿 |
| 薄い胸 | 34Bのブラジャー |
| 醜い鼻 | 長すぎる鼻 |
| 2．他者との交流の持ち方 | |
| 限界設定ができない，断れない。 | 夫や親友たちから助けを求められると，「ノー」と言えない。 |
| 受け入れすぎて，後で苛立つ。 | 夫がしなければならないことを私にさせるが，私は感謝されないと，苛立つかもしれない。 |
| 友達に不誠実だ。 | 私は友達に怒りを表すのをためらう。 |
| 自分がほしいものを求められない。 | 私は同僚，友達のバーバラとジュリー，子どもたちに対しては理にかなった自己主張ができるが，夫や他の親友たちにはそうできない。 |
| 見知らぬ人といると居心地が悪い。 | 社交の場で見知らぬ男性といると居心地が悪い。 |
| 罪の意識を感じさせて，子どもに何かをさせる。 | 喧嘩をしたり，祖父母を訪ねなかったりしたら，子どもたちが悪いことをしたと感じるように働きかける。 |
| 子どもを攻撃し，詰ることがある。 | 90％の時間は，私は支持的であるが，週に数回，宿題や台所の片づけのことで子どもたちに文句を言ったりする。 |
| 3．パーソナリティ | |
| 独りでいるのが嫌。 | 午後8時か9時以後に自宅に独りでいると不安で落ち着かなくなる。 |

| 元の記述 | 書き直した記述 |
|---|---|
| おしゃべり。 | この1年間で2回，私は言うべきではないことを言ってしまったことがある。 |
| 自分の思う通りにならないと不機嫌。 | 夫が遅くまで働いていると，私は機嫌が悪くなるが，そうでなければ陽気に振る舞おうと努力している。 |
| イライラすることがある。 | 私は週に数回は宿題や手伝いのことで子どもたちにイライラすることがある。 |
| 他者を喜ばせようとして必死になる。 | 私は夫や親友たちにサービスしすぎることがある。 |

### 4．他者はあなたをどうとらえているか

| 元の記述 | 書き直した記述 |
|---|---|
| 優柔不断。 | 私は強い意見を持っている人に押し切られる傾向がある。 |
| 頑張りすぎる。 | 私は仕事をして，3人の子どもたち，夫，友達がいる。十分な時間がない。 |
| 忘れっぽい。 | 時々，誕生日，病院の予約，人の名前を忘れることがある。 |
| 何でも失くす。 | 時々，鍵やセーターが見つからないことがある。 |
| 何も知らない。 | 最近の出来事や歴史についてほとんど知らないし，新聞も読まない。心理学，薬理学，子どもたち，モダンダンス，家事については多くを知っている。 |
| 散らかっている。 | 「忘れっぽい」「何でも失くす」参照。 |

### 5．職場での業績

| 元の記述 | 書き直した記述 |
|---|---|
| ストレス過多 | 一般的に，帰宅すると疲れ切っているが，週末は大丈夫だ。 |
| 電話での応対が下手 | 相手が微妙なほのめかしに気づかないと居心地が悪い。電話ではどことなく不安になる。 |
| 書類整理が下手 | 注文伝票の項目に書きこむのを忘れることがたまにある。 |
| セールスの電話を避ける | 積極的にセールスの電話をかける。ただし，本当に不愉快な電話は1週間近くも先延ばしすることがある。私が完全に避けた医師は1人だけだった。 |

| 元の記述 | 書き直した記述 |
|---|---|
| 落ち着きがない | 落ち着きがないのは問題ではないし，気に留めていない。 |

## 6．日常生活の課題

| | |
|---|---|
| 物事を先延ばしにする | 母への訪問，掃除，子どもに手伝いをさせることなどを先延ばしにする。家事や仕事には十分に責任を果たしている。 |
| 馬鹿げた買い物をする | その日の夕食に必要なものだけを買うので，何度も食料品店に行かなければならない。 |
| 家事が下手 | 汚れた皿が積みあがっていたり，食堂のテーブルや居間が散らかっていたりする。週に1回は大掃除をしよう。 |

## 7．精神機能

| | |
|---|---|
| 議論やディベートが下手 | 私にはそれを証明するのに十分な事実もなければ，相手を徹底的にやっつけたいという衝動もない。しかし，私が気に入っている点は，私はつねに正しい必要はないということだ。他の人々が私に同意しないからといって，私が不機嫌になることはない。 |
| 最近の出来事に疎い | 「何も知らない」参照。 |
| 精神的に怠け者 | 政治や哲学の問題，抽象的な思考には退屈する。人間の裏にある動機づけや衝動について考えるのは好きである。 |
| 非論理的 | 「非論理的」というのは夫がそう言うのであって，私は自分が非論理的だとは思わない。 |
| 非創造的 | 私は芸術や何かを創ることには関心がない。立派に家の中を整え，モダンダンス教室も楽しんでいる。 |

## 8．性的志向

| | |
|---|---|
| 抑制的 | 夫の前で服を脱いだり，夫に私の身体をじっと見られていると居心地が悪い。しかし，何か新しい性的なことをするのは楽しい。 |
| ひどく拒絶されたり，抑うつ感を覚えたりする | 夫が冷淡に見えたり，数日距離を置かれたり，身体的な接触を望まないようだと，拒絶感や抑うつ感を覚える。 |

| 元の記述 | 書き直した記述 |
|---|---|
| 自分から言い出すのが怖い | もしも夫が応えてくれなければ，私が傷つくので，自分から言い出すのは不安だ。しかし，4回に1回は私から言い出すことにしよう。 |
| 受動的 | 私は夫が性的なムードを醸し出すように仕向けるが，これはたいした問題ではない。 |

　さて，今度は，あなたが作ったリストの左側の短所の一つひとつを書き換えてみる番である。必要な時間をたっぷりとって，慎重に進めていく。これは非常に挑戦的な課題である。自分は間違っている，大丈夫ではないという，否定的な自己評価を変化させるための重要な段階を歩み出すことになる。

　各項目を書き直すにあたって，次の点に留意する。(1) 侮蔑的な言葉を使わない。(2) 正確な言葉を使う。(3) 漠然とした言葉ではなく，明解な言葉を使う。(4) 例外や相応する長所を探す。

## あなたの長所をリストにする

　正確な自己評価への次の段階はあなたの長所を知ることである。しかし，これは簡単な課題ではない。アメリカ文化では，自慢することに対してどちらかというと両価的である。英雄はその行動で自己をアピールする。ただし，自慢ばかりしている人はむしろ敬遠される。このような文化的抑制に加えて，自身の肯定的な側面を認識するのをためらう経験を自分の家族の中で経験してきたかもしれない。批判的な親は子どもが自慢するといって，しばしば罰を与えたりする。成長するにつれて，以下のような多くのやり取りを経験する子どもがいる。

　　ジミー：綴りの試験がよくできたよ。
　　母親：そう。でも先週の成績はDだったし，お前は宿題を全然やらないと先生が言っていたわよ。

　　スーザン：お父さん，私は裏庭の木に登ったの。
　　父親：そんなことをしてはいけない。危ない。

マイク：僕は今日学校で貝のコレクションを見せたよ。
　　　父親：それを家に持って帰って来たのか，それとも失くしてしまったのか？

　文化的条件づけや親からの条件づけの結果，あなたは自分の才能を誇ると，不安が生じるように感じるかもしれない。自慢をしたために，誰かに傷つけられたり，叩きのめされたりするのではないかと恐ろしく感じるかもしれない。
　これはまさに，自分についてよく理解していることを探し求め，大胆に，それを自慢すべき時である。あなたの自己概念リストに戻ってみよう。新しい紙の上に，「＋」と印を付けた項目をすべて書き出す。今度は，相応する長所に書き換えた，短所の改訂リストを見てみよう。もしもあなたの才能のリストにこれらの相応する長所が載っていなければ，すぐに書きこんでみる。
　長所のリストに挙げられている項目をゆっくり読んでみよう。あなたが記録していない他の特別な性質や能力についても考えてみよう。他者からの誉め言葉について考え，あなたが克服したことや大切にしてきたことを思い出してみる。たとえば，あなたが勝ち取った賞や記録などについてである。次の練習は，あなた自身について価値を置いているものを思い出すのに役立つだろう。

## 練　習

　あなたがもっとも愛した，あるいは尊敬していた人について数分間考えてみよう。どのような性質に惹かれて，その人を愛した，あるいは尊敬したのだろうか？　あなたが誰かを本当に好きになったのはどうしてだろうか？　さらに読み進めていく前に，今の段階では，あなたがそのような人にもっとも惹かれた側面を紙に書きとめる。
　この時点で，リストは完成する。今度は，それを内省の道具として用いることができる。項目ごとに，リストをゆっくり眺めていき，そのような側面のどれが自分に当てはまるか自問自答する。あなたの過去や現在から具体的な例を探していく。
　他者を好み，尊敬する同じ側面のいくつかが，自分自身にも当てはまることに気づいて，あなたは驚くかもしれない。
　もしもあなたが他者に重視する性質があなた自身にもあることに気づいたのに，長所のリストに入っていなければ，それを書きこむ。

　あなたの長所のリストをもう一度眺めてみる。詳しく表現するために，同義

語，形容詞，副詞を使って，完全な文章に書きなおす。否定的な表現を削り，肯定的な表現にして，不誠実な誉め言葉を使わない。エレノアが自分の長所のリストを書き換えた時に，「化粧の必要がない」を「私にはすばらしい自然の肌合いがある」と変えた。「面白い」を「人々を虜にする，素早く，それを受け止めるユーモアのセンスがある」と変えた。「独立心に富む」を詳しく「本当に重要な点は，私は自分を頼りにできて，他者に助けを求める必要がないことだ。私には真の強さがあって，物事を解決することができる」と書き換えた。

　あなたは長年にわたって，否定的な性質のリストをせっせと作り上げてきたのだ。こんどは，長所に対して同じ時間をかけていくことにしよう。この点について深く考えてみる。あなたが本当に愛していて，その人のようになりたいと考えている人のために，あなたが推薦状を書いていると想像してみよう。エレノアが「新しいことを習うのが好き」「物事がどのようにして機能しているかについて興味がある」という項目に行きついて，彼女は実際に街に出てみた。これこそがまさにあなたが少しやりすぎてみる必要のある領域であり，いつもならば自分の長所を貶める傾向があることに対抗するのだ。

## 新しい自己描写

　さて今度は，長所と短所を用いて，正確で，公平で，支持的な自己描写を創りあげていく。これは真実から逃げるような描写であってはならない。変えたいと思っている短所も認める。しかし，あなたのアイデンティティの否定しようのない部分となっている個人的資質も含めておく。あなたの新たな描写は，自己概念リストの8領域すべてを含んでいなければならない。より重要な長所と（改訂版からの）短所も含まれていなければならない。エレノアが書いた自己描写は次のようなものである。

　　私は背が5フィート5インチ，体重が130ポンド，大きな茶色の目をしていて，鼻は顔の割には大きすぎて，唇が厚く，前歯が出ていて，カールした黒髪で，肌は透き通っていて，若く見える。すばらしい自然の肌合いである。ウエストは32インチ，太腿は21インチ，形のよい尻をしている。
　　私は温かく，親しげで，オープンな人間であり，コミュニケーションもうまい。職場や子どもたちに対してまずまずの自己主張ができる。自分がほしいものを要求したり，夫や何人かの友達との間に限界を設定したりす

ることが難しい。気楽に友達を作ることができるが，彼らに怒りを表すことはためらう。私は自分の子どもたちとの関係はよい。手伝いや宿題のことで子どもたちを叱りつけたりすることも時にはある。私は相手の話をよく聴き，とくに一対一の関係では，直感的に相手のことが理解できる。

　私はとても責任感の強い人間である。すばやく反応するユーモアのセンスがあり，皆に好かれている。私は一生懸命に陽気に振る舞おうとする。晩に，家族そろって自宅にいるのがとても楽しいのだが，午後8時か9時を過ぎて，自宅に独りでいるのは好きではない。私は人とのやり取りを本当に楽しんでいるのだが，会話にのめりこんでしまうと，あまりにも必死になって，話し過ぎてしまうことがある。

　私は前向きで，有能で，強い人間だと人からは見られている。しかし，私には強い意見を持っている人に押し切られる傾向がある。私は最近の出来事や政治についてよく知らないが，個人心理学，子どもたち，自分の仕事，モダンダンス，家事といった本当に興味があることについてはよく知っていると思う。重要なことに関しては，私は他者に助けを求めずに，自分の力を頼りにできる。私は芯が強く，困難な状況も解決する。

　職場では，私はよく働き，良心的で，他の人々とうまくやっている。ただし，書類作業が苦手で，細かい点を忘れることが時々ある。私は電話での会話が苦手で，とくにイライラした医師に電話をかけるのを先延ばしにする傾向がある。一対一で対応すると，私は優秀な営業担当者である。製品を積極的に売りこむ。

　料理，家事，身だしなみについては，私は素早く動き，率直で，能率的である。母への訪問や自宅の掃除を先延ばしにする傾向がある。幸い，子どもたちが散らかしても，私にはかなり我慢することができる。日曜日に嵐のように自宅を掃除する。

　私はまずまず知的で，新しいことを学ぶのが好きだ。私の好奇心は尽きない。自分が売っている新薬がどのように効果を現すのか，トースターの内部がどうなっているのかを調べるのも好きだ。このようにして，私は成長し，変化を遂げるだろう。私は政治や哲学の論争を避けるし，抽象的な理論には退屈してしまう。しかし，私は人間の特質や何が人間の行動を起こすかといったことについて話すのが大好きだ。私は芸術や工芸品には詳しくないが，家を飾るのは楽しい。

　性生活も活発であると感じているし，性的なことを試すことにもオープ

ンだが、たとえ夫の前であっても、服を脱いだり、裸で歩き回るのは気が進まない。私は本能に従い、セックスについて気楽に話ができる。

あなたの新たな自己描写は非常に貴重なものである。それをゆっくりと慎重に、毎日2回、4週間にわたって、自分自身に向けて読んでみる。自分について自動的に考えていた方法を変化させ始めるには、最低これくらいの期間が必要である。「リズムを耳になじませて」歌を覚えていったように、あなたの新たな自己描写を毎日読んで、自分についての思考をより受容的かつ正確にする方法を身につけていく。

## 自分の長所を誉める

あなたがありがたく感じている自分自身の特徴をリストにしてきた。しかし、それを覚えておかなければ、あまり大きな意味がない。馬鹿だ、自分勝手だ、人生を恐れているといって批評家が攻撃してくる時には、自分の長所を思い出して、反撃する。「ちょっと待て、そんなことには耳を傾けないぞ。私は創意工夫に富んでいるし、子どもたちにも優しいし、まだ40歳で新しい仕事も試した」と言い返せなければならない。

とくに自分を貶めていると感じる時に、自分の長所を思い出すには、毎日記憶を引き出すシステムを作っておく必要がある。以下の3つの方法は、自分の肯定的な性質をつねに意識しておく手助けになるだろう。

1. **毎日の肯定**：自分の力を忘れないようにするひとつの方法として、長所のいくつかをまとめて肯定の言葉にしておく。これは一日を通じて、自分自身に繰り返し言って聞かせる1行の肯定的な言葉に過ぎない。次に挙げるのはエレノアが考えついた肯定の言葉の例である。

   私は温かで、オープンで、他者を進んで受け入れる人間である。
   私はユーモアたっぷりで、人に好かれ、たくさんのすばらしい友人がいる。
   私は有能で、働き者で、自分の仕事をとてもよくこなしている。

   毎朝、新たに肯定の言葉を書いてみよう。自分自身について信じることができ、心地よく、支持的な言葉にする。まるで呪文のように、一日中、

その肯定の言葉を繰り返し使ってみる。ストレスを感じたり，自己非難に傾いたと感じたりする時に，その言葉を使う。あなたが善良で価値のある人であるという事実を再確認してくれるお守りのように，その言葉を使ってみよう。

2. **気づきのサイン**：あなたの長所を強調し，肯定の言葉と一緒に使うことができる，もうひとつの方法は，気づきのサインである。縦6インチ横9インチのカードに大文字で短い肯定の言葉を書く。このようなカードを鏡に貼る。玄関のドア，ナイトテーブル，押し入れ，冷蔵庫の扉，照明のスイッチの近くなどにも，別のカードを貼っておく。自然に目に入る場所に気づきのサインを貼っておく。縦3インチ横5インチの小さなカードも作る。そのカードを鞄，職場の机の引き出し，財布などに入れておく。あるいは，スマートフォンのメモ欄に書いておいてもよい。数日毎に，サインを変えるか，交換する。

　気づきのサインを馬鹿げていると否定する人もいるが，実際に使っている多くの人が，自尊心を強化するのに役立つと述べている。気づきのサインは，あなた自身の中のどの特徴に価値を置いているのか気づく手助けとなるひとつの方法である。

3. **積極的統合**：自分の長所を意識する力を強める第三の方法は，長所を明らかに発揮した特定の例や状況を思い出すことである。毎日，あなたのリストから3つの長所を選ぶ。次に，そのような特徴を示す過去の具体的な例を思い出してみる。この練習は，あなたの長所のリストを単語の集合から特定の記憶に変換するので，積極的統合（active integration）と呼ばれる。これらの肯定的な特性がたしかにあなたに当てはまるということを信じる手助けとなる。リストを眺めて，できる限り，数多くの例を探してみよう。しかし，少なくとも1回はリスト全体に目を通すようにする。積極的統合の過程で，エレノアは次のような例を思いついた。

- **感じがよい**：ジーンが私は輝くような性格だと言ったし，エレンは私がいつも職場を明るくしてくれると言っていた。
- **有能**：私は自分の担当領域の売り上げが第3位で，これは就職してまだ4年ということを考えると，すばらしい業績だ。
- **独立心に富む**：夫がサウジアラビアに3か月間出張していた時に，私は夫がいなくても，独りで家族の面倒を見ていた。

できる限り正確に取りかかることが大切である。正確な自己評価には次の2点が重要である。(1) 自分の長所を認識し，それを記憶しておく。(2) 自分の短所を正確に，特定して描写し，けっして侮蔑的に表現しない。(3) あなた自身が大いに関わらなければならない側面を取り上げている。批評家があなたを攻撃し，誇張し，否定的な一般化を浴びせかけてきたら，それを止めなければならない。正確で，詳しく，中立的な真実こそが，批評家の口を封じる。警戒を解いてはならない。自身に対する古くて，否定的な語りかけは，非常に頑固な習慣になっている。あなたはそれに対して，身につけた新たな正確な言葉を用いて，繰り返し答えていかなければならない。

# 第5章

# 認知の歪曲

　認知の歪曲（cognitive distortion）は病的な批評家の使う道具であり、それを用いて仕事をし、あなたの自尊心を攻撃する武器になる。非合理的な信念が病的な批評家の理論（これについては第8章「「～すべき」思考」で詳述する）であるとするならば、認知の歪曲は批評家が用いる手段であると考えられる。まるでテロリストが爆弾や銃を使うのと同様に、批評家は認知の歪曲を用いる。

　認知の歪曲とは実際には悪習慣であり、現実を非現実的な方法で解釈するためにあなたがつねに使っている思考の習慣である。たとえば、あなたが会議の議長をすることに同僚が反対したら、その反対はその人の単なる判断にすぎないととらえることができる。あるいは、ある種の反対を習慣的に個人的な侮辱ととらえて、追い詰められていた自尊心がさらに貶められると考えるかもしれない。

　歪曲された思考のスタイルは、診断や対処が難しい。というのも、それはあなたの現実のとらえ方と密接に結びついているからである。たとえ、地球上のとても健康で、合理的な人でさえ、現実との間にはある程度の距離を置いて生活している。人間の心理や感覚がすでにプログラミングされているとすれば、これは避けることができない。

　この点について考える方法のひとつとして、すべての人が望遠鏡で自分自身を見ているとたとえることができるだろう。もしもあなたが望遠鏡を正しく持って、正しく調整されているならば、宇宙の中であなたは大きく、重要に映り、きちんと焦点も当たっていて、どの部位も正確な比率で見えるだろう。しかし、残念ながら、完全な望遠鏡を持っている人はほとんどいない。望遠鏡を逆に持ってしまうと、自分自身が小さく、縮んで見えてしまう。レンズが汚れていたり、焦点が合っていなかったりするかもしれない。筒の中に何かが詰まっ

ていて，あなたのある部分の視野を遮ってしまうかもしれない。望遠鏡の代わりに，万華鏡を持っている人もいる。望遠鏡のレンズに誤った自分の写真を貼ってしまっているために，まったく見えない人もいるだろう。

　歪曲された思考法のために，あなたはいくつかの方法で現実から切り離されてしまう。歪曲は，偏った判断をもたらし，あなた自身が評価する機会を得る前に，人や状況に自動的にレッテルを貼ってしまう。歪曲はひどく不正確であることも多い。それは範囲や適用がひどく大雑把で，特別な状況や特性を考慮することができない。そのために，ある問題の一側面だけしか見えなくなり，世界のとらえ方もバランスの悪いものとなる。そして，結局は，歪曲は合理的な過程に基づくというよりは，感情的な過程に基づいている。

　本章で解説するのは，非常に広く認められる認知の歪曲にどのように気づいて，それに反論する効果的な技法を身につけ，歪曲のベールを剝がし，よりバランスのとれた，正確で，自分に優しい方法で現実に対処することである。

## 認知の歪曲

　歪曲とは，スタイルの問題である。それは非現実的な信念と深く結びついているかもしれないが，歪曲そのものは信念ではない。それはあなたをトラブルに引きこむような思考習慣である。自尊心に悪影響を及ぼす9つの一般的な歪曲を以下に挙げる。

### 1. 過度の一般化

　認知の歪曲はあなたが住んでいる世界の性質そのものを変化させてしまう。過度の一般化（overgeneralization）は，より完全な規則が人生に制限を加えるような，縮小した世界を創りあげる。これは科学的方法がまるで正反対に使われる世界である。入手可能なすべてのデータを観察し，そのデータのすべてを説明できる仮説を作り，その仮説を検証するのではなくて，ごく一部の事実や出来事を取り上げて，そこから一般的な法則を作り上げて，その法則をけっして検証しようとしないということである。

　たとえば，主任会計士のジョージは同じ部の会計士を夕食に誘った。彼女は上司と食事に出かけたことがないと言って，誘いを断った。すると，ジョージは同じ部の女性たちは誰ひとりとして彼と一緒に外出しないだろうと結論を下した。たった一度断られただけで，彼は過度の一般化をして，二度と女性を誘

わないという規則を作ってしまった。

　もしもあなたが過度の一般化をすると，たった一度の失敗を，自分には交際の才能がまったくないという意味に決めつけてしまう。年上の女性とのデートがたった一度だけうまくいかなかったことが，年上の女性は皆あなたのことを浅薄で，経験がないとみなすという意味になってしまう。できあがったひとつのテーブルが歪んでいると，あなたはけっして家具作りをマスターできないだろうという意味にとらえてしまう。たったひとつの綴りの間違いが，自分は文盲だという意味になる。過度の一般化の習慣のために，これらの法則を検証することができなくなってしまう。

　病的な批評家が「けっして」「いつも」「まったく〜ない」「誰も〜しない」「皆が」といった単語を使う時には，あなたは過度の一般化をしていると気づく。批評家は絶対的な言葉を用いて，可能性の扉を閉ざし，あなたが変化や成長を試みようとするのを妨げる。たとえば，「私はいつも失敗する」「私はいつも締め切りまでに仕事が仕上がらない」「誰も私のことなど気にとめていない」「皆が私のことを無様だと思っている」といった具合にである。

## 2．全般的レッテル貼り

　全般的レッテル貼り（global labeling）とは，根拠のない，一方的に決めつけたレッテルを，すべてに人，物，行動，経験に当てはめることである。全般的レッテル貼りをする人は，非現実的なメロドラマの登場人物に囲まれた世界に生きているようなものである。自尊心の低い彼らはしばしば，悪人かごく単純な人の役割を担ってしまう。

　この思考スタイルは，過度の一般化とも密接に関連しているが，歪曲は規則という形よりも，むしろレッテル貼りという形で生じる。全般的レッテル貼りは，有害な形で，ステレオタイプを生じ，多様性に富む真の人生から距離を置くことになる。たとえば，いつかは成功するという野心を持った作家が倉庫で働き，夜に執筆していた。彼には軽度の喘息と跛行があった。彼は次のようにすべてに対してレッテル貼りをしていた。倉庫のオーナーは資本主義の寄生虫だ。彼の短編を受け入れなかった編集者は出版界の一部だ。奴の仕事は単純作業だ。編集者はただ神経質にあれこれと書きなぐっているだけだ。自分は脚を引きずる喘息持ちだ。彼は自分が劣等感を抱いていると考えていた。彼が気に入っている単語はすべて侮蔑的なものだった。彼には数多のモットーがあったが，すべてが喪失と不満の言葉だった。自分の人生にあまりにも多くのレッテ

ルを貼り，現状維持に甘んじ，人生のいかなる部分も変化させようとはしていなかった。

　もしも批評家からのメッセージが，あなたの外見，業績，知能，対人関係などについての侮蔑的で，使い古された文句であったならば，あなたは全般的レッテル貼りをしているのではないかと疑ってみるべきだ。たとえば，「私の恋愛は絶望的なほどもつれている」「私はただの負け犬だ」「我が家は豚小屋だ」「私の学位などただの無意味な紙切れだ」「私は神経質だ」「私は馬鹿だ」「私は骨のない，クラゲのようなものだ。なんでもすぐに放り出す」「私の改善の努力はすべて，無駄に藁を摑もうとしているだけだ」等々。

## 3．心のフィルター

　あなたが現実にフィルター（filter）をかけてしまうと，その暗いレンズ越しに世界をとらえることになる。意識が覚醒するのは，喪失，拒絶，不公平といった特定の種類の刺激を受けた時だけになってしまう。現実からある特定の事実を選択的に引き出して，他のすべてを否定することになる。自分の価値を示す客観的証拠を隠してしまうような盲点ができる。心のフィルターのために，自分の人生をとくに否定的にとらえるようになる。すべての窓を黒く塗った自動車を運転することがあなたの身体の安全にとって危険であるように，心のフィルターも自尊心にとって同様に危険である。

　心のフィルターの好例として，レイとケイが自宅で楽しく夕食をとっていた場面を紹介しよう。ケイはレイの選んだワインを誉め，彼が持ってきた花に感謝した。レイがステーキを完璧に焼いてくれたことや，選んでくれたスイートコーンも美味しいといって，ケイは誉めた。そして，次の時はサラダドレッシングの塩の量を少なめにしてほしいとほのめかした。突然，レイは気分が沈み，何もできないと感じた。というのも，ケイは彼の作ったサラダドレッシングが嫌いだと思ったのだ。ケイの言ったいくつかの誉め言葉を思い出して，レイは気を落ち着かせることができなかった。彼は彼女の誉め言葉が耳に入っていなかったのだ。レイは心のフィルターをして，会話の中の否定的な内容だけを取り上げていた。

　病的な批評家がある種のテーマや，「失った」「去った」「燃え尽きた」「危険」「不公平」「馬鹿」といった単語を繰り返し使ってくる場合には，心のフィルターを疑ってみる必要がある。社交の場面についての自分の記憶を検討して，起きたことや言われたことを覚えているか考えてみよう。もしも3～4時間の夕食

会で，ワインをこぼしてしまって，凍りついた15分間しか思い出せないのであれば，おそらく心のフィルターを通して，あなたの経験から無価値の証拠だけを取り出そうとしていたのだろう。

あなたが焦点を当てている自分自身についての否定的な出来事は，あなたの人生という交響曲の主な動機づけとなる。そればかりに耳を傾けてしまうと，より大きな，より重要なメロディーや動きを見失ってしまう。それはまるで，大砲の音を聞いたことがないピッコロ奏者が序曲『1812年』[1]で演奏するようなものである。

## 4．分極化思考

分極化思考（polarized thinking）の習慣がついてしまうと，色のない，灰色さえない，黒か白かだけの世界に住んでいるようなものである。すべての行動や経験を完全な基準に沿って，「あれかこれか」といった具合に二分割してしまう。聖人か罪人か，善人か悪人か，成功か失敗か，英雄か悪党か，貴族か奴隷かといった具合に，自分に対しても一方的な判断を下す。

たとえば，アンは生地屋の店員であった。彼女はパーティーで飲み過ぎることが時々あった。ある月曜日に，二日酔いのため，仕事を休んで自宅にいた。この件で，彼女は1週間もひどく気分が沈んだ。というのも，彼女は素面の人か，アルコール依存症者かと人を区別する傾向があったからである。いったん禁酒を破ってしまうと，彼女は自分自身が，底抜けの酔っぱらいになってしまったと決めつける。

分極化が抱える問題は，あなたはかならず否定的な極に当てはまってしまうことである。つねに完璧でいられる人などいないのに，最初の失敗で，自分のすべてが悪いとかならず結論を下す。「1回の失敗でも，退場」といった思考は，自尊心への死刑判決である。

あなたの病的批評家から「○○か××か」というメッセージを耳にしたら，分極化思考に気づくことができる。「私は奨学金を得るか，そうでなければ私の将来は完全な失敗だ」「面白くて，いつもハイでなければ，お前は退屈だ」「私は落ち着いていられなければ，ヒステリーだ」。二分割思考の一方だけが述べられて，もう一方は仄（ほの）めかされるだけのこともある。たとえば，「これが生き

---

[1] ピョートル・チャイコフスキーが1880年に作曲した演奏会用序曲。タイトルの「1812年」はナポレオンのロシア遠征が行われた年であり，低音弦楽器で演奏され，鐘や大砲がとどろく様を表現する部分がある。

ていくための唯一正しい方法だ（他のすべては間違っている）」「これはよい関係になるための絶好の機会だ（もしもこれに失敗したら，私は孤独になるだろう）」

## 5．自己非難

　自己非難（self-blame）とは，実際にあなたに責任があるか否かにかかわらず，すべてのことに対して自分を責めるという，歪曲された思考スタイルである。自己批判の世界では，あなたは悪いことが起きる世界の中心であり，すべてあなたが悪い。

　粗野，肥満，怠惰，落ち着きがない，無能といった自分の欠点のすべてについて自分を責める。病気になったこととか，他者がどのように反応するかといった，あなたにはほとんどコントロールできないようなことについてまで，自分を責める。もしも自己非難が心の奥底にまで染みついた習慣になっていると，天候，惑星の軌道，配偶者の気分といった自分ではまったくコントロールできないものにまで責任を感じる。自分の人生に責任を持つのは悪いことではないのだが，深刻な自己批判の場合，病的な責任感に囚われている。

　自己非難を示す，もっとも多くて観察可能な症状は，つねに謝罪することである。妻が鶏を焼いていたのだが，焦がしてしまうと，夫が謝罪する。あなたが見たい映画を妻が見たがらないからといって，あなたが謝罪する。郵便局員があなたの手紙の切手が料金不足だと指摘すると，あなたは「おや，なんて私は馬鹿なんだ。ごめんなさい」と言う。

　自己非難のために，あなたのよい性質や達成したことに目が向けられなくなってしまう。ある男性には3人の息子があり，1人は大きくなって献身的なソーシャルワーカーに，もう1人は優秀な科学者になったが，3番目の息子は薬物嗜癖になった。その男性は，3番目の息子が薬物嗜癖になったからといって，成功した息子たちに父親が及ぼした影響をすべて否定していた。

## 6．自己関連づけ

　自己関連づけ（personalization）の世界では，あなたが世界そのものである。その中のすべての原子が何らかの形であなたに関連している。適切に分解していけば，すべての事象はあなたと何らかの関係があるように見える。しかし，残念ながら，出来事をコントロールする力やその中に存在する力を感じることはほとんどない。むしろ，あなたにプレッシャーがかかり，囚われきっていて，

周囲のすべての人から見つめられているように感じる。

　自己関連づけには自己愛的な要素がある。人がたくさんいる部屋に入っていくと，誰が賢いか，外見がよいか，有能か，有名かなどと，あなたはすぐに自分と他の人々を比較し出す。ルームメートが部屋がひどく狭いと文句を言うと，同室のあなたが物をあまりにもたくさん持っていると責められているという意味だと思いこむ。友人が彼は退屈だと言うと，あなたは自分が退屈にさせているという意味だと思ってしまう。

　自己関連づけの大きな欠点は，不適切な反応を引き起こしてしまうことである。実際には起きていないことで，あなたはルームメートと喧嘩を始めるかもしれない。くだらないジョークを言って，退屈を紛らわそうとして，かえって相手を怒らせてしまったりするかもしれない。こういった不適切な反応のために，あなたは周囲の人々から敬遠されてしまう可能性がある。最初こそは敵意や反対は想像上のものであったのが，そのうち実際のものになり，さらに歪められた相互作用が起きてしまいかねない。

　自己関連づけに耽っている自分に気づくのは難しい。ひとつの方法として，誰かがあなたに文句を言ってきたら，慎重に注意を向けてみよう。たとえば，職場で誰かが道具をもとの場所に戻さない人がいると文句を言っていたら，あなたの反応はどのようなものであるだろうか？　あなたは反射的に，その人が自分に文句を言っていると思いこむだろうか？　その人があなたに問題解決について何かしてほしいと，反射的に思いこむだろうか？　もしもそうならば，あなたは自己関連づけをしているだろう。あなたは自動的にその不満を自分に関連づけていて，その人がただ不満を発散しているだけで，あなたとは個人的には何の関係もないことに気づいていないのかもしれない。自分に気づくもうひとつの方法としては，あなたが自分と他者を比べている時に，自分のほうが愚かで，魅力もなく，有能でもないと結論を下している場合である。

## 7．読　　心

　読心（mind reading）とは，この世のすべての人が自分と同じようだと思いこむという，歪曲された思考スタイルである。これは投影という現象に基づいているので，犯しやすい間違いである。実際か否かにかかわらず，人間の性質や経験が似ているとの思いこみのために，他者も自分と同じように感じるはずであると決めつけてしまいがちだ。

　読心が自尊心に深刻な影響を及ぼすのは，あなた自身についての否定的な意

見に，すべての人が同意すると考える傾向が非常に強いからである。たとえば，「僕は彼女に退屈な思いをさせている。僕は本当はつまらない男なのに，面白く演じているだけだと，彼女には見透かされている」「私が遅れてきたので，彼は静かなのだ。彼は私の遅刻に腹を立てている」「上司は私の一挙手一投足を観察して，わずかな失敗も見逃さない。私を解雇したいのだ」

　読心は，対人関係で悲劇的な計算違いを引き起こす。電気技師のハリーは，妻のマリーがアパートでしかめ面をしながら忙しく家事をしていると，ハリーに腹を立てているとしばしば思いこんだ。このように拒絶であると思いこむと，ハリーは緊張して，妻との間に距離を置いた。実際には，マリーは慌ただしい思いをして，家計の心配をして，月経痛のために顔を顰めていたのだ。しかし，夫が距離を置くので，なぜ顰め面をしているのか伝えるのが難しかった。マリーはマリーで夫が距離を置くのは妻に関心がないからだと解釈して，黙っていた。ハリーの当初の読心のために，真のコミュニケーションの機会を失ってしまった。

　読心をしていると，自分の認識が正しく思えて，それが正しいものであるかのごとく，そのまま進んでいく。まったく疑いもないと思えるので，あなたは他者との関係について自分の解釈を検討したりしない。プレッシャーがかかっている時や，どうしてそう思いこんでいるのかと質問された時に，自分に何を言うかに耳を傾けて，読心をしているか確認できる。たとえば，「直感」「ただそうわかっている」「ただ知っている」「私の勘」「私はこういったことに敏感です」といった例がある。このような言い方は，真の証拠がないにもかかわらず，大慌てで結論を下したことを示している。

## 8．仕切りの過ち

　仕切りの過ち（control fallacy）とは，あなたが何から何まで自分流に仕切ろうとしたり，あなた以外の誰かにすべてを仕切らせようとすることである。

　強迫的に，過剰にコントロールしようとする歪曲された思考スタイルは，誤った全能感を生む。すべての状況のすべての側面をコントロールしようと必死になる。パーティーの客全員やあなたの子どもの学校の全学年の行動から，新聞が正確な時間に配達されるか，母親が更年期にうまく対処できるか，募金活動の結果まで，すべてが自分の責任と考えてしまう。パーティーの客が家具に足をかけたり，自分の子どもが代数で不合格点を取ったり，新聞配達が遅れたり，母親が泣きながら電話をしてきたり，募金活動の委員会であなたの提案が否決

されたりすると，あなたはすっかり我を忘れたように感じてしまう。憤り，怒り，個人的な失敗の感覚を味わい，自尊心は地に落ちる。

実際には自分にはコントロールが及ばないような状況なのに，「彼らに耳を傾けさせなければならない」「彼女は『はい』と言うべきだ」「彼が時間通りに着くようにしなければならない」などと考えている時は，病的な批評家が過度のコントロールの過ちを迫ってきていると疑う必要がある。近い関係の誰かが失敗した時に，あなたが個人的な失敗の感覚を強く覚えるようであれば，過度の仕切りの問題を疑ってみる必要がある。

仕切りに失敗したという歪曲された思考スタイルは，あなたからコントロールする力を奪ってしまう。あなたはすべての状況を仕切るわけにはいかないし，他者に影響を及ぼすことも不可能である。ほとんどの場合，出来事の結果には，あなたの力が及ばない。モリーは電話会社の受付係だったが，しばしばこの過ちに陥った。人生に対して何もできないという習慣的な思考のために，力が奪われ，永遠の犠牲者という役割を担わされてしまう。モリーはしばしば遅刻するため上司とトラブルになり，銀行預金も債務超過で，ボーイフレンドも電話をかけてこなくなった。自分の状況を考えると，彼女は絶望感を覚えた。上司も，銀行も，ボーイフレンドも一緒になって自分を攻撃してくるように思えた。彼女の病的な批評家は「お前は弱い。絶望だ。お前にできることは何もない」などと言い続けた。早起きをする，債務返済の手立てを考える，自分から電話をかけてボーイフレンドと向き合うといった計画を立てることは文字通りできなかった。

二種の仕切りの過ちのうちでも，十分にコントロールできなかったという感覚は自尊心にとって最悪である。コントロールする力を失うと，無力感を抱き，極度の絶望感も生じ，弱々しい憤りや麻痺するような抑うつ感も出てくる。

## 9．感情的決めつけ

感情世界は混乱に満ちていて，合理的な法則ではなく，さまざまに変化する気分に支配されている。この思考スタイルに現れる歪曲は，思考全体を避けたり，否定したりすることである。現実や行動の方向性を解釈するために，感情に頼ることになる。

スージーはファッションデザイナーであったが，感情が激しく変化した。ある日は，彼女はとても幸せに感じ，人生がうまくいっていると感じていた。ところが翌日になると，気分がふさぎ，彼女に質問すると，自分の人生は悲劇そ

のものだと答えた。翌週には，少し神経質になり，自分の人生はどこか危険なところがあると強く信じるようになった。彼女の存在の現実が日によって大きく変わることはなかった。彼女の感情だけが変化していたのだ。

　自尊心に及ぼす意味合いは深刻だった。無用に感じているのだから，自分は役立たずに違いないと確信する。自分には価値がないと感じているのだから，実際に無価値だと固く信じる。醜いと感じれば，自分は実際に醜い。あなたが感じていることが，まさにあなたそのものであるのだ。

　まさにここで，病的な批評家が武器として感情を用いる。批評家はあなたの心の耳に「根性なしの弱虫め」と囁く。このぼんやりとした考えが，抑うつ感を引き起こす。あなたは無力感を覚えて，息詰まる。そして，批評家はまた「お前はまさにお前が感じている通りだ。無力感を抱いているというのは，お前が無力ということだ」といった不当な循環論理で攻撃してくる。ここまで来ると，あなたは悪循環を開始したのが批評家であったことをすっかり忘れてしまっている。たとえどこかの本でこれについて読んでいたとしても，循環論理を否定することができなくなってしまう。

　感情的決めつけ（emotional reasoning）の真の過ちは，病的な批評家がもたらした最初の考えを，苦痛に満ちた感情を引き起こす思考に変えてしまうことがまず問題である。この過ちを正す方法は，自己への語りかけに戻り，感情的決めつけがいかに現実を歪曲し，否定的な感情を引き起こしているのかに気づくことである。

## 歪曲と戦う

　身につけておくべきもっとも重要なスキルとは，常に警戒を怠らないことである。あなたが自分自身に語りかけていることに，つねに耳を傾けていなければならない。抑うつ感に屈してはならず，苦痛に満ちた感情を引き起こす思考を粘り強く分析していく必要がある。

　自尊心の低さは，短期的な利益をもたらすという事実を忘れないでおくと役立つ。病的な批評家に立ち向かい，その武器である歪曲された思考スタイルに反論するようになると，あなたはその短期的な利益から距離を置くようになっていく。あなたには絶好の機会が巡ってきたのだ。今は不快な感じがあるかもしれないが，それを乗り越えて，将来の利益を得ようとしている。こういった危険を冒すのは恐ろしく感じたり，あるいは退屈に感じたりすることもあるだ

ろう。その過程は絶望的に思えたり，あまりにも問題が多すぎるように思うかもしれない。なぜそれがうまくいかないのか，そういった試みそのものがいかに馬鹿げているか，あなたはあれこれと理屈を思いつくかもしれない。これは病的な批評家との命をかけた闘いである。

　歪曲された思考と闘うということは，いかに真剣にそれに関わるかということである。そうする気にならなかったとしても，つねに警戒を怠らないように努力する必要がある。これに対する関わりは，あなたの家族，友達，あなたの理想に対する関与よりも重要であるのは，それはあなた自身への関わりであるからである。

## 3つのコラム法

　認知の歪曲に反証するためのこの技法は単純ではあるが，この技法を使うことに真剣に関わるのは難しい。最初に，あなたの反応をすべて紙に書き出す（その用紙は http://www.newharbinger.com/33933 で入手できる）。この技法を用いるのが習慣になったら，頭の中で同じことができるようになるだろう。

　抑うつ的になったり，落胆したと感じる状況に陥ったり，自分についての考えが低くなったりしたら，時間をかけて鉛筆と紙を取り出す。次のような3つのコラムを書く。

　　　　自分に対する語りかけ　　　　歪曲　　　　反論

　最初のコラムには，病的な批評家がその状況について言ってくることを書く。たとえすぐには何も心に浮かんでこなかったとしても，単語が1つか2つ浮かんでくるまで，その状況を思い描く。自分に対する語りかけが非常に素早く，凝縮しているかもしれないが，その場合は，時間をかけて，全体について書いていく。

　次に，自分に対する語りかけについて検討し，自尊心を貶める歪曲を探していく。手引きとして，以下によくある9つの歪曲をまとめておく。

1. **過度の一般化**：たったひとつの出来事から，何にでも当てはめるような一般的，普遍的な規則を作る。例：一度失敗したら，いつも失敗する。
2. **全般的レッテル貼り**：あなたの特質について正確に描写するのではなく，自分について述べるのに侮蔑的なレッテルを反射的に用いる。

3. **心のフィルター**：否定的な点ばかりに選択的に注意を向けて，肯定的な点を無視する。
4. **分極化思考**：中間の灰色の領域を無視して，物事を白か黒かで極端に分けてとらえる。例：完全でなければ，まったく価値がない。
5. **自己非難**：実際にはあなたの責任ではないことについて，延々と自分を責める。
6. **自己関連づけ**：すべてのことが自分に関係していると思いこみ，自分をすべての人と否定的に比較する。
7. **読心**：それが正しいという真の客観的証拠がないのに，他者が自分を嫌っている，自分に腹を立てている，自分を大切にしてくれないなどと思いこむ。
8. **仕切りの過ち**：あなたはすべての人やすべての事に対して完全な責任があると感じるか，あるいはまったくコントロールが効かず，無力な犠牲者であると感じる。
9. **感情的決めつけ**：物事は，それについて自分が感じたように，存在すると思いこむ。

　最後の欄には，自分に対する語りかけへの反論，とくに一つひとつの歪曲に対する反論を書いていく。たとえば，ジョアーンは職場で同僚たちの輪に加わるのが難しかった。同僚たちは従業員ラウンジでコーヒーを飲んだり，一緒に昼食に出かけたりする。

　ジョアーンは昼食時間に自分の机で過ごしたり，独りで散歩をしたりしていた。彼女は同僚の多くが好きで，尊敬もしていたのだが，彼らの輪の中に加われなかった。ある日の昼食時間に，彼女は自分の机で，3つのコラム法を試みた。次頁にそれを挙げておく。

### 反論を作る

　自ら熱心に関わることを決めたら，次の非常に難しい課題は，自分への語りかけに対する効果的な反論を作り上げることである。あなたの反論を訴える人を想像するととても役立つだろう。あなたがすっかり落ちこんでしまっている時に，あなたのために立ち上がり，病的な批評家に向かって反論してくれるような人を想像してみる。この人物はあなたの大義を代表し，あなたの助言者でもあり，師でもあり，コーチにもなる。少し例を挙げておこう。

| 自分に対する語りかけ | 歪曲 | 反論 |
|---|---|---|
| 同僚たちは私を拒絶する。私は神経質で，野暮だと思われている。変人とさえ思われているだろう。 | 読心 | 彼らが何を考えているのか，私には知る術がない。どう考えようと，彼ら次第だ。 |
| 私には話題がないので，口が重い。私はいつもそうだ。 | 過度の一般化 | それほどでもない！ 私も弁が立つこともある。 |
| 私はひどい能なしだ。 | 全般的レッテル貼り | 私は能なしではない。大人しいだけだ。 |
| 同僚たちは皆，私を見ている。ぴったりしていない私の変な服やボサボサの髪を見ている。 | 読心 | 彼らは私がどう見えようが気にしていない。私がそう考えているだけだ。 |
| 絶望的だ。私にできることは何もない。 | 仕切りの過ち | 完全に絶望的なことは何もない。敗北主義はもう十分だ。 |

**健康なコーチ**：もしもあなたが運動好きならば，健康なコーチといった人を想像するのが合っているかもしれない。経験豊富で，あなたが試合に勝つことを助けてくれるような人物である。助言を与え，励まし，毎日こなす健康的なプランを立て，あなたの活力と動機づけを保ってくれる。

**支えてくれる友人**：これは，長年にわたってあなたのことを知っていて，奇妙なところも短所もすべて受け入れてくれる友人である。あなたはこの友人に何も不満はないし，友人が言うことがあなたを傷つけることもない。この友人は完全にあなたの側に立ち，理解し，自分でも長所がわからなくなってしまうような時でも，あなたの長所を思い出させてくれる。

**主張するエージェント**：完全にあなたに貢献してくれる，ハリウッドやブロードウェイのエージェントを想像してみよう。一日中，あなたを褒め称える言葉を発している。あなたがもっとも偉大で，何でもできて，頂点に駆け上り，けっして失敗などしないと，エージェントは考えている。あなたはエージェントの肩を借りて泣くこともできるし，エージェントはあなたの自信を満たしてくれる。

**理性的な教師**：厳しいけれども，親切で，理性的で，温かい教師で，その人からあなたは何かを学ぶこともできる。学習と成長の機会を示してくれる。教師の意見はつねに事実に基づき，洞察に富み，世界がどのように動き，その中

であなたがどのような役割を果たしているのか教えてくれる。

**同情心あふれる指南役**：あなたが健康な人間として成長していくように導くために選ばれた年老いた，賢明な人である。この指南役はさまざまなことを見て，さまざまなことを経験してきたので，重要な助言を与えてくれる価値のある人である。この指南役の主な特徴というのは，あなたやすべての人間に対する深くて，普遍の同情を持っていることである。指南役とともにいれば，あなたは完全に安全である。

ここに挙げた人物のひとりをあなたの反論の声としてもよいし，あなたが知っている人，本や映画で知った人を想像することもできる。僧侶やラビ，好みの映画俳優，銀河系からやってきた宇宙人でもよい。一緒にいて安全に感じ，助けてくれそうな人ならば誰でもよい。これらの人々からなる随行団を想像することもできる。彼らはあなたとともにどこにでも出向いて，あなたに助言し，必要なサポートをするために発言する。

病的な批評家に反論し，あなたをサポートしてくれる想像上の人物が二人称であなたに語りかける次のような声を聞く。「そうではないよ，ジョン。君は変人などではない。想像力が豊かで，物の見方が独特なだけだ。君には独自の視点を持ったり，自分自身の感情を抱いたりする権利がある」。次に，心に浮かんだ語りかけを，一人称で，単語を変えて，より力強く主張するように書き換える。「その通り，私は変人ではない。私は想像力が豊かなだけだ。私の認知の歪曲が物事を歪めてしまっているが，それは大切な性質だ。もしもそうしたいのであれば，私は人とは違っている権利があり，自分自身を悪く言うのはやめる」

## 反論のルール

しかし，どのような反論の声とすべきだろうか？　読心や感情的決めつけのように，あまりにも正しくて，とても反論できそうもないような歪曲に対して，どのように反論していけばよいのだろうか？

歪曲された自分への語りかけに対して有効な反論を考えるためには，考慮すべき4つのルールがある。

1. **反論は力強くなければならない**：力強い，大きな声で，反論するように想像する。あなたの反論の声として，コーチ，トレーナー，あるいは指南役

を選んだならば，その人物をとても強い人と想像してみる。病的な批評家は手ごわく，あなたに手酷いメッセージを長年送り続けてきている。あなたは同じように，あるいはそれ以上の力をもって，批評家に立ち向かわなければならない。大声で，心理的に強調して，批評家にショックを与えて，黙らせるように，始めてみよう。たとえば，「違う！」あるいは「うるさい，黙れ！」「嘘つき！」と叫ぶ。何か身体を使って，否定的な思考の流れを遮ることもできるだろう。たとえば，指を鳴らしたり，身体のどこかをつねったりするといったことである。

2. **反論は中立的でなければならない**：この意味は，もしもあなたが全般的レッテル貼りに陥っているならば，「ひどい」「ぞっとする」「恐ろしい」といった侮蔑的な形容詞や副詞は一切使わないようにする。正しいとか間違っているといった概念も使わない。どうあるべきかではなく，今が実際にどうなのかという点に集中する。あなたは「馬鹿」なのではなく，社会学の成績がCであっただけなのだ。あなたは「自分勝手」なのではなく，時には自分の時間が欲しかっただけだ。

　自分の主張を誇張したり，控えたりするのではなく，できるだけ事実に基づいたものにすると，自己陳述から独自の判断を取り除くのに役立つ。あなたはデブではなく，あなたの体重は198ポンドである。あなたの血圧は天文学的な高さなのではなく，180/90である。あなたはパーティーでヘマをするのではなく，知らない人が話しかけてくる前に自分から話すのが好きではないだけなのだ。

3. **反論は具体的でなければならない**：具体的な行動や具体的な問題という視点で考える。もしもあなたの自分に対する語りかけが「私がすることはすべてうまくいかない」というものであるならば，それを具体的に書き替えて，「招待した8人のうちわずかに3人しかパーティーに来なかった」とする。「誰も二度と私を愛してくれないだろう」と言うのではなく，「今は，私は恋愛関係にはない」と言う。自分には友達がいないのではなく，もしもそう呼びたければ，3人の友達がいるとする。デートの相手が冷たくて，拒んできたのではなく，彼はその晩疲れていたので，早く帰宅したかったのだ。

　「何が事実なのだろうか？　何が法廷で受け入れられるだろうか？　私が確実に知っていることは何だろうか？」とつねに自問自答してみる。これは，読心や感情的決めつけを探り当てる唯一の方法である。もしも上司

があなたに反対していると感じたら，事実を検証する。あなたが実際に知っていることは，あなたが上司に送ったメモについて上司が何も言わなかったことと，あなたを見た時に上司がしばしば瞬きをしていたことだけである。それ以外は，すべて空想に過ぎない。

4. **反論はバランスのとれたものでなければならない**：肯定的な点も否定的な点も含める。たとえば，「5人はパーティーにやってこなかったけれど，3人は来て，とても楽しかった」「私は今は恋愛をしていないが，過去に恋愛関係にあったことがあるし，将来もそうなるだろう」「私は体重が198ポンドだが，親切な心がある」「僕はクラスで一番のハンサムではないが，人生で何か大きなことを成し遂げるだろう」

このようなルールを守って，自分の反論を作ったら，3つのコラム法を使って，紙に書いておく。一つひとつの否定的な自分への語りかけに反論するのに，分析，反証，肯定的な陳述と，おそらく長い文章になるだろう。書き終えたら，もっとも強いと思われる反論の部分に下線を引いたり，星印を付けたりする。この強調した部分は暗記しておいて，次に病的な批評家が攻撃してきたら，それを使ってみよう。

## 反　　論

最初は，この項で挙げる反論を一語一語そのまま使ってみることができる。その後，自分で考えた反論を使うのがもっとも有効だろう。

### 1．過度の一般化

過度の一般化に立ち向かうためには，まず「すべて」「全部」「何も～ない」「誰も～ない」「全員」「けっして」「いつも」といった絶対的な単語を使わないようにする。具体的でバランスのとれたものであるというルールにとくに注意を払う。さらに，将来について語ることを控える。将来を予言する方法など誰にもない。いくつか例を挙げる。

- ・私がこの結論を下すのにどのような証拠があるのだろうか？
- ・私には規則を作るだけの十分なデータが本当にあるのだろうか？
- ・この証拠は他のどのような結論を支持するだろうか？　他にはどのよう

な意味があるのだろうか？
・私はこの結論をどのように検討できるだろうか？
・絶対的なものは何もない。その質を正確に検討すべきだ。
・私は将来を予言できない。

　次に，水道工事業者のハロルドの非常に強力で否定的な自己への語りかけの例を挙げる。病的な批評家の口を通じて，習慣的に彼が自分自身に語りかけていたものである。

・皆が私を嫌っている。
・誰も私をどこへも招待してくれない。
・皆が私を見下している。
・私は間抜けな水道工事業者だ。
・私は全世界にひとりの友人もいない。
・私にはこれからもひとりの友人もけっしてできない。

　自分への語りかけを書き出してみて，ハロルドが最初に気づいたのは，「誰も」「どこへも」「皆」「全世界」「けっして」といったいくつもの絶対的な言葉であった。「私にはこのような絶対的な結論を下す客観的な証拠があるのだろうか？」と彼は自問した。これよりも正確に表現しようと考えて，「〜人はほとんどいない」「数人の人が」「ある場所」「ある人々」「数人の友達」といった決めつけの度合いがそれほど強くない言い方で置き換えていった。
　ハロルドは具体的にするというルールに従って，彼のことを見下していると思う人や，社交の場面で仲間に入れてほしいと思う人を挙げていった。バランスをとるというルールに従って，彼のことが好きな人や彼と一緒に時間を過ごす人も挙げていった。まず心の中で大声で「止めろ！」と叫んで，反論を力強いものにしていった。
　最後に，ハロルドは「間抜けな水道工事業者」という決めつけるようなレッテルを剥がして，自分の長所でバランスをとり，将来を予言してはならないと自分に警告を発した。彼の完全な反論を挙げておく。

・止めろ！*
・私にはこのような絶対的な結論を下す客観的な証拠があるだろうか？

・私は世界中のすべての人に会ってはいない。
・私は世界中のすべての場所に行ってはいない。
・ボブのように，私のことを嫌っているように思える人もいる。
・しかし，ゴードンのように，私のことが大好きな人もいる。
・ラルフとサリーは私をピクニックに誘ってくれなかった。
・しかし，父，モリー，ヘンダーソンさんはしばしば私を招待してくれる。
・だから，私には数人の友達がいる。*
・私はおそらく将来も友達ができるだろう。
・だから，将来も孤独であると予言するのは止めろ！
・私は優れた水道工事業者だ。*
・水道工事業は尊敬に値する職業だ。

「*」を記した表現は，ハロルドが非常に強力だと考えた反論の部分である。病的な批評家が彼のことを「友人がいない」「間抜け」と非難しくる度に，彼はこの部分を暗記しておいて，言い返した。

## 2．全般的レッテル貼り

否定的な自分への語りかけを紙に書き出したら，一方的に決めつけるような全般的なレッテルを示す名詞，形容詞，副詞，動詞を探していく。「無精者」「負け犬」「無能」「恩知らず」「臆病者」といった名詞や，「怠惰な」「馬鹿な」「醜い」「弱い」「不器用な」「希望のない」といった形容詞や副詞は最悪である。「失う」「間違える」「失敗する」「浪費する」「不快になる」といった動詞でさえも全般的なレッテル貼りの役を果たすことがある。

全般的なレッテル貼りと戦うにあたって，具体的に表現するということは，あなたが使うレッテルは単にあなたの一部分，あるいは経験の一部分を指しているに過ぎないことを認識しておくという意味である。レッテルを，あなたが好きではないことを示す正確な定義で置き換えていくことによって，具体的に表現する。たとえば，「私はデブだ」と言う代わりに，「私は適正体重よりも15.5ポンド多い」と表現する。自分に向かって「私は間抜けのように振る舞った」と言う代わりに，「彼女から私の昔のガールフレンドについて尋ねられた時に，私は口ごもってしまった」と述べる。

バランスをとるには，あなたのレッテルが当てはまらない多くの部分のいくつかについて述べることにする。たとえば，「私は15.5ポンド体重が多いけれ

ど，それほど太って見えず，新しい服もよく似合う」とか「彼女から私の昔のガールフレンドについて尋ねられた時に，私は口ごもったが，昔の医師についての話はよくできた」などと表現する。

　以下に，全般的レッテル貼りに反論を始める際の自分への語りかけのいくつかの例を挙げる。

- ・止めろ！　それは単なるレッテル貼りだ。
- ・それは私ではない。単なるレッテルに過ぎない。
- ・レッテルは，私の些細な部分を誇張している。
- ・もうレッテルはたくさんだ。もっと具体的に表現する。
- ・私は自分を悪く言うのは止める。
- ・私は＿＿＿＿＿を正確にはどのような意味で使っているのだろうか？
- ・私の経験は限られていて，全般的なレッテル貼りが正しい訳ではない。
- ・レッテル貼りは，限られた経験に基づく誤った意見だ。
- ・私は短所よりもはるかに長所のほうが多い。

　次に，これまでの全般的なレッテル貼りの習慣を破った人の例を挙げる。ペグは4人の子どもの母親で，その批評家はさまざまなレッテル貼りで彼女に典型的な攻撃を仕掛けてきた。

- ・お前が母親だって？　子どもたちには意地悪な魔女だ。
- ・お前はビリーの子育てに失敗した。ビリーは発育不全だ。
- ・お前は年上の子どもたちを置き去りにしている。子どもたちはますます乱暴になっている。

　ペグはこういった自分に対する語りかけを書き出して，すべての全般的なレッテル貼りに下線を引いた。たとえば，「意地悪な魔女」「失敗」「発育不全」「置き去り」「乱暴」などである。レッテルを事実で置き換えることによって，反論を開始した。彼女は時には子どもたちを大声で叱ることがある。ビリーは2歳になるのだが，あまり話をしないので，彼女は心配している。彼女は幼いビリーとスーザンとできる限り一緒に過ごしているので，年上の子どもたちと過ごす時間がほとんどない。
　短所とバランスをとるために，ペグは長所を挙げていった。たとえば，子ど

もたちとの間に一定のルールを維持する，子どもたちに清潔な衣服と栄養価の高い食事を与える，子どもたちの教育に真の興味を示すといった点である。ペグの完全な反論を挙げておく。

- もう十分！*
- これは手厳しい，歪んだレッテルだ。*
- 私は子どもたちに怒鳴ることもある。
- 私は子どもたちに一貫したルールを示し，それを公平に適用する。*
- 私はビリーが話さないのを心配しているが，これは彼の個性だ。
- ビリーがあまり話をしないのは私が悪いのではない。
- ビリーはそのうち話をするようになるだろう。*
- 私はジムやアンドレアと過ごす時間がもっとほしいが，実際には，今，私が一緒に過ごす時間でふたりはうまくやっている。
- ジムとアンドレアは自由にやれることから利益を得るだろう。
- 私は自分を悪く言うことを拒む。*
- 私はこれまでも全力を尽くしてきたが，これからも努力を続ける。

ペグはもっとも強力な反論に「*」を付けて，自分をひどい母親だと非難し出すと，それを使った。

## 3．心のフィルター

心のフィルターに対する反論を考えるうえでもっとも重要なのは，バランスをとることである。あなたは袋小路に追い詰められて，否定的な部分しか見えなくなってしまっているので，必死になってそこから抜け出して，周囲を見渡す努力をする必要がある。心のフィルターとは正反対のことを探す。もしもあなたの人生で失ってしまったことばかりに焦点を当てる傾向があるのならば，まだ失われていない，よいことすべてを強調して，反論を考えてみよう。自分の周囲に起きた拒絶ばかりが目に付くようであれば，あなたが受け入れられて，愛されていた時のことを描写してみよう。あなたが失敗例ばかりを強迫的に見つけようとしているならば，あなたが成功したことを思い出させてくれるような反論を考えてみよう。

次に，心のフィルターと戦うために使うことのできる一般的な反論を挙げておく。

・待て！　目を大きく開け！　全体像をとらえよう。
・私は人生で失ったものもあるが，今でも持っていて，大事にしているたくさんの宝がある。
・また，私は拒絶を探し求めている。
・人生には苦痛（あるいは，危険，悲しさなど）よりも多くのことがある。
・私はよいことを忘れてしまわないように選択することができる。

　ビルはつねに心のフィルターを通して現実を見つめて，拒絶のサインを探していた。毎朝，次のような否定的な自分への語りかけをするのが一般的だった。

・私が運賃にぴったりの小銭を持っていなかったので，バスの運転手がイライラしていた。
・新しいドライヤーを買おうとしないので，マギーは私に腹を立てている。
・新任の会計士は私の簿記が気に入らないだろう。
・おやおや，スタンの機嫌が悪い。あまり関わりあいを持たないほうがよいだろう。

　分析したところ，これまでは漠然としか気づいていなかった，これらのすべての関係について他の側面があることを，ビルは発見した。心に浮かんだ会話や状況を思い出して，肯定的な要素を探し出そうとした。たとえば，たしかにバスの運転手は不愛想だったが，ほとんどの運転手はごく普通に対応するか，客が愉快にしていれば，運転手も愛想がよい。妻のマギーは実際にはドライヤーのことで腹を立てていたのではなく，ただ意見が違っていたのだが，それを冷静に話す気にならなかっただけのように思われた。さらに，この1週間を振り返ると，ビルとマギーは仲がよく，陽気にしていた。まだ新任の会計士に会ったことがないのに，ビルは心のフィルターを通して将来を見て，証拠がないのに拒絶を予測していた。友人のスタンについては，彼がしばしば機嫌が悪いことを思い出した。何か他に新しい発見はあるのだろうか？　ビルが書いた反論をここにすべて挙げてみよう。

・では，もしもバスの運転手が私のことを好きではなかったとしたら，それがどうしたというのだろうか？　30分もすれば，互いに忘れてしまうだろう。

- マギーと私は仲がよいと思っている。それこそが肝心だ。
- 意見が一致しないからといって，それはかならずしも拒絶や怒りを意味しない。
- 拒絶を予測するな。*
- 私を好きな人もいれば，嫌いな人もいる。
- 重要なことは，私が自分自身を好きであるということだ。*
- 唯一の深刻な拒絶は，自分を拒絶することだ。
- 人は私を好きである必要はない。*
- 愛情の側面を見つめよう。笑顔を探そう。
- スタンと私は10年間も友達だった。私は何を心配する必要があるだろうか？

「*」印を付けた項目はビルがとくに自分に語らなければならないと考えたものである。今にも拒絶されそうな馴染み深い感覚を覚えたり，うまくいきそうにないと思える対人関係で気分が落ちこむように感じたりする時には，ビルはこれらの言葉を思い出した。

## 4．分極化思考

　反論は具体的にというルールに沿って，分極化思考に立ち向かう。抽象的な白か黒かの二分割思考であなたの人生を描くのではなく，具体的に灰色の部分を描き出す。自分について瞬間的な判断を下そうとしているのに気づいたら，「ちょっと待て。もう少し具体的に表すのだ」と言ってみよう。

　分極化思考への反論を考えるのに役立つ方法は，割合を使うことである。自動車ショーはそれほどひどくはなく，私のパッカードは100点満点中80点だった。私の料理は残飯などではなく，前菜は50パーセント，サラダは80パーセント，デザートは40パーセントの出来だった。私のパーティーはとんでもなく退屈ではなく，客の60パーセントは楽しみ，30パーセントが退屈し，10パーセントはどこに行ったとしてもけっして楽しかったとは認めないだろう。

　次の一般的な反論は，分極化思考に立ち向かうための戦術を示している。

- 間違っている！
- 完全なことなどない。
- もう少し具体的にしよう。

・灰色の部分を忘れるな。
・絶対ということに拘るな。
・どのような割合か？
・私のすることのすべてに善悪の灰色の部分がある。

　アーリーンは分極化思考の好例である。彼女は銀行の貸付係だったが，不運なことに，その仕事が彼女の分極化思考の傾向を強めていた。融資を求めてくる人はその資格があるかないかで，両者の中間がない。アーリーンの問題は，同じルールを自分の仕事の業績にも当てはめてしまったことである。すなわち，自分は完全に有能か，それともまったく無能であるかととらえるのだ。病的な批評家は次のように語りかけてきた。

・お前はこの融資申し込みを3時までに片づけなければならない。
・それができなければ，すべてが台無しだ。
・お前は有能か，それとも無能かのどちらかだ。
・仕事が遅れている，大失敗だ。
・お前は何ひとつまともにできない。
・お前はまったくでたらめだ。自分の机の上を見てみろ。
・この仕事をまともにできなければ，失業してしまう。

　アーリーンはこの分極化思考に立ち向かうために，反論の声を考えた。大学の時に尊敬していた教授に似た，忍耐強く，知的な教師を思い描いた。この教師は仕事中いつもアーリーンと一緒にいて，目に見えない守護天使のようだった。彼女の書いた反論を挙げておくが，その教師の声で語りかけられるのを想像していた。

・ここは時間をかけて仕事をしよう。*
・白か黒かで考えるのは止めよう。
・あなたは完璧に有能であることもある。
・あなたはあまり仕事ができないこともある。
・いつも完璧に有能であることはできない。
・すべての仕事が死ぬか生きるかではない。*
・締め切りに間に合わないからといって，それがすべて大失敗ではない。

・あなたは 90 パーセントの場合は時間を守っている。
・あなたは今の仕事を続けられる。よく働いている。
・誰もが間違えることがある。
・これが世界の終わりではない。*

　職場で病的な批評家の声が聞こえてくると，アーリーンは「*」印の言葉で教師に反論してもらうようにした。

## 5．自己非難

　自己非難に反論するには，一方的な判断を下すような言葉を粘り強く探し出して，バランスのとれた言葉に置き換えていく。自分に対して一方的な判断を下さずに，その状況の事実について述べて，次のように自分への語りかけを強めていく。

・これ以上自分を責めては駄目だ。
・誰もが失敗する。それが人間の本性だ。
・あれこれ考えるな。過去はすでに終わっていて，それについて何もできない。
・私は自分の間違いを認めて，前に進んでいくことができる。
・その時点で自分が意識している限り，私は全力を尽くしている。
・なるようにしかならない。
・私には他の人の責任はとれない。
・他の人の行動について自分を責める必要はない。
・私は自分の行動の結果を受け入れるが，過去の失敗についていつまでも思い悩むことはしない。

　ジョージはウェイターだったが，現在失業中で，自分の問題すべてやガールフレンドの問題についてまで自分を責めていた。失業したこと，仕事が見つからないこと，抑うつ的なこと，ガールフレンドの気分も落ちこませていること，彼女が心配のあまりに過食になったことなどについて，ジョージは自分を責めていた。仕事やガールフレンドについて考える度に，「すべて僕が悪い」という単純な言葉がまるでネオンサインのように心に浮かんだ。自責感と抑うつ感の大波が彼に襲いかかった。

ジョージはこのように繰り返し浮かんでくる考えに立ち向かうために，昔の高校のコーチが言うような励ましの言葉を書き出した。

- 馬鹿馬鹿しい。*
- 全部が君の責任ではない。*
- 自分を悪く言うのは止めろ。
- 不況だから一時解雇されたのだ。それは君の落ち度ではない。
- 同じ理由でレストランの経営も難しい。これも君の落ち度ではない。
- 憐みも罪責感も君の力を落とす。
- ポリーは立派な大人だ。彼女は自分の人生や気分について自分で責任が持てる。
- 君が彼女の気分をどうこうすることはできない。
- 彼女のサポートを受け入れて，自分を責めるのを止めろ。

　ジョージは重要な言葉に「*」印を付けて，暗記しておき，必要な時にそれを繰り返し聞いた。

## 6．自己関連づけ

　もしも病的な批評家がつねにあなたと他者を比較しているならば，あなたの反論は，人それぞれで，長所も短所もある独特の存在であると強調する必要がある。謝罪や一方的な判断をしないで，本来の自分であってよいと権利を主張すべきである。

　すべての状況，あるいは他者とのすべてのやりとりがあなたを個人的に判断しているといった自己関連づけが起きているならば，世界で起きていることのほとんどはあなたとは何の関係もないことを指摘して，反論すべきである。状況を再検討して，何事も当たり前だと決めつけないように，自分を励まそう。

　自己関連づけに追いこむ病的な批評家に対応するために効果的で，典型的な反論を次に挙げる。

- 待て！　比較するな！
- 皆が異なる。それぞれに長所も短所もある。
- 私は私だ。比較する必要などない。
- 他者と比較しなくても，私は自分を正確に語ることができる。

・何も思いこむな。
・確認しろ。
・世界のほとんどは私とは何の関係もない。
・それほど妄想的になるな。
・他の誰もが自分の行動を気にしている。彼らは私のことなど見てはいない。

　グレイシーはそれほど優秀なテニス選手ではなかったが，自己関連づけのためにますます成績が悪くなった。コートの誰もが自分のプレーをじっと見ているように感じた。自分と周囲の人々をつねに比較して，ほとんどいつも自分のほうが劣っていると結論を下した。病的な批評家は次のように語りかけてきた。

・皆がお前を見つめている。
・わあ，すごいサーブだ。お前のサーブの速さはあの半分もない。
・デニーの構えを見ろ！　それに引き換え，お前の脚はもつれている。
・お前のパートナーが押し黙っている。一体お前は何をしたというのだ？
・しくじった！　チェッ，まるで素人だ。

　ひどく気分が悪くなり，プレーを避けるようになった。グレイシーは1週間かけて，病的な批評家の攻撃について考えて，その言葉を紙に書き出した。次に，以下のような反論を考えた。

・これを止めて。*
・ただの楽しむための試合だ。*
・誰もが自分の試合に集中している。
・運動能力が価値を決めるわけではない。
・比較するのを止めろ。*
・どの試合もすべて同じというわけではない。
・皆それぞれで，長所も短所もある独特な存在だ。*
・他の人は私など見つめていない。彼らはボールを見ているだけだ。

　グレイシーは「*」印を付けた項目を暗記して，コートに戻ってきて，それを使った。他者と比較することを止めて，ボールを打つことに集中すると，試

合の成績がよくなった。試合を楽しんで，不都合な比較をあまりしなくなったために，彼女の自尊心ははるかに改善した。

## 7. 読　心

あなたに読心の習慣があるならば，自分に衝撃を与えて，現実に引き戻すためには，とくに強力な反論を作り上げる必要がある。もっとも重要なルールは，具体的で正確な反論にすることである。明らかな事実に集中することが，他者が自分の悪口を言っているという思いこみを止める最高の方法である。

以下に，読心に対して有効な一般的な反論を挙げる。

- 止めろ！　ナンセンスだ。
- 彼らが何を考えているのか，私には知りようがない。
- 何も思いこむな。
- 確認しろ。
- それは他にはどのような意味があるだろうか？　どうして否定的だと思いこむのだろうか？
- 何が事実だろうか？　それを書き上げてみよう。
- 「直感」というのは単なる推測に対する言い訳にすぎない。

ジョシュは図書館司書だったが，受付での仕事がたまらなく嫌だった。彼が質問に答えられなかったり，返却遅れに罰金を科したり，忙しい時に待たせたりすると，利用者が苛立っているのを感じた。すると，「グズ，間抜け，ケチ，偉そうに」などといった単語が頭に浮かぶのだった。彼はひどく不安になり，焦った。頭に浮かんだ単語を検討すると，それが読心から生じていることに気づいた。そこで，時間をとって，その意味を考えていくことにした。以下に，一連の否定的な自己への語りかけを挙げる。

- あの利用者は私がモタモタしていると思っている。
- 彼女は私を嫌っている。
- この利用者は私がその作家について知らないので，馬鹿だと考えている。
- 彼は一見上品だが，お高くとまっているだけだ。私が罰金を全額請求したので，はらわたが煮えくりかえっている。
- 子どもたちに本を貸し出している間，私が彼女を待たせているので，彼

女は私のことを傲慢な公務員だと考えている。

ジョシュの反論は，観察可能な事実を慎重に観察して，頭の中でそれを繰り返し叫ぶという形をとった。その反論を書き上げたものをすべて挙げておく。

- 止めろ！
- これはただどこかのお年寄りが急いでいて，列に割りこもうとしただけだ。
- 私は彼女が何を考えているか知らないし，そんなことは構わない。

- 止めろ！
- これはあの人が自分の読みたい本を書いた人が誰か知らないというだけだ。これが私が彼について知っていることのすべてだ。

- 止めろ！
- これはただ哀れな男が期限までに本を返すのを忘れたというだけだ。彼は喜んで罰金を払ってくれる。彼が実際にどのように感じているのか誰にもわからない。

- 止めろ！
- これはただ，子どもたちの番が終わるまで，ピンク色のセーターを着ている少女が待っていなければならないというだけだ。彼女はアダムから何か私のことを聞いたわけではないし，私は彼女が何を考えているか知らない。
- もしもこのような人々が私について何を考えているか知ることが重要であるならば，私は彼らに質問すればよい。しかし，勝手に彼らの意見を思いこむのは時間の無駄だ。

仕事中は，ジョシュはこのような長々しい独語を頭の中で繰り返すことはできなかった。「間抜け」といった否定的な単語が浮かぶと，「止めろ！ あの人はただ情報が必要なだけだ。それだけだ」と心の中で叫び返した。

## 8．仕切りの過ち

　もしも病的な批評家が仕切りの過ちに訴えてくるならば，あなたの人生を現実的かつ実際にコントロールしている点を強調して，反論する必要がある。もっとも重要なルールとは，具体的に反論することである。ある状況をコントロールするためにあなたが実際にできることを述べる。あなたが始めることができる一般的な反論を挙げておこう。

- 待て！　また同じことをしている。
- 二度と犠牲者だといったたわごとを言うな。
- 私がこの混乱を引き起こしたのだから，私が収拾できる。
- 何ができるか考えてみよう。
- この絶望感は，批評家が言っているだけだ。
- 批評家に私の力を奪われることは拒否する。
- この状況は，私がやってきたこと，あるいはやってこなかったことの結果だ。直接的な行動でこれを変化させることが可能だ。

　ランディは最近父親になったが，その役割に圧倒される思いがしていた。生まれたばかりの赤ん坊はランディの日常を混乱させ，睡眠不足となり，病的な批評家があらゆる機会を狙ってランディの自尊心を攻撃してきた。批評家が語りかけてきた内容を以下に挙げる。

- お前は疲れきっている。
- うまく対処できていない。
- けっしてうまくできないだろう。
- お前は無力だ。
- お前はかろうじて何とかこなしているだけだ。
- お前にできることは何もない。
- いつも他にお前がしなければならない仕事がある。
- 少なくともこれから2年間はこんな状態が続く。

　このように延々と続く敗北主義に立ち向かうには，力強い反論を考えなければならないと，ランディは承知していた。「違う！」と言ったり，何か他の言

葉で遮ったりする代わりに，頭の中で爆弾が破裂するのを想像した。爆発の煙がおさまると，賢くて，同情に満ちた指南役が現れて，病的な批評家に静かに反論する場面を空想した。その指南役はスターウォーズの宇宙人のヨーダによく似ていると，ランディは気づいた。指南役に言ってほしいことをランディは以下のように書き出した。

- ・（ドカーン！）
- ・ランディ，落ち着いて，深呼吸するのだ。
- ・自分がしなければならないと感じていることすべてについて考えを止める。
- ・自分の中の静かな場所を探す。深呼吸をして，束の間の心の平穏を味わう。
- ・あなたは我を忘れたりはしていない。子どもではないのだ。
- ・たしかに，あなたは子どもの世話をしなければならないが，どのようにするかはいくつもの方法がある。子育てはこれからもどんどんうまくなっていく。
- ・さまざまな援助源を活用して，事に当たればよい。
- ・自分にはさまざまな選択肢があることを覚えておこう。たとえば，妻と交代制のシフトを組む，子守りを頼む，祖父母に手伝ってもらう，はじめて親になった人々の会に加わる，家事や庭仕事をしてくれる人を雇う。
- ・大丈夫，あなたはうまくやっていける。
- ・十分な休養をとって，子育てを楽しもう。

仕切りの過ち，すなわち，自分の周りの苦痛や不幸せの責任をすべてひとりで担おうとすると，実際には自己非難と同じになる。自己非難の項で例に挙げた反論を用いて，何でも自分だけで仕切ろうとする傾向に対処しよう。

## 9．感情的決めつけ

感情的決めつけという歪曲と戦うには，中立的かつ具体的であるというルールに従う必要がある。「愛」「憎」「不快」「怒り」「抑うつ」などといった感情に満ちあふれている単語を使わずに，反論を作り上げてみよう。あなたが感じている苦痛に満ちた感情を引き起こすような思考をつねに探し求める努力をする。根底に横たわるこのような思考の中で，病的な批評家が機能している。こ

のような思考こそ，あなたが最終的に論破しなければならない。

　感情の混乱を和らげ，根底にある歪曲された思考に対抗するための反論を以下に挙げる。

- 嘘だ！　私の感情は私に嘘をついている。
- 突然生じた気分はすべて信用してはならない。
- 私の気分について自動的に正しいものは何もない。
- 根底にある思考を探ろう。
- このように自分が悲しくて，不安で，怒りを覚えるようなことを，私は何で自分自身に語りかけるのだろうか？

　マジョリーは有名なベーカリーで働いていた。他の店員たちには，マジョリーがとても機嫌がよいのか，それともひどく落ちこんでいるのかわからなかった。彼女はすっかり気分に支配されていた。飛行機墜落事故の見出しを目にすると，死について考えて，悲しさに襲われ，一瞬にして生命の火が消えてしまうかもしれないので，自分の人生などまるで価値がないと結論を下してしまう。誰かがとくに悪気もなく，オーブンの中のマフィンについてマジョリーに単純な質問をしたところ，なにか皮肉めいた意味合いを察して，脅されたように感じ，不安になり，仕事を失うのではないかと感情的決めつけをした。クレジットカードの支払いができないのではないかと考え，気分が沈み，自分は負け犬で，これからもずっと貧乏でみじめだと感情的決めつけをした。

　経験から始まって，思考，感情，感情的決めつけへと続く連鎖反応についてあまり認識していなかったために，マジョリーの問題はさらに悪化していった。彼女は惨めに感じ，これからもこの惨めな感じが永遠に続くだろうと結論を下した。自分への語りかけを書き出してみると，その思考に立ち戻るのが難しかった。最初に思いついたのは以下のようなものである。

- 私は悲しくて，絶望的だ。人生はひどく頼りない。
- 私は仕事を失うのではないかと心配している。なぜかわからない。誰かが私に注意を向けると，とても不安になる。
- 私は負け犬に違いない。負債に圧倒されるように感じる。

　さらに，マジョリーは思考を探っていかなければならなかった。自分の気分

を引き起こしていると思われる思考について考えた。これを行うと，彼女は「はい，まさにその通り」あるいは「いいえ，それはこれ以上で……」などと言えることに気づいた。結局，以下のようなリストを作った。

- 私は死ぬだろう。
- とても恐ろしい。
- 私はそれに耐えられない。
- 私は今の仕事を解雇されるだろう。
- 私は飢えてしまうだろう。
- 私は私のアパート，自転車，すべてを失う。
- 友達全員から嫌われるようになる。

マジョリーのうつ病を引き起こしていた病的な批評家からは破局的なメッセージがあった。彼女は「死」「恐ろしい」「解雇」「失う」「破産」「憎む」といった感情的な単語を取り除いて，反論を考え始めた。

すると，マジョリーは感情的な破綻から自らを救い出すような，力強い反論を作り上げた。最後には，批評家の破局的な予測に立ち向かうために，具体的でバランスのとれた合理的な援助源のリストを作り上げた。彼女の反論の完全な版を挙げておく。

- 止めろ！ 今はこれを止めておくのだ，マジョリー！
- このどうしようもない状態は，99パーセントは気分だ。*
- 気分について自動的に真実であるものはない。私の思考が変化すれば，私の気分も変化する。*
- 私はどうしてこんな状態に落ちこんだのだろうか？ 私は何を考えていたのだろうか？*
- 馬鹿げている。これは私の批評家が言っていることだ。*
- 私は自分で考えている以上に，新しい知識が豊富だ。*
- 私は健康だ。自分自身の世話ができる。*
- 私はよい製菓・パン職人だ。ここでは皆が私を頼りにしている。
- 私はまだ若いし，家計のバランスを立て直すだけの知能もある。

打ちひしがれたと感じた時には，マジョリーは「*」印を付けた項目を使って，

反論した。惨めな気分を引き起こした思考を振り返り，彼女は反論の残りの部分を書き直していった。感情的決めつけがしばしば起きる過程を引き起こす思考を同定できないこともあった。その場合には，鉛筆と紙を取り出して，もう一度，3つのコラム法を試みた。

　元々の否定的思考について知る必要がないこともあった。「これは気分であって，事実ではない。しばらくすると過ぎ去るだろう。通り過ぎるのを待つことにしよう」と自分自身に言い聞かせればよいとわかった。そして，数時間もすると，感情の嵐は静まり始めて，自分自身に再び自信を感じるようになった。

# 第6章

# 苦痛に満ちた思考を拡散する

　病的な批評家がひどく容赦なく見えることがある。あなたが必死になって正確に考えようとしても，それにまったく妨げられることなく，批評家の攻撃は激しさを増していく。第2章で解説したように，連鎖と呼ばれる過程で，次から次へと攻撃が続く。これらの連鎖的な思考のそれぞれに，欠陥と失敗というテーマがある。連鎖攻撃がわずか数分間続いただけでも，激しい苦痛が生じる。そして，気分と自尊心は真っ逆さまに転がり落ちていく。

　批評家に反論するだけでは十分ではないと思われる場合がある。独特な考えがあっという間に湧き上がり，いかにもそれが真実のように思えて，批評家に抵抗しようというあなたの決意を圧倒してしまう。しかし，この挑戦に立ち向かって，これを克服する方法がある。それは拡散（defusion）と呼ばれている。拡散はアクセプタンス＆コミットメント・セラピー（acceptance and commitment therapy）の中核的過程として発展してきたのだが，反復して生じる思考に直面し，それに距離を置き，新たな視点を得ようとする戦略である（Hayes, Strosahl, and Wilson 2013）。自己攻撃という歪曲した認知に融合（fusing）されてしまうのではなく，拡散の技法を用いて，自己を観察し，困惑させるような自分への語りかけを和らげる。

　機械からポップコーンが飛び出してくるように，考えが次々に湧き上がってくる自分の心を想像してみて，それを観察する方法を学習していく。そして，まるで心の中のスクリーンに映った像を見ていくようにして，その考えに名前を付け，考えが浮かんでは消えるままにして，一方的な自己判断に距離を置き，それを深刻にとらえないようにしていく。浮かんでくる考え（例：「私は間抜けだ」「私は退屈な人間だ」）に支配されるのではなく，単にある考えが浮かんだだけだととらえることを学ぶ（例：「私には自分が間抜けだという考えが浮

かんだ」「私には自分が退屈な人間だという考えが浮かんだ」)。両者の差に気づいてほしい。「私は間抜けだ」という表現には，疑いを挟む余地がなく，あなたが知的に劣っているという考えに飲みこまれてしまう。一方，「私には自分が間抜けだという考えが浮かんだ」は，単なる考えを指していて，現実ではない。あなたの中核の自己と自分は間抜けだという考えの間には明らかな差がある。

あなたには一日に6万回の考えが浮かぶ。それはあなたの心の産物であり，それほど重要でもなければ，かならずしも真実ではない。拡散の技法を用いて，浮かんでは消えていく考えをそのまま受け流していく方法を学ぶことができる。このような思考は疲弊しきった神経経路以上のものではなく，本章であなたが学ぶ技法は，あなたを貶め，一方的な判断をすることに打ち負かされるのを防ぐのに役立つ。

## 自分の思考を観察する

拡散は，自分の心を観察することから始まる。これを学ぶには2つの方法がある。白い部屋の瞑想（white room meditation）と呼ばれる簡単な練習は，自分の心を見つめて，それがどのように機能しているのかを理解するのに役立つ。マインドフル・フォーカシング（mindful focusing）によっても，心の過程を観察するのに役立つ。これらの瞑想の練習法は，http://www.newharbinger.com/33933 で録画版をダウンロードできる。

### 白い部屋の瞑想

あなたが壁，床，天井のすべてが真っ白に塗られた部屋にいると想像してみる。左にはドアが開いていて廊下が，右にもドアが開いていて廊下が続いている。次に，あなたの考えが左の廊下から入ってきて，あなたの前を通り過ぎて，右側の廊下へと出ていくのを想像してみよう。あなたの考えが部屋を通っていく際に，鳥が飛んだり，動物が走りぬけるといった視覚的イメージを想像してみるか，あるいは，単に「考え」が入って来たと想像するだけでもよい。分析したり，何か別の考えをしてはならない。考えが右側の廊下に去ってしまうまで，ただあなたの目の前で起きている一瞬に注意を払う。

ある考えは，緊急で，多くの注意を払わなければならないように思えるかもしれない。それは他の考えよりもそこに長く居続ける可能性がある。執拗に，繰り返し現れる考えもある。このような考えは，緊急で，長続きする。しかし，ただそのような考えに気づいて，それがそのまま消え去るのを待つ。注意を次の考え，次の考えと向けていく。この瞑想を5分間行い，何が起きたか見ていく。あなたの考えはゆっくりになったか，それとも速度を増しただろうか？ 考えをやり過ごして，次の考えに注意を向けなおすことは，どれくらい難しかっただろうか？ 単に思考を観察するだけの行為が，思考の速度を遅くして，あなたの気分を落ち着かせる効果を及ぼすことがしばしばある。しかし，瞑想によってどのように感じたとしても，重要な点は，あなたの心に次々に浮かぶ考えを観察する術を身につけることである。

## マインドフル・フォーカシング

この技法は仏教徒の修業から編み出されたもので，その起源は数千年も前に遡る。まず，息に注意を向け，それが鼻，喉の奥，肺に抜けていき，最後に横隔膜の上がり下がりへと進んでいく。最初に息を吐く時に1，2回目に息を吐く時に2と数え，4に達するまで同じ動作を進めていく。4回目の呼気を終えたら，また1から繰り返す。

自分の呼気に注意を向けると，必然的に，何か考えが浮かんでくる。呼吸を観察するという経験を使って，自分の心がどのように動いているのか意識する機会とする。一つひとつの考えが浮かぶ度に，それに気づき（「考えがある」），次に注意を呼吸に戻す。マインドフル・フォーカシングの全体の流れは，(1) 自分の呼吸を観察し，数える，(2) 考えが浮かんできたら，それに気づく，(3) その考えを認識する，(4) 一つひとつの呼吸に気づき，それを数えることに戻る。

1週間，毎日5〜10分間，マインドフル・フォーカシングを行う。どのようにして考えが浮かんでくるのかを観察し，その都度，呼吸に注意を向けなおすというのは，自分の心の動きを観察するよい方法である。いかに呼吸に注意を向け続けようとしても，あなたの心からは考えが次々に湧き出してくる。とても緊急で，受け流すのが難しいような考えもあることに，あなたは気づく。

## 思考に名前をつける

あなたの思考に距離を置くもうひとつの方法として，それに名前をつけるというものがある。その名前は，たとえば以下のようなものがある。

- **私には〜という考えがある**：批評家が否定的な考えであなたを攻撃してくる時にはいつでも，次の文章で考えを繰り返す。**「私には自分が醜いという考えがある。私には誰からも好かれないという考えがある」**。すでに述べたように，このように思考を呼び換えると，それはあまり緊急ではなく，信憑性も減る。それはどれも単なる考えにすぎないのだ。
- **今，私の心にはある考えが浮かんだ**：この練習で用いる具体的な名前としては，「恐怖の考え」「判断を下すような考え」「大丈夫ではないという考え」「間違ったという考え」などがあるだろう。あなた独自の名前を作り出すこともできるが，重要な点は次のような文章を用いることである。**「今，私の心にはある考えが浮かんだ」**。こうすることで，あなたと思考の間に距離を置くことができる。白い部屋の瞑想をふたたび試みるのだが，考えが浮かぶ度に，一つひとつに名前を付けていく。このように名前をつけることによって，自分の心を観察する経験が変化してくることに気づくはずである。
- **心よ，ありがとう**：判断を下すような考えに対して，**「心よ，ありがとう」**と言ってみる。これは，心がこのような思考によってあなたを助けようとしているという点を認識するという意味である。あなたの心から生じた思考に名前をつけるとともに，（認知に対して距離を置くことに対して）感謝の気持ちを表す。

## 思考を受け流す

批判的な思考に気づき，それに名前をつけることがうまくなってきたら，次の重要な段階は，思考を受け流すことである。「受け流す」戦略の大部分は，思考に物理的距離を置いて，それが消え去るのを待つというイメージが関わってくる。以下にいくつかの例を挙げるが，あなた自身のやり方を容易に作りあげることができる。

- 川に浮かぶ葉：批判的な思考を，秋に木から落ちた葉のように想像してみる。葉は速い川の流れに落ちて，流され，あっという間に視界から消え去っていく。
- 風船：道化師がヘリウムガスの入った風船をたくさん持っていると想像してみよう。そして，一つひとつの考えが浮かぶ度に，それを風船に付けて，空高く飛ばしていく。
- 汽車と船：あなたは踏切に立っていて，目の前を通り過ぎる貨物列車が通過するのを眺めている。目の前を通過する貨車一台一台に，批判的な考えを付けていく。あるいは，川の堤に立っている自分を想像して，一つひとつの考えを，目の前を通り過ぎていく船と想像してみる。
- ネオンサイン：高速道路沿いに設置されている長い広告のネオンサインに現れる文字を一つひとつの考えのようにみなしてみる。新たな考えが現れると，古い宣伝（そしてその考え）は消え去る。
- コンピュータのポップアップ宣伝：コンピュータに突然ポップアップ宣伝が現れるのと同じように，批判的な思考も突然スクリーンに現れると想像してみよう。何か別の考えが浮かんでくると，古い考えは突然消えてしまう。

何か身体的な動きをして，受け流す方が簡単だと思う人もいる。

- 掌を返す：手を前に出して，掌を上に向ける。一つひとつの考えに気づいて，それに名前をつけたら，それが掌の上にあると想像してみる。次にゆっくりと，掌が下を向くまで，手首を回す。考えがあなたの手から落ちて，見えなくなってしまうと想像する。一つひとつの考えが浮かぶ度に同じ動作を繰り返す。
- 深呼吸する：批評家が攻撃してきたら，深呼吸して，苦痛に満ちた考えに注意を向ける。次に，息を大きく吐き出して，その考えを放出し，空中に消えていくの想像する。

## 観察する，名前をつける，受け流すを結びつける

さて，以上解説してきた技法を今度は結びつける番である。第一にすべきことは，批評家に注意を向けるのを怠らないことである。攻撃してくるような思

考が現れたと気づいたら，それが連鎖攻撃となるのを防ぎ，拡散を始める。気分の変化という影響に気づいて，批判的な声を認識できることがしばしばある。気分が沈んだり，意気消沈したりするのを感じたら，自分の思考に注意を払う。

次に，「私には〜という考えがある。あるいは，私にはなんらかの考えが浮かんだ」といった具合に思考に名前をつける。すでに述べたように，こうすることが重要であるのは，ある状況との間に距離を置き，これは単にあなたの心の中に生じたことでしかないと思い出させてくれるからである。

最後に，その考えを受け流すのに役立つ，イメージや身体的反応（例：掌を回す，深呼吸をする）を選ぶ。一つひとつの考えが消え去るのにそれぞれ一つひとつのイメージを空想し，同じ効果を持つ身体的動きをしてみるのがしばしば役立つ。

## 練習：すべてを一緒にする

拡散を行うには，いわば心の筋肉を使う必要がある。練習するよい方法は，批評家が攻撃を仕掛けてきて，当惑した最近の例をイメージする。心の目を通じて，批判的な判断が現れてくるまで，その場面をしっかりと観察し続ける。自己攻撃が始まったら，その思考に注意を払う。一つひとつの思考が現れる度に，それに名前をつける。

次に，受け流しのイメージや，攻撃に距離を置くための身体的反応を試みる。一方的な判断を下すような思考に現実感がなくなり，力強さを失ってきたと感じるまで練習を続ける。

トニーはアプリケーションの開発者だったが，批評家は，トニーが「馬鹿のような」仕事をして，彼のすばらしいアイデアは「ありきたり」で，プログラムの設計も「洗練されていなくて」「不格好だ」と言ってきた。さらに，批評家は，トニーと顧客や友達との会話についてもあれこれと攻撃してきた。

当時，トニーは問題を抱えていたので，批評家が攻撃を仕掛けてきたら，抵抗する方法を覚えておいて，拡散を試みることに決めた。職場での問題を父親と話しあっていた時に，「僕が思いつくことができることは，自分には欠点だらけだ」と語った。

トニーはまず白い部屋の瞑想について練習したが，マインドフル・フォーカシングのほうが役立つと思った。というのも，考えと考えの間に呼吸に注意を戻すことができたからである。しばらくすると，マインドフル・フォーカシン

グをしている間に，考えに名前を付け始めた。「批判的思考」「心配の思考」「〜の思考（他のすべての考えに）」といった名前を使った。自分が「怖気づいた」ことに気づいたり，攻撃の考えを認識したりした場合にも，同じ名前を付け始めた。

考えを受け流すために，トニーは川の流れに浮かぶ葉のイメージを使うようになったが，何か身体的な動きをする方がより効果的であるとわかった。非難するような考えが浮かぶと，それに名前をつけて，深呼吸した。息を大きく吐く時に，何かを向うに押しやるような，手の小さな動きをした。

拡散によって，長期にわたる否定的な連鎖攻撃に囚われることが減ってきたことに気づいた。ふたたび攻撃が始まっても，批評家にこれまでよりも警戒を払うことができるようになり，それが単なる考えであって，「神の声」ではないと理解する手助けにもなった。

## 批評家に距離を置く

自己を非難する思考を観察し，名前をつけ，受け流すことができるようになったら，批評家にさらに距離を置くための進んだ拡散の方法がいくつかある。

- **思考の反復**：単に声を出して思考を繰り返すだけでも，あなたを傷つける影響力が減ることを，研究結果が明らかにしている。たとえば，「私は駄目な父親だ」と言った自己に対する一方的な判断について考えてみよう。これは単なる考えであって，これが真実だと思いこんでいるということを忘れているために，悪影響が生じる。あえて「私は駄目な父親だ」と50回以上繰り返し言ってみると，何か重要なことが起きる。言葉が意味を失って，単なる音になってくる。ぜひ試してみてほしい。批評家からの最近の攻撃を思い出して，それを数語からなる文章にする。その文章を声に出して繰り返し，それが感情的に意味がなくなり，重要性を失うまで，繰り返す。それが意味をなくして，単なる音のつながりになったことに気づいてほしい。いつでも望む時に，その影響力が失われるまで，批評家の言葉を繰り返してみることができる。
- **カードを持ち歩く**：自己攻撃の思考が現れたら，その言葉を書きとっておき，それを書き留めたカードをいつも持ち歩いて，心理的な距離を置くことができる。その考えがふたたび浮かび上がってきたら，「私には

その考えがあるが，それについて今考える必要はない」と自分に言い聞かせる。

- **思考を客観化する**：ここでの目標は，思考に物理的特性を持たせることである。それはどれくらいの大きさだろうか？　何色か？　どんな形か？　どんな感触か？　どのような音がするか？　トニーは「私はダメだ」という考えを客観化しようとした。彼はそれを，大きな，灰色のメディシンボールで，紙やすりのような手触りで，重い物を想像した。それを落とすと，重い音がした。トニーが「私はダメだ」という考えを，メディシンボールをドシンと落とすイメージに喩えると，その考えの意味は薄らいでいった。

- **馬鹿げた名前と声**：批判的な考えがしばしば浮かぶようであるならば，それに馬鹿げた名前を付けてみよう。トニーは彼の知能についての思考をメディシンボールに喩え始めた。他の例として，「古めかしい爆弾思考」「暗くて嵐のような考え」「親愛なる親父の考え」「ラガディ・アン思考」[2] などというものだった。できるだけ馬鹿馬鹿しい名前をつけることが肝心である。

　馬鹿げた，嘲るような声を使って，批判的な思考を嘲笑することもできる。トニーはニュースキャスターの声で，攻撃的な思考を真似てみた。「トニーのメディシンボールは職場で彼を攻撃した」。トニーは子どもの時に，父親がドナルド・ダックの真似をするのが好きだった。自分を批判する考えを，その声を使って言ってみるようになった。

　他の技法としては，自己攻撃を，「お前は最悪，地球を歩く愚か者」などと歌ってみるというのがある（例：有名な「峠の我が家（Home on the Range）」のメロディなどに乗せて歌う）。

- **3つの質問**：あなたが繰り返し，同じ自己非難の考えに悩まされているならば，次の3つの質問をする。
    a. このような考えはどれくらいの期間続いているのだろうか？　恋人と別れてから，これが始まったのだろうか？　これは中学校や高校時代にまで遡れるだろうか？　正確な記憶がなければ，いつ始まっ

---

2) ラガディ・アンは，ジョニー・グルエル（1880-1938）原作の絵本シリーズに登場するキャラクターで，毛糸の髪の毛に赤い三角の鼻が特徴の布製の抱き人形である。絵本とほぼ同時に手作りの人形も発売されると大人気となった。ここでは「古き，よきアメリカ，ただし変わり映えのしない」といった意味で使われている。

たのかざっと思い出してみればよい。
b. その考えの機能とは何だろうか？　次のような質問を自問自答してみる。この考えはどのような苦痛を避けるのに役立つのだろうか？　自分を恥ずかしくて，悪いと感じているだろうか？　他者からの拒絶や軽蔑を感じているだろうか？　自分には欠点や欠陥があると感じているだろうか？　間違いや失敗について悲しく感じているだろうか？　すべての考えには目的があり，しばしば生じる考えには一般には慢性的な心の痛みを避けるという作用がある。
c. その考えはどのように動いているのだろうか？　もしもその考えを長期間にわたって抱いていて，苦痛を避ける手助けになるという目標があるとすると，その考えは役割を果たしているだろうか？　あなたは拒絶を恥じたり，恐れたりするのが減っただろうか？　自分に落ち度がある，失敗だと感じることが減っただろうか？　あるいは，この苦痛は以前と同様に大きくて，強いだろうか？

　別の質問もある。その考えは，あなたを守るというよりは，実際には苦痛を引き起こしているだろうか？　その考えのために自分が一層惨めになり，恥ずかしく，恐ろしく，悲しくなっていないだろうか？　もしもそうならば，あなたの考えは「ダブルパンチ」になっている。本来の目的を達成することなく，むしろ悪影響を及ぼしている。

## 例：トニーと3つの質問

　トニーは顧客との話し合いを終えたばかりだった。彼は顧客がアプリケーションに組みこんでもらいたいと考えている特徴をとらえようとしていた。顧客が部屋を出ていくと，批評家が攻撃を始めた。トニーが顧客にした助言は「単純すぎて」「馬鹿げている」というのだ。メディシンボールの考えも浮かんできた。このような考えがどれくらい前まで遡ることができるのか自問自答した。授業に集中していなかったために，小学校3年生の時に教師から注意されて，自分は馬鹿だと思ったという記憶が戻って来た。教師はトニーを教師の目の前に座らせて，授業に集中させようとした。それは30年前の出来事であったが，同じ考えがしばしば浮かんできた。

そこで，トニーはその考えの機能を検討してみたところ，興味深いことに気づいた。小学校3年生の時には自分が「馬鹿」だとは考えずに，馬鹿に「見える」に違いないと考えたのだ。この考えが刺激になって，二度と批判されて恥ずかしい思いをしないようにと必死に努力した。その考えには今も同じ機能があり，馬鹿に見えたり，馬鹿のように響いたりするぞと自分に言い聞かせて，傷ついたり，失敗したりするのを防ごうとしていた。

　しかし，それは本当に役立っていたのだろうか？　その考えは，彼が間違っているとか，恥ずかしいとか感じることから彼を守っていただろうか？　実際には，その考えはまったくトニーを助けてはいなかった。彼はこれまでの人生でずっと自分は間違っていて，恥ずかしい思いをしていると感じてきたようだ。メディシンボールの考えはトニーの気分を一層悪くした。

　トニーはこれは結局，単なる考えにすぎないのだとより深いレベルで気づいた。これは事実でも現実でもない。その考えのために，トニーはよりよくしようとか，より効果を上げようとかさせられていた。しかし，何をしても悲しく，恐ろしくなり，ためらうようになっていった。そして，ふたたびあの考えが浮かんだが，トニーにはそれに反応する新たな方法があった。それは単なる考えにすぎないのだと気づいた。

　自尊心への攻撃に対して，非常に詳しく反応しようとして，病的な批評家に対して長時間にわたって反論する必要はないことを覚えておこう。拡散のスキルを用いて，この攻撃は単なる考えにすぎず，繰り返し襲ってきて，煩わしいが，一時的なものであって，すぐに消え去ると自分に言い聞かせて，距離を置き，受け流すこともできる。

# 第7章

# コンパッション
# (compassion；同情)

　自尊心の本質は，自己へのコンパッション（同情）である。自分自身に対してコンパッションを抱くことができれば，本来の自分を理解し，受け入れることができる。失敗したとしても，自分を許すことができる。自己に対する期待も理にかなったものになる。達成可能な目標を立てることができる。自分のことを基本的に善良な人間であるとみなすこともできる。

　一方，病的な批評家はコンパッションに耐えられない。批評家にとっては，コンパッションは，まるで西の魔女にとっての水か，吸血鬼にとってのニンニクのようなものである。自分への語りかけが共感に満ちたものであると，病的な批評家の口は封じられてしまう。コンパッションは，病的な批評家を追いつめるために，あなたが持っている最大の武器のひとつである。

　自分へのコンパッションを感じることを学ぶと，自己の価値感を覚えられるようになる。あなたはまさに自分自身の価値という秘宝を発見する。コンパッションに満ちた自分への語りかけは，長年にわたってあなたの本来の自己受容を覆い隠していた傷や拒絶を洗い流してくれる。

　本章では，コンパッションを定義し，自己への同情と他者への同情がどのように関連しているのかを解説し，どのように自己価値感を醸成し，同情に満ちたスキルを増すための練習も説明する。

## コンパッションの定義

　ほとんどの人が，コンパッションとは，正直，忠誠心，自発性などと同じく，賞賛されるべき性格傾向と考える。あなたにコンパッションがあれば，他者に対して親切で，同情心があり，喜んで手助けしようとすることで，それが明ら

かになる。

　たしかにこれは正しい。しかし，自尊心に関連すると，コンパッションはこれ以上のものである。第一に，コンパッションはまったく変化しない性格傾向ではない。同情は実際にはひとつのスキルである。もしもあなたにコンパッションがなければ，それを手に入れることができるし，すでに手にしているのであれば，それをさらによいものにすることができる。第二に，コンパッションは，他者のためだけにあなたが感じる何かではない。それはあなた自身に働きかけて，あなたに対して親切で，同情心に満ち，手助けしてくれる。

　コンパッションのスキルには，理解，受容，寛容の３つの基本的要素がある。

## 理　　解

　理解しようという試みは，自身と他者との同情に満ちた関係に向けた第一歩である。自分自身や愛する人について何か重要な点を理解することは，あなたの気分や態度をまったく変えてしまう可能性がある。煉瓦職人のショーンの例を考えてみよう。彼はなぜ夜に過食してしまうのかとうとう気づいた。ある日の仕事はとくに辛かった。夜遅くまで働いても，翌日はまた丸一日仕事があり，それに取りかからなければならないことに気づいた。温度計を気にしながら，自動車を運転して家に向かった。というのも，自動車がオーバーヒートしていたのだが，それを直す経済的な余裕がなかった。すっかり疲れ果て，不安になり，打ちひしがれていた。コンビニに立ち寄って，夕食の前に食べるナッツ，コーンチップス，ディップを買おうかと思った。両手でスナックを抱えて，テレビの前に陣取る姿を思い浮かべると，気分がよくなってきた。しかし，批評家が「ジャンクフードの大喰らい」と言って，攻撃を始めた。この時点で，ショーンは少し違うことをした。食物について考えると，気分がよくなるのはなぜかと自問してみたのだ。すると，気づいた。日中のプレッシャーや不全感から逃れるために夜，過食に走っていたのだ。スナック菓子を食べている間は，快適で安心感を覚えた。

　この突然の理解は，自分自身をよりコンパッションにあふれた態度でとらえることへの第一歩になった。過食が，単なる暴飲や弱さの表現というよりは，耐えがたいプレッシャーに対する反応であることをショーンは理解した。

　すべての理解がこれほど簡単に起きるわけではない。なんとか道理を発見しようという地道で，粘り強い努力の結果として，理解に到達することもある。読者が本書を買い求めて，読んでいるというのは，理解に向けた意識的で段階

的なアプローチの一例である。

　あなたの問題の性質を理解したからといって，それはその解決策も発見したという意味ではない。単にあなたの心がどのように働いているのか，すなわち，ある状況で何をする傾向が強いか，おそらくなぜそれをするのかが，わかったというだけである。いかにしてあなたが今の自分のようになったのかについて少しわかったという意味である。

　他者を理解するということは，他者についてのあなたの自分への語りかけに耳を傾けるのではなくて，他者の言葉に対して耳を傾けることがほとんどの場合，重要な問題である。自分自身に対して「このおしゃべり！　母はいつになったら話を止めるのか？」という代わりに，あなたは母親が病院に行ったことについて語るのに耳を傾ける。母親の症状について質問し，母親が受ける検査について尋ねる。あなたは，事実の裏に隠されている感情を優しく探っていく。母親が単に看護師や受付係に文句を言っているのではないと，あなたは徐々に気づく。母親は歳を取ることや死について心配しているのだ。すぐにイライラしたりしないで，あなたは母親を思いやる気持ちを示すことができるだろう。こうすることで，母親は気分がよくなるし，あなたも自分自身に対して気分がよくなる。

## 受　　容

　受容はおそらく，コンパッションの中でもっとも困難な側面であるだろう。受容とは，すべての価値判断を控えて，事実をあるがままに認識することである。賛成するのでもなければ，反対するのでもなく，ただ受け入れる。たとえば，「私は体形が崩れているという事実を受け入れる」という表現は，「私は体形が崩れているけれど，私はまったくそれで構わない」という意味ではない。それが意味しているのは，「私は体形が崩れているし，私はそのことを知っている。私はこの体形が好きではない。実際に，自分が弛みきった肉の塊のように感じることがある。しかし，今は私の感情を脇に置いておき，価値判断をしないで，ただ事実のみに向き合うことにする」というものである。

　マーティは受容の力を示す好例である。彼は車体工場の労働者であったが，「チビでデブの醜い男」だとつねに自分を貶めていた。彼は自己受容を得ようと必死になり，病的な批評家が「チビ，デブ，ブス」と囁きかけてくるとかならず，自分自身を短く，正確に描写した。彼は「僕の背は5フィート6インチで，これを受け入れる。体重は182ポンドで，これを受け入れる。髪が薄くなっ

てきたが，これも受け入れる。これは皆事実だ。これらの事実を受け入れるべきであって，それに打ち負かされたりしない」と言って，批評家に立ち向かおうとした。

他者を受容するということは，あなたの大雑把な判断を下さずに，他者についての事実を認めることである。たとえば，ローリーはある教師はまるで感情のない，冷たい人だと思うのが普通だった。その教師は励ましの言葉をかけてくれることもなく，宿題の締め切りを伸ばしてくれることもなかった。しかし，彼女が一生懸命努力してこの教師を受け入れようとしたのは，生徒と教師の重要な共同委員会でその教師と協力しなければならなかったからである。まず，ローリーは心の中の侮蔑的なレッテルを消し去った。次に，ローリーは心の中で事実をたどっていった。「サマーズ先生は静かで，控えめで，冷静だ。先生はいつもは正式に依頼された時だけ，助けの手を差し伸べる。締め切りには非常に厳しい。私は教師としてのサマーズ先生の方針は好きではないかもしれないが，先生をあるがままに受けとめる。私はサマーズ先生と協力できるし，何かを成し遂げられる」。この受容の練習は，委員会で承認された重要な共同企画を完成させるのに役立った。このすべての経験が彼女の自尊心を高めるのに役立ったのは，少し距離を置いて，控えめにすることの価値を彼女が学んだと感じたからであった。

## 寛　容

寛容は理解と受容から湧き上がってくる。理解や受容と同じく，寛容は単なる賛成という意味ではない。これは，過去をありのままに受け流し，現在の自己尊敬を肯定し，よりよい未来に目を向けることを意味する。子どもを怒鳴る自分を許すことができれば，間違ったことを正しいことに変えられるわけでも，すべてを忘れられるわけでもない。癇癪を破裂させたことは間違ったことではあるが，自らの過ちを忘れなければ，将来はよりよく振る舞うことができるだろう。しかし，ひとまず「一件落着」として，それにいつまでもくよくよと悩まずに先に進むのである。

アリスは若い女性で，デートの申しこみをうまく受けられなかった。彼女は男性たちから食事や映画に誘われるのだが，何かと断る言い訳を思いついた。すると，病的な批評家が「臆病者。彼はいい奴だ。どうしてチャンスをつかもうとしないんだ。もう彼とは終わりだ」と言い出す。この攻撃が繰り返されて，アリスは何日にもわたってすっかり参ってしまった。彼女が反撃を始めると，

寛容が最大の武器だった。「たしかに，私は間違える。私はジョンとデートしたかった。でも，私はあまりにも内気で怖かった。これは過去のこと。今とは何の関係もない。自分を許して，次のチャンスを待つことにしよう。いつまでも内気を言い訳にしたりしない」と自分に言い聞かせた。

　真に他者を許すということは，物事をバランスよくとらえているという意味である。あなたを傷つけるような人に，あなたは何も借りはない。何が起きようとも，そのような人との関係はもう終わってしまっている。復讐，報復，賠償，仕返しといった考えは捨て去る。すべてをご破算にして将来に向き合うべきだ。

　景観設計家のチャーリーは，父親と一緒に公園設計の仕事をしていた時に起きたわずかな損金について長期にわたり意見の不一致があり，父親との関係がひどく悪かった。父親と親しい関係にあった友達に，不平を言うと，チャーリーの自尊心は傷ついた。とうとう，自尊心を改善する鍵は，父親との関係を修復し，心から父親を許すことであると，彼は気づいた。「私は古い問題を蒸し返すのを止めなければならない」とチャーリーは考えた。「この問題が父と私に張り付いていて，ふたりを引き裂いている」。チャーリーが父親を許して，過去に拘らなくなると，彼の自尊心と父親との関係は改善した。

## コンパッションに満ちた心に向けて

　理解，受容，寛容，これはほとんど月並みとも思えるような3つの重要な単語である。自分の本来のあり方を探しあてることができる人ほど，深い理解や寛容を示すことができる。いかに美しい言葉であろうとも，抽象的な概念は行動に及ぼす影響はほとんどない。

　コンパッションに満ちた心を育むためには，従来とは異なる方法の思考に関わっていく必要がある。これまでの方法は，一方的な判断を下して，そして拒絶することだった。新たな方法は，しばらくの間，判断を控える必要がある。これまでならば否定的に評価するような状況に陥ったとしても（例：「彼女は馬鹿だ」「私は無茶苦茶にした」「彼は自分勝手だ」「私は無能だ」），一連の特定の思考を用いて，同情に満ちた反応を呈することができる。

## コンパッションに満ちた反応

　コンパッションに満ちた反応は次の３つの質問を自答することから始めて，問題の多い行動についての理解を深めていく必要がある。

1. （彼の，彼女の，私の）どのような欲求がこの行動を生み出そうとしているのだろうか？
2. どのような確信，あるいは意識がその行動に影響を及ぼしているのだろうか？
3. どのような苦痛，傷，あるいは他の気分がその行動に影響を及ぼしたのだろうか？

　次の３つの語りかけは，いかに相手の選択が不幸なものであったとしても，非難や一方的な判断を下すことなく，その人を受容できることを思い出させてくれる。

4. 私は＿＿＿＿が起きないでほしかったが，それは単に（彼の，彼女の，私の）欲求を満たそうとしただけだった。
5. 私はその試みについて，一方的な判断や間違っていたという気分を抱かずに，（彼を，彼女を，私を）受け入れる。
6. （彼の，彼女の，私の）決断がいかに不幸なものであろうとも，すべての人と同様に，必死で生き延びようとした人として，私は相手を受容する。

　最後に，次の２つの言葉が，状況は白紙に戻り，今やそれを忘れて，受け流す時が来たことを示している。

7. もう終わった。それを受け流すことができる。
8. この過ちは誰のせいでもない。

　以上の文章を暗記しておこう。自分や他者を一方的に判断している時にはいつでも，努力してこれを使ってみる。もしも望むならば，それを書き換えて，言葉や助言が自分に合ったものにしておく。しかし，理解，受容，寛容からな

るコンパッションに満ちた反応という基本的な主張は残しておく。

## 価値の問題

　コンパッションのスキルを学ぶことは，あなた自身の自己価値の感覚を知るのに役立つ。しかし，自尊心が低いと，この感覚はひどく理解しづらいことがある。自分にはまったく価値がないと思えることもしばしばだ。誰にも大した価値がないと思えるかもしれない。

　何が人の価値を決定するのだろうか？　どこに価値の証拠を探ることができるのだろうか？　その基準はあるのだろうか？

　歴史上，人間の価値を定める多くの基準が定められてきた。古代ギリシャでは，人間的・政治的センスにおける個人の美徳が高く評価された。調和と節度という理想に合致し，社会の秩序に貢献している人は，価値があり，高い自尊心を持っているとみなされた。高貴なローマ人は，愛国心と戦場における勇気を示すことが期待されていた。初期のキリスト教徒は，世俗の王国への忠誠よりも，神と人類の愛に高い価値を置いた。高徳な仏教徒はすべての欲望を捨て去ることを努力する。敬虔なヒンズー教徒は，すべての生物に対する崇敬の念を深めるために瞑想する。信仰心の篤いイスラム教徒は，法，伝統，名誉を重んじる。リベラル派は人間愛やよき仕事を愛する。保守派は勤勉や伝統を重んじる。仕事に熱心な商人は豊かである。価値ある芸術家には才能が豊富である。有能な政治家には多くの権力がある。名俳優は有名である。その他にも数多くの例がある。

　われわれの文化では，この問題に対するもっとも一般的な解決法は，成し遂げたこととその価値を比較することである。あなたはあなたが何をするかによって判断されるのであって，地位や職業はあなた自身よりも多少なりとも価値がある。医師は，心理学者よりもよい，弁護士よりもよい，会計士よりもよい，株式売買人よりもよい，ディスクジョッキーよりもよい，金物屋の会計係よりもよい，云々とされる。

　ある専門領域や社会階層の中では，われわれの文化が次に重きを置くのは，ある人が成し遂げたことについてである。昇給，学位取得，昇進，コンペでの優勝などには多くの価値がある。地位に見合った家，自動車，家具，ボート，子どもたちの大学教育，これらの達成したことすべてに高い価値がある。一時解雇や失業，家を失う，その他の達成の階段からの転落は，深刻な問題をもた

らす。そして，すべての力と社会的な価値を失くしてしまうことになる。

　このような価値についての文化的概念に取りこまれてしまうと，きわめて深刻な影響がもたらされる可能性がある。銀行の査定係のジョンの例を見てみよう。彼は職場での業績と自分の価値を同等にとらえていた。重要な締め切りに間に合わないと，自分には価値がないと感じた。価値がないと感じると，気分がふさいだ。気分がふさぐと，仕事が遅くなり，さらに締め切りが守れなくなった。ますます価値がなくなるように感じ，気分はふさぎ，仕事の能率は落ち，深刻な悪循環に陥った。

　ジョンは無価値などではなかった。非合理的な価値の概念に囚われて，身動きが取れなくなっていたのだ。彼のような非合理的な価値概念は現代社会ではごく一般的であり，その矛盾を指摘してくれる親しい人が誰もいなかった。締め切りに間に合わなければ，会社にとって無価値だと，ジョンの上司は考えた。ジョンのどこかが具合悪いと，妻も弟も考えた。ジョンのセラピストでさえも，職場での業績低下はうつ病と何らかの関連があると考えた。微妙な形で，これらはすべて自分は無価値であるというジョンの確信を強化した。彼はいわば自動操縦のうつ病のメリーゴーラウンドに乗っているようなものであって，そこから降りる手立てがなかった。むしろ，ますますその悪循環が強まっていった。

　あなたがこの種の文化的葛藤に陥っているならば，人間の価値を測るためにこれまでに作られてきたすべての基準は文化的文脈に沿ったものであるということをあらためて考えてみると，少しは役立つだろう。高徳な禅僧はウォール街では無価値である。高く尊敬されている株式売買人はボルネオのジャングルでは無価値である。最強の呪医はペンタゴンの会議室では無力である。ジョンはこの点について自分自身に言い聞かせた。「ファーストインターシティ社の監査終了が今週だろうと，来週だろうと，何の問題があるのだろうか？　星が空から降ってくるだろうか？　人間としての私の全価値は，ふたつの欄の数字が実際に一致することにかかっているのだろうか？　パゴパゴの浜辺やシェークスピア時代のロンドンでは，私はこんな問題を抱えることがなかっただろう」

　この自分に対する語りかけによって，ジョンは状況に少し距離を置くことができたが，自尊心はあまり高まらなかった。実際には，彼は銀行の監査という領域で仕事をし，競ってきていたのであって，パゴパゴの浜辺やルネッサンス期の脚本制作という領域ではなかったのだ。ジョンは西欧の，都市文化の一員であり，たとえ基準が非合理的で，主観的であったとしても，成功するという高い基準を満たさなければならないと感じていた。

自分自身の経験や観察に立ち戻るほうがより効果的である。一見もっとも「明白」かつ「合理的」な文化的価値基準であるのが、よく観察すると、疑いが生じることがある。たとえば、小児科医は窓拭き掃除人よりも価値が高いならば、小児科医のほうが自尊心が高いはずである。すべての小児科医は高い自尊心の光栄に浴し、窓拭き掃除人は足場から転落して、絶望の底に叩きつけられるだろうか？　しかし、現実はそうではない。統計によると、職業は個人の自尊心のレベルとはごく一部で関連しているに過ぎない。観察可能な事実とは、小児科医も窓拭き掃除人も自分が好きな人と、自分が嫌いな人の率はほぼ同じであるということなのだ。

ジョンは自分をよく観察して次の点に気づいた。彼は金融業で働いていて、自尊心の高い人々を知っていたが、彼らは必ずしもジョンよりも有能でもなければ、成功してもいなかった。否定的な側面では、ジョンの大学の同級生のひとりは大企業の副社長だったが、その業績にもかかわらず、無価値感に囚われていることに、ジョンは気づいていた。

この個人的価値の問題を解決している人もいれば、解決していない人がいることも明らかである。あなたが高い自尊心を手に入れたいのであれば、人間の価値という概念を受け入れる必要がある。その解決法が文化的に決定された基準とは別にあると結論を下すことができたならば、価値の概念に近づき、自尊心を損なうことなく、そこから脱出する4つの方法がある。

## 自己価値の肯定

価値の問題に対処する最初の方法は、それを窓の外に投げ捨てることである。人間の価値とは抽象的な概念であり、よく確かめてみると、現実の中にはひどく弱々しい基盤しかないことが明らかになる。これもまた別種の全般的なレッテル貼りである。すべての基準は主観的で、文化的に決定され、自尊心を傷つける。普遍的な価値基準を発見するといった考えは魅力はあるが、幻想であって、そのようなものがなくても、あなたもそして他の人々も皆楽しく生きていくことができる。人間の真の価値を決定するのは不可能である。

価値の問題に対処する第二の方法は、価値は存在するのだが、それは平等に存在し、不変であると認識することである。すべての人は誕生した時に人間としての価値を備えていて、それは誰にとってもまったく同様である。あなたの人生で何が起きようとも、あなたが何をして、自分自身に何をしようとも、あ

なたの人間としての価値は減りもしなければ，増えもしない。誰も他の人よりも価値が高いこともなければ，低いこともない。

　これらの２つの意見は機能的には同じであると気づくと興味深い。どちらもあなたを自由にして，自分と他者を比較しないでも生きられるようになり，自分の相対的価値についてつねに価値判断を下す必要もなくなる。

　もちろん，これらの最初の２つの選択肢は本質的には異なる。最初の選択肢は，一種の実用的な不可知論である。すなわち，ある人は他の人に比べて「価値」があるかもしれないし，ないかもしれないが，この判断を下すのは絶望的なまでに難しく，危険であり，その判断を下すのを拒むべきである。第二の選択肢は，人は何らかの価値があり，特別で，獣よりも天使に近いといった伝統的な西欧の宗教観に沿ったもので，快く，特定の宗教に偏らない「感情」を引き起こす。自尊心を育むという目的では，あなたはどちらかの選択肢をとって，成功することができる。

　第三の選択肢は，最初のふたつとは異なるが，それらを否定してはいない。この選択肢では，人間の価値について自分自身の内的な経験を認識する。

　自分自身について快く感じ，人間の価値が本物であると思われ，それを実感した時のことを思い出してみよう。間違いや失敗があり，他者の意見があれこれあったとしても，自分は大丈夫だという感覚を思い出してみよう。人生でこのような感覚が一瞬しかなかったと感じるかもしれない。おそらく，今の瞬間は，このような個人的価値の感覚がまったく失われてしまっていると感じているかもしれない。自分自身に快く感じたのははるか昔のことであって，漠然とした，彩(いろどり)のない，純粋に知的な記憶しかないと感じているかもしれない。

　あなたの個人的な価値は存在し，それはあなた自身の内的な経験によって示されるのだが，それはごく一瞬で，稀なことであったかもしれないと認めることが重要である。あなたのは価値は太陽のようなものであり，つねに光を放っているのだが，影に入ると，それを感じられない。しかし，あなたは輝きを止めることはできない。病的な批評家が多くの混乱をもたらし，うつ病の岩陰に身を横たえることによって，影の中に身を潜めることしかできない。

　銀行の査定係のジョンは，12歳の時の近所の人のことを思い出して，心の中の価値感を思い出すことができた。その人の名はアッカーソン夫人といい，隣に住んでいた。両親に時間がなかったり，誉めてくれなかったりするような時に，アッカーソン夫人はよくジョンの宿題や彼の描いた絵を見てくれた。彼女はジョンの作品をよく誉めてくれて，「なんて賢い少年でしょう。将来はど

んな人になるのかしら」と言ってくれた。ジョンはとても誇らしく感じ，将来に自信を覚えた。アッカーソン夫人の記憶に戻って，人生初期の自信と全能感に立ち返ることができる場合もあった。

価値の問題に対処する第四の方法は，コンパッションというレンズを通して，自分をじっくりと観察することである。同情はあなたの本来の自分を曝け出す。

あなたは自分について何を理解しているだろうか？　まず，あなたは基本的な欲求を満たすためにつねに必死に努力しなければならない世界で生きている。そうでなければ，死んでしまう。あなたは，食物，住居，心理的な支え，休養，レクリエーションが必要だ。ほとんどすべてのエネルギーはこれらの主な欲求の領域に注がれる。与えられた援助源を考えると，あなたは全力を尽くしている。しかし，あなたの欲求を満たすために手に入る戦略は次のようなことで制限される。たとえば，あなたの知っていることや知らないこと，あなたの条件づけ，感情の構成，他者から得られる援助の程度，健康，苦痛や快感への感受性などである。このような生存の闘いを通じて，自分の知的・身体的能力がかならず衰えていくことを，あなたは承知している。どんなに努力したところで，いつかは死が訪れる。

生存の闘いの過程で，多くの間違いを犯し，苦痛を覚える。人生に突然生じる実際の危険や漠然とした怖れの両者にしばしば恐怖を感じ，喪失と傷がいつ襲うかわからない。あまりに多くの苦痛を覚えるのだが，それでも生き続けなければならず，必死で情緒的・身体的な支えを探し求める。

最後の鍵は，それでもあなたは生きていくということである。過去，そして将来起こり得るすべての苦痛に直面しつつ，あなたは生存の闘いを続ける。計画し，対処し，決定していく。生き続けて，感じ続ける。この意識を見つめ，この闘いを真に感じるならば，あなたの真の価値が少しずつ見えてくる。それは力であり，試みを続ける生命のエネルギーである。成功の程度などは無関係である。あなたの外見がどれほどすばらしくても，心理的・身体的に健康であっても，関係ない。唯一問題であるのは努力である。そしてあなたの価値の源泉は，その努力なのだ。

理解の次に，受容が生じる。生存のために行っていることは何ひとつ間違ったことなどない。それぞれの試みは，多少なりとも効果的であったり，苦痛に満ちていたり，満ちていなかったりする。失敗したとしても，あなたはよくやった。というのも，あなたは全力を尽くしたからである。あなたの失敗とその後に生じる苦痛は，あなたに教えてくれる。一方的な判断を控えて，すべてを受

容することができるのは，人生のあらゆる瞬間に，あなたは逃れることのできない闘いに挑んでいるからである。

　あなたが許すことができ，失敗や間違いを受け流すことができるのは，すでにその代価を支払っているからである。私たちは最高の方法を知らないという条件を与えられている。そして，たとえ最高の方法を知っていたとしても，それを実行するための資源を持っていないかもしれない。したがって，あなたの価値とは，あなたがこの世に持って生まれてきたものであって，非常に厳しい生存の闘いであったとしても，この世に生き続けることなのである。

### 他者へのコンパッション

　最後に，コンパッションは自分自身に対してと同様に，他者にも向けられるべきであると指摘しておこう。今は，自分自身に対する理解，受容，寛容よりも，他者に対する理解，受容，寛容のほうがわかりやすいかもしれない。あるいは，自分へのコンパッションを覚えるほうが比較的簡単であるが，他者の気分に対してはつねに苛立ちを覚えるかもしれない。どちらのバランスの悪さも，あなたの自尊心を下げることになりかねない。

　幸い，このバランスの悪さは自然に修正される。他者へのコンパッションが増していくと，自身への同情を覚えることも自然に容易くなる。自分自身に余裕をもって接する術を身につけると自然に，他者に対してもより同情的になる。換言すると，原則は前にも後ろにも当てはまる。すなわち，「汝自身のように隣人を愛せよ」でもあるし「隣人のように汝自身を愛せよ」でもある。

　自分自身を愛するというのが何か方向が誤った愛情のように感じるのであれば，まず他者へのコンパッションを増すことから始めるとよい。他者を理解し，受容し，その欠点を許すことを学んだならば，あなた自身の短所もそれほど大きなものとは思えなくなるだろう。

### 共　　感

　他者に対する同情（compassion）よりも共感（empathy）のほうが便利な単語である。共感は，他者の思考や気分をはっきりと理解することである。共感とは，慎重に耳を傾け，質問し，自分の一方的な判断を控え，想像力を駆使して，他者の視点，意見，気分，動機，状況を理解しようとすることである。共

感をもって得られた洞察は，当然のことながら，理解，受容，寛容という共感に満ちた過程へとつながる。

　共感とは，誰か他の人とまったく同じように感じることではない。それは同感（sympathy）であって，関連しているが，異なる活動であって，つねに可能でもなければ，つねに適切であるわけでもない。共感は，優しく，理解するような態度で行動することでもない。それは支持（support）であり，異なる活動であって，これもつねに可能でもなければ，つねに適切であるわけでもない。共感は，賛成でもなければ，同意でもない。共感は，同感，支持，同意，賛成の枠組みの外で，あるいはそれ以前に機能している。

　真の共感は，怒りや憤りに対する究極的な解毒剤である。怒りは，他者の行動によってではなく，あなた自身の思考が引き起こしていることを思い出してほしい。時間をかけて，他者の思考や動機について徹底的に探っていくと，あなたの読心や非難は短絡的な反応であることが明らかになる。他者の行動の背後の論理が理解できる。その論理に同意できなかったり，その行動が好きでなかったりするかもしれないが，理解はできる。真に邪悪なことはきわめて稀であって，大多数の人々は快楽を求めたり，その時点で最高と思われる方法を選んで，苦痛を避けようとしていることが理解できるようになる。あなた自身の価値や行動がこの点とほとんど関わりがないことがわかる。出来事の事実だけを受け止め，問題を引き起こした人を赦し，先に進んでいくことができる。

　ソーシャルワーカーのジューンはしばしば上司と衝突した。ジューンはクライアントを最優先し，書類書きは二の次と感じていたので，週や月の統計や報告がしばしば遅れた。書類整理を厳守するように主張する上司に対して彼女は非常に批判的であり，上司はクライアントのことを重視せず，書類整理ばかりを気にしていると感じていた。

　スタッフのピクニックで，ジューンが上司とじっくり話し合って，この問題は改善した。彼女は上司の言葉に一生懸命耳を傾け，その考えを理解しようとした。話しあっている間，ジューンはいつもの批判めいた，皮肉な言い方をするのを控えた。上司も徐々に態度を和らげて，本音を話してくれた。書類整理に失敗したために，多くの助成金を失い，重要なアウトリーチプログラムを止めざるを得なかったという経験について話してくれた。この大失敗から，その上司は書類整理もソーシャルワーカーの仕事にとって重要な前提条件であると学んだのだ。この会話の後，ジューンは上司に今までよりも優しく接するようになった。彼女がコンパッションを実践したおかげで，職場の対人関係が改善した。

## 練　習

　本章を4つの練習で終える。最初の2つの練習は他者へのコンパッション，後の2つは他者へのコンパッションと自己へのコンパッションを感じる訓練である。自分の力で進めていき，一番簡単に思える練習から始めよう。次に，より難しい練習へと進んでいく。

### ビデオでの出会い

　これは，他者へのコンパッションを練習する，完全に安全で，恐怖を引き起こさない方法である。嫌いなテレビ番組，いつもはけっして見ないようなテレビ番組を見てみよう。いつもはゲーム番組を見るのならば，深刻なドラマを選ぶ。いつもはニュース番組だけを見るのならば，アニメを選ぶ。コメディが好きならば，テレビ伝道師の番組，警察番組，昼メロを見る。

　真剣に画面を見て，言葉に耳を傾ける。イライラしたり，不快に感じたり，退屈したり，当惑を覚えたりしたら，感情を脇に置いて，注意を他に向ける。自分自身に次のように言ってみる。「私はこの番組を見て，イライラしているのに気づいている。でも大丈夫だ。これは私が今，関心を持っていることではない。一方的に判断するのを控えて，このイライラをひとまず脇に置いておくことができる」

　あなたの価値判断を保留して，どうして熱心なファンがこの番組を見るのか想像してみよう。何が面白いのだろうか？　興奮，自己啓発，気晴らし，逃避，登場人物への投影，偏見の確認などのためにこの番組を見ているのだろうか？　この番組の魅力ある側面を理解しようとしたり，どのような人がこの番組のファンであるか考えてみよう。

　共感的理解に到達したら，他の番組に切り替えて，同じことを試みる。見ている番組に同意する必要はないことを覚えておこう。ただその番組をしっかり見て，その魅力を理解しようとする。

　この練習の目標は，番組を見る目を養うというものではない。すぐに一方的な判断を下すのを控えて，いつものあなたならば否定するような視点について考えを深めていくために，安全で，危険を感じないような状況を提供することが，この練習の目標である。

### 傾聴

**友人を相手に**：新しいことを試みるのが好きな友人をひとり選び、聴くスキルを改善させたいのだと説明する。悲劇的な経験、重要な小児期の記憶、将来の希望など、人生の重要な何かについて話してほしいと友人に頼む。

友人が話をしている間、あなたは一生懸命に耳を傾け、理解できないことがあれば、必ず質問する。友人にはっきり言うか、もっと詳しく話してもらう。思考や気分についての情報を尋ねて、事実を掘り下げていく。たとえば、「なぜそれがあなたにとって重要だったのですか？」「あなたはそれについてどう感じましたか？」「あなたはどうしてそのことがわかったのですか？」

「では、別の言葉で言えば、あなたは～ということですか？」「ちょっと待ってください。私が正しく理解しているか確かめさせてください。あなたは～と思ったのですね」「あなたが～と言ったと聞いたのですが……」などと、時々友人が言ったことを言葉を変えて、聞き返す。言葉を変えて言うのが、重要な傾聴の部分であるのは、正しくストーリーを追っていくことができるからである。あなたの誤った解釈を取り除き、友人の正確な意味を明らかにするのに役立つ。友人も自分の話をしっかり聞いてもらっていると満足感を覚え、あなたが聞き違えたことを正す機会も得られる。あなたはさらに言い換えて表現し、修正されたデータを取り組むことができる。

**知人を相手に**：これはさらに難しい練習となる。あまりよく知らない人を選び、相手に練習の目的を知らせずに、共感的なスキルを練習する。

相手が何について話していたとしても、はっきりと言ってもらったり、詳しく言ってもらったりするように頼む。反論したり、自分の話に切り替えたいといった衝動に耐える。心の中で相手を判断し始めたことに気づいたら、その判断を脇に置いておく。相手を愛する必要はないし、自分への語りかけが邪魔をしたりしないようにして、何かを理解するように努める。とくに自分が気づいた自分との比較に注意を払う。

あまりよく知らない人が相手である場合には、言い換えがさらに重要である。そうすることで、あまり馴染みのない話を覚えておき、相手にあなたの関心を伝え、あなたの心理過程と実際に話されたことを分けておくのに役立つ。相手が正確に話をしたり、修正していくにつれて、あなたの理解が深まり、会話はより個人的で、親密なレベルになっていく。あなたが慎重に、興味をもって話を聞いていて、飛躍せずに話を聞こうとする態度を相手が理解するにつれて、

真の意見，気分，不確実で脆弱な領域が徐々に明らかになっていく。この練習を十分に行うと，相手と友達になることもしばしばである。

　**見知らぬ人を相手に**：パーティーや他の会合の際に，知らない人か，好きではない人を選ぶ。その人と会話を始めて，相手が何を話しているのか真剣に理解しようと，傾聴のスキルを試してみる。友人や知人を相手にした場合の傾聴の助言に従う。おそらく，判断を保留したり，情報や言いかえに集中するのが，さらに難しいと気づくだろう。

　あなたが実際に好きではない人や，共通点のない人の言葉に耳を傾けている際に，誰もがあなたと同じように必死で生き延びようとしているという，コンパッションの基本を思い出すことが重要である。コンパッションにあふれた反応を引き起こす3つの質問を自分に発してみる。「この人はこういうことで，どのような欲求を満たしているのだろうか？　どのようにして，この人は安心感やコントロール感を増し，不安や苦痛を和らげているのだろうか？　どのような信念がこの人に影響を及ぼしているのだろうか？」と自問する。

## 過去の出来事へのコンパッション

　これは，理解，受容，寛容のスキルを育むために繰り返し行う練習である。

　あなたが本書を読んでいるこの瞬間が現在である。あなたの人生で経験した他のすべての出来事は過去である。このような出来事のいくつかにレッテルを貼り，自分自身を拒絶してきた。たとえば，生前，父親を訪問しなかったこと，最初の妻にきつく当たったこと，別居の際に言ったこと，先週の過食，禁煙の失敗，息子との口論などである。しかし，過去の出来事で自分を傷つけ続ける必要はない。コンパッションにあふれた反応を用いることによって，これらの出来事を再体験できる。

　あなたは次のようにすることができる。最初に，批評家がよく攻撃に用いるような，過去の出来事を選び出す。楽な姿勢をとる。目を閉じて，数回深呼吸する。身体の緊張している部分を探して，その部位にストレッチやリラックスをする。この段階で，注意を過去に向けていく。あなたが選んだ過去の出来事が起きた時点に戻っていく。今のあなたが悔やんでいることをやっている自分を想像してみる。あなたがどのような服装をして，その部屋や環境を眺め，他に誰がそこにいたか見てみよう。その場の会話も聞いてみよう。情緒的あるいは身体的な感覚で，過去の出来事の際に感じたものを思い出してみよう。でき

る限り，その出来事をありありと思い出してみる。行動が見え，言葉が聞こえ，あなたの反応に気づく。

　その出来事の最中の自分のイメージを空想しながら，次の質問を自問してみる。「私はどのような欲求を満たそうとしているのだろうか？」

　これについて考えてみよう。あなたはより多くの安心を感じ，自分でコントロールしている感じを得て，不安や自責感を減らそうとしていたのだろうか？

　時間をかけて答えを探してみる。そして，その時に自分は何を考えていたのだろうかと，自問してみる。

　その状況についてのあなたの確信はどのようなものだっただろうか？　出来事をどのように解釈していただろうか？　何が真実であると思いこんでいたのだろうか？　急いで答えを出すことはない。そして，どのような苦痛や気分があなたに影響を及ぼしていただろうかと，自問してみる。

　時間をかけて，その出来事が起きた時の情緒的な文脈について考えてみよう。

　これらの質問の答えを出して，あなたに影響を及ぼしていた欲求，思考，気分について知ったならば，当時のあなたを受け入れて，許す番である。その出来事の最中の自分のイメージに焦点を当てて，当時のあなたに次のように語りかける。

　　　　こんなことが起きなければよかったと思うが，私は一生懸命に欲求を満たそうとしていた。
　　　　私は一方的な判断をしないで，私の試みについて自分や罪悪感を受け入れる。
　　　　私はその時点で何とか生き延びようとしていた自分を受け入れる。

　このような言葉を一つひとつ真に感じるように試みる。これらの言葉を心の奥底に沈めていく。今度は，過去を受け流す番である。次のように自分に言ってみる。

　　　　この間違いについて私には何の借りもない。
　　　　私は自分を許すことができる。

　この練習の効果があれば，過去のどのような出来事に対しても活用できる。使い続けていけば，コンパッションあふれる反応が自動的に出てくるようにな

る。寛容の態度は容易く現れる。そして，過去に関する苦痛に満ちた後悔へのとらわれが減っていく。

## コンパッションの瞑想

　この練習は3つの部分からなる。(1) あなたを傷つけた人，(2) あなたが傷つけた人，(3) あなた自身について視覚化し，コンパッションを感じる。だれかにこれを読んでもらい，録音し，それを聞くか，ホームページ（http://www.newharbinger.com/33933）でオーディオ版をダウンロードすることもできる。自分で録音する場合は，ゆっくりと，低い声で，はっきりと，落ち着いた口調で話す。

　**あなたを傷つけた人に対して**：座るか，仰向けに大の字に横たわる。目を閉じて，数回深呼吸する。深くゆっくりと呼吸しながら，身体の緊張している部分を探していく。緊張している部分に気づいたら，筋の緊張を和らげて，重く，温かく，リラックスした状態にする。ゆっくりと深く呼吸をして，判断を控える。すぐに意味はわからなくても，浮かんでくるイメージをそのまま受け止める。

　あなたの前に椅子があると想像する。その椅子には誰かが座っている。なんらかの方法であなたを傷つけたと知っている誰かである。あなたを傷つけた人がその椅子に座っていると想像してみる。詳しくすべての点に注意を払う。その人はどれほど大きいか，あるいは小さいか，服装，その色，姿勢などに注意を払う。あなたを傷つけた人は穏やかに見え，あなたが何かを言うのを待ちかまえているようだ。その人についのように言ってみよう

　　あなたは私と同じように人間である。あなたは生き延びようと必死だった。あなたが私を傷つけた時，あなたは必死で生き延びようとしていた。あなたにできなかったことや，あの時点での状況について理解すると，あなたは全力を尽くしていたことが，私にはわかる。私はあなたの動機，恐怖心，希望が理解できる。私も人間だから，それがわかる。あなたがしたことを，私は好きではないかもしれないが，理解できる。

　　あなたが私を傷つけたという事実を，私は受け入れる。私はそれが好きではないが，あなたをそれで責めることはしない。過去に起きたことを今変えることはできない。

私はあなたを赦す。反対したり，賛成したりはできないかもしれないが，私は赦すことはできる。過去は水に流して，白紙に戻ることはできる。私は贖罪を期待する以上のことを知っている。復讐や憤怒を受け流す。私たちの差は過去のものである。私は現在をコントロールできているし，現在のあなたを赦すことができる。私の怒りを水に流すことができる。

　あなたを傷つけた人を見続ける。徐々にその人をあなたの心の中へと受け入れていく。自分の心を開く。音楽の音量が徐々に小さくなっていくように，怒りや憤りが薄らいでいく。さらに心を開いていく。怒りに共感したり，受け流すのが難しいならば，それがいかに難しいかといって自分を責めない。必要ならば少し時間をとって，自分のペースで進めていく。準備ができたら，もう一度「私はあなたを赦す」と言う。椅子に座った人のイメージが徐々に視界から遠ざかっているのを想像する。

　**あなたが傷つけた人に対して**：今度は，あなたが傷つけた人が椅子に座っていると想像してみる。あなたは，その人から理解，受容，寛容を望んでいる。その人の服装や外見の細かい点まですべて見てみよう。できる限りありありと想像する。あなたが傷つけた人は静かにあなたを見つめて，あなたが何かを言ってくるのを待ち構えている。その人に話しかける。

　　私は人間だ。価値があるが，不完全だ。私はあなたによく似ている。私たちはどちらも必死で生き延びようとしている。私があなたを傷つけた時，その時点で最高だと思えることをしようとしていた。もしもあの時，私が今のように意識できていたならば，異なる選択をしていただろう。しかし，あの時はあれしかできなかった。私があなたを傷つけたことを私は理解しているが，あなたを傷つけるのが目的ではなかったことをわかってほしい。

　　私はあなたを傷つけてしまったが，今となってはそれを変えることができないことを受け入れてほしい。できることならば，やり直したい。あなたもできることならば，やり直すだろう。でも，私たちにはそれができない。今から過去を変えることはできない。

　　私を赦してほしい。私がしたことを認めてほしいとか，私に同意してほ

しいというのではなく，ただ私を赦してほしい。私たちの差を過去に置いていき，水に流して，白紙に戻したい。

あなたの心を開いてほしい。私を理解し，受け入れて，赦してほしい。

あなたが傷つけた人を見ると，その人はゆっくりと笑顔を浮かべる。あなたは理解され，受け入れられ，赦されたことを知る。その人のイメージが徐々に薄らいでいき，椅子には誰も座っていない。

**あなた自身に対して**：この瞑想の最後の部分は，あなた自身が椅子に座っていると想像してみる。ここでもまたあなたの服装や外見などできるだけ詳しく想像してみる。想像上のあなたに向かって話しかける。

私は人間だ。私は存在し，生き延びようとしているからこそ，価値がある。自分自身の世話をできる。私は自分を真剣に扱っている。私はすべての事柄について自分を正確に考えることができる。

私には正当な欲求や欲望がある。誰に対してもそれを正当化することなく，私が必要なものを選んで，要求することができる。私は選択をするが，それに対して責任を取る。

私はつねに全力を尽くす。私の思考や行動はすべて，その時点において私ができる最高のことである。私は人間であるので，失敗することもある。非難したり，判断したりしないで，私はその失敗を受け入れる。失敗したら，私はそこから学ぶ。私は不完全であるからこそ，私の失敗を赦す。

他者も同様に価値があり，不完全であることを，私は知っている。私と同じように，生存の闘いに挑んでいる他者に同情を覚える。

椅子に座っていたあなたのイメージが立ち上がり，あなたのもとにやってきて，あなたの身体に座るか，横たわり，体の中に入っていくのを想像する。リラックスして，くつろぐ。あなたは自分自身に対しても，他者に対しても穏やかな気分である。準備ができたら，目を開けて，ゆっくりと立ち上がり，

新鮮で，リラックスした気分を感じて，自分と他者を同情あふれる気持ちで受け入れる。

　これからの2週間に，少なくとも5回，この練習を行う。

# 第8章

# 「〜すべき」思考

　1952年11月のある寒い晩，シェラトンホテルから出てきた白人一家のために，中年の黒人のドアマンがタクシーを呼び止めた。誰も気づかぬうちに，6歳の少女が突然通りに飛び出した。風で通りに吹き飛ばされた帽子を追いかけていたのだが，その前に観光バスが走ってきた。すると，若いドアマンが通りに飛び出して，タックルして，少女を救った。
　この出来事で興味深かったのは，それが人々に引き起こした反応がそれぞれに異なったことである。ドアマンの妻は怒りまくった。彼を必要としている妻子がいるのに，そんな無茶なまねをして，命を危険に曝したと怒った。「まったく間違っている。自分の家族をいつも最優先させるべきだ」というのである。弟も反対したのだが，その理由は救ったのが白人の子どもだからというものだった。「もしも命を失うのならば，同じ黒人の子どものためにしろ」というのだ。ところが，ホテルの支配人はこの救出劇を「無私の行為」であると宣言し，十分なクリスマスのボーナスを出した。ドアマンの通う教会の牧師は英雄的な行為だと，日曜の説教で紹介した。「子どもを救う者は誰であれ，世界を救う可能性がある。というのも，どの子どもが大きくなって，偉大な医師になるか，偉大な指導者になるか，あるいは悪魔になるか誰にもわからないからだ」と牧師は言った。
　人々が独自のフィルターを通じて世界を見ているために，その独特の確信体系に影響を受けて，まったく同じ出来事がさまざまな反応を引き起こしたという好例である。現実はほとんど何の関係もない。実際に問題であったのは，行動を判断する際に用いる価値やルールである。だからこそ，同じ行為であるのに，妻にとっては自分勝手であり，支配人にとっては無私であり，弟にとっては馬鹿げていて，牧師にとっては英雄的な行為であるとみなされた。

振り返ってみると，ある行為の結果を十分に知っている人がいる。そして，結果こそが判断の確実な基礎となる。結局，正しかったのは牧師だった。その少女は30年後に医学の専門領域で偉大な貢献のために受賞することになった。

病的な批評家は，あなたの信念や価値を利用して攻撃してくる。「～すべき」思考（should）はあなたが生きていくためのルールを作り上げ，批評家があなたの自尊心を突き崩す理論的な基礎となる。あなたが言葉，行動，あなた自身と完璧な理想を比べることで感じる内容について，批評家はつねに評価している。あなたは自分が何を語り，何をし，何を感じるべきかという理想に達することはけっしてないので，批評家はつねにあなたが悪くて，価値がないと告発し続ける。

成績表がAが3つで，C＋が1つだった青年の例を考えてみよう。成績や成功についての確信がその反応を完全に決定するだろう。平均がBという基準をごくまともな成績だと考えるならば，その目標よりもはるかに高かったと喜ぶことだろう。もしもCはまったく受け入れられない成績で，愚鈍や怠惰の印だと思うならば，批評家は徹底的に攻撃してきて，自尊心はモハメド・アリと15回戦を戦うように感じられるかもしれない。

## どのようにして価値は作られるのか

ウッドロウ・ウィルソン（Woodrow Wilson）は「民主主義のために世界を安全にする」と宣言して，米国が第一次世界大戦に参戦した。米兵たちはヨーロッパの塹壕に身を潜めながら，暴君の横暴に立ち向かって戦っていると信じていた。アルゴーニュの戦いでは数千人が死亡した。愛国心への確信，米国の政治体制の優越性，義務や栄光といった1917年に作り出された抽象的な価値，戦争を永遠に終わらせるための戦争といった正義の戦争への熱狂が社会を覆いつくした。その一方で，理想的な勇気や祖国への義務を深く信じて，若いドイツ兵も死んでいった。

100年前を振り返ると，そのどれもが戦争に値しないように見える。なぜ若いドイツ人たちは皇帝の政治的野心のために死ななければならなかったのか？　なぜアメリカ人の命が失われて，ベルサイユ条約を締結し，ドイツを辱め，第二次世界大戦の種を蒔かなければならなかったのか？　ここには何も目新しいことはない。歴史上，人類はその信念のために命を投げうってきたのであり，その大義がそれほどまでの犠牲の価値があったことを証明されたことはほとん

どなかった。

　なぜ信念や価値はこれほど力強いのだろうか？　間違ったことをしているという罪責感を晴らし，快適，安全，自分の命さえ進んで差し出そうとする信念の本質とは何であるのだろうか？　その答えは，信念の内容は恣意的であり，しばしば誤ったものであるのだが，それを信じようという動機は人間の衝動の深い部分から生じているということである。

　ほとんどの信念は同じように形成される。すなわち，ある種の基本的な欲求への反応として，形成されるのだ。あなたの最初の信念は，愛されたい，親から承認されたいという欲求から生じる。安全であり，大切にされていると感じるために，さまざまな信念を抱く必要がある。たとえば，よい仕事をする。怒り，失敗，苦痛に耐えるために，いつ，どのようにして性的に振る舞うかを知らなければならない。何を話すか否かをわきまえる。人生の適切な目標を知る。結婚生活でどのように振る舞うかを学ぶ。親や他の家族に対する恩を感じる。人に頼らず，どの程度自力で頑張るかを見きわめる。あなたが親から教えられたルールや信念の中には次のような価値をにじませる単語によってさらに強化される。たとえば，「関わり」「正直」「寛容」「威厳」「知能」「力」などである。親はこういった単語，そしてその反対語を用いて，人や行動を判定する尺度とする。そのうちのいくつかはあなたにも当てはめられる。そして，あなたが親を喜ばせたいと望むあまりに，「自分勝手」「馬鹿」「弱い」「怠け者」といった否定的なレッテルを自分自身に当てはめてきたのかもしれない。

　第二群の信念は，ピアプレッシャーから，すなわち，同世代の仲間に属して，彼らから承認されたいという欲求から生まれる。仲間から受け入れられるには，そのルールや確信に沿って生きることを学ぶ必要がある。たとえば，異性とどのように接するか，攻撃性にどう対処するか，どの程度まで自分を曝け出すか，地域や世間一般に対してどのような義務があるか，何が適切な性役割の行動かといった，ルールや信念である。同世代の仲間からの承認は，そのグループが信じていることを進んで受け入れるかどうかにかかっている。たとえば，もしも友達が米国のシリア侵攻に反対しているならば，彼らの確信を支持するか，あるいは仲間外れを覚悟するかという強いプレッシャーが起きる。

　役割や地位が変化すると，信念は劇的に変化することを，いくつかの研究が明らかにしている。たとえば，労働者の権利を訴える組合支持派の従業員が，管理職になったとたんに，意見が変わることがある。半年余りの間に，企業支持の信念と価値にしばしば大きく変化する。ここでも，まさに所属感と安全感

の欲求のために，新たなグループに適応する目的で，新たな信念のパターンが生まれる。

　信念を形作る第三の大きな要因がある。これは感情的・身体的幸福感への欲求である。たとえば，自尊心の欲求，傷や喪失といった苦痛に満ちた感情から我が身を守る欲求，快楽，興奮，意味を探し求める欲求，身体的な安全感への欲求などである。市会議員に立候補しようとしている男性の例を考えてみよう。翌年の選挙活動中は，妻や家族と過ごす時間はほとんどないだろうと説明する。しかし，彼はそれは必要な犠牲であると力説する。というのも，当選したら，地域のために多くの活動をするのだからという。実際には，市会議員が作り出せるいくつかの些細な変化は，子どもたちとの１年間を犠牲にするほどの価値はなかったかもしれない。しかし，事実は関係ないのだ。意義，喜び，興奮の欲求によって，この男性の信念が形作られていた。

　次に，最近，簿記係の仕事を解雇された男性の例を考えてみよう。「退屈で，魂を売り渡すようで，政治的にも間違っている仕事だった。私は会計係には向いていない」「私はそれほど馬鹿ではない」と，その男性は友人に訴えつつも，必死でその仕事を取り戻そうとした。彼は二度と失敗しないと誓ったが，数か月後，妹に対して「ダウンタウンの数字工場で働いている」と卑下したように話した。これらの言葉が合理化であることは明らかだ。これらは，この男性の自尊心を保つ欲求から生まれていた。この男性は，雇主を貶める必要があり，そうでなければ自分自身を負け犬とみなさなければならなかった。

　ある男性は恋人に，彼は週に三晩は一人でいるか，友達に会う必要があると言った。彼女は心の中で「男が好きなように振る舞うのは許せない」とつぶやき，相手に対して，おそらく別れたほうがよいのではないかと言った。自己主張しなければならないという突然生じた信念は，実際には，傷や喪失を避ける欲求に対する反応である。

　別の男性は，糖尿病の合併症のために脚を失う恐れがある。これは，長期にわたる不倫について神から罰せられているのだと，この男性は結論を下す。不倫を止めれば，脚は救われるとの確信を抱く。身体的安全と自己統御の感覚への欲求が，彼が後に「馬鹿げた，魔術のような考え」と呼んだものを産み出している。

　最後の事例として，すべての課題に完全に関わり，些細な怠慢も許さないと確信している女性について考えてみよう。元々不可能な締め切りに間に合うように，彼女は長時間働く。しかし，この厳しい仕事のルールは，実際には脆弱

な自尊心から彼女を守っているのだ。自分は有能であり，批判されることはないと感じたい欲求が，この信念を産み出している。

## 暴君のような「〜すべき」思考

　ほとんどの信念やルールは欲求への反応として形作られるので，真実や現実とは無関係である。これらは，親，文化，仲間の期待から，そして，あなたの愛情，所属，自身の安全や善を感じたいという欲求から生み出されている。
　「〜すべき」思考が生じる過程は文字通りの真実とは無関係であり，真実という考えの持つ力と関係している。「〜すべき」思考に基づいて行動しているのだと感じるには，その正しさを確信する必要がある。L夫人の例を考えてみよう。彼女は，婚前の純潔を訴えるキリスト教一派の熱心な支持者である。婚前のセックスについて彼女の信念を産み出すのに役立った非常に強い3つの欲求がある。母親がいかなる種類のセックスもひどく不快に感じていたのだが，L夫人の最初の欲求は母親の愛情と受容を勝ち取りたいというものである。第二の欲求は，彼女が危険だと思う環境や交友から子どもたちを守るというものである。「厳しい良心」は子どもたちを守るよい方法であるというのだ。第三の欲求は，子どもたちと親密な関係でいることを感じるというものである。子どもたちの性的行動が母親と明らかに異なるのであれば，彼らはひどく奇妙で，別の存在のように感じるだろうと，彼女は固く信じている。この3つの欲求がL夫人の信念を産み出す。しかし，神の目には彼女の確信は絶対的に正しいという思いが大きな力になる。この価値観は正しい，自分の子どもたちにとってばかりでなく，すべての人にとって，世界中のどこでも正しいと，彼女は主張できる。これこそが暴君のような「〜すべき」思考であり，信念の絶対的正しさ，善悪についての揺るぎない感覚がある。あなたの「〜すべき」思考の基準に合わないと，自分自身を邪悪で，価値のない人間であると判断してしまう。
　これこそが，人々が罪責感と自己非難で自分自身を責める理由である。進んで戦争で死ぬ理由である。普遍のルールと真の願望のどちらかを選ばなければならないと麻痺してしまう理由である。
　もっとも一般的な「〜すべき」思考のいくつかの例を以下に挙げる。

・私は寛容と無私の手本でなければならない。
・私は恋人，友人，親，教師，学生，配偶者として，完全でなければならない。

- 私は平静な心で難局に耐えなければならない。
- 私はいかなる問題に対してもすばやく解決策を探し出すことができなければならない。
- 私は傷ついてはならない。私はいつも幸せで、穏やかな気持ちでいなければならない。
- 私は何でも完全にできなければならない。
- 私はすべてを知り、理解し、予測すべきである。
- 私は怒りや嫉妬といった感情を抱くべきではない。
- 私は自分の子どもたちを等しく愛すべきである。
- 私はけっして間違いを犯すべきではない。
- 私の感情は一貫していなければならない。一度愛したら、つねに愛情を感じていなければならない。
- 私は、人を頼りにせず、すべて自力でできなければならない。
- 私はけっして疲れたり、病気になったりしてはならない。
- 私はけっして恐れてはならない。
- 私は、地位、富、権力をもたらしてくれる達成をすべきである。
- 私はつねに忙しくしていなければならない。リラックスするのは、私の時間と人生の無駄である。
- 私は他者を最優先すべきである。誰か他の人が苦痛を感じるよりも、私が苦痛を感じるほうがましだ。
- 私は絶対に親切であるべきだ。
- 私はけっして性的に興奮してはならない。
- 私は私のことを大切にしてくれる人すべてを大切に扱うべきだ。
- 私は家族を養うために十分に稼がなければならない。
- 私は子どもたちをすべての苦痛から守ることができなければならない。
- 私は自分の楽しみのためだけに時間を割くべきではない。

どの「〜すべき」思考があなたに当てはまるか考えてみてほしい。健康な価値と不健康な価値についての項で、なぜこれらの「〜すべき」思考が合理的ではないのか解説する。

## 健康な価値と不健康な価値

　以下の基準を当てはめることで，あなたの信念，ルール，「～すべき」思考が健康なものか否かを判定できる。

　**健康な価値は柔軟である**：柔軟なルールは状況に合わせて例外を認めるのだが，不健康なルールはつねに不変で，すべてに当てはめられる。たとえば，あなたの緊急の欲求が危険に曝される時には例外を認めるとするならば，他者に苦痛を引き起こしてはならないというルールは効果的である。しかし，けっして変えてはならず，いかなる犠牲を払ってでも他者を守る義務があるとするルールであるならば，それは不健康なルールである。不健康なルールは融通が利かない。「けっして」「つねに」「すべて」「全部」「完全」といった単語がしばしば不健康なルールの中には認められる。あなたはそのルールに従うか，あるいは，自分を無価値で邪悪な存在と感じるかのどちらかである。

　あなたのルールの柔軟性を測る第二の方法は，自分の失敗を見つめてみることである。柔軟性に富むルールでは，ある割合で，理想的な基準を満たすことに失敗する可能性があるということを認めている。柔軟性に欠けるルールには，そのような判断基準がない。的から1ミリでも外れようものならば，大失敗とみなされ，あなたは十字架にかけられる。たとえば，「私はけっして失敗しない」というルールを考えてみよう。高い目標に向かって努力するのは価値ある野心的な試みではあるが，失敗と成功について健康な割合の指標を持っている必要がある。そのような指標を持っていないと，あなたのストレスのレベルは高まり，些細な失敗のために自尊心が打ちくだかれてしまう。

　**健康な価値は，与えられたものというよりは，自ら獲得したものである**：信念や「～すべき」思考があるということは，あなたが生存のためのこのルールを必死になって検証してきて，いまだに自分にとって当然と考えていることを意味する。これは，親の価値をそのまま受け入れて内在化されたルールであり，自分自身の独特な状況，パーソナリティ，欲求にいかに合うかを考えていない。親のルールや価値を無批判に受け入れるのは，試乗しないで自動車を買うようなものである。販売員の言葉を鵜呑みにして，どうやって自動車を運転するか，自分の背には天井が低すぎないか，十分な馬力があるか，ギヤチェンジが滑ら

かかなどを調べずに，自動車を買うようなものだ。親の言葉を真に受けて，内在化された価値は，自分自身で検証し，評価しなければならない。

**健康な価値は現実的である**：健康な価値とは，肯定的な結果と否定的な結果を評価することに基づいているという意味である。これは関係する人々の長期的な幸福につながることをするように働きかける。それこそが価値の目標である。あなたがそれを追求するのは，気分がよくなる人生に向けて手引きをしてくれるからである。非現実的な価値や「～すべき」思考は，結果と何の関連もない。これが導く行動は，「正しく」て「よい」からであって，肯定的な結果につながるからではない。非現実的な価値では，たとえその行動があなたや他者に対してどれほどの苦痛をもたらそうとも，「原則に基づいて」行動することが求められる。

「結婚は永遠に続くべきである」という価値について考えてみよう。このルールはあなたの行動を支配するのだが，非現実的である。というのも，これは結果に基づいていないからである。これは，結婚を維持しようという努力が，あなたや配偶者に離婚よりも不幸をもたらすかもしれないという事実を考慮していない。「結婚は永遠に続くべきである」というルールは，結婚は最高の善であるという絶対に変えてはならない原則に基づいている。あなたの幸福とは無関係である。あなたの苦痛とは無関係である。最大の問題は，「正しい」ことをするという点である。

次に，「私は配偶者に誠実でなければならない」というルールについて考えてみよう。あなたがどう考えるかによって，この価値は現実的でもあるし，非現実的でもある。それが親密さを増し，問題が大きくなりすぎる前に解決するのを助け，自分の欲求を口に出すように働きかけてくれるならば，そのルールは現実的なものだろう。換言すると，あなたが誠実な結婚という価値に拘るのは，長期的にそうすることで気分がよくなるからである。しかし，誠実の価値が結果に基づいているために，かならずしも誠実であることを選ばないかもしれない。より親密な関係となる見込みよりも，傷つけたり，不仲になったりすることがもたらす否定的な結果を重くとらえて，自分の感情を押し隠すこともあるだろう。対照的に，結果ではなく，原則に基づいているのであれば，誠実な結婚という価値は非現実的である。あなたが無理やり規則に拘泥するのは，それが正しくて，いかなる種類の不誠実も誤りであると信じているからである。

倫理学では，このアプローチを帰結主義（consequencialism）と呼ぶ。帰結

主義が魅力的であるのは，絶対的な原則に基づく倫理体系では，原則のいくつかが互いに矛盾しあうという点にまで行きつくからである。この問題は非常に単純なレベルで示すことができる。親に真実を言うべきか，弟とともに秘密にしておくべきかを決めようとしている子どもの葛藤について考えてみよう。嘘をつくか，弟を裏切るかを決めて，この原則のひとつを破らなければならない。このような倫理的な苦難から逃れる唯一の現実的な方法は，関係者すべてにとっての否定的な結果と肯定的な結果を評価することである。

　**健康な価値は，人生に制限を加えるのではなく，人生を豊かなものにする：**これは，生きるために守っているルールが，人間としてのあなたの基本的な欲求を考慮していなければならないという意味である。健康な価値は，情緒的，性的，知的，そして休養の欲求を追求するという柔軟性をあなたに与えてくれなければならない。生きるためのルールがあなた自身を制限するようなことがあってはならない。ルールのために，自己犠牲ですっかり圧倒されるように感じてはならない。人生を豊かにするような価値は，長期的な結果があなたや他者にとって苦痛に満ちたものになるような状況を除いて，あなたにとって豊かで，支えになるように働きかける。「つねに子どもたちを最優先させる」というルールを例にとってみよう。これは人生を豊かにさせる価値ではない。健康でバランスがとれた状態を保つには，たとえ子どもたちがわずかに苦しい思いをしたとしても，時には自分自身の世話をする必要もある。けっして恐れを抱いてはならないと信じている男性は，人生を制限するような価値に圧倒される。この確信は，男性も恐怖感を覚える多くの状況があり，その感情を認めて，受け入れる権利があるという事実を否定している。何でもよく知っていて，明朗であることを要求してくるルールを守っていると，同じような問題が起きる。悲しさ，不満，怒りを覚えた時も含めて，さまざまな感情を抱く権利を否定するので，それは生命の危険をもたらす価値ではない。

## 練　習

　この練習では，あなたは現実世界の状況と，人々が人生の規範としている価値についてのストーリーを読む。各事例で，登場人物は，健康な価値の基準を破るルールに従ってしまう。どの基準が破られたか見ていこう。あなたの記憶を新たにするために，健康な価値と不健康な価値をここでもう一度挙げておく。

| 健康な価値 | 不健康な価値 |
| --- | --- |
| 1．柔軟（例外と割合） | 柔軟性に欠ける（全般的で，例外や割合がない） |
| 2．自ら獲得した（検証され，試された） | 内在化（疑問を感じずに受け入れられた） |
| 3．現実的（結果に基づく） | 非現実的（「正しさ」に基づく） |
| 4．人生を豊かにする（自分の欲求や感情を認める） | 人生を制限する（自分の欲求や感情を無視する） |

**状況1**：エレンは30歳の工芸作家である。彼女は手作業が好きで，注文を受けてランプの傘を作るのが専門である。昨年，小さな店を開き，起業家としての最初の経験をとても楽しんでいる。エレンの父親は常勤の教授である。エレンが一生懸命勉強せず，学問の世界にあまり興味を示さなかったことに，父親はいつも失望してきた。工芸から喜びを得られるものの，エレンは失敗しているとの感じがぬぐえない。かつて計画したように，そして父親が望んでいたように，エレンは英語を教えなければならないと感じている。「脳を使っていない」ことを恥ずかしく感じている。これまでに3回大学に戻ろうとしたが，いつもドロップアウトしてしまった。「どこか自分の人生が無駄だった」と友達に打ち明けている。

エレンの価値の何が問題なのだろうか？　以下のどれが当てはまるだろうか？

　　　柔軟性に欠ける　　　内在化　　　非現実的　　　人生を制限する

エレンの問題は，父親の価値体系を彼女独自の欲求や能力にどのように沿っているのかを検証せずに，それを内在化させていたことである。長年にわたり，けっして批判的に検証してこなかった価値やルールに苦しめられてきた。もしもエレンが自分自身の現実的な価値を育んでいたならば，工芸制作のもたらす肯定的な結果を認識できていただろう。学問のキャリアに必死に取り組もうとするのではなく，彼女は仕事を楽しみ，それに成功することができただろう。

**状況2**：アーサーはこの8年間，保険仲買人として働いてきた。まずまず成功していたが，「大儲け」はできなかった。取引先を失う度に，負け犬のように感じるのがアーサーの最大の問題である。取引先を失うことは完全には避け

られず，どの保険仲買人にもある程度の率で起きることであるのに，アーサーは優秀な保険仲買人はすべての顧客を満足させなければならないと感じていた。顧客から取引を断わられると，彼は「台無しにしてしまった」，十分な注意を払っていなかったと結論を下した。

アーサーの価値の何が問題なのだろうか？　以下のどれが当てはまるだろうか？

　　　柔軟性に欠ける　　　内在化　　　非現実的　　　人生を制限する

アーサーのルールは柔軟性に欠けていた。彼は完璧であることを目指し，顧客が再契約をしないと，自分を負け犬と決めつけた。柔軟な価値は，人間であればある程度の失敗があることを認める。失敗することもあると考えて，現実的な失敗の割合を受け入れていく。もしもアーサーの価値が柔軟なものであるならば，他の保険仲買人の契約更新の率に気づくことだろう。そして，自分の業績の基準として，再契約できないある程度の率があることを承知するだろう。

**状況3**：毎年，シンシアはミシガン州のアナーバーに住む母親を訪ねて，1週間過ごす。いつも母親宅に滞在したが，つねに母親から攻撃され，批判に打ち負かされる感じがする。会って最初の24時間は互いに気を遣っているのだが，母子の関係はたちまち一日に数回も激しい口論になってしまう。シンシアが黙っていると，話を聞いていないといって，母親はシンシアを非難する。ところが，シンシアが何か言い訳をしようとすると，母親は話題を変えて，娘の他の「欠点」をあげつらう。そこで，母親が実家で過ごすようにと主張しても，シンシアはモーテルに泊まる。彼女は友達を訪ねて，母親から距離を置くことが多くなる。彼女は叔母に会うのも拒む。というのは，叔母は母親に加勢して，二対一の戦いになってしまうからである。徐々に喧嘩は減っていき，最後は，温かい別れになるのがいつものことなのだが，母親と別れてホッとして，楽になり，それについてシンシアは罪責感を覚える。「こんなことをしている自分が嫌だ。私はもっとお母さんを愛して，いろいろなことに耐えなければならない」

シンシアの価値の何が問題なのだろうか？　以下のどれが当てはまるだろうか？

柔軟性に欠ける　　　内在化　　　非現実的　　　人生を制限する

　シンシアの価値は非現実的である。それは結果を現実的に評価するというのではなく，正しいことをするという原則に基づいている。もしもシンシアが結果を見つめるのならば，自分の新たな戦略について安全に感じ，喜ぶだろう。母親との葛藤が減り，別れの際に互いを快く感じるようになることに気づくだろう。

　**状況4**：ウィルは，昼は家具屋で働き，夜は配達夫をして，週末はガードマンの仕事をしている。「人生で何かを成し遂げる」ためにつねに忙しく働いていなければならないと感じていた。「いくらかの金を稼いで，尊敬を得るまでは私は何物でもないと感じ続けるだろう」と思い，ウィルは「時間の浪費」を嫌っている。今の恋人が好きではないのだが，新たな恋人を探す時間がない。いわば慣れ親しんだ安宿に安住している。
　ウィルの価値の何が問題なのだろうか？　以下のどれが当てはまるだろうか？

　　　柔軟性に欠ける　　　内在化　　　非現実的　　　人生を制限する

　ウィルの価値は彼の人生を制限している。余暇，親密さ，友情といった基本的な欲求を満たしていない。ウィルは富と地位を求める闘いの途上で多くを失い，命を落としてしまうかもしれない。

　**状況5**：ソーニャは60歳だが，その友達の何人かは配偶者を喪っている。最近夫が亡くなった友人はいつも電話をかけてきて，何時間も話し続ける。問題は，ソーニャの夫がその長電話に苛立つようになったことである。最近，ソーニャは電話の回数を1週間に1回に減らしてもらいたいと友人に伝えた。しかし。ひどく自分が悪いことをしたと感じて，自分を責めた。良心の呵責を感じて，ソーニャがほぼ毎日その友人に電話をかけて，様子を尋ねた。
　ソーニャの価値の何が問題なのだろうか？　以下のどれが当てはまるだろうか？

　　　柔軟性に欠ける　　　内在化　　　非現実的　　　人生を制限する

ソーニャの価値はひどく柔軟性に欠けている。意味のある例外を認めていない。困っている友人に制限を設ける必要がソーニャにあることは明らかだが，親切にしなければならないというルールがそれを許さなかった。彼女はこの状況を評価して，否定的な結果を考えると，これは特別な例だと判断する必要がある。

**状況6**：アーリーンは非常に貧しい学区で暮らしていて，子どもたちの国語と算数の成績はつねに全国平均以下だった。子どもたちを私立学校に入学させようと決めたが，母親に学資の援助を求める必要がある。アーリーンは相対する2つの価値の間で引き裂かれる思いがした。第一のルールは「子どもたちに最高の物を与える」であり，第二のルールは「自力でやらなければならない」というものである。子どもたちによい教育を受けさせることに決めたが，それを実現させる経済的な基盤に欠けるので，自分は親として失敗だと感じている。母親を「当てにして」，「脛をかじろうとしている」と自責的に感じてもいる。

アーリーンの価値の何が問題なのだろうか？　以下のどれが当てはまるだろうか？

　　　柔軟性に欠ける　　　内在化　　　非現実的　　　人生を制限する

アーリーンの価値は，柔軟性に欠け，非現実的でもある。自立していることは合理的な人生のルールであるが，結果を考えると，例外を認めてもよい場合がある。子どもたちによい教育を受けさせるということがもたらす結果は，自立という一般原則をはるかに上回る。

**状況7**：ジャレットはこの6年間，自分の結婚を不幸せだと感じていた。彼の母親は家族のために多くの犠牲を払い，「愛する人を傷つけるよりは，自分を傷つけるほうがましだ」とよく言っていた。ジャレットは妻を傷つけるという思いに耐えられない。妻がひとりになることを想像し，離婚の後の悲しみを思うと打ちひしがれる。しかし，同時に，家族に距離を置き，遅くまで働き，自宅では些細なことで苛立つのだ。彼は追いつめられた思いがしている。妻を守ろうとして「正しいことしよう」としているのだが，自分が家にいないことで妻を落胆させ，苛立たせていると感じている。ジャレットは「私は不幸せだ。だから外にいる。いつも家から離れているようにしている」と言う。

ジャレットの価値の何が問題なのだろうか？ 以下のどれが当てはまるだろうか？

　　柔軟性に欠ける　　　内在化　　　非現実的　　　人生を制限する

　ジャレットの価値は，自力で獲得したというよりは，内在化されたものである。彼は母親の自己犠牲の価値を検証して，それが彼自身の独特の状況や欲求に当てはまるか考えてみたことがなかった。もしもその価値を批判的に見ることができれば，それは彼に当てはまらず，彼は情緒的苦痛から逃げ出す傾向が非常に高い人間であり，避け続けるのではなく，関係を断ち切るほうがよいと理解できるだろう。

　**状況8**：ジムは新しい恋人ができた。最近，恋人から，セックスの最中に絶頂感に達することができないと言われた。ジムは完全なセックス相手でなければならず，つねに恋人に絶頂感を感じさせなばならないと固く信じている。恋人からそう告げられて，ジムは失敗感と不全感に囚われた。実際に，ひどく居心地が悪く感じて，性欲も極端に下がってしまった。恋人に少し「空白期間」が必要だと言って，ふたりは1週間離れて暮らすことになった。
　ジムの価値の何が問題なのだろうか？ 以下のどれが当てはまるだろうか？

　　柔軟性に欠ける　　　内在化　　　非現実的　　　人生を制限する

　セックスについてのジムの価値は，あまりにも柔軟性に欠けている。完璧にはいかないことがある比率について何も考えていない。恋人の性的欲求に対しては直ちに理解し，それに答えなければならないと信じている。健康な価値ならば，恋人の独特の性的欲求を理解する方向に向けて努力するだろう。この方向に向けて努力するには時間がかかるし，つねに完璧に反応することに成功することを望んだりすべきではない。

　**状況9**：ジュリーは最近，別の町に引っ越した。息子が新しい学校で問題を抱えて，ジュリーはますます気がふさいできている。いじめっ子が校庭で息子を殴り，家まで追いかけてくることがある。よい親はすべての苦痛から自分の子どもを守らなければならないという信念が，ジュリーにはある。自分を責め

第8章 「〜すべき」思考　159

て，いじめを止めるために何かをしなければならないと感じている。校長に訴え，息子を学校まで迎えに行き，いじめっ子の両親と話をしようとする。しかし，問題はさらに続く。息子がまたつらい思いをして帰宅すると，ジュリーは自分を責めるのだった。
　ジュリーの価値の何が問題なのだろうか？　以下のどれが当てはまるだろうか？

　　　　柔軟性に欠ける　　　内在化　　　非現実的　　　人生を制限する

　これも，人生のルールがあまりにも柔軟性に欠けているために，機能していないという好例である。成長の過程で，すべての不快な経験から子どもを守るというのは不可能である。自分の子どもを守るべきだという価値は立派だが，例外がある。子どもが同世代の仲間から被る傷は多いし，ジュリーがいじめっ子全員から息子を守ることは，不適切でもあり，不可能でもある。

**状況10**：ジョージはクリスマス小物を製造する小さな会社を経営している。会社を始めたのは，有り余るほどのエネルギーと熱意のある父親だった。父親は毎日14時間働き，社長は「誰よりも一生懸命働いて」従業員たちに手本を示さなければならないとよく言っていた。父親と同様に，ジョージは毎日12〜14時間働いている。38歳になったジョージは潰瘍を患っている。妻とともに過ごす時間がないので，夫婦仲は緊張している。彼は子どもたちにも会いたいし，空虚感が増している。
　ジョージの価値の何が問題なのだろうか？　以下のどれが当てはまるだろうか？

　　　　柔軟性に欠ける　　　内在化　　　非現実的　　　人生を制限する

　ジョージは父親のルールを自分に合うかどうかを検証しないで，その信念を内在化していた。彼の「一生懸命働く」というルールは非現実的（否定的な結果のほうが利益よりもはるかに多かった）でもあり，人生を制限する（家族とともに過ごしたいという欲求を妨げる）ものである。ジョージには，ストレス，うつ病，結婚の問題という症状を認めた。父親の企業家の理想に忠実であろうとするあまりに，ジョージはあまりにも大きな代償を支払ってきた。

## 「～すべき」思考が自尊心に及ぼす影響

　「～すべき」思考は2つの方法で自尊心に攻撃をかけてくる。第一に，「～すべき」思考や価値があなたに合わない。たとえば，アイオワ州セダーフォールズの社会習慣はその地域ではきわめて適切かもしれないが，マンハッタンに転居したら，それはよく当てはまらないだろう。「一生懸命に働く」という父親のルールをジョージは真剣に受け止めていたかもしれないが，そのために高血圧症になり，命を落しかねない。怒りを外に出してはならないというルールはとても優しいあなたの家族の中ではうまく機能するかもしれないが，まったく同じルールが職工長としてのあなたの効率を制限してしまうかもしれない。痩せていて，格好のよい体形でなければならないという価値は，もしも自分がそれとは異なる体形ならば，深刻な害をもたらす。

　成長とともに身につけてきた「～すべき」思考の多くは単にあなたに合っていないことがある。それがあなたに合っていないのは，あなたが親とは異なる時代や場所に住み，異なる希望，傷，欲求があるからである。あなたが譲り受けた価値は，他者によって作り上げられたものであり，それはあなた自身のものではなく，他者の独特な状況における欲求を満たすものであった。あなたの「～すべき」思考が自分に合わず，自分の基本的欲求と相反するようならば，不可能な制約を押しつけられているのだ。欲求が叶えられないままであることを選ぶか，欲求を諦めるか，価値に対する信念を捨てるかしかない。喪失か罪責かを迫られる。強く信じていた価値を犠牲にして，欲求を満たすことを選べば，自分のことを弱くて，事態を台無しにして，失敗したとみなすかもしれない。

　「～すべき」思考はしばしば不可能であったり，ある個人にとっては不健康であったりする行動を要求してくる。価値が不可能な理想であり得ることを示すために，アルの例を考えてみることにしよう。アルは飛行機の整備士だったが，30年間深酒をしてきた。最後の職は8年間続いたが，その後は生活保護を受けてダウンタウンのホテルで生活している。ロビーのプラスチック製の椅子に座り，過去の罪を繰り返し思い出す。飲酒を続け，仕事をせず，娘を大学にやれなかった自分を憎む。しかし，実際のところアルコールは彼が手にしている唯一の喜びである。末梢神経炎のために微細な協調運動が障害されていて，整備士としての仕事はもはやできない。アルの「～すべき」思考は不可能なことを要求してくる。それは日々，拷問となって，迫ってくる。もしも現在の実

際のアルに合った価値を生み出すことができるならば，自分にとって可能なことを要求するだろう。たとえば，素面(しらふ)の時に身ぎれいにして娘を訪ね，励まし，支えることもできるだろう。これらのことをアルはできるはずなのだが，「～すべき」思考は今の彼ではない何かを要求してくるので，身動きが取れなくなり，娘に何をしてやることもできない。

　リタには一連の「～すべき」思考があり，それは彼女にとって本質的には不健康な行動を要求してくる。リタは仕事をする無限のエネルギーを持っていなければならないと信じている。彼女は3人の子どもの育児，家事，年老いた義父の世話に加えて，夫が経営する建設会社の経理をすべて担当している。すっかり疲れ果て，抑うつ的で，どんどん沈みこんでいくように感じる。「しかし，助けを求めるのはよくないことだ。そして，私の何が具合が悪いのかあれこれ考え，頑張って，仕事をこなし続けなければならないと思っている。私は単に怠け者か気まぐれなだけだ。畑で重労働をしている女性たちに比べれば，楽な仕事だ。世界中で女性たちが大変な仕事をしているのに，私は簿記すらまともにできない」

　数年前に『ナショナル・エンクワイアー』誌に掲載された記事は，この不健康な「～すべき」思考のいくつかの例を解説していた。ある男性は自分の手でキャンピングカーを作った。それは2階建てで，長距離バスほどの大きさがあり，3台の車両を牽引するものだった。彼はこの計画のために10年間にわたり週に13～15時間を費やし，「誰も仕事をしながらけっして成し遂げない」何かを作り，それを所有していることをひどく誇りに感じていた。しかし，そのために支払った代価は莫大だった。心臓発作で倒れてしまい，妻や家族との関係は悪化し，10年間休暇を取らなかった。彼の目標は，強迫的な行為にのめりこむことだった。「男は一度始めたことをやり遂げなければならない」という彼のルールのために，ストレスが重なり，家族の幸せやわずかな喜びのための時間が犠牲になった。

　「～すべき」思考が自尊心を攻撃する第二の方法は，本質的には反道徳的ではない状況，行動，嗜好についての善悪の道徳的概念を攻撃することである。この過程は小児期に始まる。親のルールに従うと，あなたはよい子だと言われ，そのルールを破ると，悪い子だと言われる。あなたがよい子だと言われる行動もあれば，悪い子だと言われる行動もある。正か邪か，善か悪かといった二者択一的思考が個人的なルールの価値やシステムにその場の言葉で組みこまれていく。あなたがきちんとしていないと親が決めつけると，子どもはベッドをき

ちんと整えたか，あるいは乱雑なままにしておくかという決定が道徳的次元に変換されてしまう。安全，便利，効率を促進するために決められた家族のルールが道徳的な命令にしばしば誤って解釈されてしまう。たとえば，子どもが服に泥を付けてくることは道徳的に誤ったことではない。それは親にとって面倒で，仕事が増えることになるという問題である。しかし，泥が付いたズボンは，「お前のどこが問題なのか？　服をどうしたか，見てみろ。そんなに悪い子ならば，今晩はテレビを見てはいけない」といった道徳的な批判をする声を引き起こす可能性がある。

　さらに悪いことに，多くの親は嗜好や好みといった問題と道徳的な考えを混同する傾向がある。髪型，音楽，友達，余暇の活動をどのように選ぶかということを，好みについてのよくある世代間の葛藤としてではなく，正しいとか間違っているというとらえ方をして，判断されがちである。

　多くの親は，あまりよくない判断を，道徳的な過ちと決めつける。たとえば，宿題に手を着けず，夜遅くなってようやく取りかかる子どもに，判断が悪いとか，衝動性のコントロールが悪い（あるいは，その両方）といって，その子どもの責任だとしてしまう。しかし，このような行為を怠けている，馬鹿だ，「台無しにしている」と決めつけることは，その子どもが道徳的に誤っていると伝えている。あなたの9歳の子どもが車庫で喫煙していたり，マッチで遊んでいたりしたら，これは判断の誤りで，健康や安全に危険をもたらす。しかし，このような件はけっして道徳は関わりなく，道徳的な善悪とは関係ないのだ。

　親が子どもの嗜好，好み，判断，便利さを道徳的な問題と混同すればするほど，自尊心は脆弱なものとなるだろう。あなたの嗜好，決定，衝動は悪いものだというメッセージを繰り返し受ける。親から渡された「〜すべき」思考のために，あなたは「お前がどのように見えて，行動するのか，親が作ったルールに従え，そうしなければ罰せられる」という不可能なジレンマに囚われてしまう。

## 「〜すべき」思考を発見する

　この項では，あなたの「〜すべき」思考や個人的な価値を発見するのに役立つリストを挙げておく。このリストの各項目はあなたの人生の特定の領域を代表している。各領域について以下の4つの質問に答えてみよう。

1. 過去あるいは現在において、私はこの領域に自責感や繰り返し悩むような感情を抱いているだろうか？
2. 私はこの領域に葛藤を感じているだろうか？　たとえば、私がしなければならないことと、私がしたいことの間で引き裂かれるような思いをしているだろうか？
3. 私はこの領域で義務感とか、恩を感じているだろうか？
4. 私はこの領域で、自分がすべきであると感じている何かを避けているだろうか？

　あなたの人生のある特定の領域で、罪、葛藤、義務、回避の存在に気づいたら、根底にある「〜すべき」思考を同定するのは一般的にきわめて簡単である。たとえば、「家庭での活動」の項目で、皿洗いや洗濯について妻の手伝いを十分にしていないことを申し訳なく感じていると思い出すとする。あなたは子どもとの葛藤があると気づくかもしれない。夜はもっと子育てをしなければと考える一方で、ビールを飲みながら新聞を読みたいと思うかもしれない。根底にある「〜すべき」思考が、それを正確に50対50に分けなければならないという考えに関連していることに、あなたは気づく。もうひとつの例として、「友達」の項目について考えてみよう。あなたは、最近離婚した友人を訪れて、慰めなければならないという強い義務感を覚えたことに気づく。この感覚が、つらい思いをしている人はすべて世話をしなければならないという「〜すべき」思考から生じていることを、あなたは承知している。

　罪や葛藤が明らかに存在しているにもかかわらず、根底にある「〜すべき」思考を発見するのが難しいこともある。その場合には、基本的な価値やルールにまで降りていく「ラダーリング（laddering）」[3]という技法がある。「内的経験」の項目を例として、ラダーリングがどのように効果を表すか示すことにしよう。ある女性はリストに記入していて、息子に対する怒りの感情に強い罪責感を覚えることに気づいた。彼女は息子が疎遠で、心理的なサポートをしてくれないことに苛立っていたが、根底にある「〜すべき」思考を同定するのが難しかった。彼女は次のような質問を自らにすることによって、ラダーリング、すなわち階段を下りるようにして自分の基本的なルールを探っていった。「もしも私が息子に腹を立てているのならば、それは自分にとってどんな意味があ

---

[3] 階段（ladder）を一段一段下りていき、原因を段階的に探っていくという意味である。

るのだろうか？」彼女の答えは，自分が引き下がって，少しは息子の好きなようにさせようというものだった。「もしも私が引き下がったら，それは私にとってどのような意味があるのだろうか？」と自問して，ラダーリングを続けた。彼女はそれが息子を愛していない，大切にしていないという意味ではないかと恐れていた。この時点で，「子どもに対してつねに愛情を感じていなければならない」という根底にある「〜すべき」思考を発見できた。怒りの感情や相手との間に距離を置く行為は，愛の感情を妨げるように思えたので，どちらも誤っているに違いないとされたのだ。

　ラダーリングの第二の例は，「教会の活動」という項目についてのある若い男性の反応に示されている。素人説教師のメンバーに加わってほしいとの誘いに応じないことに，彼は罪と回避を感じていた。「私がもしもそれに応じなければ，それは私にどのような意味があるのだろうか？」と彼は自問した。その意味は，自分の時間やエネルギーを出し惜しみしているという意味だった。「もしも私が時間やエネルギーを出し惜しみすることを選んだら，それはどのような意味があるのだろうか？」と再び自問した。その意味は，自分のことが好きで，よく思っている人々を失望させるというものであった。そこで彼は「自分を好いてくれる人をけっして失望させてはならない」という「〜すべき」思考に気づいたのである。

　このようにラダーリングは実に単純である。罪，葛藤，義務，回避といった領域に気づいているものの，「〜すべき」思考が見つからない場合には，「もしも私が＿＿＿＿＿＿であるならば，それは私にとってどのような意味があるのだろうか？」と自問してみる。そして，あなたの行動が何をほのめかしていて，あなた自身について何を物語っているのかを率直に見定めるように試みる。核心的な意味と感じるもの，明らかな価値や個人的なルールを意味するものに行き当たるまで，質問を続けていく。

　ただし，次のような２種の袋小路に追いこまれないようにすべきである。第一に，「私が悪い」「私が台無しにした」といったような一方的で単純な判断では答えない。その代わりに，判断の根拠，判断を生んだ価値について述べる。たとえば，「それは私が馬鹿だという意味だ」などと答えるのではなく，「私が苦しんでいる誰かを救おうとしなかったという意味だ」といったように具体的に答えるようにすべきである。第二に，感情をこめて答えてはならない。「私は怖れを感じるだろうという意味だ」と答えても，何も生まれない。ラダーリングの目的は，あなたの感情ではなく，確信に辿りつくことである。

さて今度は，1枚の紙を取り出して，リストの各項目に関連する「〜すべき」思考を書き出していく。もちろん，罪，葛藤，義務，回避といった感情を抱いていないので，「〜すべき」思考が当てはまらない項目もあるだろう。一方，「〜すべき」思考がたくさん当てはまる項目もあるだろう。できる限りたくさんの「〜すべき」思考を書く。

## 「〜すべき」思考のリスト

1. 対人関係
    - 配偶者や恋人
    - 自分の子ども
    - 親
    - 兄弟姉妹
    - 友達
    - 困っている人
    - 教師，生徒，顧客
2. 自宅での活動
    - 維持管理
    - 掃除
    - 装飾
    - 整頓
    - 料理
3. 余暇の活動と社会的活動
4. 職業的活動
    - 効率
    - 同僚との関係
    - 指導性
    - 信頼性
    - 業績と目標達成に向けた働き方
5. 創造的活動
6. 自己改善の活動
    - 教育
    - 成長の経験
    - 自助の計画

7. 性的活動
8. 政治的活動と地域活動
9. 宗教活動と教会活動
10. 家計
    ・支出習慣
    ・貯蓄
    ・経済的目標に向けた働き方
    ・収入
11. 自己管理
    ・外見
    ・服装
    ・運動
    ・喫煙
    ・飲酒
    ・ドラッグ
    ・予防
12. 食習慣
13. 感情の表出と感情への対処
    ・怒り
    ・恐怖
    ・悲しさ
    ・身体的な痛み
    ・喜び
    ・性的な魅力
    ・愛情
14. 内的な経験
    ・表出されていない気分
    ・表出されていない思考
    ・表出されていない願望や欲望

## 「〜すべき」思考に立ち向かい，改訂する

　あなたにいかに行動するかを命じてくる「〜すべき」思考のいくつかが明らかになった。健康的な手引きとなる「〜すべき」思考もあるが，批評家がつねに用いてあなたの自尊心を損なうような「〜すべき」思考もある。

　今度は，あなたの「〜すべき」思考のリストを検討していき，批評家が攻撃の基礎として用いている「〜すべき」思考に印を付けていく。今やあなたは，これらの「〜すべき」思考が健康的で，有用であるのか評価する立場にある。批評家が行ってくる各項目について，あなたは次の3つのことを試すことにする。

1. 自分の言葉を検証する。「〜すべき」思考は抽象的で，過度の一般化に基づいていないだろうか？　たとえば，「すべて」「つねに」「けっして」「全体」「完璧」などの単語が多く含まれていないだろうか？　「〜すべきである」ではなく，「私は〜するほうがよい」「私はむしろ〜したい」「私は〜を望む」といった表現を使う。「〜すべき」思考が強制する特定の状況が，規則ではなく例外であることが明らかになるかもしれない。柔軟な言葉を使う可能性を認識する。
2. 正しいか，誤っているかの概念を捨て去る。そして，ルールを特定の状況に当てはめる結果を見定めるようにする。あなた，そして関係のある人々に対して短期的結果や長期的結果はどのようなものであるだろうか？　誰かが傷つけられたり，誰かが助けられたりするとして，そのルールは合理的だろうか？
3. そのルールが本来のあなたに合ったものであるのか自問してみる。あなたの起源，限界，耐えられる傾向，自分自身を守り，恐怖や問題に対処する方法，変えられそうにもない事柄などについて，そのルールは考慮しているだろうか？　それは，あなたの重要な欲求や夢，そしてあなたを支えている喜びを許しているだろうか？　本来のあなたやこれからもそうありたいという自分に，そのルールは本当に意味があるのだろうか？

　レベッカは，このような段階を踏むことが，「〜すべき」思考に対処するのに役立ったことを示す好例である。彼女のリストには，病的な批評家がほとん

ど毎日用いる「～すべき」思考が含まれていた。実際にはレベッカの体重は130～140ポンドだったが,批評家は120ポンド以上であってはならないと言ってきた。

レベッカが最初にしたのは,自分の言葉を検証することだった。「120ポンド以上であってはならない」というのは絶対的な性質を帯びていた。レベッカはそのルールをより柔軟なものにして,「私は体重を120ポンド近辺にしたい」と書き換えた。この「～すべき」思考を適用したら,どのような結果が起こり得るかについて検証した。以下に,肯定的結果と否定的結果のリストを挙げる。

| 肯定的結果 | 否定的結果 |
|---|---|
| 1. 痩せて見える。<br>2. 小さいサイズの服を着ることができる。<br>3. より魅力的に感じる。<br>4. 自分の身体が好きになる。 | 1. 食物のカロリー計算をしなければならない。<br>2. 何を食べるかつねに考えなければならない。<br>3. 体重増加をつねに心配しなければならない。<br>4. 肥満者の自助グループに戻らなければならない。<br>5. 本当に外食を減らさなければならない。<br>6. 私の持っているほとんどの服が着られない。 |

　自分の身体が好きになり,より魅力的になるというのはレベッカには大きく心が惹かれたのだが,否定的な結果のほうがはるかに強かった。

　ダイエットがもたらすすべての問題を前にして,レベッカは白か黒かの思考法を捨て去ることはなかった。

　最後に,レベッカは「120ポンドルール」が本来の彼女に合ったものかどうかを自らに問うた。彼女の自然の体重は135～140ポンドの間を上下しているようであり,かなり激しいダイエットをしてようやく125ポンドの範囲に到達するという事実を認めた。間もなく,体重は再び増え始めて,彼女は失敗感を抱き,自尊心も下がった。さらに,社交面でも,レストランに出かけたり,食事を分け合ったりといったことが増えた。ダイエットするということは,友達と一緒に過ごす時間を減らすことを意味した。レベッカの恋人は,ありのまま

の彼女に魅力を感じていることは明らかで、体重を減らしたからといって、二人の心理的・性的親密さが増す可能性はほとんどなかった。

レベッカは「120ポンドルール」が自分には合っていないどころか、それ以上の代価を支払うことになっていると、しぶしぶ認め始めた。

アーサーは高校の作文担当の教師であったが、「本当に作文を教える」ことができないといって、つねに罪責感を抱いている。「生徒は毎日きちんと書かなければならない」という昔の恩師に習ったルールを使って、批評家はアーサーを攻撃してくる。生徒はせいぜい週にいくつかの課題をこなせばよいとアーサーは感じていた。しかし、大きな教室では、月に2つ以上作文の課題を出すことはめったになかった。彼の「〜すべき」思考にどのように対処したかを挙げておく。

彼はまずより柔軟な言葉でルールを書き直した。「もしも可能であるならば、生徒に週に2回の課題をこなしてほしい」。次に、その結果を検証してみた。

| 肯定的結果 | 否定的結果 |
| --- | --- |
| 1. 生徒たちはより多くの助言が得られるだろう。<br>2. 生徒たちはより速く学べるだろう。<br>3. 生徒たちの進歩がわかり、私も達成感を覚えるだろう。<br>4. 生徒たちは全国アチーブメントテストでよい成績を収めるだろう。 | 1. 5クラスで、それぞれ30人の生徒がいるのだから、私は毎週300編のエッセイを読まなければならない。<br>2. エッセイを手直しするので、私の週末は失われてしまうだろう。<br>3. これでは家族との時間がひどく少なくなってしまう。<br>4. 私はロッククライミングに行く時間がなくなってしまう。<br>5. 私は多くのエネルギーを使わなければならない。 |

否定的な結果のほうが肯定的な結果を上回り、なぜアーサーがあまりエッセイの課題を出さないのか明らかだった。

ついに、アーサーはそのルールが自分に合っているのかという疑問を検証した。その答えは「はい」であった。彼は今でも頻繁に課題を出すことの意義を信じていた。しかし、批評家に対する答えを得た。大人数の生徒に対してそのルールを当てはめることは、単に身体的・心理的エネルギーをあまりにも多く費やすことになるというものであった。

ジェイミーの批評家はとても賢くて，二種の矛盾する「〜すべき」思考を使ってきたので，彼女はけっして勝つことのできない葛藤に追い詰められていた。ジェイミーは画家で，彼女の住んでいる地域では高い評価を得ている。彼女には10歳になる息子がいた。批評家はジェイミーがすべての時間を息子のために使うべきだと言ってきた。その一方で，息子が生まれる前と同じように絵を描き続けるべきだとも要求してきた。

ジェイミーの「〜すべき」思考はふたつのやり方で彼女の自尊心を傷つけた。「すべてを息子に捧げよ」というルールのために子育てにためらいを感じた。その結果，日中に絵を描いたり，リラックスする時間がなかったりして，気分はふさぎ，落ち着かなくなった。このような気分のために，自分が怠け者で，悪い母親だと自分を責めた。ジェイミーの自尊心は，「絵を描き続けろ」というルールのためにも傷つけられた。晩になって，あまりにも疲れ果てて真っ白なキャンバスに向かうことができないと，自分の才能を浪費して，芸術に「真剣に関わっていない」といって自分を責めるのだった。

次頁に，ジェイミーがいかに彼女の「〜すべき」思考に対処したかを挙げる。まず，彼女は柔軟な言葉で「私は自分のほとんどの時間を息子に捧げたいが，できる限り絵も描き続けたい」と言い直した。次に，「〜すべき」思考のそれぞれを検証した。

ジェイミーは彼女の「〜すべき」思考が本来の自分にとって理にかなっているか自問した。芸術的表現や子育てから自由な時間が「すべてを自分の息子に捧げるべきである」というルールによって否定されていることは明らかだった。彼女は自分の人生を支えてくれる喜びを放棄してまで，頑張っていたのだが，その代償として，自尊心の低さ，エネルギーの枯渇，うつ病が起きていた。両価的な気分を数週間にわたって抱えていたが，とうとうジェイミーは週に5時間のベイビーシッターを2回頼むことに決めた。もしもうまくいけば，これからは15時間にまで伸ばすことを考えていた。

## 「〜すべき」思考を切り離す

一般的なルールとして，あるいは特定の状況で「〜すべき」思考があなたの自尊心を傷つけていることに気づいたら，それを心の中での自分への語りかけから切り離す必要がある。これは，批評家が「〜すべき」思考であなたを攻撃しようとしてきたら，激しく反撃すべきであるという意味だ。反撃の最高の方

| A．私のほとんどの時間を息子に捧げる | |
|---|---|
| 肯定的な結果 | 否定的な結果 |
| 1．息子の世話を誰かほかの人に任せて，私が不安になったり，自分を責めたりする必要はない。 | 1．私には絵を描くエネルギーがない。 |
| 2．息子は他の誰かといるよりは，私と一緒のほうが安全である。 | 2．一日中，気分がふさいでいるようだ。 |
| 3．息子は他の誰かといるよりは，私から多くの関心や愛情が得られる。 | 3．絵を描きたい，キャンバスに真剣に向き合いたい。 |
| 4．私がいないと，息子は泣き出す。 | 4．家事で精一杯だ。 |
| 5．私は息子の分離不安が心配だ。 | 5．芸術家たちのコミュニティに関わっていたのがとても懐かしい。 |

| B．できる限り絵を描き続けたい | |
|---|---|
| 肯定的な結果 | 否定的な結果 |
| 1．絵を描く喜び。 | 1．子育てをしなくても，絵を描くことは私を疲れ果てさせる。 |
| 2．自分に意義を見出す感覚。 | 2．誰かに子育てを任すと，1週間に150ドルかかる。 |
| 3．子育てから一息つく。 | 3．私は子どもから離れることについての不安や罪責感に対処しなければならないだろう。 |
| 4．芸術界との絆を保つ。 | 4．私が離れている間，子どもは注意や愛情を少ししか受けられない。 |
| 5．私がそばにいないと，子どもは安全ではないと感じる。 | |

法は，ひとつかふたつの文章からなる「マントラ」を用意し，暗記しておいて，「～すべき」思考の要求に応えられない自分が悪いと感じたら，それを使ってみる。批評家が口を閉じ，あなたのもとを去るまで，必要なだけ，何度もマントラを繰り返すことができる。「～すべき」思考を反撃するマントラには以下の要素が含まれているのが理想的である。

1. 「～すべき」思考を作り出した元の欲求を思い出させる内容：このためには，最初にあなたがなぜ「～すべき」思考を作り出したのかを見きわめておかなければならない。父親から愛されていると感じるためだっただろうか？

恋人と親密な関係にあると感じるためだっただろうか？　自分自身を心地よく感じたかったためだろうか？　不安を減らしたかったのだろうか？安心感を求めていたのだろうか？
2. 自分が「～すべき」思考の要求に応えていないという主な理由，あるいは状況：たとえば，あなたがどうあり，何をすべきで，あるいは本来の自分ではないようにと「～すべき」思考が要求してくるのかを思い出さなければならない。「～すべき」思考に従ったための否定的な結果が肯定的な結果を上回ることも思い出す必要がある。

　いくつかの簡単な文章にすると，マントラは以下のように響く。

　　「～すべき」思考：お前は学校に戻って，人生で何かをしなければならない。
　　マントラ：学校というのは父の考えであって，私は父を喜ばせたかった。しかし，そのような人生は私には馴染まない。私は退屈したり，プレッシャーを感じたりして，またドロップアウトしてしまうだけだろう。

　　「～すべき」思考：お前は失敗してはならない。
　　マントラ：失敗してはならないというのは父にとって重要だった。しかし，私はこの仕事を学んでいる最中だ。試行錯誤を通じてしか学ぶことができない。失敗を気にしていたら，私は凍りついてしまって，何も学べなくなる。

　　「～すべき」思考：お前はウィットに富んで，会話が面白くなければならない。
　　マントラ：私は会話が巧みならば，学校で皆の輪に入るのに役立つと考えていた。でもそれはあまりにも負担が多くて，私には向いていない。私は質問をして，他の人々を知るのが好きだ。

　　「～すべき」思考：お前はいつも外見に注意を払っていなければならない。
　　マントラ：私は妻を喜ばせるためにきちんとした外見を保つ必要があると感じている。しかし，私はジーンズとトレーナーのほうが気楽だ。そのほうが私に合っている。

「～すべき」思考：お前はダイエットをして，細身でいるべきだ。
マントラ：母はいつも私に痩せていてほしいと言っていた。しかし，私はダイエットや体重計のことばかり心配して生きていくよりも，ありのままの体重でかまわない。

「～すべき」思考：お前はもっとまともな仕事に就くべきだ。
マントラ：地位の高い仕事に就くというのは父のルールだ。しかし，今の仕事は安定しているし，ストレスも少ない。私がストレスや不安定を望むならば，別の仕事を探すことにしよう。

今度は，あなた自身のマントラを作り出す番である。最初は，あなたにとってもっとも有害な「～すべき」思考のためのマントラから始める。最悪のルールが罪責感を産み出す力を失ったら，他の「～すべき」思考に対するマントラも書いていく。マントラを書くだけでは十分ではない。不健康な「～すべき」思考で批判的な攻撃が繰り返される度に，マントラを一生懸命に使うように努力する。あなたがつねに反撃しなければ，批評家は諦めることをしない。批評家が攻撃してきた時にあなたが反撃に失敗すると，あなたが黙っていることが，批評家の言葉をすべて信じて，受け入れているという意味になってしまう。

## 償い：「～すべき」思考が理にかなっている場合

「～すべき」思考の中には正当な価値があるとわかるものもある。すなわち，できる限りそれに沿って生きるべきルールであり，次章で詳しく解説する。「～すべき」思考が理にかなったものである場合には，一般にそれが自尊心を傷つけることはない。

合理的な「～すべき」思考があなたの自尊心に干渉する唯一の状況は，あなたがそれを破った場合である。すると，批評家はあなたが間違いを犯したといって攻撃を仕掛けてくる。もしもあなたが破ったルールが健康的なものであるとわかったならば，批評家の口を封じる唯一の道は償いである。非常に単純には，自分のしたことの埋め合わせをしなければならない。償いをしないと，批評家はあなたに埋め合わせを要求して，攻撃は激しさを増していく。

以下に適切な償いを選ぶのに役立つ４つの手引きを挙げておく。

1. あなたが傷つけた人にしたことが過ちだったと認めるのが重要である。こうすることで，自分の行動に対する責任を受け入れることが明らかになる。
2. あなたが傷つけた相手に対して直接的に償う。慈善団体に寄付する，誰かの庇護者になる，平和部隊に参加するといったことは，あなたが傷つけた人を直接助けることよりは効果的ではない。
3. 償いは，象徴的であるよりも，現実的であるべきだ。蝋燭(ろうそく)を灯したり，詩を書いたりするのでは，批評家の口を封じることはできないだろう。償いのためにあなたがすべきことは，時間も金もかかり，不安を引き起こすかもしれない。はっきりとわかる形で行い，傷つけた相手との関係に重要な影響が及ぶものでなければならない。
4. あなたの償いは，不正に釣り合うものでなければならない。もしもあなたが傷つけたことがほんの一瞬の苛立ちから出たものであるならば，手短な謝罪で十分かもしれない。しかし，あなたが過去6か月間冷淡で，距離を置いていたというならば，単に「ごめんなさい」と言うだけでは十分ではないだろう。

# 第9章
# 自分の価値に沿って行動する

　前章では，価値と「～すべき」思考の差について明らかにした。「～すべき」思考は検証されていない非現実的な確信であり，それに沿って行動すると，自尊心を下げてしまうと述べた。本章では信念の肯定的な側面に焦点を当てる。自尊心を育むような価値を探り当て，明らかにし，それに沿って行動することを解説する。

　健康な価値は，「～すべき」思考とは正反対である。「～すべき」思考は頑なルールだが，価値は柔軟性に富む手引きである。「～すべき」思考は親や同世代の仲間から渡された，検証されていない信念であるが，価値は自分自身によって十分に検証され，保持されている。「～すべき」思考は恥や自己不信を生じる，非現実的な命令であるのだが，価値は人生に意味を与えてくれる現実的な基準である。あなたの価値は，自分が選んだ人生の方向，すなわち自分の人生がどうあってほしいかを示すものである。

　本章では，自尊心に影響を及ぼす人生の重要な領域すべてを検証し，各領域で遭遇する障壁を明らかにし，自分の価値を見定めて，これらの価値を実行に移すための計画について解説する。この種の価値に基づく行動の活性化について最初に述べたのは，ヘイズ，ストロザール，ウィルソン（Hayes, Strosahl, Wilson）らの1999年の『アクセプタンス＆コミットメント・セラピー』であった。

## 人生の領域

　あなたの価値に基づいて行動する第一歩は，自尊心に影響を及ぼす人生のさまざまな領域について検証することである。これらは，ほとんどの人が高い価値を抱いている人生の領域である。あなたには実際には当てはまらないもの

もあるかもしれない。あなたは1つか2つの領域を付け加えたいと思うかもしれない。以下に，マッケイ，ファニング，ズリタ・オナ（McKay, Fanning, Zurita Ona）の書『心と感情（Mind and Emotions）』（2011）から引用した10の領域について簡潔に述べていく。この項の後に，練習を挙げる。

1. **親密な関係**：これには配偶者，パートナー，恋人，ボーイフレンド，ガールフレンドとあなたとの関係が含まれる。もしも現在あなたは誰とも親密な関係にないとしても，将来誰かと理想的な関係になることを想像して，この領域に取り組んでみる。親密な関係に関連する価値を表す単語としては，「愛」「率直」「貞節」などがある。
2. **ペアレンティング（親であること）**：母親や父親であることは，あなたにとってどのような意味があるだろうか？　たとえ子どもがなかったとしても，あなたはこの質問に答えることができる。親の領域では，「保護」「しつけ」「愛」といった価値を含む単語がよく使われる。
3. **教育と学習**：今，学校に通っていないとしても，人生では新たに何かを学ぶ機会が数多くある。本書を読むことはその好例である。学習についての価値を示す単語は「真実」「知恵」「自己改善」などであるだろう。
4. **友達と社交**：あなたの親友は誰だろうか？　あなたには何人のよい友達がいるだろうか？　あなたは友達と何をするのが好きで，低い自尊心に妨げられることがなければ，新しい友達が何人欲しいだろうか？　友情を示す価値は「忠誠」「信頼」「愛」といった単語で表される。
5. **身体的な自己管理と健康**：あなたは人生で，どのような食事，運動，予防などをしたいと思うだろうか？　身体の領域で価値を示すと思われる単語は，「力」「活力」「健康」などである。
6. **元の家族**：父親，母親，兄弟姉妹はあなたにとってどれほど重要であるだろうか？　ほとんどの人は自分の家族に関連する価値を「愛」「尊敬」「受容」などの単語で表す。
7. **スピリチュアリティ（霊性）**：自分が目にし，耳にし，手に触れることができるものよりもはるかに大きな何か，自分を超えた何かを意識していたり，それとつながっていると感じるだろうか？　スピリチュアリティは，非常に広く開かれている。組織的な宗教への信仰，瞑想，森を歩くなどという形をとることもあり，魂との絆の感覚を生じさせる。この領域では，「気（エネルギー）」「神」「自然」「霊力」などといった単語がよく用いられる。

8. **地域生活と市民意識**：あなたの自己像は，地域への貢献，慈善活動，ある種の政治的活動などから距離を置いたものだろうか？　この公的な領域で価値を表す単語は，「正義」「責任」「慈善」などである。
 9. **余暇**：否定的な気分を取り除くことができるならば，あなたは自分の余暇の時間をどのように過ごすだろうか？　あなたはどのようにして充電し，家族や友達と楽しくゲームをしたりするだろうか？　余暇の価値は「楽しい」「創造的」「情熱」といった単語で表される。
10. **仕事と経歴**：ほとんどの人は人生の多くの時間を仕事に費やす。あなたは仕事で何を達成させたいだろうか？　どのような貢献ができるだろうか？　職場でどのように認められたいだろうか？　新たな仕事を始めようとする時に，あなたにはどのような意図があるだろうか？　仕事の価値を表す典型的な単語としては，「正しい生活」「優秀」「管理」などがある。

## 練　習

1. 以下の表の各領域で，あなたにとって比較的重要であるものを決めて，3つの欄のうちのどれかに「X」の印を付ける。最後に，自分自身の「その他」の項目を付け加えてもよい。
2. 「どちらかといえば重要」あるいは「大変重要」に印を付けた領域については，右端の「価値」の欄に1～2語で鍵となる価値をまとめて，記入しておく。

　**例**：次頁の用紙はオードリーが記入したものである。彼女は29歳で，ワシントン州の農村部で地域のインターネット・プロバイダーの顧客担当係として働いていた。大学を卒業直後は，オードリーとボーイフレンドのゲイリー，そして数人の友人と一緒に，シアトルでモバイルアプリケーションの販売を始めた。大会社が彼らの販売する製品をすべて買い入れてくれて，自分たちは皆すぐに金持ちになると，オードリーは考えたのだが，ゲイリーが彼女のもとを去り，彼女はひとりきりになってしまった。すべてが穏やかに終わったのだが，オードリーはそれ以来誰とも交際しなくなってしまった。怒りと抑うつに打ち負かされて，彼女は実家に戻った。オードリーは6か月間，コンピュータの前に座り，ネットサーフィンをしたり，ゲームをしたりして，パジャマから着替えたり，外出することもほとんどなかった。

| 領域 | あまり重要ではない | どちらかといえば重要 | 大変重要 | 価値 |
|---|---|---|---|---|
| 親密な関係 | | | | |
| ペアレンティング（親であること） | | | | |
| 教育と学習 | | | | |
| 友達と社交 | | | | |
| 身体的な自己管理と健康 | | | | |
| 元の家族 | | | | |
| スピリチュアリティ（霊性） | | | | |
| 地域社会と市民意識 | | | | |
| 余暇 | | | | |
| 仕事と経歴 | | | | |
| その他 | | | | |
| その他 | | | | |

注：この用紙は http://www.newharbinger.com/33933 でダウンロードできる。

　母親にやかましく言われて，オードリーはとうとう仕事を探すことになったのだが，小さな部屋に座って，「馬鹿な客からかかってくる電話をとる」仕事をすることになった。顧客担当係は陽気で自信に満ちていなければならないが，彼女はまさにその正反対に感じていたので，その仕事をあまりうまくできなかった。彼女の職業生活は自己像の鍵となる領域であったが，彼女は自分が間抜けな負け犬のように感じていた。

　彼女は孤独だったが，別の男性を信用するのが怖ろしかった。男たちが彼女の殻を掴んで，それを打ち捨てるように，自分のことを偽物であって，真の人間ではないことを見破られてしまうと感じていた。彼女は以前は友達とハイキングやカヤックを楽しんでいて，時にはかなり熱中していたのだが，長いことどちらもしていなかった。高校時代の友達が2人今でも近所に住んでいたが，彼らから自分が負け犬と思われるのではないかと考えて，連絡しようとはしなかった。ジャンクフードをたくさん食べて，運動をしなかったため，昨年は体重が25ポンドも増えた。いつも疲れ切って，怠そうに感じていた。

| 領域 | あまり重要ではない | どちらかといえば重要 | 大変重要 | 価値 |
|---|---|---|---|---|
| 親密な関係 | | | X | 愛，信頼 |
| ペアレンティング（親であること） | X | | | |
| 教育と学習 | X | | | |
| 友達と社交 | | | X | サポート |
| 身体的な自己管理と健康 | | X | | 力強い，魅力的 |
| 元の家族 | | | | |
| スピリチュアリティ（霊性） | X | | | |
| 地域社会と市民意識 | X | | | |
| 余暇 | | X | | 楽しみ，カヤック |
| 仕事と経歴 | X | | | |
| その他 | | | | |
| その他 | | | | |

## 価値を行動に移すための 10 週間

　さて今度は，自分の価値を行動に移す番である。これから 10 週間にわたり，次のページの用紙か，別の紙に進展を記録していく。最初の欄に，前の練習から自分にとってもっとも重要な自尊心の領域を 2 つか 3 つ取り上げて，各領域で同定した価値も加える。

　第二の欄には，あなたの意図を短く書きこむ。これらは，尻込みする不安や疑いや他の苦痛に満ちた感情はひとまず置いておき，自分の価値に沿ってつねに行動できるならば，それはあなたがすることである。「もっと愛情深く」とか「リラックスしている」といった漠然とした表現は避ける。これから追い求めていくことができるように，簡潔で，明確で，行動の形であなたの意図を述べる。子どもたちに「もっと愛情深く」と書くのではなく，「昼寝の後にブロックで遊ぶ」とか「眠る前に話を読んで聞かせる」といった具合に記録する。

　意図を分析して，具体的な行動に移す方法としては，誰が，何を，どこで，いつという情報を含めておく。

- あなたが具体的に何をして，何と言うのか。
- あなたは誰と一緒にこれをするのか。
- あなたはそれをどこで，どのような状況で行うのか。
- あなたはいつそれを行うのか。

　第三の欄に記入するには，想像力を使う必要がある。目を閉じて，自分が一つひとつの行為をする姿を想像してみる。その感覚を実際に目に見て，感じてみる。誰がそこにいて，何を言われて，その光景はどのようなもので，天気，温度，服装，心に浮かぶ考え，どのような気分かを想像してみる。その光景がありありとしたものになり，心に浮かぶ考えや気分に思いを馳せていると，心や体に行動を妨害するものを経験できるようになる。これらの障壁をはっきりと捉えられたら，第三の欄にそれを記入する。

　これから10週間にわたって，たとえよくあるような壁にぶつかったとしても，一生懸命に，価値を行動に移すように試みてみよう。その期間が終わる頃には，あなたの進歩が明白に記録されていることだろう。

**価値を行動に移す記録用紙**

| もっとも重要な領域／価値 | 詳しい意図：誰が，何を，どこで，いつ | 障壁：意図に沿って行動しようとするのを妨げる気分や考え | 私が毎日，意図に基づいて行動した回数 1 2 3 4 5 6 7 8 9 10 |
|---|---|---|---|
| | | | |
| | | | |
| | | | |

注：この用紙は http://www.newharbinger.com/33933 でダウンロードできる。

　例：これはオードリーが記入した用紙である。（次頁）

　オードリーは第1週には，意図を行動に移すことができたのはわずかに1つだけだった。食器棚と冷蔵庫を整理し，ディップ，クッキー，ソーダ，その他のジャンクフードを片付けた。第2週には，3回まともな夕食を調理し，1ポンド体重が減少した。オンラインのデートサイトで，技術畑の若い男性を探そうとした。第3週には，夕食もまともに食べるようになり，職場仲間と誕生日の昼食にも出かけた。その昼食会を恐れていたのだが，とても楽しい時間を過

## 価値を行動に移す記録用紙

| もっとも重要な領域／価値 | 詳しい意図：誰が，何を，どこで，いつ | 障壁：意図に沿って行動しようとするのを妨げる気分や考え | 私が毎日，意図に基づいて行動した回数 1 | 2 | 3 | 4 | 5 | 6 | 7 | 8 | 9 | 10 |
|---|---|---|---|---|---|---|---|---|---|---|---|---|
| 親密な関係／愛，信頼 | オンラインのデートサイトを探す | とても怖い，後にしよう，心の準備ができていない | | 1 | | | | | | | | |
| | 私のプロフィールを書きこむ | 私には何も書きこむことがない | | | | | 3 | 1 | | | | 1 |
| | プロフィールを送る | 誰も私に興味を持ってくれないだろう | | | | | | | | | 1 | 1 |
| 友達と社交／サポート | 職場の金曜日の誕生日の昼食に参加する | 彼らは私があまりにも神経質で，受け身だと思っている | | | | 1 | | | 1 | 1 | | |
| | マギーとジョーンに電話する | ふたりから私は負け犬と思われるだろう | | | | | 2 | | | | | |
| | マギーとジョーンと一緒にコーヒーを飲む | 彼らは自分の生活で忙しい。あまりにも田舎に住んでいる | | | | | | 1 | | 2 | | |
| 身体的な自己管理と健康／力強い，魅力的 | ジャンクフードを食器棚と冷蔵庫から取り除く | そんなことをしてどうなる？ジャンクフードはどこにもある | 1 | | | | | | 1 | | | |
| | まともな夕食を料理する | 私は疲れ切っている。ご褒美が欲しい | 1 | 3 | 2 | 1 | | | | 3 | 3 | 2 |
| | 湖でカヤックを漕ぐ | 時間とエネルギーの浪費だ。独りでカヤックを漕ぐのは負け犬しかしない。 | | | | | | | | | 1 | |

ごし，予想以上に同僚たちが親し気に接してくれた。第4週には，少し後退し，ジャンクフードに手を出してしまい，まともな夕食を料理したのは1回だけで，リストに挙げた他の何もしなかった。

　第5週には，オードリーは軌道に戻り始めた。オンラインのデートのプロフィールの下書きを3通書き，今でも故郷の町に住んでいる高校時代の友達のマギーとジョアーンに電話をかけた。ふたりから翌週折り返し，電話があり，マギーとは一度，翌週にはふたりともコーヒーを飲んだ。ふたりとの再会は楽しかった。級友たちにシアトルでの失業や失恋について話すと，まるでワクワクするような冒険や悲しい失望のようにとらえてくれて，けっして失敗とは見なされなかった。

　第10週の終わりまでには，オードリーは職場で友人もでき，カヤックを漕ぎに行き，インターネットのデートサイトに自分のプロフィールも何度か載せて，ダイエットにも再度挑戦し，ネットで出会った男性との最初のデートを心待ちにしていた。苦痛に満ちた思考や気分が障壁としてやはり湧き上がってくるものの，それを脇に置いておいたり，受け流したりして，自分にとって重要である価値に基づいて行動できるようになってきた。

## 自ら関与する行動を計画する

　あなたの価値を行動に移すことを考えるもうひとつの方法は，アクセプタンス＆コミットメント・セラピーの祖スティーブ・ヘイズ（Steve Hayes）がよく用いる「バス・メタファー（bus metaphor）」がある。このメタファー（比喩）では，あなたはあなたの人生という名のバスの運転手である。バスの前面には行く先を書いたサインが掲げてある。そのサインが，「約束を守る」とか「同情の心を持つ」といった重要な価値である。しかし，あなたの価値に向けてバスを出発させるとすぐに，モンスターのような邪魔が次々に目の前に現れてくる。このモンスターは，低い自尊心，恐怖，抑うつ，怒りなどである。あなたはモンスターを轢いてしまうことも，それを避けて通ることもできない。バスを停めて，モンスターが消え去るのを待つが，なかなか消えてくれない。人生というバスは路肩に停まったままになる。

　価値に基づいて行動する秘訣は，モンスターをバスに乗せてしまうことである。モンスターにバスに乗るように声をかけ，座席に座らせ，一緒に進んでいく。モンスターは，バスが進んでいる方向はあまりにも危険だ，馬鹿げている，

意味がないなどと後部から叫び続けて、あなたの邪魔を続けるだろう。それこそモンスターがすることである。それが彼らの仕事である。あなたがしなければならないのは、モンスターが勝手に叫ぶのを受け流しながら、自分が選んだ方向にバスを走らせることである。

## 練習：行動計画

10週間の活動計画を実行してみて、価値を行動に移すことに多くの問題があるならば、この練習を試してみよう。リストの中でもっとも簡単で、脅威のない領域を選ぶ。1枚の紙に、下に言葉を書き、あなたの価値、価値を実現する際に生ずる苦痛に満ちた感情、価値に基づいて行動する利益、自分がとるべき具体的な3つの段階を記入していく。（この用紙は、http://www.newharbinger.com/33933 からダウンロードできる。）最後に、陳述に署名して、自分自身と契約を結んだことについて考えてみる。

```
私の_____という価値に基づいて
私は進んで_____に感じるようにする
したがって私は_____を行う
そのための3段階として
 1. _____
 2. _____
 3. _____
 署名：_____
```

クレイグが作った行動計画の一例を挙げる。クレイグは学生で、意地悪なルームメートのジェイソンに部屋をかえてほしかった。

バスの中のモンスターがあまりに大声で叫んできたり、恥、疑い、抑うつ、不安などの感情のために自分の価値からあまりにも逸れたと感じる時はいつでも、この行動計画用紙を利用することができる。自分の価値を発見し、10週間計画を守り、自ら関与する計画を立てるという、本章の段階を実行していくならば、自尊心を育む長い道のりをたどり、自分が望む人生を送ることになる。

私の<u>正直さ</u>と<u>自己尊敬</u>という価値に基づいて
私は進んで<u>恐れ</u>たり，<u>神経質</u>に感じるようにする。
したがって私は<u>ジェイソンに立ち向かい，部屋を変えるようにはっきり言う</u>。
そのための３段階として
１．<u>木曜日に朝早く起きて，講義前にジェイソンを捕まえる。</u>
２．<u>彼が「あれこれ」言うのに妨げられるのを拒否する。</u>
３．<u>「君は１か月前にこの部屋を出ていくはずだった。今月末までには出ていかなければならない」と告げる。</u>
署名：<u>クレイグ・ジョンソン</u>

## 第10章

# 失敗への対処

　完全な両親が完全な子どもたちを育てているという理想上の世界では，失敗と自尊心の間に何の関連もないだろう。しかし，現実にはあなたの両親はおそらく完全ではなかっただろう。親が失敗と考えることを子どもだったあなたがしでかすと，かならずそれは正された。あなたは雑草を抜くのではなく，花を引き抜いてしまったかもしれない。母親から叱られて「お前は悪い」というメッセージを受けてしまうと，危険な道を歩み始めるかもしれない。その道は，間違いを犯すというのは，つねにあなたが悪いという結論に達する。

　成長するにつれて，あなたは親から受けた修正や非難を内在化していく。失敗してあなたを責めるという仕事を，自分で行うようになる。一言で言うと，あなた自身が自分の病的な批評家を作り出したのだ。今では，雑草取りをしている時に，花を引き抜いてしまうと，「うまくやったな，この馬鹿が！　庭中の花を引き抜く気か」と批評家が言う。

　現代社会の矛盾する多くの価値は，あなたの批評家を作り出す手助けをしてきた。社会のよき一員であるためには，対等かつ優秀で，気前がよくて倹約家で，自発的かつ抑制されていなければならない。互いに排除しあうような価値からなる，勝つか負けるかの体系のために，批評家はいかなる行動にも何らかの過ちの証拠を探し求め，実際以上にそれを誇張する。

　あなたは，すべての失敗を合理化し，ひどく防衛的になるように育っているかもしれない。ごく些細な失敗も恐れるあまりに，けっして失敗を認めようとしないグループに属しているかもしれない。あるいは，自分の失敗のために慢性の抑うつという，よくあるパターンに陥っているかもしれない。

　極端な例では，麻痺に陥ることもある。過去の失敗についてあれこれと思い悩み，将来の失敗を避けようとして，行動や関係を制限するようになる。よく

ないことをするのではないかと恐れて，最小限のことだけを完璧にしようとするかもしれない。しかし，これが不可能であるのは，変化と失敗は避けることができないからである。あなたはすっかり囚われの身となっている。

　自尊心は完璧であることとは何の関連もないということこそが，事実である。自尊心は，失敗を避けるということと何の関連もない。自尊心は，失敗とは無関係に，本来の価値ある存在としての自分自身を無条件に受け入れることに基礎がある。自分自身について快く感じるということは，すべての失敗を正した後に感じることではない。それは失敗したとしても，あなたが感じられることであるのだ。失敗は無価値の証拠だという病的な批評家に同意してしまうことこそが，唯一の真の深刻な失敗である。

## 失敗をとらえなおす

　とらえなおすというのは，あなたの解釈や視点を変化させるという意味である。絵や出来事を新しい額に入れて，その見方を変えて，あなたにとっての意味を変化させるのだ。たとえば，悪夢から目覚めると，心臓が早鐘のように打っているのに気づく。あなたはどこかから落ちていくとか，追いかけられていると確信していて，本当に恐ろしく感じている。すぐに，夢を見ていただけだと気づいて，安心感が広がっていく。動悸もおさまり，落ち着いていく。あなたの心はその経験をとらえなおし，「私は危険だ」という意味を，「ただの夢だった」という意味に変換したのだ。身体も気分の変化に続いていく。失敗をとらえなおすというのは，悪夢の性質を取り除いて，失敗について考える方法を身につけるという意味である。むしろ，失敗を中立的で，価値がある人生の要素であるととらえていく。この視点を獲得すると，失敗しても，それに柔軟に反応し，そこから何かを学び，先に進んでいくことができるようになる。

### 失敗から学ぶ

　失敗には，成長と意識変換の機能がある。これは，いかなる学習過程でも絶対的な必要条件である。昨年，あなたは安価なペンキを買ったが，それで十分間に合うと思った。今年になると，考えが変わり，1年経って，ペンキが剥げるのをみて，少し賢くなった。昨年にはなかった情報のおかげで，あなたの考えが変わったのだ。当時は将来について見通せなかったといって自分を責めても，自尊心を傷つけることに関して何の解決ももたらさないだろう。経験から

学び，今度は妥当な金額のペンキを買うのだ。教訓に対して授業料を支払うのだが，それは一度限りだ。自分自身を攻撃するのは，支払いを二度するようなものである。一度は新しいペンキに，そして一度は批評家の非難に対してである。

　どのような課題やスキルも，失敗しないで，学ぶ方法はない。この過程は漸次近似（successive approximation）と呼ばれ，失敗から生じるフィードバックを通じて，徐々に成功に近づいていくという過程である。失敗の度に，何を修正しなければならないかがわかる。すべての失敗は，課題の達成のために最善の，連続した行動へと，あなたを徐々に近づけていく。失敗を恐れるのではなく，学習の過程では，失敗を歓迎する必要がある。失敗をするのに耐えられない人は，学習が困難である。新たな職を得るのが怖ろしいのは，新たな手続きや挑戦に立ち向かわなければならないからである。これまでにやったことのないスポーツを試してみるのが怖ろしいのは，ラケットを振ったり，サンドウェッジを使ったりするのを身体が覚えるまでには，多くの失敗をしなければならないからである。料理教室に申しこんだり，キャブレターの修理をしようとしたりしないのは，何か新しいことをすると，小さな失敗が避けられないことが，あまりにも苦痛に満ちているからである。

　学習過程における必要なフィードバックとして失敗をとらえなおすと，リラックスできて，新たな課題を徐々に身につけていくことに焦点があてられる。失敗とは，何がうまくいき，何がうまくいかないかについての情報源である。それはあなたの価値や知能とは何の関係もない。失敗は単に目標への段階に過ぎない。

## 失敗を警告ととらえる

　誤って完璧を夢見ていると，失敗を警告としてではなく，罪ととらえてしまうことになる。失敗は，行の終わりを知らせるタイプライターの警告音や，シートベルトを締めるように注意喚起するブザー音のような機能を果たしている。ほんのわずかな事故を起こしたら，もっと注意深く自動車を運転するように注意すべきだという警告ととらえることができる。学校である教科でDの成績をとったら，勉強の習慣を改善しなければならないという警告ととらえることができる。あなたと恋人が些細なことで大喧嘩をした場合には，何か他のもっと根本的な問題についてコミュニケーションが取れていないという警告かもしれない。しかし，完全主義的な態度は，警告を告発に変えてしまう。そして，病

的な批評家から自分を弁護しようとするあまりに，失敗の教訓に注意を払う機会を失ってしまう。自分が悪いということにではなく，失敗が示している警告に焦点を当てることで，完全主義的な態度と戦うことができる。

## 失敗：自発性の必要条件

失敗を恐れていると，自己表現の権利を失ってしまう。自発的な自分を表現し，自分が何を考えて，何を感じているのかを言うのが怖ろしくなる。間違ったことを口にするのがけっして許されないと，正しいことも自由に言えなくなってしまうかもしれない。あなたが誰かを愛しているとか，誰かを傷つけたとか，慰めがほしいとか言うことができなくなってしまうかもしれない。誤って完全を夢見ると，すっかり息が詰まってしまうのは，失敗や過剰な感情が許されないからである。

進んで失敗するというのは，他者を失望させたり，無様な瞬間を作り出したり，会話が気まずくなったりしても大丈夫だという意味である。アンドレアの例を考えてみよう。彼女はいつも同じ2人と一緒に出かけたのだが，それは新たな対人関係で何が起きるか予想できないからだった。新しく知り合った人がアンドレアのジョークが気に入らなかったり，彼女が馬鹿げたことを言ってしまったりする場面を想像してみるとよい。彼女は自分の言うことすべてに気をつけなければならないだろう。アンドレアの状況は失敗を恐れると，次のような事態を引き起こすことをよく示している。(1) 新しい人の判断を恐れて，自分が孤立する。(2) 自分の発言に注意を払いすぎるあまりに，自然な会話を押し殺す。

## 失敗：ある程度の割合の失敗は必要である

ある程度の割合の失敗は必要であることを認める。失敗はすべて避けるべきだ，有能で知的でなければならない，価値ある人は失敗をしないといった病的な態度を保っている人がいる。これは身動きが取れなくなるような馬鹿げた考えであって，人生でいかなる機会も活用することが怖ろしくなってしまう。より健康な立場は，誰もがある程度の割合で失敗をすることは許されているとするものだ。社交場面での気まずさ，仕事上の失敗，判断のミス，絶好の機会を取り逃がす，対人関係の破綻は，ある程度は許されてしかるべきである。今こそ，絶望的に完全を夢見るのではなく，ある程度理にかなった割合で失敗するのを認めることを考える絶好の時である。10の決定のうち，1～3はひどい結

果をもたらすかもしれないというのが，ほとんどの人にとってのよい目安となるだろう。そして，その他には疑わしい灰色の部分もあるかもしれない。タイプを打ったり，自動車を運転したりといった，十分に学習された機械的な過程については，この割合はより低くなる。自動車を10回運転する度に，1回交通事故に遭うとは考え難い。しかし，遅かれ早かれ，バンパーをぶつけるといったことくらい起きるかもしれないし，自分に許された失敗の割合の中にそれを含める必要があるだろう。

## 失敗は過去のもの

　この概念を理解するために，ごく一般的な種類の失敗について検討するのが役立つだろう。

1. **事実の取り違え**：電話で「高速道路45号線」と聞いたのに，「高速道路49号線」と書いて，道に迷う。
2. **目標達成の失敗**：夏になったが，あなたはまだ太り過ぎていて，水着が入らない。
3. **努力の浪費**：リコール請求の署名を300集めたが，リコールは不成立だった。
4. **判断の失敗**：安価なペンキを買うことにしたが，それはすぐに色が褪せた。
5. **機会を逃す**：5ドルの時に買わないと決めた株価が今では30ドルに上がっている。
6. **忘れっぽい**：ポトラックパーティーに向かっている途中で，サラダドレッシングを自宅の冷蔵庫に置いてきてしまったと気づく。
7. **目の前の快楽に浸る**：パーティーはとても楽しかったが，ひどい二日酔いになってしまった。
8. **不適切な感情の爆発**：配偶者を怒鳴りつけてしまい，そのことについて後悔する。
9. **先延ばし**：いつまでたっても屋根を直さないでいたところ，今度は食堂の壁紙が痛んできた。
10. **短気**：大きすぎるドライバーを使って，螺子（ねじ）を壊してしまう。
11. **道徳規範を破る**：「今週末は遠出をする」と罪のない嘘を言ったところ，土曜日に，避けていた人物に出くわしてしまう。

　こういったリストはどんどん続けることができる。モーゼが山の上で十戒に

ついて述べて以来，どのように失敗するかを分類するのは，人間にとって広く知られた暇つぶしであった。

これらの例には共通する一連の流れがあり，失敗を理解するのに役立つ。失敗したことを，後でもう一度考え直して，別の方法でやりなおすことができる。これはまた，そうしなかったけれど，別のやり方をすればよかったと思うことにも当てはめられる。

ここでの重要な単語は「後で」である。「後で」は，その行動の1秒後かもしれないし，10年後かもしれない。非常に基本的な出来事にそれを当てはめようとしすぎると，「後で」はきわめて近い将来かもしれない。それはまるで「ただちに」のように思えるかもしれないが，実際にはそうではない。行為と後悔の間には時間差がある。この時間差は短くもあり，長くもあるのだが，失敗という暴君からあなたを解放する鍵である。

行動を起こすまさにその瞬間には，あなたは理にかなっていると思われることを行っている。後の解釈が，行動を失敗に変えてしまう。「間違い」とは，もっと理にかなった何かができたはずであると考えて，つねに後に振り返って貼るレッテルである。

## 意識の問題

あなたは自分の欲求にもっとも合うと思われる行動をつねに選択している。これが動機の本質であり，何かを他のことよりもやりたいと考える。

動機が，意識的あるいは無意識的に，欲求を満たすのにもっとも望ましいとその時点で思われる選択肢を選ばせる。あなたが選んだ行動のもたらす利益の可能性は，少なくともその時点では，予想可能な不利益を上回るように見える。

もちろん，その時点で最高と思える行動は，あなたの意識次第である。意識は，その時点における欲求に関連したすべての要因を意識的あるいは無意識的に認知し，理解する清明さの度合いである。いかなる時点においても，あなたの意識は，あなたの生来の知能，直感，現在の感情的・身体的状態を含めたそれまでの人生の経験から自動的に産み出されたものである。

「失敗」とは，あなたの意識が変化した後の時点で，あなたの行動に貼りつけられたレッテルである。この後の時点では，あなたは自分の行動の結果を知っていて，別の行動をとるべきだったと承知している。

あなたはある時点でつねに全力を尽くし（あるいは，自分の欲求を満たす可

能性がもっとも高いと思われるものを選び)、「失敗」は後の解釈の結果であるのだから、失敗したからといって、自尊心を下げる必要などないというのが論理的な帰結である。

　あなたは次のように言うかもしれない。「しかし、私は何かをすることよりもよいことを知っているのに、いずれにしてもそれをしてしまう。体重を落としたいのならば、デザートを食べなければよいと承知していたのに、容器一杯のアイスクリームを結局食べてしまった。その後、ひどく気分が落ちこんだ。そうした責任は私にあるので、落ちこんで当然だ」

　もしもあなたがこのように考えるのであれば、動機に関する重要な点を見逃している。もしもあなたの意識がその時点で、より強くて、正反対の動機に焦点が当てられているならば、「よりよいことを知っている」だけでは、「よりよいことをする」には十分ではない。その時点では、アイスクリームを食べたいという欲求のほうが、体重を減らしたいという欲求よりも強かったので、あなたのできる「最高」のこと、そして実際にできる唯一のことは、アイスクリームを食べることだったのだ。

　もしもあなたの選んだ選択に「よい」とか「悪い」とかいったレッテルを貼ると、あなたがせざるを得なかった行動について、自分を不当に罰することになってしまう。「賢い」とか「賢くない」あるいは「能率的」とか「非能率的」といった相対的なレッテルのほうが望ましいのは、限られた動機から生じた行動に対して、より同情心あふれる、正確な判断を下すことになるからだ。いかなる場合でも、自分の意識を拡張しようとすることにしっかり関わりを持つことは、二度と同じ失敗は繰り返さないといった無理な決心よりも、はるかに効果的である。というのも、あなたの意識が拡張していくまでは、同じ失敗を続けていくからである。

## 責　任

　あなたはつねに全力を尽くしているといった言い方をすると、あなたには自分の行動に責任がないと響くかもしれない。そうではない。あなたは自分の行動についてもちろん責任がある。

　責任とは、自分の行動の結果を受け入れるという意味である。結果はつねに原点に立ち返る。すべての行動に対して、代価は支払わねばならない。あなたがつねに代価を意識していて、進んでそれを支払おうとするのであれば、比較

的「賢明な」行動を選び，自分の行動を後に失敗だったとレッテルを貼ることは少なくて，自分自身を快く感じることだろう。もしもあなたが自分の行動によって引き起こされる代価についてあまり意識が高くなくて，進んで代価を支払おうとしないのであれば，あまり賢明ではない行動を選び，自分の行動が後に失敗だったとレッテルを貼り，自尊心の低下に苦しむことになるだろう。

　しかし，いずれの場合でも，あなたは自分の行動に責任があり，否応なしに，意識的・無意識的にも，その代価を支払わざるを得ない。責任感の強い人になるというのは，自分の行動に対して支払うべき代価についての意識が高くなるという意味である。そして，その努力をする価値があるのは，意識が低いと，自分の決断の代価に対して，後で驚き，当惑することになるからである。

## 意識の限界

　自分の行動がもたらす可能性のある結果についての意識に限界があるのは，次のような5つの重要な要因による。

1. **無知**：多くの場合，結果を予測する正当な方法がないのは，これまでに同様の状況を経験したことがないからである。まさに目隠しをしたまま飛び出すようなものである。これまでにスプレーペンキを使ったことがなければ，噴出孔を近づけすぎると，うまくペンキが塗れないことはわからないだろう。はじめて作る時に，メレンゲをどのように準備するか知らなければ，スフレを上手に作れないだろう。
2. **忘却**：これまでに行ったすべての行為について覚えていることはできない。それほど苦痛でもなく，重要でもないと，多くの事柄は忘れられてしまう。その結果，以前はどのような結果になったか思い出せずに，しばしば同じ失敗を繰り返す。本書の著者のひとりは，数年間キャンプをしていなかったため，ひどく蚊に悩まされたことをすっかり忘れていた。その結果，昨夏のキャンプに防虫剤を持っていくのを忘れた。
3. **否認**：恐怖あるいは欲求という2つの理由のうちの1つから，以前の失敗の結果を否認したり，無視したりする。時には，変化や，別の方法で事に当たるのを恐れて，失敗がもたらした否定的な結果を否認したり，過小評価したりする人もいる。同じ選択に再び向き合って，すべての選択肢を怖ろしく感じて，苦痛に満ちた失敗を繰り返す。

ある男性は，デートに出かけて，これまでに自分が達成したことを延々と話して，相手をすっかり退屈させてしまうことを繰り返している。このような振る舞いをひどく嫌う人がいることを薄々感じていたものの，彼は自慢話のもたらす結果を否認してしまう。繰り返しデートの誘いに応じてくれる人はほとんどおらず，きまった恋人もいない。彼が否認を続けているのは，ざっくばらんな態度で，真の感情について話すことによって，純粋なコミュニケーションをとることを恐れているからである。

　過剰な欲求のために，同じような否認が生まれることがある。何かを真に望んでいると，それを手に入れることによってもたらされる否定的な結果を否認しがちである。アルコール依存症で暴力的な夫のもとを去ったものの，また戻ってくる女性について考えてみよう。夫の元に戻ると決めた瞬間には，愛と依存の感情が湧き上がっている。しばらくの間は，あまりにも強く望んでいたことを手に入れるために，苦痛に満ちた結果が待っているという現実を否認したり，過小評価しなければならない。

4. **他の選択肢がない**：行動するための他のよりよい方法を単に思いつかないために，多くの失敗が繰り返される。新たな戦略や解決策を産み出すための，スキル，能力，経験に欠けている。たとえば，ある女性は繰り返し就職面接に失敗していた。というのも，彼女は視線を落とし，質問に対してぶっきらぼうに短い文章で答え，自己表現ができなかったからである。

5. **習慣**：一生にわたって自分に染みついたある種の習慣のために，自分の選択について評価したり，意識したりするのが妨げられていることがある。結果について考えられないのは，自分が決断を下そうとしていることを知らないからである。その古典的な例は，長期的な悲惨な結果を無視して，短期的な利益を選ぼうとする習慣である。恋人との間で悲惨な関係を繰り返す女性がいた。彼女は父親によく似た男性に惹かれるという失敗を慢性的に繰り返してきた。相手のひどく逞（たくま）しく，権威的な態度に彼女は惹かれたのだが，長期的には，相手の冷淡さや浅薄な感情のために，関係は破綻した。他の例としては，法科大学院の卒業生の男性は，司法試験に向けて勉強するのではなく，マリワナを吸うという短期的な快楽をつねに選び，週末は試験準備もせずに，ずっとぼんやりとして過ごしていた。

　あなたの意識はこのような要因のすべてによって制限を加えられる。あなたが決断を下そうとする際に，忘却，否認，習慣などのために，これまでの経験

を活用することが妨げられる。行動を決定した瞬間には、あなたが知っていることや、これまでにあなたに起きたことがわかっていないのだ。この点についてあなたを非難することはできない。失敗をした時には、あなたの意識は、たとえ制限されたものであったとしても、あなたがその範囲で対処しなければならなかったのだ。

しかし、あなたが非難されるべきではないというのは、それについて何かができないという意味ではない。あなたは確かに何かができるのだ。次項では、そのための方法を解説する。

## 意識の習慣

意識の習慣は実に単純である。重要な行動や決断について短期的結果そして長期的な結果を予測するパターンである。決断を下す時点で、意識を高めるために、以下の質問を自問すべきである。

- 私はこれまでにこの状況を経験したことがあるだろうか？
- 私が下す予定である決定からは、どのような否定的な結果が生じるか、あるいは生じると予測されるだろうか？（短期的結果も長期的結果についてもかならず検討する）
- そこから何らかの利益が得られるとして、その結果には価値があるだろうか？
- 否定的な結果が少ない、他の選択肢はあるだろうか？

意識の習慣を作るのに主に必要であるのは、自分自身に対して約束することである。あなたが行うすべての重要な事柄について、予想される結果を一生懸命に検証すべきである。このように試みるのに、あまり神経質に心配する必要はない。むしろ、自分の心に質問するといった立場をとって、自分の経験を用いて、一つひとつの決定から生じる可能性の高いシナリオを確かめていくようにするとよい。このように意識に対する関りを深めていくことができるようになると、大失敗をすることは徐々に少なくなっていく。

誰にも同様の失敗を繰り返す領域がある。失敗が生じる度に、この領域についての意識を高めるために、あなたは次の２つのことをする必要がある。

1. 失敗のもたらす否定的な結果を詳しく書き出す。記録するか否かは別にしても，書くという行為自体が，重要な記憶の助けとなる。
2. あなたの優先順位を見定める。誤った決定から，あなたは何を得た，あるいは得たいと思っていただろうか？ あなたは短期的な快楽を求めていたか，安心感を抱きたかったか，他者から好かれようとしたのか，孤独を避けようとしていたのだろうか？ この優先順位はあなたの人生のテーマだろうか？ もしも同じ優先順位のために同じ失敗を慢性的に繰り返すのであれば，この要因を意識しなければならない。この優先順位は重要かもしれないが，同時に危険でもある。新たな重要な決断を下す際には，この優先順位が動機になっていないか検証する必要がある。もしもそうであれば，これは警戒信号である。あなたはいくつもの失敗を繰り返す方向に向かっているのかもしれない。前述の4つの質問を自問してみよう。時間をかけて，あなたの選択を真剣に検討していく。

## 失敗についての意識を高める

失敗についての意識を高めるためのいくつかの練習を挙げる。

1. **誰もが失敗することを認識する。**善良な人や英雄でさえも失敗する。政界の指導者，財界の大立者，映画俳優，偉大な慈善家，科学者，治療者も皆失敗する。実際に，偉大な人ほど，大きな失敗をするというのはしばしば真実である。ライト兄弟は，キティホーク号の飛行に成功するまでに，多くの失敗を重ねた。ソーク（Salk）は長年にわたり試行錯誤を繰り返した後にポリオワクチンの作製に成功した。学習や何か新たな試みをする際には，失敗は避けられない副産物である。

    深刻な失敗をした歴史的あるいは公的な人物を書き出してみよう。あなたが感謝しているか尊敬している人だけに限る。

    次に，あなたが個人的に知っていて，尊敬している人を書き出してみる。その人たちの失敗も書いてみよう。たとえ恩師でさえも些細なことに癇癪を破裂させたことがあるかもしれないし，あなたの高校のフットボールチームのキャプテンも試験でカンニングをしたのを見つかったかもしれないし，職場のトップセールスマンでさえも簡単な商売でヘマをしでかしたかもしれない。

なぜ善良で，尊敬されている人でさえも失敗することがあるのだろうか？　その時点では，自分の決定が過ちであると認識していなかったというのが，その答えである。ある行為の結果を完全には予測できていなかった。この惑星の上を歩き回っている他のすべての人間と同様に，誰もが意識は完全ではない。現時点での決断が将来の経験にどのような波及効果をもたらすのか，誰も完全な正確さで予測することはできない。

聡明で，創造的で，力強い人も全員が時には失敗するのは，将来起きることについて確実に予測できる人がいないからである。将来起きることは単に推測することができるだけである。いかに知的能力や理解力があったとしても，将来起こることについて完全に予測することはできない。

2. **あなたも失敗することがあると認識する**。今度はあなたが失敗した時のリストを作ってみよう。このリストは後の練習に必要となるので，少し時間をかけて作る。もしもあなたがいつも失敗していて，このリストが延々と続くように感じるのであれば，10の大きな失敗にまとめてみる。

次の部分は難しい。リストの最初の項目について，その時，決断が下された瞬間に戻ってみる。その行為の直前の思考や気分を思い出してみよう。あなたは何が起きると知っていたか，それともより幸せな結果を望んでいたのだろうか？　あなたや他者が感じる苦痛について何か知っていただろうか？　もしも苦痛が生じる可能性について意識していたのであれば，それと望んでいた結果のイメージのどちらのほうが強かったか思い出してみよう。その時点で，どちらの要因のほうが強いと思えただろうか？　次に，あなたがその決断を下した欲求を思い出してみる。その欲求の強さと，それがあなたの選択に及ぼした影響について思い出してみる。他の行動はあなたにとってより魅力的に思えただろうか？　次の質問がもっとも重要である。もしもあなたがその時点に戻ることができるならば，同じ欲求，同じ認識，将来の結果についての同じ予測でもって，あなたは異なる行動に出ることができるだろうか？

リストに挙げられた失敗一つひとつについて同じことを繰り返していく。もちろん，記憶が漠然としていて，しっかりとこれらの質問に答えられないような場合には，その項目を飛ばすこともできる。

3. **自分を赦す**。以下の3つの理由で，どれほど結果が苦痛に満ちたものであったとしても，あなたは自分の失敗について自分を赦すことができる。

　　a. 決定を下した時点でさまざまな欲求や意識があったとしても，それ

はあなたが下した唯一の決断であった。前の練習を真剣に行ったならば，ある特定の時点であなたの意識は，他の行動を許すことはなかったという点が明らかになっただろう。あなたは単に全力を尽くしただけなのだ。

b. あなたはすでに失敗に対する代価を支払った。あなたの失敗は苦痛に満ちた結果をもたらした。あなたはこの結果に耐え，苦痛を味わった。もしもあなたの失敗が他者を傷つけたり，その償いをしなければならないのでなければ，あなたはすでに人間としての代価を支払っている。

c. 失敗は避けられない。何も知らずに，あなたはこの世に生まれてきた。立ち上がることから，フードプロセッサーの使い方まで，あなたが学んできたことはすべて数多くの失敗をして手に入れてきたのだ。歩くことができるようになるまでに何百回も転び，おそらく間違った回転をしたこともあった。学習の過程は一生にわたって続いていく。墓場でしか避けることのできないことについて自分を非難しても何の意味もない。

## 練　習

　失敗とは，意識が制限されているための機能であるととらえられるようにするために，この練習を行う。これはリラクセーション，視覚化，肯定を組み合わせたものである。

　楽な椅子に座るか，仰向けに横たわる。脚や手を組まない。目を閉じる。数回，深呼吸する。呼吸とともに徐々にリラックスした感じを味わう。

　足から始めて，身体のさまざまな部分の緊張を感じ，その緊張を解いていく。息を吸う時に，足に緊張を感じ，息を吐く時に，それとともに緊張も出していく。ゆっくりと規則的に呼吸する。次は，ふくらはぎに注意を向けて，息を吸う時に，ふくらはぎに緊張を感じ，息を吐く時に，それとともに緊張も出していく。次の呼吸では太腿に，さらに，臀部，骨盤，腹部，背，胸，上背部へと進んでいく。

　今度は注意を両手に向ける。息を吸う時に，緊張を感じ，息を吐く時に，それとともに緊張も出していく。前腕，上腕，肩，首にも同じことをしていく。必要ならば，各部位で数回呼吸を続ける。

顎の筋肉に何らかの緊張を覚えたら，息を吐く時に，その緊張も出していく。次は，目，額，頭蓋へと注意を向けていく。

ゆっくりとした深い呼吸を続けていき，さらにリラックスした状態になっていく。今度は自分自身の像を作り始める。最近の失敗（おそらくリストに挙げた失敗のひとつ）をした直後の自分を想像してみよう。あなたのいる場所，あなたの顔，姿勢などをありありと想像する。その時の意識がどうであれ，あなたは全力を尽くしたことを忘れてはならない。次のような自己肯定を行う。そのような考えが心の中にただ漂うままにさせておく。

　　私は独特で価値のある人間だ。
　　私はいつも全力を尽している。
　　私は失敗をしたとしても，自分を愛している（あるいは，好きだ）。

自分に合うように言葉を変えて，この肯定の言葉を3〜4度繰り返す。

今度はあなたが日々の決まりきった仕事をする姿を思い浮かべてみよう。あなたが今日の残りの時間，あるいは明日何をするのか想像してみる。あなたは独特で，価値があり，自分にできる最高のことをしようとしていると想像する。行動に及ぶその瞬間に最高と思えることをいつも行っていることに注目する。

最後に，次の肯定の言葉を言ってみる。「私は昨日よりも今日のほうが，自分が好きだ。明日は自分をもっと好きになるだろう」

準備ができたら，目を開けて，ゆっくり立ち上がる。一日の活動を始める際に，この肯定の言葉が心に浮かんだら，繰り返す。リラクセーションの完全な練習を毎日2回行う。朝起床前と夜就寝前がよい時間である。というのも，この時間帯にはすでにあなたはリラックスしているし，心の持ちようを変える準備ができているからである。

自分なりの肯定の言葉を作っておくと，この練習は一層うまくいく。肯定の言葉は，短く，単純で，肯定的なほどよい。複雑すぎる肯定の言葉はなかなか意識下に届かないように思われる。「私は自分を非難しない」といった否定語を含む肯定の言葉は，意識下では否定的な単語が抜け落ちて，「私は自分を非難する」といった具合に理解されてしまうようだ。「私は自分についてよく言うことにする」といった，肯定的な内容を含む肯定の言葉とすべきである。

あなた自身の自尊心を肯定するための言葉を創る手助けとするために，他者のために効果的であったいくつかの例を挙げておく。

私は基本的に今の私のままで大丈夫だ。
私は一生懸命に生き延びようとしているのだから，価値がある。
私には正当な欲求がある。
私の欲求を満たそうとしても大丈夫だ。
私は自分の人生に責任がある。
私は自分の行動の結果を受け入れる。
私は自分自身に対して温かい愛情を感じる。
私はその時点でできる限り全力を尽す。
「失敗」は私が後で貼ったレッテルだ。
私は失敗をしてもよい。
私がしているのは，当然の欲求を満たそうという試みである。
私はより賢明な選択をするために意識を高めようとしている。
私は過去のあまりよくない選択を受け流す。
私は自分が欲することをすべてするが，私の欲するものは私の意識によって決められる。
私がしたことすべてに対して，私は責任を負う。
「～すべき」思考は無関係である。
選択の瞬間に，私は自分の意識が許すものだけ実行する。他者の行為に憤るのは馬鹿げている。彼らも自身の意識が許すことを行っているだけだ。
皆が全力を尽しているので，私は楽に同情や共感を抱くことができる。
人生における私の基本的な仕事は，意識を高めることである。
私よりも価値が高い人も，低い人もいない。
私の存在自体が，私の価値を証明している。
私は罪責感や心配を抱かないで，自分の失敗から学ぶことができる。
意識は人によって異なるので，比較しても無意味だ。何をすべきか不確かな場合には，私は結果を検証することができる。
私は欲求を満たす新たな方法を作り出すことができて，その中から最高の選択肢を賢明に選ぶことができる。

# 第11章

# 批判に応える

　寝室にペンキを塗り、その仕事が終わって、よい気分だ。部屋は真新しく見える。誰かがやって来て、次のように言う。「なかなかいいね。ペンキが乾いても、この色のままかい？　あなたは本当にこんなに明るい色がよかったの？　あれ、床にペンキが飛び散っている。ペンキが乾いたら、この染みは絶対にとれないよ」

　あなたの気分は台無しだ。新しく生まれ変わり、光輝いて見えていた部屋は、今やケバケバしく、薄汚れて見える。部屋に文句をつけられて、あなたの自尊心は打ちひしがれてしまう。

　他者からの否定的な意見は、自尊心に深刻な影響を及ぼしかねない。他者ではなく、あなた自身が何らかの意味で価値がないと言ったり、ほのめかしたりして、自分についてのあなたの意見がひどく下がってしまうかもしれない。批判がこれほど弱々しい自尊心に悪影響を及ぼすのは、それがあなたの心の中の病的な批評家を呼び覚まし、それに武器を与えることになるからである。心の中の批評家は外部に味方がいることを感じて、その力をさらに増す。

　批判には多くの種類がある。助けたいとの気持ちから他者が厳しいことを言ったり、あるいはコーチが変化をもたらそうとしてよい助言をしたりするといった、建設的な批判もある。あるいは、単にあなたの失敗を詰り、意味もなく繰り返し失敗をあげつらうといった批判もある。しばしば批評家はあなたを出し抜こうとし、自分の方があなたよりも賢くて、善良で、正しいと見せつけようとする。あるいは、批評家はあなたを操って、あなたに何か別のことをさせようとして文句を言ってくる。

　批評家の動機が何であれ、すべての批判はあなたには歓迎されないという特徴がある。あなたは批評家の言葉を聞きたいと思わないし、自尊心を守るため

に，それを止めたり，遮ったりする方法が必要である。

　実際に，批判は真の自尊心とは何の関連もない。真の自尊心は，生来のものであり，否定することができず，他者の意見に影響を受けたりはしない。それは，批判で貶められたりもしなければ，賞賛で高められたりするものでもない。あなたには自然に自尊心が備わっているのだ。批判に応える鍵とは，批判のために自尊心を失わないようにすることである。

　本章のほとんどの部分では，批判の持つ恣意的で，歪曲された性質について解説する。批判について理解し，批判を否定するスキルを練習すると，効果的に批判に応えることができるようになる。

## 現実についての誤解

　あなたは自分の五感に頼っている。水は濡れている。火は熱い。新鮮な空気を吸いこむのは快い。地面はしっかりと感じられる。自分の五感でとらえた通りに物事はそのまま存在していると，あなたはしばしば思ってきた。五感を通じて知っていることこそが成果であると信じている。

　五感の印象を単純な無生物の対象物に向けているうちはそれでよいだろう。しかし，心の中へと入っていくと，それよりははるかに複雑になってくる。あなたが今見ようとしていること，過去において見たことが，あなたが今見ていると考えていることに影響を及ぼし始める。たとえば，背の高いブロンドの男が女性の財布を引ったくり，茶色の2ドアのセダンの自動車に飛び乗って，通りを走り去ったのを，あなたは目撃する。警察が来て，あなたから証言を聞き取り，あなたは今見たことを正確に話す。しかし，財布を盗られた女性は犯人が黒髪で，背が低かったと主張する。他の目撃者は犯人の自動車は茶色ではなく，灰色だったと言う。別の目撃者は，たしかに1982年製のステーションワゴンであり，セダンではなかったと主張する。3人の目撃者はナンバープレートを見たと言い張るのだが，確認すると，LGH399かLGH393のようだ，あるいはおそらくLCH399かもしれないという。

　ここで何を言いたいのかと言うと，まさにその瞬間には，あなたは自分の五感を信用できないということなのだ。誰も自分の五感を信用できない。私たちは皆，自分の見るものを選び，変え，歪めるのだ。

## 頭の中のテレビ画面

　前述の例が示しているのは，100パーセント正確かつ客観的に現実を認識しているというのはきわめて稀であるということである。まるであなたの目や耳はテレビカメラで，あなたは頭の中の画面に映された像を見ているように，しばしば現実をフィルター越しに，そして編集されたものを見ている。画面にフォーカスが合っていないこともある。あることにズームして，詳しく映し出しているかと思うと，他は完全に画面から外れていることもある。大きく映し出すこともあれば，遠景だけが映じられることもある。色彩が消されて，白黒の画面になることもある。あなたが過去について覚えているのに，画面には古い映画の1シーンだけが映し出されていて，あなたは「ライブ」映像の現実をまったく見ていないこともある。

　あなたの画面は，いつもはそれほど悪いものではないかもしれない。本質的には，画面にはあなたの五感や心が一緒にとらえようとしているものを映し出される。心の画面上のイメージを操作する能力がなければ，外界から浴びせかけられる情報の洪水に対応することができないだろう。あなたは過去の経験をまとめて，利用することができないだろう。学習も記憶もできないだろう。次頁の図に示すように，あなたの画面は素晴らしい機械であり，触って遊ぶことのできる多くのボタンやレバーが付いている。

　画面についての重要なルールをいくつか挙げておく。

1. 誰もがこの画面を持っている。人間はそのように創られている。
2. あなたは現実を直接見るのではなく，あなたの画面を通してしか見ることができない。科学者は懸命に訓練して，完璧に客観的に物事を観察できるようにしている。科学的方法とは，非常に精密な方法で，本当にそこにあるもの，そして，そこにあると思っているものを見つめようとする。それにもかかわらず，科学の歴史には，希望，恐怖，野望のために誤った理論を提出してしまった誠実な科学者の例が山のようにある。彼らは自分の画面を現実のものと誤解してしまったのだ。
3. 他の人の画面に何が映っているのか，あなたには完全には理解できない。理解するには，その人自身になるか，千里眼の能力を手に入れなければならないだろう。

4. あなたは自分の画面に映ったものと完全にコミュニケーションをとることはできない。画面に映るものの中には無意識のものも含まれる。そして，画面に現れるメッセージは非常に素早く出没するので，あなたがそれと対話することはできない。
5. 画面に現れたことを自動的には信じられない。多少懐疑的になるのは健康的な態度である。検討したり，質問したりしてみよう。画面に現れたことについて99パーセント信じられるようになるかもしれないが，けっして100パーセント信じられることはない。また，見るもの聞くものすべてに疑いを持つべきでもない。そうすることは，孤立，陰謀，全般的な妄想につながる道である。
6. あなたの心の中の自分への語りかけは，あなたが画面上で見ていることに対する意見である。自分への語りかけには，内なる病的な批評家の破壊的な意見や，批評家に対するあなたの健康な反論が含まれている。この語りかけはあなたが目にしたものを解釈したり，歪めたりする。あなたが語りかけに気づいていることもあるが，気づいていないことのほうが多い。
7. 画面が歪めば歪むほど，そこに見えるものが一層正確に思えてくる。完全に妄想を呈しているほど確信が強まる。
8. あなたは画面に映るもののいくつかをつねにコントロールすることができる。ただ目をつぶって，手を叩けばよい。

9. あなたは画面に見えるもののすべてをコントロールできる時がたまにある。たとえば、瞑想中は、たったひとつのことに注意を鋭く払うことができるだろう。催眠では、焦点をひとつの考えや過去の出来事に狭めることができる。しかし、このような特殊な状態以外では、完全にコントロールできることは稀である。
10. あなたは見えるものすべてをつねにコントロールすることはできない。
11. あなたは画面に映る像の質を改善することはできるが、画面を取り除くことはできない。本書のような自習書を読むことは、あなたの画面に映ったものを正確に見えるようにする方法である。物理学を学ぶ、静物画を描く、質問をする、新たな経験を試みる、誰かをよりよく知ろうとすることも同じようなものである。あなたの画面がよくなると、それにしがみつくようになる。この画面を持っていないのは、死んだ人だけである。
12. 批評家があなたを批判するのではない。批評家は単にその画面上に見えることを批判しているだけだ。批評家はあなたがよく見えると主張し、あなたが自分を見るよりも、よほどはっきりと見えると主張する。しかし、批評家は本当のあなたを見てはいない、ただ画面に映った像を見ているだけなのだ。批評家がいかに自分の観察が正確であると声高に主張するとしても、その画面に映ったあなたの像は歪められているということを忘れてはならない。
13. 現実についてのあなたの認識は、画面に映された像のひとつにすぎない。この認識は、あなたの生来の能力や性質によって彩られている。さらに、あなたの認識は、その時点の生理的あるいは心理的以上に身体にも影響を及ぼす。現実についてのあなたの考えは、過去における同様の場面の思い出、信念、欲求によって歪曲されたり、障害されたりする可能性がある。

　この最後のルールについてもう少し詳しく検証していこう。イメージがあなたの画面に届くまでに、多くの入力がある。そのうちの5つだけが現実と関連を持つ。すなわち、視覚、聴覚、触覚、味覚、嗅覚である。この5つが他の多くの情報に影響を受けたり、相互に作用したりする。
　たとえば、顔に深い皺のある白髪まじりの男が自動車から降りて、銀行に入っていくのを、あなたは見る。これは感覚があなたに伝えていることである。そして、あなたの生得的構成 (innate constitution) によって、感覚の印象にどのように反応すべきか、素早く、力強く決定される。あなたが駐車する場所を

見つけられずに，予約に遅れるのではないかと心配しているならば，イライラして，目にするものすべてに対して否定的な判断を下しがちである。顔に深い皺のある白髪まじりの男についてのあなたの過去の経験から，その男は50歳くらいだろうと考える。自動車についての知識から，その自動車は高価なベンツだろうと判断する。男の生真面目そうな表情はあなたの叔父のマックスを思い出させるのだが，叔父が潰瘍だったので，その男もおそらく潰瘍だろうと，あなたは思う。銀行についての過去の経験やその男の服装から，おそらく彼は金持ちだろうと判断する。あなたの信念や偏見から，その男は裕福で，仕事熱心なビジネスマンで，自分よりも金が必要な人から，金を巻き上げているとあなたは考える。高価なベンツを運転しているところを見ると，彼はおそらく物質の所有を誇りに思っていて，叔父とまったく同じように，自分の感情を完全に表に出すことができないだろうと思う。あなたは自分が他者よりも親切で，品性が高く，愛情深いと感じる必要があるために，これらの重要な領域において，この男は自分よりも下だとみなすようになる。あなたはこの男が好きではないし，きわめて批判的に感じている。その機会があれば，あなたは批判の言葉をこの男性にぶつけるかもしれない。そして，この男が自尊心の低さに悩んでいるのならば，彼についてのあなたの即時の判断に同意するかもしれない。そして，こういったやり取りがあなたの時間も彼の時間も無駄にするのは，これが現実とは何の関係もないからである。それは，ある時点であなたの画面に映った観察，気分，記憶，信念，欲求の寄せ集めの結果に過ぎないだろう。

## 画面の入力

本項では，あなたが画面で見たものを決定する，純粋な現実ではない，強力な入力のいくつかについて検証していくことにする。

### 生得的構成

すべての人についてある種のことは遺伝的に決定されている。髪の色や目の色だけでなく，ある種の行動傾向も生まれながらにして形作られていると思われる部分がある。他の人々よりも柔軟な人もいる。そのような人はあらゆる刺激に対して積極的に反応する。他の人々よりも神経質で，静かな人もいる。他者と頻繁に交際したがる人もいれば，孤独を好む人もいる。賢くて，反応の速い人もいれば，意味や感情のもたらす微妙な点を繊細に感じる人もいる。新たなことに楽々と適応する人もいれば，変化や確信に尻込みして，昔ながらの，

馴染みのある方法を好む人もいる。朝型の人もいれば，夜型の人もいる。短時間の睡眠で平気な人もいれば，毎晩8時間眠らないと生活できない人もいる。ごく自然に親しげに振る舞えるように見える人もいれば，他者と間に距離を置こうとする人もいる。

　このような生得的なパーソナリティ傾向は，画面に映った像をどのようにとらえるかという点に当然，影響を及ぼす。夜型の人は，朝にぼんやりとした，薄暗い世界を見るかもしれないが，そのような時間には活気あふれる夜よりも，他者に対して批判的である傾向があるかもしれない。孤独を好む人は社交の場を耐え忍ぶべき場と考えるし，パーティー好きの人は自宅での静かな晩をひどく退屈に感じる。

　もしも誰かがあなたのことをあまりにも内気だとか，引っ込み思案だとか批判するならば，おそらくその人は生まれつき社交的で，あなたのような生き方がよくわからないのだろう。あるいは，あなたの些細なことについて批評家が怒りをぶつけてくるのは，生まれつき癇癪持ちで，怒りの爆発はあなたが起こした些細な失敗とは何の関係もないか，あるいはほとんど関係がないのかもしれない。

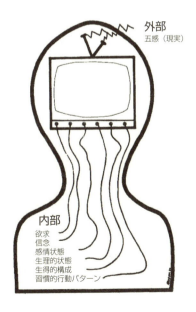

外部からの刺激をどのように処理するかは，人によって大きく異なる。生まれつきの「地ならし屋（leveler）」もいる。これは，何かを見たり，聴いたりすると，それについて考えずに，反射的に感覚を抑えこもうとする人という意味である。まるで画面の明るさや音量を永遠に絞ってしまっているようなものである。一方，その正反対の「研ぎ屋（sharpener）」もいる。彼らは音量も明るさも最大にしてあり，囁き声も叫び声に響き，爆竹が爆弾のように響く。幸い，ほとんどの人はこの両者の中間に位置している。極端な地ならし屋はサイコパスになる危険があるが，それは興奮の閾値をどんどん下げる必要があるからだ。極端な研ぎ屋は，あまりにも強烈で，圧倒されるような刺激に何年も曝されて神経症的になることがしばしばである。

　以上をまとめると，あなたがいかにバランスがとれていて，知的で，認識力が高かったとしても，生得的構成の傾向のために，現実を完全に客観的にとらえることが妨げられてしまう。したがって，完全に客観的な批評家になれる人などいない。あなたはただあなたの画面に映っているものだけを批判しているのであって，その像は信頼できるものではない。それはいつもわずかばかり歪んでいたり，不完全であったりする。

## 生理的状態

　疲労，頭痛，発熱，胃痛，薬物，血糖値，その他の数多くの生理的状態は，あなたの画面に映し出されている像に影響を及ぼす。あなたは自分の生理状態に気づいているかもしれないし，気づいていないかもしれない。気づいていたとしても，それが認識にどのような影響を及ぼしているのかわかっていないかもしれない。生理的状態が認識に及ぼす影響に気づいていたとしても，それについて何もできないかもしれない。

　たとえば，甲状腺機能障害であるのに，診断を下されていない男性が，倦怠感，抑うつ感，時に不安発作を呈していた。彼は家族の働きかけに応えなかったり，苛立ったりした。最初は，いつもと違う振る舞いをしているとは気づいていなかった。彼の生理的状態が知らないうちに画面で見るものに影響を及ぼしていた。状態に診断が下されて，薬物療法で安定してくると，彼の問題行動は減っていった。しかし，服薬を怠ると，ふたたびひどく落ち着きがなくなり，苛立った。今度は，自分の生理的状態や，それがいかに行動に影響を及ぼしているか気づいていたのだが，服薬を再開するまでは，自分ではそれに対して何をすることもできなかった。

もしも誰かがしばしばあなたに文句を言うようであるならば，問題はあなたではなく，その人が潰瘍や偏頭痛であるためかもしれない。批評家の不快な態度は，あなたが居間を片付けなかったからではなく，不味いチリドッグを食べたためかもしれない。

**感情状態**

　あなたが本当に怒っていると，真っ赤な炎を通して世界を見ている。恋に落ちると，窓ガラスが薔薇色に変わる。うつの画面は青みがかり，音楽は一様に陰鬱となる。食物があなたの身体を作っているように，感じているものをあなたは見聞きするのだ。

　あなたはこれまでにテレビで次のような場面を何度見てきただろうか？　主人公は怒り狂い，とうとう我が儘な上司やガールフレンドを怒鳴りつけて，その部屋を出ていく。彼はその途中で事務係の若者か犬に出会い，それに向かって「お前もだ」と叫ぶ。大きな笑い声が上がり，次のシーンに移っていく。

　こういった光景は実生活で起きるのだが，残念ながら，傷つかずに，次のシーンに移っていくということはない。しばしば，あなたには何の関係もない怒りや拒絶を投げかけられる。あなたはテレビの中の事務係の若者や犬のようにその事態とは何の関わりもない。あなたの唯一の問題は，先ほどまでの出来事に感情的になっている批評家に不運にもつかまってしまったということだけなのだ。

　批評家の意識はごく一般的な状態であることもある。批評家は人生のごく当たり前のことに緊張し，ストレスを感じている。そこへあなたがたまたま通りかかって，些細なことで批評家が怒りを爆発させる。批評家の意識の状態は怒りという形で表されて，しばらくの間緊張が和らぐ。

　たとえば，上司はあなたが予算を無駄に使っていると批判する。あなたはオフィスで必要なものや家具をいくつか買っただけで，けっして高価なものではなく，妥当な価格で購入した。もしもあなたの自尊心が低ければ，自分の判断が間違っていたし，仕事で成功することはけっしてないだろうという結論を早々に下すかもしれない。しかし，その時に上司は経営状態がよくないという報告を受けたばかりで，支出を減らすことにとくに神経をすり減らしていたことを，あなたは後で知るかもしれない。あなたの判断は何も間違っていなかった。上司が癇癪を破裂させたのはその意識が昂(たかぶ)っていたためであり，たまたまあなたがその興奮を静める役を担わされただけだったのだ。

**習慣的な行動パターン**

　過去においてうまくいき，おそらく将来もうまくいくだろうという対処戦略が誰にもある。この戦略は，状況とは関係なしに，自動的に応用される傾向がある。たとえば，暴力的な親の子どもは，口をふさぎ，欲求を口に出さず，実際に頼まずに他者に自分の思いを推し量ってもらおうとして，暴力を避ける術を身につけるかもしれない。このような戦略は成人になってからも続けられていくが，他の成人との間に満足のいく関係を築くにはあまりうまくいかない。

　もうひとつの例は，皮肉めいたユーモアのスタイルがごく普通の家庭で育った女性である。家庭の外では，彼女はしばしば人々を拒む。周囲の人々に皮肉を言い，あてこするという彼女の習慣的な行動パターンは，批判的で否定的な態度であると受け止められる。

　あなたが誰かから批判や中傷を受けたと感ずる場合はしばしば，後に，その人の友人から「彼はいつもあのように振る舞う」と聞かされる。その時点の客観的な現実とは関係なく，その人の習慣的な行動パターンのために，ある状況のある種の人に批判的で，否定的に振る舞うようになっている。

　誰もがつねに非常に多くの古い行動パターンを引きずっている。その状況やそこでの自分の役割について新たな正確な評価をしないで，ごく慣れ親しんだ方法でそれにアプローチしてしまう。五感を通じて生の行動に集中せずに，あなたの心の画面に映された古いテープを眺めているのだ。

**信　　念**

　今まさに起きていることについての価値，先入観，理論，特定の結論はみな，あなたが画面で眺めていることに影響を及ぼす。整理整頓に価値を置く人は，世界で目にするだらしないことすべてを大袈裟にとらえるかもしれない。黒人，ユダヤ人，南部の人に偏見を持つ人は，自分が嫌っているグループの人々について画面に映っているものを信じることができない。自立を強く信じている男性は，協調を弱さと解釈しがちである。離乳に問題があると後に体重の問題が生じるという理論を信じている女性は，客観的な現実を通じてではなく，その理論に照らして人々を眺めるだろう。保険のセールスマンと話している最中に，あなたが椅子にふんぞり返って，腕組みをしていると，セールスマンはその態度を自分の説明に対する抵抗と解釈して，さらに一生懸命説得にかかろうとする。彼の画面に映ったあなたの像は，正しいか間違っているかというセールスマンの解釈によって決まるだろう。しかし，あなたが深く座っているのは，た

だ腰痛のせいか，柱時計を見たいと思っているからかもしれない。

　人生がどのようなもので，何がうまくいき，何に傷つき，何が助かったかという過去の経験と，確信は強く結びついている。ローンの応募を断った銀行員は，おそらくあなたを個人的に拒絶したのではないだろう。ローンを返済した，あるいは返済しなかった同様の経済状態の人との過去のやり取りに，銀行員は反応している。あなたのデートの申し込みを断った女性も同じである。彼女もまた，経験に基づいた信念にそって行動している。背の高い人は自分には合わない，うお座の人とは相性がよくない，あるいは，年上の人とは真剣に付き合ってはいけないと，彼女は信じているのかもしれない。彼女が思っているあなたを拒んだのであって，現実のあなた自身を拒んだのではない。真のあなたは彼女の画面にはまったく映し出されていないのだ。

## 欲　　求

　あなたが出会う人のすべてがつねに自分の欲求を満たそうとしている。このために，自分の画面に映った像が影響を受ける。空腹な男は，テーブルの上の食物を必死で眺めるが，暖炉の火やコーヒーテーブルの上の雑誌には気づかないかもしれない。寒くて，部屋に入ってきた女は，すぐに暖炉の火に向かっていき，食物や雑誌には気づかないかもしれない。部屋で待っている退屈した人は，気休めのために雑誌をすぐに掴むだろう。喉の乾いた人はその部屋では欲求を満たすことができずに，他の3人と比べて，自分が置かれた環境を低く評価するかもしれない。

　感情的な欲求は同じような方法で画面を歪めて，実際の状況とは何の関係もない批判を始める。レストランでデートの相手に好印象を示そうとしている男は，料理に文句をつけ，サービスに不平を言うかもしれないが，実際には料理もサービスもすばらしい。これほどはっきりしていない例だが，すべての状況を自力で対応しなければならないという強い欲求があるために，助けを求めるのに，ひどく喧嘩腰になる男がいる。もうひとつの微妙な例としては，自分の身体的な魅力をつねに賞賛されたいという欲求があるために，他者の外見について何かとけちをつける人もいる。

　ある出来事についての常軌を逸した批判は何らかの隠れた意図で動機づけられていることが多い。背後にある真の理由に気づいていないと，批評家の言葉を恥ずかしく感じて，あなたは本来しないようなことをしてしまう。たとえば，上司があなたに残業や週末勤務を頼んできたが，あなたがそれを断ったところ，

ひどく批判的になる。上司の依頼とその反応はまるであなたには非合理的である。そのような無理を正当化するほどの仕事は実際にはない。実際の状況は，上司がその上司に好印象を与えようとして，週末も部下を働かせたとか，重要な電話を受けるためにあなたを週末働かせようとしたのだが，実際には，自分が週末に職場にやってきて，電話を待つのは面倒だと思っていただけだった。いくつかの隠れた意図があったかもしれないが，どれもあなたの仕事や業績とは何の関係もない。

背後で動機になっている感情的な欲求や隠された意図に完全に気づいている批評家もいれば，気づいていない批評家もいる。しかし，あなたがその批判を受ける側であるのだから，批評家の意識はあなたとは関係がない。あなたにとって問題となるのは，欲求のために，現実に対する批評家の認識が歪められているのであり，したがって，そのまま受け取る必要がある批評などないということを，あなたが認識することであろう。

## 練　習

今日の残りの時間，あるいは明日一日中，あなたの目がカメラになったように想像してみよう。あなたの耳はマイクロフォンである。自分がドキュメンタリーの監督になる。あなたが見聞きするものについて意識して，コメントを作ってみる。そのシーンの否定的な側面や肯定的な側面を強調するように，自分の意識を向ける。誰かがあなたに何かを言うと，相手もあなたも昼メロの登場人物になったように振る舞ってみる。あなたが一般的にする反応ではない，いくつかの可能な反応を想像する。あなたが正しいと思う，他の人々が行動を起こすいくつかの動機も想像してみよう。このように状況に距離を置く練習が，あなたの現実に対する意識をどのように変化させるか観察してみよう。あなたのいつものやり方に比べて，現実を観察する方法が他にもたくさんあることに気づくはずである。世界を認識するうえで，いつも普通に行っている方法がいかに自動的で制限されたものであるかという点も指摘してくれるはずである。

## モンスター製造機としての画面

次の図は毎日よく出会う，単純な場面である。現実は単純で，文句のつけようもないものだ。ふたりの男がパーティーで出会う。眼鏡の男が出会った男に，話の切り出しに，雰囲気を和らげようとして，何の職業かを尋ねる。相手は妻

と一緒である。妻は前から知っているが、ふたりの男は初対面である。夫は自宅で野球の試合を見ながら、友達とビールでも飲んでいるほうが気楽だと感じている。彼はこの種のパーティーが苦手で、そもそも来たくなかった。彼は妻の職場の友達のほとんどが、楽しむことも知らない、どうしようもない無気力な男につかまっていると考えていた。このような背景や彼の現在の意識レベルのために、彼の画面に映る像は影響を受けていて、彼は歪曲されたイメージに薄いベールを覆った侮辱で反応する。

入力：

　現実：眼鏡をかけて、ネクタイをした背の低い男が「では、あなたの仕事は何ですか？」と尋ねる。

　　+生得的構成：警戒、新たな出会い、注意せよ、攻撃に備えよ。
　　+生理的状態：階段を駆け上り、息が荒くなり、汗をかき、心拍数が上昇する。
　　+感情状態：遅れたことに苛立ち、出席を強いた妻に怒りを覚える。
　　+習慣的行動パターン：生理的に興奮した状態。最初の攻撃を受けて、何とか優勢を保とうとする。
　　+信念：ここにまた眼鏡をかけて、ネクタイをしているオタクがいる。頭デッカチのオタクがいつも労働者を見下す機会を狙っている。
　　+欲求：怒りと不安を和らげることが目的である。力強く、負けずに、能力があるように見せなければならない。

＝反応：大声で，胸を張って，オタクの顔に向けて「私は生活のために仕事をしている。お前は何をしているのだ？」と言ってやる。

## 批判に向き合うためのマントラ

　批判的な言葉が聞こえてきた瞬間に，「この人の画面には何が映っているのだろうか？」と自問してみよう。せいぜい，現実との間にごくわずかな間接的な関連しかないことにただちに気づくだろう。すると，すべての批判の言葉があなた自身の何かの欠点から生じていると思いこむのではなく，正しい位置にいることを知るチャンスは増すだろう。

　人は自分の画面に映ったものしか批判することはできないのだが，その画面が信頼に足るものではないことを忘れてはならない。あなたを正しく認識して，それに基づいて批判するなどということはおよそあり得ない。あなたとはほとんど何の関係もない感情，記憶，行動のパターンに対して，批評家は反応しているに過ぎないことがよくある。そのような批判は間違っているのに，自分を貶めて考えてしまう。誰かが草むらから突然現れて「ワッ」と言って脅すと，幼い子どもがひどく脅えて，逃げ去るようなものである。あなたは最初は驚くかもしれないが，一歩引きさがって，笑って，「私は大丈夫だ。現実には何も起きていない」と考えるだろう。批判に対してもまったく同じことができる。誰かに批判されると，あなたはほんの一瞬たじろぐかもしれないが，「おやおや，彼の画面に映ったどのような像のために，彼は私にあれほど批判的に振る舞ったのだろうか？」と笑って，自問することができる。

## 批判に反応する

　これは皆少しばかり非現実的に思えるだろうか？　自分に次のようなことを言ってみることを想像してみよう。「ちょっと待て。事実に基づいた批判もある。批評家が金銭について正しいこともあるし，それを認めなければならないかもしれない。あるいは，自己防衛をしなければならないこともある。静かに笑って，押し黙っているわけにはいかない」

　あなたがこのように考えているのならば，あなたは正しい。何らかの方法で批判に反応しなければならないことがしばしばある。「彼の画面には何が映っているのだろうか？」というマントラは，短いが，本質的であり，あなたの自

尊心の救急手段の一種である。すべての批判は，歓迎されないという共通の特徴があることを覚えておこう。あなたについて他者の画面に映し出された歪んだ内容で他者にあなたを批判してほしいと依頼したわけではない。批評家に対して何らかの反応をすべきだと感じているかもしれないが，あなたの自尊心について批評家に何か借りがあるわけではまったくない。

## 非能率的な反応のスタイル

批評に反応して失敗する，3種の基本的なスタイルがある。すなわち，攻撃的，受動的，受動・攻撃的なスタイルである。

### 攻撃的なスタイル

批判に対して攻撃的な反応は，反撃することである。夫が妻からテレビばかり見ていると批判されると，妻がソーシャルメディアに夢中になっていると厳しく言い返す。夫が妻の体重について嫌味を言うと，妻は夫の血圧の高さを引き合いに出して，反撃する。

これは，批判に対処するための「あ，そう？」理論である。批判は皆，敵意に満ちた「あ，そう？」の態度で受け止められ，その反応は「お前が私のことを批判するなんてよくも考えられるものだな？」から「たしかに，私は大したことはないかもしれないが，お前も似たようなものだ」まで，その激しさはさまざまである。

攻撃的なスタイルで批判に応えることにはひとつ利点がある。一般に，ただちに相手をはねつけることができる。しかし，これは短期的な利点に過ぎない。同じ人に何度も向き合わなければならないとすると，次々に強力な武器を手にして，舞い戻ってくる。この攻撃とあなたの反撃はどんどん激しさを増していき，ついには全面戦争にまで行き着く。本来，建設的な批判だったものを，破壊的な敵にしてしまうかもしれない。

あなたの攻撃的な反撃が批評家の口を封じたとしても，あなたはかならずしも勝ったことにならない。他者があなたに真の不満を抱いていると，あなたの背後に回って，間接的方法を用いて，彼らがあなたから望んでいたものを得ようとするかもしれない。あなたは一体何が起きているのかまったくわからないかもしれない。

批判に対してつねに反応しているということは，自尊心の低さを示す症状のひとつである。あなたが批判にただちに反応するのは，痛いところを突かれた

と密かに感じて，自分の短所を思い出させるようなことに必死で抵抗しているからである。批評家を攻撃して，自分のレベルにまで引きずりおろして，あなたはあまり価値はないかもしれないが，それでも批評家よりは価値があることを示そうとしている。

批評家につねに反撃することは，自尊心を低いままにしておく保証となる。攻撃，反撃，その拡大の過程は，無価値の証拠であなたを捕えようとする批評家にすぐに囲まれてしまっていることを意味している。あなたに何らかの自尊心があるとしても，それは時間とともに消耗してしまうだろう。さらに，あなたに少しでも批判的な人と関わるには，あなたの好戦的なスタイルは，対人関係を深める妨げとなるだろう。

## 受動的なスタイル

批判に反応する受動的なスタイルとは，攻撃されたとわかるとただちに批判に同意し，謝罪し，敗北を認めることである。あなたが妻から少し体重が増えたと不平を言われると，すぐにそれに屈して，「わかっているよ。僕はだらしないデブになった。君も僕を見ていられないって知っている」と言う。あなたが夫から前の自動車との車間が詰まりすぎていると言われると，すぐに「ごめんなさい」と言って，速度を落とし，もう二度とこんなことはしないと約束する。

沈黙も，批判に対する受動的な反応であり得る。反応して当然の批判に何の反応も示さない。批評家はあなたの遅すぎる言語的反応に対して，普通は謝罪をするまで，あなたを痛め続ける。

批判に対して受動的なスタイルで反応することには2つの利点がある可能性がある。第一に，あなたに反抗心を引き起こさないとわかると，批評家はあなたのことをそれ以上構わないでおこうとするだろう。批評家にとってはそれでもう十分なのだ。第二に，あなたが何の反応も示さなければ，それ以上何を言うか考える手間が省ける。

しかし，どちらの利点も短期的なものである。長期的には，批評家はやりたい放題になる。批評家がたびたびあなたを攻撃してくるのは，かならずあなたから謝罪や同意を得られることを知っているからである。あなたの反応のために，批評家は優越感を覚えて，そのもたらす実質的な意味など構わなくなってしまう。そして，言葉で反応することを考える手間が省けたとしても，純粋に心理的な反応を考えるのに多くの心理的エネルギーを使うことになってしまう。言葉に出さないまでも，その言葉を考えているのである。

受動的なスタイルのもたらす真の欠点は，あなたについての他者の否定的な意見に屈することは，自尊心にきわめて深刻な悪影響を及ぼすことである。

## 受動・攻撃的なスタイル

　批判に対するこの反応スタイルは，攻撃的スタイルと受動的スタイルの最悪の側面をいくつか結合させたものである。はじめに批判されると，謝罪したり，変化することに同意したりして，受動的に反応する。後に，何かを忘れてしまったり，変化すると約束したことを実行しなかったり，他の密かに攻撃的な行動をしたりといった具合に，批評家を反撃する。

　たとえば，ある男性が，雑誌や本が散らかっているといって妻に不平を言う。妻は慈善団体に雑誌や本を寄付すると約束した。夫から二度指摘されて，妻は実際に慈善団体に電話し，寄付を申し出た。妻が整理に集中している時に，クローゼットから古い服も引っ張り出してきて，その中には夫のお気に入りのシャツも入っていた。本や雑誌とともにお気に入りのシャツも寄付してしまったことに夫が怒ると，妻はまた謝り，そして，そのシャツが夫にとってそれほど大切なものだとは知らなかった，それほど文句を言うのならば，次の時は夫が慈善団体に連絡して，対応してほしいと言った。

　この例では，妻は仕返しをしてやろうというシナリオに気づいていなかった。受動・攻撃のスタイルに気づいていないことはしばしばある。あなたは理解可能な失敗をする。あなたの意図は善良なのだが，なぜかひとつの小さなことを台無しにしてしまう。ガールフレンドと仲直りをするために特別な夕食を料理したのに，彼女がクリームソースが嫌いであることを忘れてしまう。大切なデートに遅刻したり，サイズが合わない物を買ったり，自動車をぶつけて凹ましてしまったりする。

　受動・攻撃は自尊心を二重に下げてしまう。第一に，あなたの欠点について他者に同意してしまうため，自尊心が傷つく。第二に，ひそかに反撃を試みると，自尊心には第二の杭が打ちこまれる。あなたが反撃に気づいているのであれば，自分が卑劣であると感じ，反撃が無意識的な失敗の形をとるのであれば，自分が誤りを犯しがちだと感じて，密かに自分自身を憎む。

　一貫した受動攻撃的な反応スタイルを変えるのが難しいのは，それが間接的であるからだ。批判・謝罪・攻撃の悪循環は，深い藪の中での密かなゲリラ戦のようなものだ。悪循環から抜け出して，正直で，率直なコミュニケーションのレベルを達成するのは非常に難しい。受動・攻撃的な人はあまりにも怖れが

強くて，率直な直面化の危険をとろうとしないので，繰り返される妨害行為によって，他者からの信頼や信用は地に落ちる。

## 効果的な反応スタイル

批判に反応する効果的な方法は，適切な自己主張をするスタイルを用いることである。批判に反応する自己主張的なスタイルとは，攻撃をしたり，降伏したり，批評家を妨害したりすることではない。それはいわば批評家を武装解除することである。批評家に対して適切に自己主張して反応すると，誤解を解き，その批評について正確だと思っている点を認め，その他の部分は無視し，自尊心を傷つけずに歓迎しない攻撃を止めることができる。

批判に対して自己主張的に反応するには次の3種の技法がある。すなわち，承認（acknowledgment），クラウディング（clouding），探査（probing）である。

**承認**：承認とは，批評家に単に同意することを意味する。その目的は批評をただちに止めることであり，これはうまくいく。

批判を認める時には，批評家に「はい，私の画面にも同じ像が映っています。私たちは同じ局を見ています」と言う。

誰かがあなたを批判して，その批判が正確であるならば，次のような4段階を踏んでいけばよい。

1. 「あなたは正しい」と言う。
2. 別の言葉で批判を言い換えてみて，批評家の言ったことを正しく理解しているか確認する。
3. もしも適切であれば，批評家に感謝する。
4. もしも適切であれば，自分について説明する。その説明が謝罪になってはいけないことに注意する。自尊心を高めるように努力している間は，最高の方針はけっして謝罪せず，あまり説明もしないことである。批判を依頼したわけでもないし，歓迎してもいないことを忘れてはならない。ほとんどの批判は，謝罪にも，説明にも値しない。それが正しいと言われて，満足するだけである。

ここに単なる承認でもって批判に反応している例を挙げる。

批判：あなたは自分のしていることにもっと慎重であってほしい。あなたが湿った芝生にハンマーを放置しているのに，私は気づいた。

反応：あなたの言う通りです。ハンマーを使い終わったら，私はそれをきちんと片づけておくべきだった。ハンマーに気づいてくれて，ありがとう。

このように言えばよいだけである。説明や，謝罪や，行いをよくするといった誓いをする必要はまったくない。些細な失敗を認め，批評家に感謝し，それで一件落着となる。純粋な承認のもうひとつの例を挙げておく。

批判：今朝職場に向かう途中でほとんどガソリンがなくなってしまった。どうして昨日給油しておかなかったのか？　どうして私がいつも給油する役になるのか理由がわからない。

反応：あなたの言う通りです。ガソリンが減っていることに気づいたのだから，給油しておくべきだった。本当にごめんなさい。

この例では，反応した人は，批判した人にわずかばかりではあるが不便な思いを実際にさせたのであるから，心からの謝罪も付け加える。いくらか説明をしなければならない別の例も挙げておく。

批判：今は9時半だ。あなたは30分前にここに着いていなければならなかった。

反応：あなたの言う通りです。私は遅刻しました。今朝，私が乗ったバスが故障して，別のバスが来るのを待たなければならなかったのです。

さらに進んだ承認は，批評家を味方に変えていく。その一例を挙げる。

批判：あなたのオフィスは散らかっている。これではどうやって必要な物を見つけ出すことができるだろうか？

反応：あなたの言う通りです。私のオフィスは散らかっていて，必要な物がいつも見つかりません。私のファイル法についてどう思いますか？

## 練　習

以下の批判の一つひとつの後に，「あなたの言う通りです，言い換え，説明」の様式をつかって，あなた自身の反応を書き出してみよう。

　批判：これは私がこれまでに見たもっとも雑なレポートです。眠りながら書いたのですか？
　反応：＿＿＿＿＿＿＿＿＿＿＿＿＿＿＿＿＿＿＿＿＿＿＿＿＿＿＿＿＿＿

　批判：お宅の犬が我家の垣根の下に大きな穴を掘ってしまいました。どうして犬をつないでおかないのですか？
　反応：＿＿＿＿＿＿＿＿＿＿＿＿＿＿＿＿＿＿＿＿＿＿＿＿＿＿＿＿＿＿

　批判：あなたはこの本をいつ図書館に返すつもりですか？　何度も言うのはこりごりです。返却すると二度約束したのに，まだ本がテーブルの上にある。
　反応：＿＿＿＿＿＿＿＿＿＿＿＿＿＿＿＿＿＿＿＿＿＿＿＿＿＿＿＿＿＿

　承認にはいくつかの利点がある。批評家に対してただちに効果的なガス抜きをするというのは，つねに最高の戦略である。批評家があなたを攻撃し続けるには，あなたからの抵抗が必要である。批評家は，あなたの失敗の例を繰り返し取り上げて，あなたを攻撃し，自分のテーマを完全に作り上げたいと思っている。あなたが批評家に同意すると，それはまるで柔道の受け身のように，攻撃の力を受け流してしまう。批判はとくに害ももたらさずに，空中に散っていく。あなたが口論を拒んだために，さらに話しかける必要はなくなり，批評家はそれ以上言うこともないまま取り残される。承認をした後も，しつこく続ける批評家はほとんどいない。批評家は自分が正しいとされたことに満足し，もはや延々とあなたを批判し続ける必要がなくなる。
　しかし，承認にはひとつの大きな欠点がある。あなたにとって真実ではないことを認めてしまうと，自尊心を守ることにならない。批評家の言葉に誠実に同意できる場合だけに，承認は自尊心を守るうえで効果的である。あなたが完全に同意できない場合には，クラウディングの技法を用いるとよいだろう。

**クラウディング**：クラウディングとは，批評家に形ばかりの同意をすることである。これを使うのは，批判が建設的でもなければ，正確でもない場合である。

批判に対処するためにクラウディングを使う場合には，あなたは批評家に「たしかに，あなたの画面に映っているものの中には私の画面と同じものもいくつかあります」と言う。しかし，それに付け加えて「でも，違うものもあります」と言う。部分について，確率について，あるいは原則について同意する。

1. **部分について同意する**：部分的に同意するというのは，批評家が述べたことの一部について正しいと認めることである。以下に例を挙げよう。

   批判：あなたはまったくあてにならない。子どもたちの迎えを忘れるし，請求書をそのまま放りっぱなしにしておくし，私があなたを必要とする時にもまるで信頼できない。

   反応：水泳のレッスンの後に子どもたちを迎えに行くのを忘れたというのは，まったく君の言う通りだ。

この例では「あなたはまったくあてにならない」という決めつけは，あまりにも大雑把で，同意することができない。「放りっぱなしにしておく」という非難も誇張が過ぎるし，「まるで信頼できない」というのも真実ではない。そこで，このような批判に対する反応として，子どもたちを迎えに行かなかったという事実だけを認めている。

部分的に同意することによってクラウディングを行ったもうひとつの例を挙げておく。

   批判：これは私がこれまでに飲んだ最悪のコーヒーです。薄くて，水っぽくて，生温い。この店の評判を聞いていたのだが，せめて料理はこのコーヒーよりもましなことを願っています。

   反応：お客様のおっしゃる通りです。たしかに温かくありませんね。今すぐに，淹れ立てのコーヒーをお持ちします。

この例では，ウェイトレスはひとつの客観的な事実を認め，その他の不平は無視している。

2. **確率について同意する**：「おそらくあなたの言う通りだろうと思います」と確率について同意する。たとえその確率があなたの心の中では100万分の1であるかもしれないが，その可能性があると正直に言うことはできる。このような例がある。

   批判：歯にデンタルフロスをかけなければ，歯肉の病気になって，一生悔やむことになるでしょう。
   反応：あなたの言っていることは正しいかもしれません。私は歯肉の病気になる可能性があります。

   批判：そんな具合にクラッチを変えるのは，変速機に悪影響をもたらします。オーバーホールが2倍も速く必要になります。クラッチを変える仕方を工夫しなければなりません。
   反応：はい，私はクラッチの変え方を間違えているかもしれません。

これらの例はクラウディングの本質を示している。あなたは同意しているように見えて，批評家はそれに満足するだろう。しかし，言葉には現れていないが，自尊心を保つメッセージは「あなたは正しいかもしれないが，私は実際にはあなたが正しいとは考えていない。私は自分の意見を述べる権利を行使するつもりであり，私が望むことを引き続き行おうとしている」というものである。

3. **原則について同意する**：この技法は，批評家の論理に同意するものの，批評家の思いこみを全面的にかならずしも賛同するものではない。これは条件付きの「もしも～であるならば，～である」という様式を用いる。

   批判：それはこの仕事には向かない道具だ。そんな鑿(のみ)は滑って，木が台無しになる。丸鑿を使わなければ駄目だ。
   反応：あなたの言う通りだ。鑿が滑ったら，たしかに木は台無しになってしまうでしょう。

批判に応えた人は，道具が滑ることと，木が台無しになることの間の論理的関係は認めているが，鑿が不適切な道具だとは実際には認めていない。次に別な例を挙げよう。

批判：あなたは領収書がないのにこれらの控除が認められると主張しています。国税庁から厳しく取り締まられるでしょう。わずかばかりの金額を得ようとして，彼らから厳しく取り締まられるのは馬鹿げています。

反応：あなたの言う通りです。控除を得られたとしても，私にこれまで以上の注意が向けられてしまうでしょう。そして，監査を受けることになったら，本当に大変でしょう。

この反応は，批評家の論理に同意しているものの，危険の程度についての批評家の評価には同意していない。

## 練　習

以下の3つの批判的な言葉について，あなた自身の反応を書いてみよう。それぞれの批判に対して，部分についての同意，確率についての同意，原則についての同意を書く。

批判：あなたの髪はひどい。乾燥していて，ばさついている。もう何か月もカットしていないのに違いない。そんな髪で人前に出ないでほしい。もしも人前に出ると，かげで笑われてしまう。そんな髪で人前に現れたら，世間の人はあなたのことを真剣に受け止めないでしょう。

部分についての同意：
確率についての同意：
原則についての同意：

批判：あなたは外見にばかりお金を使う。服，アパート，自動車。どうしてそんなに外見ばかりが問題なのか，流行の先端にいなければいけないのか？　貯金がなくて，緊急事態をどのように乗り切ろうとするのか？　病気になったり，失業したりしたらどうするつもりなのだろうか？　あなたが稼いだ金を浪費しているのを見ると，私は気分が悪くなる。

部分についての同意:
確率についての同意:
原則についての同意:

 批判:これがあなたにできる最高のことですか? 私は深い分析を望んでいたのだけれど,これではただ表面をなでただけだ。この報告書はこの2倍の長さであるべきで,私のメモで指摘したすべての点について考察していなければならない。こんなものを企画部に提出したら,ただ突っ返されるだけだ。もう一度書き直して,今度は少しは考えろ。

部分についての同意:
確率についての同意:
原則についての同意:

 さまざまな形のクラウディングの利点は,あなたの自尊心を犠牲にせずに,批評家を黙らすことができるということである。批評家は「あなたの言う通りだ」という魔法の言葉を耳にして,それに満足する。あなたが批評家の言葉は一部分だけ正しい,おそらく正しいだろう,あるいは原則は正しいだろうと言っていることに,批評家は気づいていないか,構わない。
 クラウディングの反応にあなたが満足するのが難しいこともあるだろう。あなたの真の,全面的な意見や,その件についての感情を口にしたいと強く感じるかもしれない。批評家に論争をしかけて,あなたの視点で打ち負かしたいという誘惑に駆られるだろう。批評家が建設的な意見を述べ,その意見が変更可能なものであるならば,そうしてまったく構わない。しかし,あなたが同意できないほとんどの批判は,論争に値しないものである。表面上だけの同意をして,話題を変えるというクラウディングのほうが,あなたにとってもあなたの自尊心にとっても好都合である。
 クラウディングをはじめて試すと,後ろ暗い感じがするかもしれない。ずるがしこくて,自分の利益のために他者を操るように感じるかもしれない。このような場合には,あなたは批評家に対して何の借りもないことを思い出そう。批判はこちらが頼んだものでもなければ,歓迎されるものでもない。批判は,批評家の基本的な否定的態度や不全感の兆候であることが多い。批評家は人生

の肯定的な側面を楽しむよりも，何が間違っているかをつねにあげつらっている必要がある。批評家は自分の価値を上げるために，あなたを切り刻む必要がある。ほとんどの批評家はそれ自体が操作的であり，あなたに何かをするようにと直接依頼するのではなく，あなたに不平を述べて間接的にあなたに影響を及ぼそうとする。とくに，批判が不正確で，建設的ではない場合には，あなたも批評家と同様に自分の利益のために相手を操ろうとする権利が完全にある。あなたの自尊心が最優先される。

　クラウディングの唯一の欠点は，この技法を何に対してもすぐに使おうとするようになるかもしれないということである。あなたが批評家の動機やメッセージを完全に理解しないで，やりとりを止めようとしてクラウディングを使うならば，何か有益なことを聞き逃すかもしれない。ただちにクラウディングを使おうとしないで，何を言われているのか理解しているか，批評家が言おうとしていることが建設的であるかを見きわめるようにする。批判が正確に何を意味しているのか理解できなければ，探査の技法を使う。

　**探査**：批判の多くは漠然としている。あなたは批判の意図が理解できない。批評家の意図や意味を明らかにするために，探査の技法を使う必要がある。そのメッセージの全容が明らかになると，次に，それが建設的なものであるか，その全体あるいは部分に同意できるか，どのように反応すべきかを決めることができる。

　探査の技法を用いて，あなたは批評家に対して「あなたの画面は私にははっきり見えません。ピントを合わせてくれませんか？」と言うことができる。よく見えるようになるまで，あなたは批評家に同じ依頼を続ける。そして，「ああ，私の画面でも同じ局に合いました」とか「はい，あなたの画面に映っている像と私のがいくらか同じになりました（そして，同じではないものもあります）」と言うことができる。

　探査のためのキーワードは，「正確に」「具体的に」「例を挙げると」などである。典型的な探査のための質問とは，「正確に，私はどれほどあなたを落胆させましたか？」「私の皿洗いの仕方で，具体的にどれほどあなたに迷惑をかけましたか？」「私の不注意の例を挙げてくれますか？」といったようなものである。

　「ああ，そうかい？」「証拠を出せ」「誰がそう言った？」などは探索の技法の例ではない。相手に興味を持ち，喧嘩腰にならないように注意する。あなたが望んでいるのは，喧嘩ではなく，さらなる情報である。

文句を言ってくる人に探査を続ける際には，相手があなたに変化してほしいと考えている行動の具体的な例を挙げてくれるように質問を続けると役に立つ。あなたの行動の変化を求めるような形で不満を言ってもらうように主張する。「怠け者」「考えが足らない」「だらしない」「文句ばかり言う」といった抽象的で侮蔑的な表現を批評家がしないように働きかける。以下に批判を言ってくる人に対して探査の技法を用いる例を挙げる。

　　男：君は怠け者だ。
　　女：どこか，具体的に言ってみて。
　　男：ただ座っているだけだ。
　　女：私にどうしてほしいの？
　　男：そんなにグダグダしているなよ。
　　女：そんなことはないわ。あなたが私に何をしてほしいのか知りたいの。
　　男：たとえば，地下室を整理したらどうだい。
　　女：その他には？
　　男：一日中スマートフォンをいじっているのを止めるんだ。
　　女：いいえ，それがあなたが私にしてほしくないことではないわ。それではなくて，実際にどんなことを私にしてほしいの？

　この技法は，批判を口にする人が，単に悪口を言ったり，漠然とした不平を言う代わりに，あなたが真剣に考えることのできる真の依頼を口にするように働きかけていく。これは，過去の罪を繰り返すことから，変化の可能性のある将来に向けて，焦点を変えていく。


## 練　　習

　以下の3つの漠然とした批判の次に，あなた自身の探査の反応を書いてみよう。

　　批判：あなたはここで一生懸命に働いていない。

　　批判：あなたは今夜はひどく冷たくて，そっけない。

批判：あなたはどうしてそんなに頑固なのだろうか？　少しは何かできないのだろうか？

　探査の利点は明らかである。批評家にどのように反応すべきかを理解するのに必要な情報が手に入る。最初は批判のように響いたことが，実は合理的な助言や，心配を示す言葉や，救いを求める叫びであるとわかるかもしれない。もっとも感謝すべきなのは，批評家のメッセージを探っていくと，それが単なる不平ではなく，意味ある対話であるとわかることがある。最悪でも，批評家を探査していって，相手が悪意を持ってあなたを攻撃していることが確認されて，あなたの巧妙なクラウディングの戦略に意味があったことが明らかになる。

　探査の技法の唯一の欠点は，それが暫定的な戦略であるということだ。それは単に批評家の意図や意味についてのあなたの理解を明らかにする。それでも，あなたは批判に同意すべきか，あるいはクラウディングのひとつの技法を使うべきかを選択しなければならない。229 ページに示す決定樹（decision tree）は，探査の際にどのような反応をすべきか検討する手助けになるだろう。

## すべてを総合する

　本章のはじめの部分では，何か批判的なことが聞こえるように感じた瞬間にすべきことを解説した。すなわち，「画面には何が映っているのだろうか？」というマントラをつぶやいてみる。批評家は自分の画面に映っている像について批判しているだけであって，それは現実ではないことを忘れてはならない。批判はあなたとは直接関係はない。心の中の病的な批評家に反射的に同意することには抵抗すべきである。自尊心を悪循環から切り離すようにと自分に言い聞かせる。

　悪循環から自尊心を切り離すことができたら，批評家が実際に言っていることに集中する。まず批評家の意図に耳を傾ける。その調子を聴いてみる。状況と，あなたと批評家の関係について考えてみよう。その批判は建設的なものだろうか？　批評家は手助けしようとしているのか，単に攻撃を仕掛けているだけなのだろうか？

　図の決定樹を見てみよう。それには，どのような批判に対してもあなたが答えられるような，すべての可能な，適切で，自己主張的で，高い自尊心を伴う反応が挙げてある。

批評家が手助けしようとしているのか，単に攻撃を仕かけているのかわからないならば，その意図が明らかになるまで，探査の技法を使う必要がある。その意図が明らかになったならば，そのメッセージの内容が正確かを自問する。あなたはそれに同意するだろうか？

その批判に建設的な意味があるとわかったものの，ただ不正確であるならば，あなたがしなければならないことは，批評家に過ちを指摘して，それで一件落着である。もしも建設的な批判が正確であるならば，あなたはそれを認めて，またもや一件落着である。建設的ではないが，完全に正確な批判にも同じことが当てはまる。あなたはただそれを認めて，批評家の口を封じるだけである。

残された唯一の状況は，批評家が建設的でもなければ，正確でもない場合である。この批評家はあなたを攻撃しているばかりか，事実を誤ってとらえてもいる。このような批評家にはクラウディングの反応をすべきである。部分に対して同意し，確率に対しては同意し，原則に対しても同意し，そこで終了である。

## 練　習

本章の例やあなた自身の人生から批判の例をいくつか利用する。次の決定樹に沿って検討していき，何が建設的で，何が正確かによって，あなたがどのような反応をするか検討していく（決定樹は http://www.newharbinger.com/33933 からダウンロードできる）。

第 11 章 批判に応える 229

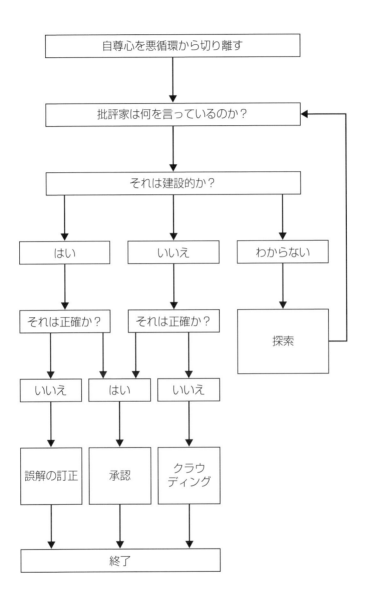

# 第12章

# 自分の望むものを求める

　他者に対して自分の望むものを求められないというのは，自尊心の低さを示す古典的な症状である。これは基本的な無価値感から生じる。あなたは自分が望むものを手に入れるに値しないと感じている。あなたの欲求は正当でもなければ，重要でもないと思える。他者の欲求のほうが，あなたの欲求よりもはるかに価値があり，緊急に思える。あなたは必死になって他者の望むものを尋ね，彼らのためにそれを手に入れようとする。

　あなたは拒絶を恐れていたり，そもそも自分の欲求とはあまりにも距離があり，自分でも何がほしいのか気づいていないのかもしれない。あるいは，他者から意識的に何かを手に入れようとする危険を冒すことができないのかもしれない。

　たとえば，自分にとって大変魅力的に思える恋愛について空想するのだが，それを手に入れようとしないので，けっしてそのような恋愛を経験することがない。実際に，それを望んでいるとはけっして自分自身でも意識的に認めることはない。それは「単なる空想」にすぎない。ひとたび欲求を認めてしまうと，それを実際に求めなければならないので，あなたは自分の欲求を認めようとしない。そして，もしもそれを求めると，あなたは「変態だ」と拒絶されてしまうかもしれない。あるいは，性的パートナーはあなたの依頼が，ふたりのセックスは不十分だとほのめかしているととるかもしれない。

　本章では，あなたの正当な欲求を挙げて，それについて解説し，欲求（need）と必要性（want）の関係について触れ，自分の欲求についての意識を高める方法を示し，あなたの欲求を分析し正確にとらえる練習を提示し，自分が望むものをどのようにして求めたらよいのか訓練と練習を行う。

## 正当な欲求

　以下に挙げるのは正当な欲求のリストであり，身体的・心理的健康にとって重要な環境状態，活動，経験を示している。このリストの目的は，さまざまな人間の欲求の重要性についてあなたが考える刺激となることである。欲求の中には自分には当てはまらないと感じるものや，余分に感じるものや，除外すべきものがあるように感じたり，リストが適切に分類されていないと感じたりするかもしれない。しかし，それでよいのだ。実際に，この欲求のリストに自由に何かを加えたり，何かを削ったり，結合したり，再構成して構わない。そうすることは，自分の個人的な欲求について考えてみるすばらしい方法になる。

　**身体的欲求**：誕生の瞬間から，あなたは呼吸するためにきれいな空気が必要である。澄み切った飲み水や栄養豊富な食物がなければそれほど長いことは生き延びられない。これに加えて，あなたの住む惑星のある場所である種の衣服や住居が必要だろう。その他の明らかに身体的な欲求としては，定期的な休養と睡眠がある。筋肉を使う必要もあり，そうしないと委縮してしまう。最後に，身体的な生存にはある種のレベルの安全や安心も必要である。

　**感情的な欲求**：あまり明白ではないものの，本質的なものは，感情的な欲求である。愛し愛されること，親密な関係，自分が尊敬され，自分も他者を尊敬しているという感覚である。他者に対する同情や共感が必要であるし，他者に対する同情や共感を表す必要もある。うまくいくと，承認，感謝，謝辞も必要になる。あまりうまくいかない場合には，謝罪や理解が必要になる。性的衝動のはけ口も必要で，それはホルモンのレベルの身体的な欲求であるが，感情のレベルでは親密さを求めたり，他者との所属感を求めるものでもある。

　**知的欲求**：あなたの心には，情報，刺激，問題を解くといった挑戦が必要である。他者や自分の周囲の出来事を認識し，理解するという生来の欲求がある。生活の多様性，余暇，楽しい時間が必要である。何かを成し遂げる力もある。あなたは成長し，変化する。自分の考えを率直に表す自由が必要であり，他者からの真の，一貫した反応も必要である。

**社会的欲求**：他者と交流を持つ必要があるとともに，自分の時間を持ち，他者とは関係を持たない時間も必要である。意義ある職業も必要で，それは自己のアイデンティティを定義するのに役立つ社会の中での役割や他者への肯定的な貢献を作り出す。何かのグループに所属していると感じる必要がある。他方では，自立も必要であり，自己決定や自分自身の選択をする欲求もある。

**霊的，道徳的，倫理的欲求**：自分の人生の意味を探るという欲求がある。宇宙は何のために存在し，なぜ人間はそこで生きているのか知りたいと思う。自分自身の人生に何らかの意義を見出す欲求がある。神，人類，愛，その他の何らかの高い価値を信じる欲求がある。自分自身の行動規範を探し出し，それに沿って生きる欲求がある。

## 「欲求」対「必要性」

　欲求と必要性の差は程度の問題である。食物や水への欲求のような，生か死かの欲求がスペクトルの一方の極にある。このような欲求が満たされないと，まさに死に至る。スペクトルの正反対の極には，ひどく些細で，気まぐれな必要性がある。これらはあなたの快適さと関連する贅沢品であるが，生存にはかならずしも必要ではない。あなたはキャラメルソースのかかったピスタチオのアイスクリームをとてもほしいと思っているかもしれないが，それが手に入らなくても，死ぬことはないだろう。

　このスペクトルの真ん中のどこかが欲求と必要性を区分する線である。この中間点で，自尊心の低い人は問題を起こす。

　自尊心が低いと，生存の欲求を十分に満たすのが難しい。しかし，とくに他者との間に葛藤があると，あまり意義が高くない欲求や必要性は重要ではないように思える。さらに，本質的な欲求を単なるない物ねだりのように感じて，それを満足させるのを怠ってしまう。あなたは自分が禁欲的であると思い，他者のために自己の快適さを放棄する。しかし，実際には，あなたは嫌々ながら自分の自尊心の低さの犠牲になっている。あなたは単に快適でないばかりか，他者を傷つけたり，攻撃したりするのではないかと恐れて，自分にとって重要な感情的，社会的，知的，霊的欲求を抑えこんでしまっている。

　たとえば，自分が晩に自宅を留守にすると，家族につらい思いをさせると考えて，夜間の講義に出席するのを控えて，毎晩自宅で過ごしているとする。本

当は学位がほしいのだけれども，家族を放っておいて，多くの時間やエネルギーを費やすだけの意味がないと感じている。そこで，あなたはけっして求めようとしない。そして，崩壊や停滞の感覚がますます増していく。実際には，あなたには学び，変化し，成長するという，強烈で，純粋で，正当な欲求がある。自分の純粋な欲求を不必要な道楽だと誤ってレッテル貼りをして，自分自身を窒息させて，真の苦痛を引き起こしている。
　欲求と必要性の境界は個人によってさまざまである。困った個人的な問題をぜひ誰かと話しあう欲求を覚えることもあれば，同じ問題がそれほど差し迫ったものとは思えずに，解決したいが，先延ばしにして後で考えることもできるという場合もあるだろう。
　同様に，ある領域では，他の領域に比べて「欲求閾値」が高いかもしれない。たとえば，感情的欲求は非常に強いのに，知的欲求は比較的弱いかもしれない。親戚や友達といった大きな，愛情深い輪の中の人々とは親密でいたいと強く感じるのに，職場では他者と距離を保ちたいと思うかもしれない。もちろん，その反対もある。
　自分の欲求と必要性の相対的な強さを判断するのはあなたしかいない。あなたが望んでいることが自分にとって重要であると感じるならば，それは重要であり，それを求める権利がある。世界の他のすべての人があなたの求めているものは単なる贅沢品だと考えたとしても，それは問題ではない。あなたにとって，それが意義ある欲求であるならば，それを求めて，手に入れるまで，あなたは幸せになることはない。
　本章の目的と，自尊心を高めるという目的のために，ここからはすべての欲求や必要性を，欲求で一括して，これらはすべて重要かつ正当であると考えていく。「私はこれが本当にほしいが，かならずしも必要ではない」と思うならば，次の２点について思い出すことにしよう。(1)あなたの欲求や必要性が何であったとしても，あなたにはそれを求める権利がある。(2) あなたは自尊心の低さに悩んでいるために，強烈な欲求について気づいていないのかもしれない。

## 欲求のリスト

　このリストは，あなたの欲求について意識を高めるために作ってある。以下の質問紙に答えてみよう（http://www.newharbinger.com/33933 でダウンロード可能)。A欄では，あなたに当てはまるものに印を付ける。B欄では，以下の基準に沿って１〜３の点数を付ける。

# 第12章 自分の望むものを求める

1. 軽度に不快
2. 中等度に不快
3. きわめて深い

|  | A. あなたに当てはまる項目にチェックする | B. 不快の程度を1〜3で点数を付ける |
|---|---|---|
| **何** | | |
| 私は〜を求めるのが苦手である。 | | |
| ＿＿＿＿＿＿からの承認 | | |
| ＿＿＿＿＿＿についての承認 | | |
| ある課題への助け | | |
| 同僚からの関心や時間 | | |
| 誰かに聞いてもらい，理解してもらうこと | | |
| 私が言わなければならないことに関心を持ってもらうこと | | |
| 魅力的だと思う人とのデート | | |
| 就職面接 | | |
| 昇進や昇給 | | |
| 店員やウェイターのサービス | | |
| 尊敬 | | |
| 自分だけの時間 | | |
| 性的な満足 | | |
| 遊んで，楽しむための時間 | | |
| 新たな，異なる何か | | |
| 休息の時間 | | |
| 寛容 | | |
| 困るような質問への答え | | |
| 友情 | | |
| 自分の選択をすることへの許可 | | |
| あるがままの自分を他者に受け入れてもらうこと | | |
| 自分の失敗を受け入れること | | |
| その他：＿＿＿＿＿＿＿＿＿＿＿＿＿＿＿＿＿＿ | | |

| 誰 | | |
|---|---|---|
| 私は自分の欲しいものを〜に求めるのが苦手である。 | | |
| 両親 | | |
| 同僚 | | |
| 同級生 | | |
| 学生や教師 | | |
| クライアント | | |
| 聖職者，宗教的権威者 | | |
| 配偶者やパートナー | | |
| 見知らぬ人 | | |
| 友人 | | |
| 知人 | | |
| 公務員 | | |
| 職場の上司 | | |
| 身内の人 | | |
| 従業員 | | |
| 子ども | | |
| 高齢者 | | |
| セールスマンや店員 | | |
| 恋人 | | |
| 権威的な人物 | | |
| 2〜3人以上のグループ | | |
| 異性の人 | | |
| 同性の人 | | |
| その他：＿＿＿＿＿＿＿＿＿＿＿＿＿＿＿＿ | | |
| いつ | | |
| 私は〜の時に自分が欲しいものを求めるのが苦手だ。 | | |
| 助けがほしい | | |
| サービスがほしい | | |
| デートを申しこむ | | |
| 予約を取る | | |
| 便宜を図ってもらう | | |
| 情報がほしい | | |
| アイデアを提案する | | |

| | | |
|---|---|---|
| 私が申し訳なく思っている | | |
| 私が自己中心的だと思っている | | |
| 協力を求める | | |
| 下の立場から交渉する | | |
| 多くの人々が聞いている | | |
| 他の人が感情的になっている | | |
| 私が狼狽している | | |
| 自分が馬鹿に見えるのではないか恐れている | | |
| 答えが「いいえ」ではないかと恐れている | | |
| 私が弱々しく見えるのではないだろうか | | |
| その他：＿＿＿＿＿＿＿＿＿＿＿＿＿＿ | | |

評価：リストを見直して，あなたが何をもっともほしくて，それを誰から，いつ，そして，どのような状況で欲求はもっとも緊急であるのか見きわめる。おそらく，あるパターンに気づくだろう。誰かにはけっして求めることができないある欲求，ごく単純な要求もできない特定の人，あなたの自尊心や自己主張が完全に崩れ去るような問題の多い状況などに気づくだろう。

## 欲求を言葉に表す

自分の望むことを求めるうえでもっとも重要なスキルは，適切な自己主張の依頼を作り上げることである。自分では難しいことを求めるのであれば，突然心に浮かんだことを言うよりも，前もってその依頼を準備しておくほうが賢明である。適切な自己主張のある依頼を用意するには，まず事実を並べて，そこから自分の欲求を表す明白な言葉に表す。ここにあなたが求める事実がある。

　　＿＿＿＿＿＿に：
　下線部に，あなたが望むことを与えてくれる人物の名前を記入する。同じものを数人の人に求める場合には，それぞれの人に別々の依頼を書く。

　　私は＿＿＿＿＿＿がほしい：
　下線部に，あなたが他者にしてほしいことを記入する。「敬意を示す」とか「正直である」といった抽象的な表現は控える。態度や関心の程度を変えることを求めてはならない。その代わりに，具体的な行動について触

れる。たとえば,「保母を選ぶのに同等の発言権がほしい」とか「ジョーが結婚式を延期したり,稼いだ給与を浪費したりしている本当の理由を話してほしい」といった具合にである。

　いつ＿＿＿＿＿＿：
　下線の部分に,あなたが望むものを手に入れる締切日,誰かに何かをしてもらう正確な日時,あなたがしてほしい頻度などを記入する。あなたの依頼を明確に示すのに役立つ時間に関していれば何でもよい。たとえば,あなたは毎週自宅の清掃を手伝ってほしいと思っているとする。具体的に,「毎週土曜日の朝食後の午前中」と書く。

　どこで＿＿＿＿＿＿：
　下線部に,あなたが何かをしてもらいたい場所はどこか記入する。あなたが望むことをはっきりと示すような特定の場所を示す。もしも自室にひとりにしておいてもらいたいならば,そっとしておいてほしい特別な場所を具体的に書く。

　誰と＿＿＿＿＿＿：
　下線部に,あなたの依頼を実現させるのに必要な他者をはっきりと記入する。たとえば,夫が身内の前であなたの忘れっぽさをからかわないでほしいと思っているのならば,その身内の名前を書き出す。

このようにしていくと,あなたが求めている,望ましい態度,時間,場所,状況が具体的に明らかにされる。これらの事実を前もって明らかにしておくと,あなたの依頼は具体的なものになり,交渉が楽になり,言い争いは減るだろう。
　ホリーは彼女がまとめている疼痛管理についての論文を,アルに見てもらいたかった。夕食後に時折,彼女は資料をまとめるのが難しいと漠然とほのめかすことがあった。アルはインターネットで映画のリストを眺めながら,聞き流していた。彼はいつもホリーのほのめかしに気づかなかった。以下に,ホリーの依頼に関する事実の概要を挙げる。

　誰に:アル。
　私が望むのは:私が論文をまとめるのを手伝ってくれて,内容を検討し,

ページ毎に構成を検討する。
　いつ：木曜日の夕食後に3時間。終わらなければ，もう一度，土曜日の午前中。
　どこで：資料がすべて揃っていて，テレビから離れている書斎。
　誰と：アルだけと。

　弟の辛辣なユーモアのセンスに向き合うための依頼を，ランディは準備していた。ジムは，ランディの服，仕事，女性といる時の内気な態度をからかうことが多かった。これは家族皆が集まり，父親のいる前ではとくに問題だった。以下に，ランディの事実のリストを挙げる。

　誰に：ジム。
　私が望むのは：僕の服，仕事，交友関係についてジョークや意見を言わないこと。人生で起きた最近の出来事についての実際の会話をからかわないこと。
　いつ：夕食の時が多い。
　どこで：実家での集まり。
　誰と：とくに父と一緒の時。

　さて今度は，あなた自身の依頼をリストにしてみる番である。あなたの欲求のリストから，3人の別々の人にしてもらいたい3つのことを選ぶ。軽度に不快か，中等度に不快の項目を選ぶようにする。リストの中で難しくて，不安を引き起こすような項目に立ち向かうのは後にすべきである。一つひとつの欲求について，あなたの依頼をまとめていく。

　誰に：
　私が望むのは：
　いつ：
　どこで：
　誰と：

　用紙は http://www.newharbinger.com/33933 でダウンロードできる。

## 適切な自己主張の依頼を抽出する

今度は，あなたの３つの項目についての基本的な事実をまとめて，欲求を短い文章にして，適切な自己主張の依頼を準備する番である。ホリーの適切な自己主張の依頼は次のようになった。

> アル，私は疼痛管理の論文をまとめるのに本当にあなたの助けを必要としている。私はあなたと一緒に，ページ毎に内容と構成を検討したい。木曜日の夕食後に書斎で３時間一緒にそれをしてもらえないだろうか？　もしもそれで終わらなければ，土曜日の午前中に再検討するのはどうだろうか？

ランディの適切な自己主張の依頼は次のようになった。

> ジム，僕の服や交友関係について少しジョークを控えてくれると，本当にうれしい。家族の夕食で父親と一緒にいる時は，とくにつらい。今の関係や，最近のふたりの関係について少し話ができれば，気分がよくなるだろう。

ホリーとランディの依頼がいかに具体的であるか注目してほしい。依頼のまとめの中にはすべての重要な事実が含まれている。相手にとって推測や不確実な点はない。ホリーとランディの欲求が明白であるので，その依頼に応じてくれたり，妥協をはかってくれたりする可能性は大きい。次項に進む前に，あなた自身の適切な自己主張の依頼を書いてみよう。

## 全体のメッセージ

自分が望むことを伝えるだけでは十分ではないことも多い。相手はあなたの依頼の背景についてさらに多くのことを知る必要がある。あなたの視点や，問題の理解の仕方について知る必要がある。その状況や問題があなたの感情にどのように影響しているのか，あなたの気分を知ることも役立つだろう。あなたの思考（どのように状況をとらえているのか），気分，依頼の言葉を言って，ようやく「全体のメッセージを」相手に伝えたことになる。

全体のメッセージは親密さや相互受容を促進する。ある状況についてのあなたの気分や視点について認識できると，相手もあなたの欲求を無視する可能性が減る。「ここから逃げ出したい」と友人に言うと，あまりにも唐突で，おそらく相手を苛立たせてしまうだろう。むしろ次のように全体のメッセージを伝えるほうがよい。「パーティーは超満員だ。僕は閉所恐怖症のように感じている。ふたりでここを出ていかないか？」こう伝えるほうが，同情的な反応が生じるだろう。

　ある状況についてのあなたの経験や依頼についての気分を伝えないままだと，相手は何かしなければと焦るのだが，その理由がわからない。口論になったり，怒ったり，その怒りでもってあなたの欲求をはねつけてしまいかねない。だからこそ，とくに親しい関係では，あなたの欲求が生じている背景について相手に理解させることが重要である。要するに，ある状況についてのあなたの経験全体を理解してもらうようにするのだ。

## 自分の思考

　自分の思考とは，ある状況についての自分の認識と理解である。何が起きて，それをどのように解釈しているのか，自分なりに説明する。ホリーとランディがいかに彼らの思考が依頼の背景にあるのかという例を示している。

> ホリーの思考：私があなたの助言を求めている時に，映画を探しているというのでは，あなたは本当に私を助けたいと思っているのか，ただ面倒だと思っているのかわからない。

> ランディの思考：お前のジョークのために，いつも僕はひどく間抜けに見えてしまう。そして，お前は僕のことを実際にそう思っているのだろう。

## 自分の気分

　自分の気分は，その状況であなたがどのように経験しているのかについて，相手が共感を覚えるのを手助けをする。「私が〜」という形で気分を伝えるのが最高の方法である。「私が〜」という表現で，あなたは自分の感情に責任を持つ。たとえば，次のように言う。

私は傷ついた。
　　私は少し腹が立っている。
　　私は除け者にされたと感じた。
　　私は悲しかった。
　　私はがっかりした。
　　私はひどく混乱していた。

　これは「あなたが～」という表現とは対照的であり,「あなたが～」と言うと,相手を非難し,侮蔑的であり,自分の気分の責任はすべて相手にあると決めつけてしまう。

　　あなたが私を傷つけた。
　　あなたが私を怒らせた。
　　あなたが私を除け者にした。
　　あなたがしたことが,私を憂鬱にした。
　　あなたが私を失望させた。
　　あなたが私を混乱させた。

　「あなたが～」という言い方は相手を防衛的かつ敵対的にしてしまう傾向があるのに対して,「私が～」という言い方は相手に敵対する可能性は低く,むしろ関心を引き出す傾向がある。
　ホリーはアルに対する気分を次のように表現した。「あなたが興味を持っていないように見えると,私は傷ついた感じがする」。ランディの弟に対する気分は次のように表現された。「僕は父の前でうろたえた感じがして,少し腹が立った」

## すべてをまとめる

　全体のメッセージにはとても説得力がある。あなたの3つの適切な自己主張の依頼を完全なものにするために全体のメッセージを考えてみよう。形式はきわめて単純である。

　　私は～と考える（私の理解,認識,解釈）。
　　私は～と感じる（「私が～」というメッセージだけ）。

私は〜をしてほしい（あなたの依頼の項目から抽出する）。

以下はホリーの全体のメッセージである。

　私があなたの助言を求めている時に，映画を探しているというのでは，あなたが本当に私を助けたいと思っているかわからない。そして，私は傷ついたように感じる。私は論文をまとめるのに本当にあなたの助けを必要としている。私はあなたと一緒に，ページ毎に内容と構成を検討したい。木曜日の夕食後に書斎で3時間一緒に編集できないだろうか？ もしもそれで終わらなければ，土曜日の午前中に再検討するのはどうだろうか？

以下はランディの全体のメッセージである。

　お前が家族の夕食の時に僕の服やデート相手についてからかうと，そのジョークのせいで，僕がまるで間抜けのように響く。そして，それはお前の本音だと考えている。僕は父の前だとうろたえてしまい，少し腹が立つ。ジョークを少し控えてくれるとありがたい。最近のふたりの関係や，これまでのやり取りについて話しあえれば，少しは気分がよくなるだろう。

　全体のメッセージの形で欲求について述べられた例をもう少し挙げておこう。

　私はここで自分の役割以上の仕事をしていると思う。私が働いているのに，あなたが新聞を読んだり，テレビを見たりしていると，私は憤りを感じる。食卓を整えたり，食事後には皿洗いを手伝ったりしてほしい。

　私はジョージと私には多くの共通点があると考えている。私は彼と一緒にいるのが楽しいし，彼をとても好きになってきている。私は来週，彼を夕食に招待したいと思っているが，あなたにラザーニャを作るのを手伝ってほしい。

　私はあなたの従弟があまりよい修理工だとは思わない。彼が身内だから，私の自動車の修理を彼に頼む必要性を感じているが，そもそも時間通りに

修理できないことに本当にイライラする。クラッチの具合がまた悪くなっ
てしまったし，今度は別の修理工場に頼みたい。

　私は『カサブランカ』がハンフリー・ボガートの最高の映画だと考えて
いる。イングリッド・バーグマンとの間の，ほろ苦い，果たせぬ恋に，私
はいつも惹きつけられてきた。今晩この映画を見に行こう。

　私があなたに赤ん坊の世話がいかにつらいかと言うと，あなたも職場で
つらい思いをしていると言うのが普通だ。それに，時々，私はあなたが私
の言うことを聴いていない気がする。今何が起きているのか本当に伝えら
れていないので，私は少し腹が立つと感じる。私が一日のことに不平を言っ
たら，しばらくはそれに耳を傾けて，とても大変だと時には理解してくれ
ると，私の気分は実によくなると思う。

　あなたが私に提示した事例は重要だが，私はすでに裁判事例を3件担当
している。正直なところ，私は仕事に圧倒されていると感じている。私は
限界までストレスを感じている。この事例を誰かほかの人に担当させても
らえないだろうか？

## 依頼のルール

　あなたの3つの依頼が，できる限り明確で，直接的で，批判的でないように
なるまで仕上げる。次に，あなたが望むものを与えることにできる人に対して
それを試してみる。依頼を完全なものにするのに役立つ，いくつかのルールを
次に挙げておく。

1. できれば，他の人があなたとの話し合いに加わるのに，便利な時と場所に
ついて合意しておく。
2. 強い抵抗を受けないように，あなたの依頼は小さなものにしておく。
3. 依頼をできる限り簡単なものにしておく。相手が理解し，覚えておくこと
ができるように，1つか2つの具体的な行動とする。
4. 相手を非難したり，攻撃したりしない。「私が〜」の言い方をして，自分
の感情や気分について述べるようにする。できる限り客観的で，事実に基

づいて話す。声の調子を荒げないようにする。
5. 具体的に話す。あなたが望むことについて具体的な数字や頻度を挙げる。言葉を濁してはならない。多くの条件を付けてはならない。態度を変えずに，行動に示して自分の望むものを表現する。
6. 適切に自己主張的で，高い自尊心を示すボディランゲージを使う。相手の目をしっかり見つめ，背を伸ばして座るか立つかして，腕や脚を組まず，相手に十分に近づく。はっきりと，相手に聞きやすく，しっかりと話し，泣き言を言ったり，謝るような調子で話さない。自分のボディランゲージの問題を直すために，鏡の前で依頼を練習する。依頼を録音して，それを聞きなおしてみて，自分の声の調子や抑揚について検討する。
7. 自分が望んでいるものを誰かに与えた際の肯定的な結果について話すことが役立つこともある。

　自分の依頼を否定した際の否定的な結果について述べることもできるだろうが，肯定的なアプローチのほうがうまくいくだろう。昔からある諺にあるように，酢より蜂蜜を使う方がたくさんの蝿がつかまる。

　依頼の文章を完全にして，鏡の前で練習したら，勇気を出して，現実の生活でそれを試してみよう。この段階を踏むのは易しくはないが，大きな利益を得られるだろう。まずはあまり怖ろしく感じない人から始める。準備しておいた依頼をしてみたら，もう一度リストに戻り，他のいくつかの依頼について準備するのだが，もっとも不快な直面化は最後にする。

　あるひとつの領域で，練習の結果，依頼が完全になると，次々に成功していく。自分の欲求のリストを試していくにつれて，ある特定の願望が妥当だとか，正当だとかについてあまり気にしなくてもよいのだと気づくだろう。依頼を前もって練習するのに必要な時間も徐々に減っていくだろう。自分が望んでいるものがより明確にわかるようになり，それをごく自然に，そして直接的に求められるようになる。

　明確で，中立的な依頼に対して相手が実に簡単に同意してくれることに，あなたは驚くだろう。自分の望むものを手に入れ，自信も増すという，二重の収穫を手に入れることになるのだ。

# 第13章

# 目標設定と計画

「あなたのできることが何であろうとも、自分の夢がどんなものであろうとも、それを始めてみるのだ」とゲーテは述べた。本章では、夢を見て、それを実行するという、変化に向けた道を敷くことについて取り上げる。

停滞や停止しているという感じほど、人間に強い痛みをもたらす原因はほとんどない。何かを欲しているのに、実際にそれを手に入れられないことほど、自尊心に大きな痛手をもたらすものもほとんどない。強力な自己概念は、自分が何をして、自分の「アイデア」を実現させることと大いに関連している。あなたは病的な批評家の口を封じたり、自己否定的な思考を、より温和で、支持的な調子に書き換えたりすることができるのだが、自分の夢や変化への欲求を前にして無力感を覚えると、自分自身を完全に受け止めることができないかもしれない。

強力な自尊心は次の2つにかかっている。第一に、本書のほとんどの部分で解説しているように、自分について健康な仕方で考える方法を学習することである。自尊心の第二の鍵は、何かを実現させる能力、自分が何を望み、それをどのように追い求めるかの能力である。すなわち、まさに自分の人生を創りあげることである。

麻痺し、無力に感ずると、飢餓感に圧倒されてしまい、人生に不満足になる。しかし、行動と目標に向けた変化は、あなたを強くして、自分こそが人生をコントロールしていると感じられるようになる。

## あなたは何を求めているのだろうか？

あなたが何を求めているのかを発見する過程は、目標設定に向けた第一歩で

ある。あなたの欲求や必要性をはっきりととらえるために調べる必要があるのは，次の8つの主な領域である。

1. 物質的目標：新しい自動車や裏庭のベランダがほしい。
2. 家族と友達：人間関係を改善したり，大切な時間をもっと持ったりする。
3. 教育的，知的，専門的目標：学位取得過程や仕事のプロジェクトを完成する。
4. 健康：運動をしたり，コレステロール値を下げたりする。
5. 余暇：キャンプや散歩にもっと時間を使う。
6. 霊的目標：瞑想法を学んだり，自己の価値に基づいて行動したりする。
7. 創造的目標：水彩画やガーデニングを学ぶ。
8. 情緒的・心理的成長：怒りに満ちた反応のコントロールの方法を学んだり，これまでよりも危険を冒すことを試みたりする。

　心の中のこれらの領域について，次に4つの主な質問に答える番である。

## 質問1：何に傷つき，あるいは何を不快に感ずるのだろうか？

　上述した領域のどれがあなたの人生に当てはまるか考えてみよう。あなたが変えたいと考える苦痛に満ちた気分や困難な状況があるのか，自問してみる。この質問に答えて，若い食料品店の店員が以下のようなリストを作った。

1. ブライアン（4歳の息子）と喧嘩する
2. 私のみすぼらしいアパート
3. 週末の多くの時間を母（アルツハイマー病患者）と過ごす
4. 私の手首の腱鞘炎
5. 長い通勤時間
6. 晩の孤独

　以下の空欄にあなた自身のリストを作る。左の「不快に感ずること」の欄にあなたが思いつくことをすべて書く。（より多くの欄が必要であるならば，本書のウェブサイトで「あなたは何を求めているのだろうか？」の練習の全体をダウンロードできる。)

| 不快に感ずること | それに対応するよいこと |
|---|---|
| 1. | 1. |
| 2. | 2. |
| 3. | 3. |
| 4. | 4. |
| 5. | 5. |
| 6. | 6. |

　左の列に記入が終わったら，否定的な気分を肯定的な目標に書き換えていく番である。左の欄の各項目を変化させるためにできる，少なくともひとつ具体的なことを考えてみる。自分に実行可能な具体的な戦略や行動でなければならない。食料品店の店員が以下のようにこの練習を終えた。

| 不快に感ずること | それに対応するよいこと |
|---|---|
| 1. ブライアンと喧嘩する | 1. タイムをとる戦略 |
| 2. 私のみすぼらしいアパート | 2. カーテンとポスターを買う |
| 3. 週末の多くの時間を母と過ごす | 3. 訪問時間を1時間に限る |
| 4. 私の手首の腱鞘炎 | 4. 病院でサポーターを手に入れる |
| 5. 長い通勤時間 | 5. 税金の還付金を使って，引っ越す |
| 6. 晩の孤独 | 6. ブライアンが寝たら，友人に電話する |

## 質問2：何を強く求めているのだろうか？

　もう一度8つの領域に戻って，あなたが何を求めているのかについて考えてみよう。あなたの人生や，全般的な幸福の質にどのような差があるだろうか？この質問に答えて，ホテルの支配人は次のようなリストを作った。

1. 子どもたちと今までよりも多くの時間を過ごす
2. 音楽を演奏する機会を増やす
3. 屋外で過ごす時間を増やす
4. 独りになる時間を計画する

5. エレンとの性生活を改善させる

以下の空欄にあなたが強く望むもののリストを作ってみよう。

1.
2.
3.
4.
5.
6.

## 質問３：何を夢見ているのだろうか？

再び８つの領域について考えてみて，あなたがいつもしたい，変えたい，なりたいと思っていたことのリストを作る。夢の中にはひどく非現実的で，とても実現できそうにない物もあるかもしれないが，気にすることはない。心に浮かぶものをただ書きとめればよい。30歳のマッサージ師は次のようなリストを作った。

1. 理学療法士になる
2. 映画のシナリオを書く
3. 日本庭園を造る
4. 人生のパートナーを見つける
5. テネシー州に戻る
6. 有機農場を始める

以下の空欄に，あなたが長いこと望んでいた夢のリストを作る。

1.
2.
3.
4.
5.
6.

## 質問4：何がささやかな快楽だろうか？

　最後にまた8つの領域を検討し，あなたの人生をより快適に，楽しく，気楽にしてくれるささやかなことを見つけてみよう。このリストは長くなる。ブレインストーミングをして，できる限り多くの項目，少なくとも30の事柄を考えてみよう。高価なものもあるかもしれないが，ほとんどは安価で，まったく費用のかからないものもあるはずだ。以下は，数学の教授が作ったリストである。

1. 本当に快適な読書用の椅子
2. ストリーミング[4] 映画サービス
3. アイパッド（iPad）
4. よい小説
5. 亡くなった父のアルバムの整理
6. 机を窓際に移す
7. 寝室によい暖房機を設ける
8. 明るい台所，飾り棚にペンキを塗る

　以下に，あなた自身のリストを作る。30個を挙げるのは大変な仕事に思えるかもしれないが，あなたの人生にささやかな快楽をもたらすのに役立つアイデアがたくさんあるというのは後でとても助かることだろう。

---

[4] ファイル全体をダウンロードしてから再生するのではなく、接続しながら再生する方式。

1.　　　　　　　　　　16.
2.　　　　　　　　　　17.
3.　　　　　　　　　　18.
4.　　　　　　　　　　19.
5.　　　　　　　　　　20.
6.　　　　　　　　　　21.
7.　　　　　　　　　　22.
8.　　　　　　　　　　23.
9.　　　　　　　　　　24.
10.　　　　　　　　　 25.
11.　　　　　　　　　 26.
12.　　　　　　　　　 27.
13.　　　　　　　　　 28.
14.　　　　　　　　　 29.
15.　　　　　　　　　 30.

## 取りかかる目標の選択：
## 第一歩

　さて，今度はあなたが取りかかりたいと思う目標を予備的に選択する番である。どの段階でも，少なくともひとつの長期的目標，中期的目標，短期的目標（数時間以内に達成できること）を持つ必要がある。4つの質問のそれぞれに答えて作ったリストを眺めてみよう。完成させるのに数か月間あるいは数年間かかるものもあるかもしれない。次に，中期的目標を4つ選ぶ。これはあなたが数週間から数か月間かかるだろうと思われるものだ。最後に，短期的目標を4つ選ぶ。以下の空欄にそれを記入する。

**長期的目標**

1.
2.
3.
4.

## 中期的目標

1.
2.
3.
4.

## 短期的目標

1.
2.
3.
4.

## 取りかかる目標の選択：
## 評価

　さて，あなたが選んだ12の目標を評価して，今，そのうちのどれを追い求めるべきかを決めていく。3種の方法で目標を評価することができる。第一に，目標を達成させたいという熱意の程度を1～10の尺度で点数を付ける。1点はその目標を追求する願望がほとんどない，10点は積極的にそれに関わるという意味である。各目標に対して点数を書いていく。

　次に，各目標を追求するための代価を評価する。ある目標に達するために，どの程度の時間，努力，ストレス，金銭がかかるだろうか？　各目標に関する代価を1～5の尺度で点数を付ける。1点は代価が最低で，5点はかかる時間，努力，金銭も最大だが，それでも目標を達成したいという意味である。各目標の脇に，代価の評価を違う色で書きこむ。

　次は，障害となる要因について見ていく番である。目標達成を妨げる重要な障害がいくつもある。たとえば，教育や特別な研修を受けなければならない，あるいは，恐怖，反対，人，組織のための障害などである。障害要因を1～5の尺度で点数を付ける。ここでも，1点は最小の障害要因を，5点は最大の障害を示している。

　あなたの12の目標を振り返って，それぞれに対して願望，代価，障害要因の程度について，3種の評価をしていく。目標を評価するよい方法としては，願望の程度の点数から，代価と障害要因の点数を引く。たとえば，あなたは日

本庭園を造りたいと考えてみる。願望の程度が6点だが，代価が4点，障害要因も4点とする。全体の評点は「-2」点となり，代価と障害要因が願望を上回ってしまい，庭はできそうもない。この公式を使って，各目標を分析してみよう。プラスの数字となる目標にはおそらく実現の可能性があるだろう。もちろん，点数が高いほど，実現する可能性も高い。たとえば，この数学教授の場合，ストリーミング映画サービスについて次のように分析した。願望の強さ：7点，代価：2点，障害要因：1点。代価と障害要因の合計点はわずかに3点であり，目標の全体の評価は「+4」点だった。

　評価の過程を終えたら，長期的目標，中期的目標，短期的目標のそれぞれから1つに印を付ける。その部分に，あなたの人生に変化をもたらす最大の努力を注入していく。

## 目標を具体的なものにする

　あなたが選んだ目標が何で，いつ，どこで，誰と，それを追及していくのかを見定める番である。このうちのいくつかはとても簡単だろう。たとえば，短期目標については，その課題を実行する具体的な日時をカレンダーに書きこめばよいだけである。たとえば，「8月23日（火）09：00，ストリーミング映画サービスに申しこむ」とか「6月10日（木）06：00，本屋で本を買う」といった具合にである。短期目標を最低でも毎週1つは達成するように努力する。このような容易な短期目標を達成することで，気分が高まり，より大きなことをしようという意欲が湧き上がる。

　中期的目標や長期的目標にはより詳しい計画が必要である。そのような計画を立てる最高の方法のひとつは，次の練習をすることである。

## 心の中のビデオ制作

　この技法は，目標を達成したことを視覚化し，その達成に至るまでの具体的段階を検討する手助けとなる。

1. 楽な姿勢をとり，あなたの心身を穏やかにさせる，気に入ったリラクセーション法を行う。少なくとも，数回，深く深呼吸する。呼吸毎に全身をリラックスさせていく。

2. 目を閉じて、受け身になり、あるがままを受け入れていく。
3. テレビ画面を想像する。目標達成に成功したあなたをビデオに録画し、画面に映し出す。成功を喜んでいるあなたを見つめて、その言葉に耳を傾ける。
4. ビデオを約10秒間巻き戻す。あなたが目標を達成するために何をしたのか、よく見て、よく聞いてみる。この10秒間ではっきりとした映像が浮かばなければ、深呼吸とストレッチをして、ビデオに戻る。もう一度10秒間巻き戻す。あなたの願望を満たすのにかかった段階をはっきりと見て、聞こえるようになるまで、これを繰り返す。
5. 「私の目標を達成するために、このようなことをするのは可能だろうか？」と自問する。もしもあなたの目標を心から達成させたいのであれば、何か新しいこと、いつものあなたとは違うことを試してみなければならないかもしれない。必要とされる段階が見えてきたら、それを試みる。もしも見えてこないならば、そのビデオを返却して、別のビデオを再生する。
6. 今度は、ビデオのシーンを再現してみる。成功につながったシーンを実際に試みる。これからあなたが実行する、行動、言葉、経験を実際に行っている姿を想像してみる。
7. 徐々に現時点に戻り、気分はリフレッシュし、自信に満ち、第一歩を踏み出す決心がついている。目を開ける。

## 段階を書き出す

　目標を達成する自分の姿を視覚化できたら、今度は目標に向けた段階をはっきりと書き出す番である。第一に、あなたの目標の具体的な要素を書き出す。次に、それぞれの目標を達成する時間枠とともに段階をリストにする。たとえば、「子どもたちと今までよりも多くの時間を過ごす」という目標とする。以下のように段階を定めた。

　　　私は土曜日はほとんど一日中、そして、月曜日、水曜日、金曜日の晩は家事の後に午後7時半から9時までは子どもたちと過ごしたい。それに加えて、毎月土曜日の2回は特別な外出（例：博物館などへ連れていく）をする。

**段階（時間枠）**

1. 土曜日午前中の家庭教師を辞める（2週間）
2. インターネットで子どものための活動について情報を集める（毎週）
3. 午後7時半から9時までの家族の時間を作るための家族会議を開く。7時半以後はテレビなし，宿題はそれまでに終えておくことを強調する。会議は今週水曜日の晩とする。
4. 特別なゲームの夜を計画する（毎週）

開始するだけでも，より多くの段階が必要となる目標もある。「理学療法士になる」という目標に向けた最初の月の段階を次に挙げる。

1. この地域の理学療法士過程をすべて検索する。
2. 理学療法士専門学校に入学する条件を調べる。
3. 学生ローンについての情報を集める。
4. パートタイムで働くことができるか上司に相談する。
5. 学資を援助してもらえないか両親と話しあう。
6. 応募書類をダウンロードする。
7. 推薦状を書いてくれる人を3人見つける。

段階は具体的で，詳しく，行動に移せる形でなければならない。行動を起こすのに必要なことが実際に示されなければならない。1枚の紙に，あなたの中期的目標と長期的目標の段階を書き出す。

## 真剣に関わる

あなたの中期的目標と長期的目標について，友人や家族に真剣に関わってもらう。目標達成のために取ろうとしている段階をその人物に話す。各段階の時間枠を説明する。目標に向けた毎週の進展について報告する。もしもそのようにしたければ，進展報告に短期目標も含めることができる。もしもあなたが報告を怠ったら，友人や家族に毎週少なくとも1回確かめるように頼んでおく。

## 目標達成の障害

　自尊心の低い人は，目標を設定しても，それが達成できないことが時々ある。よりよい将来を望んでいるのに，何かが障害となり，目標が達成できないことが続く。

　以下に，目標達成の障害となる，よくある6つの事柄を挙げる。よく読んでみて，自分にもっとも当てはまる障害をチェックする。そして，あなたにとって最大の障害を解説している項にまで飛ぶ。

　**不十分な計画**：もっともよく認められる障害は，計画が不十分なことである。大きな目標を，小さな，具体的な段階に分解していない。大きな人生の目標を一挙に達成しようとするのは，大きなパンの塊を一口で呑みこもうとするようなものである。それは不可能だ。パンを薄く切って，一度に少しずつ噛んでいかないと，窒息してしまう。

　**知識不足**：これもよくある障害で，目標に向けた非常に小さな一歩を踏み出す前に知っておく必要のある情報が足りないために起きる。基本的な情報を持たずに目標を追求するのは，マンハッタンからブルックリンに行くのに，思い付きで地下鉄に乗るようなものである。地下鉄路線図と時刻表が必要だ。これは自分が行きたい所に着くのに必要な情報である。

　**時間管理不良**：多忙な人は合理的な目標を立てることが多く，それを論理的な段階に分解していく。そうしないと，第一歩を踏み出す時間を見つけることができない。すでに手一杯のお手玉を空中に投げ出していると，さらにもう1個増やすことはできない。時間管理というお手玉をうまくやるためには，どの1個のお手玉を外すか決めなければならない。

　**非現実的目標**：これは一種の自己妨害であり，自尊心の低い人の多くによく認められる思考や行動のパターンである。非現実的な目標を設定してしまい，それを達成する希望はなく，かならず失敗し，自尊心も低いままになってしまう。非現実的な目標を追求するのは，月に向かって石を投げるようなものである。

**失敗の恐怖**：誰もが失敗を恐れるのだが，自尊心の低い人にとっては，真の障害となり得る。あなたは現実的な目標を設定し，実施可能な段階を計画するかもしれないが，失敗するのではないかとの不安や恐怖があまりにも強くて，目標に向けて実行することができず，結局，それを達成できない。これはまるであなたが道路脇で自動車をアイドリングをしているだけで，ギアを入れて，アクセルを踏み，交通の流れに入っていけないようなものである。

**成功の恐怖**：稀ではあるが，さらに自分を貶めるような障害である成功への恐怖は，遅れてやってくる失敗への真の恐怖である。目標達成に成功しても，その後にとんでもない失敗が待っているのではないかという怖れを抱く。あなたが昇進したり，とても有力な人と結婚したりすると，あなたはさらに注目されるようになる。人々はあなたを尊敬し，頼りにするだろう。そして，結局，あなたは彼らを失望させて，大失敗をすると，さらに悲惨だろうと思い描く。このような成功の恐怖の主題とは，「高く登れば登るほど，深く落ちる」ということである。実際にどこに行くのかわからないと不安に感じ，交通の流れに入るのを恐れているようなもので，まるで崖の頂上からかならず転落すると感じているようなものだ。

## 不十分な計画

　ギゼラは45歳になる室内装飾家であり，骨董商であった。彼女は大きく儲けることのできる企業向けの室内装飾の分野に進出したかった。ホテルのロビー，大企業の重役室，高級な受付などの装飾をしたいと考えていた。新たなスキル，装備，経験が必要だと承知していて，いくつかの段階を書き出した。

　　メモリーが十分にあって，グラフィックスが可能な，新しくて，速いコンピュータを手に入れる。

　　株式会社の登録をして，関連のURLをすべて自社のものとする。

　　ヨーロッパの家具やデザインのショールームを訪問して，最近のスタイルや色を視察する。

地域最大の企業の決定責任者に面会する。

　しかし，ギゼラは取りかかろうとしているようには見えなかった。彼女はコンピュータの店をあちこち見て回ったが，かえって混乱してしまった。銀行の預金残高を見て，ヨーロッパ旅行さえ無理だと失望した。

　踏まなければならない段階が多すぎた。彼女は具体的な実行計画を立てていなかった。彼女の目標の一つひとつは長期的目標としては妥当なものだったのだが，今日しなければならないことが明らかではなかったのだ。

## 作業計画の分解

　大きな目標を構成要素に「分解」するための一連の質問をすることによって，目標を小さな段階にしていくことに，この練習は役立つだろう。

　**全般的目標**：この目標を達成するためには，
1. 私はどのような情報が必要だろうか？
2. 毎日，あるいは毎週，どのくらいの時間が必要だろうか？
3. どのくらいの資金が必要だろうか？
4. 誰の助けが必要だろうか？
5. どのような資源やサービスが必要だろうか？
6. 目標を達成するために，どのようなことから始めるともっとも簡単だろうか？（目標達成に向けた第一段階）
7. 目標達成に向けた方向が順調に進んでいるか，どのように知ることができるだろうか？（目標達成に向けた中間段階）
8. 目標を完全に達成した時をどのように知ることができるだろうか？（目標達成に向けた最終段階の終了）

　あなたの大きな目標の一つひとつに，これらの8つの質問のすべてが当てはまることはないかもしれない（この作業計画表は，http://www.newharbinger.com/33933 でダウンロードできる）。

　ギゼラがこれらの質問を，新しくて，速いコンピュータを買うという目標に応用したところ，次のような関連の答えが得られた。

**情報**：どのような型のコンピュータを購入すべきか？　インテリアデザインに最適なグラフィック・ソフトは何だろうか？　ソフトウェアの使い方をどのように学習するか？
**資金**：私には 4,000 ドルの預金があり，それ以上，借りることもできるが，私の資金でもっとも価値のある買い物をすべきだ。
**助け**：私に助言してくれる専門家が必要である。
**初期兆候**：自分のコンピュータを手に入れる前に，ソフトウェアの使用法を学んでおこう。
**中間評価**：知識が豊富で，信頼できるコンサルタントとともに，コンピュータとソフトウェアを選定し，購入する。

**情報**：私にはコンサルタント，教室，よい本が必要だ。
**資金**：コンサルタントには1時間200ドル払わなければならないだろう。本は安いけれど，すぐに古くなってしまうし，本からだけで学ぶのは難しい。コンピュータの教室に通うことはできるし，質問もできる。先生からソフトウェアの使い方を教えてもらえるし，どのようなものを買えばよいかも質問できる。ソフトウェアの学生割引も可能かもしれない。

**情報**：どこでコンピュータ・グラフィクスの教室が開かれているか探さなければならない。地域の大学か，インターネット上に見つかるだろうか？
**初期兆候**：私は大学のウェブサイトで講義予定を探すことができる。

ギゼラが，最初の段階がはっきりしたら，直感的に「情報」に関する質問を繰り返したことに注目してほしい。彼女は火曜日の夜にこの目標設定に達し，水曜日に電話をかけて，次の四半期のグラフィクスの講義に申しこんだ。

## 知識不足

ジェイクは 24 歳の美大卒業生で，画家として生計を立てたいと考えていた。大学では油絵や水彩画の歴史や技法をたくさん学んだが，専門の芸術家の現実世界については知識が不足していた。ニューヨークやシカゴの有名な画商に絵を送りつければ，多額の小切手を手にすることができるといった，漠然とした考えしかなかった。情報が不足していたために，はっきりとした現実的な目標

を立てたり，それを達成するための段階を一つひとつ設定したりすることができずにいた。

　知識を得るためには，以下のような資源を試すことができる。

**本**：図書館や大きな書店に行くか，インターネットで調べ物をする。画商を通じての美術品販売，芸術家にとっての市場原則，芸術家としての生涯での浮き沈みを，長期間の浮沈を経験した有名な芸術家の伝記などについて，ジェイクは本を見つけた。

**インターネット**：興味のあるキーワードをインターネットで検索してみる。世界中にオンラインの美術館があり，専門の芸術家を対象としたワークショップのリストやチャットルームもあり，絵画用具のカタログや美術品取引のサイトさえ，ジェイクは発見した。

**指南役**：自分が計画したいと思っていることをすでに行っている人を見つけて，その人の話を聞く。成功者のほとんどは，誠実な初心者に自分の成功談を喜んで話してくれる。ジェイクは彼の大好きな油彩画家のひとりがわずか20マイル先に住んでいることを発見した。ジェイクはそのアトリエを訪ねて，コーヒーを飲みながら長いこと話をして，芸術家として生計を立てながら，創造性を保ち，自分の価値に忠実であることがいかに難しいか話を聞いた。

**訓練**：もしも目標を達成するために何らかのスキルが必要で，それを講義，講習会，セミナー，ワークショップで学ぶことができるのであれば，ただちに申しこむ。ジェイクはこれまでに美術教育は十分すぎるほど受けたと考えたので，芸術家のためのマーケティングと題された週末のワークショップを見つけた。

## 時間管理不良

　ロザリアは，2人の子どもがいる28歳の母親だった。週に2クラス，第二外国語としての英語を教えていた。夫は，レストランの食材卸売商だった。7歳の娘は小学校2年生だったが，授業についていくのに問題があり，5歳の息子は幼稚園に入園するところだった。ロザリアは子どもたちを自宅で教育したいと強く思っていた。彼女は地域の公立学校をあまり高く評価しておらず，初期教育，家族の価値，ヒスパニック系の文化的伝統を高く信じていたのだ。

ロザリアは娘を退学させて、子どもたちをふたりとも自宅で教育しようとした。しかし、彼女はすべてを仕切るのが難しかった。仕事として英語を教え、子どもたちにカリキュラムの教材を教え、試験をして、学区に報告し、家事もこなし、自動車も運転し、犬の世話もして、時には夫の世話もし、何とか映画に行ったり、週末の旅行をするといった具合に大忙しだった。彼女はすっかり燃え尽きて、落胆してしまった。

ロザリアは良好な時間管理のための3つのルールを学ぶ必要があった。

## 1．優先順位づけ

将来の目標とも関連する新たな役割も含めて、人生で自分が演じる役割をすべて書いてみる。そのうえで、それらのうちでもっとも重要なものを1、次に重要なものを2と順に挙げていく。ロザリアのリストは以下のようなものだった。

1. 母親
2. 妻
3. 自宅での教師
4. 英語の教師
5. 娘
6. カトリック教徒
7. 読書家
8. メキシコ系アメリカ人の女性
9. 旅行者
10. テニス選手
11. ピアニスト
12. 赤十字のボランティア
13. メイド
14. 女性修理工

そして、次の部分が難しいのだが、優先順位の高い役割を全うするために、除去したい、あるいはあまり重きを置かない役割を消していく。教会の仕事、赤十字のボランティア活動、テニス、旅行、ピアノに多くのエネルギーを注いでいることに気づいた。彼女は自宅を片づけたり、修理することに対する基準

を下げなければならないとも感じ，あるいは誰か他の人（たとえば，夫）に片づけを任せるべきだと思った。日中ぼんやりしている，電話で妹と何時間も話す，テレビのトークショーを見るといった時間を浪費する習慣については，目をつぶった。

## 2．実行リストを作る

　実行リストは効率的な時間管理にとって必須用具である。日々の実行リストに，高，中，低のレベルで優先順位をつける。高とされた項目には，医師の予約を取るとか，4月15日までに所得申告書を郵送するなどの，その日に絶対にしなければならないものが入る。中とされた項目には，履歴書を書き終えるとか，小説を書くといった，高よりは重要度が少し下がるものの今日のうちに，あるいは遅くても明日にはぜひやっておかなければならいものが含まれる。低とされた項目には，もっとも重要度が低いもの，たとえば，冷蔵庫の霜をとるとか，犬を洗うといったことが含まれる。いずれしなければならないことではあるが，後で行っても大丈夫なものである。

　ロザリアは毎日，高の項目のものを少なくとも1つか2つ取り上げることにした。たとえば，自宅教育の日には，教育的ゲームを計画するか，子どもたちと外出することにした。さらに，夫との夕食の時間や，時には母親を訪問する時間も残るようにスケジュールを管理した。歯の洗浄やバックポーチの屋根の修理といった，中の項目のものは数か月先延ばしにした。秋に球根を植えるとか，ピアノの調律をするといった，低の項目の事柄は結局手つかずのままになった。彼女はいくつかの些細なことについて後悔したが，高い自尊心を保つことができたのは，自宅教育と親密な家庭生活を達成できたからであった。

## 3．断わる

　時間管理のほとんどが結局のところ，あなたの時間に対する他者の欲求のために，うまくいかない。すべてを投げ出して，他者の欲求を満たそうと自動的に同意してしまう傾向を抑える必要がある。ただし，これはあなたが意地悪く，非協力的な態度をとって，皆から嫌われるようにするという意味ではない。これが意味するのは，次の点について自問しなければならないということなのだ。

　　・これは妥当な依頼だろうか？
　　・これは私にとって優先順位の高いものだろうか？

・私は部分的に同意し，一部だけやることはできるのだろうか？　そうしないと相手を満足させられないだろうか？

ロザリアはドッグ・ショーに行こうという妹の誘いを断り，さらに多くの時間ボランティア活動をしてほしいという赤十字のコーディネーターの依頼に応じず，会合での役割を増やしてほしいというブッククラブの要請も断った。

## 非現実的目標

ハーブは58歳の保育園の園長で，離婚して18年が経ち，現在，恋人はなく，孤独だった。一緒に暮らす女性を見つけるという目標を立てた。理想的な女性は，35〜45歳で，痩せていて，小柄で，黒髪で，品がよく，芸術的で，植物や自然を愛し，音楽好きで，料理上手で，彼の気難しい独身のライフスタイルに我慢してくれる人だった。ハーブは朝は3〜4時に目覚めて，濃いコーヒーを淹れて，新聞を読み，朝日が昇るまでコンピュータで景観の設計をするのが好きだった。そして，保育園での仕事に出かけて，10時半まで温室で仕事をして，たっぷり昼食をとり，2時間昼寝をするが常だった。午後1時か2時に職場に戻り，数時間仕事をすると，早めの夕食をとり，午後8時頃にテレビの前で眠ってしまう。

ハーブは何でもきちんとする男で，目標を手に負える段階に分解し，それを実行に移した。友達や知人の皆に独身女性を紹介してくれるように頼んだ。インターネットのデートサービスに申しこみ，それに応えてきた女性と数回会って，コーヒーを飲んだ。誰かに会いたいと思ったので，あまり気が進まなかったが，パーティーへの招待も受けた。しかし，デートはけっしてうまくいかなかった。女性は歳を取り過ぎていたり，太り過ぎていたり，性格がひどすぎたりした。あるいは，ハーブが相手を気に入ったとしても，相手がハーブを気に入らなかった。

ハーブの問題は非現実的な目標だった。彼は気楽で，創造的で，面白い男だったが，あまりにも背が低く，肥満体で，年老いて見え，無精な感じで，若くて，魅力的な女性を惹きつけることはできなかった。彼のライフスタイルは，あまりにも奇妙で，頑なであり，ごく平均的な女性がそれを受け入れて，それに合わせることはできなかった。

合理的な目標の基準についてのチェックリストを検討するまで，彼は何の成

果も得られなかった。

## 確率はどのくらいだろうか？

　人間の性質，あなた自身のパーソナリティ，世間がどのように動くか，実際に起こりそうなことなどを考慮すると，目標を達成する確率はどのくらいだろうか？

　　　____ 1/1000
　　　____ 1/100
　　　____ 1/10
　　　____ 1/2
　　　____ ほぼ五分五分
　　　____ 五分五分以上

　せめて目標を達成する確率が五分五分以上でなければならないし，そうでなければ目標が現実的ではない。見込みが五分五分よりも下回っているならば，失敗に向けて突き進んでいるようなものだ。ハーブは女性に対する要求を変えなければ，自分の望む女性に出会うまでにおそらく200人以上もの「候補者」と会わなければならないだろうとようやく気づいた。そのためには多くのインターネットのデートサイトがあり，コーヒーもたくさん飲まなければならない。確率を挙げるために何かしなければ，彼は腎臓を傷めてしまったことだろう。

**そもそも私は条件を満たしているだろうか？**（あるいは自分の条件を満たす女性を見つけられるだろうか？）多くの目標に対してそもそも必須条件を満たしていないことがある。プロのバスケットボール選手になるには背が十分に高くないかもしれないし，医学部に入学するには歳を取りすぎているかもしれないし，大きな商売をするには勇気がなさすぎるかもしれないし，ある特定の仕事に就くには経験が乏しいかもしれない。

　ハーブは自分の基準に合うような女性を惹きつけるために，自分がある種の必須条件を得ることはできても，すべての条件を獲得することはできないことに気づいた。彼は体重を減らして，髪を刈り，ましな服を着て，ごく普通の生活をすることはできるだろう。しかし，若返ったり，背を伸ばすことはできない。

これは私の目標なのか，それとも誰か他の人の目標なのだろうか？　そもそも，これは自分が望んでいる目標なのか，それとも誰か他の人があなたに望んでいる目標なのだろうか？　たとえば，父親か母親がその職業で，あなたにも同じ職業に就いてほしいので，あなたは医師，弁護士，あるいはエンジニアになりたいと思っているかもしれない。何年も教育を受けて，個人的な犠牲を払うには，これでは十分に強い理由とは言えない。心の底から自分自身の目標でなければならない。

　この質問に関連する第二の点は，誰がその目標を達成するのかということである。もしも目標があなたの夫が禁酒することであるならば，それは夫の目標であって，あなたの目標ではない。もしも目標があなたの息子が高校を卒業して，大学に入学することであるならば，それは息子の目標であって，あなたの目標ではない。あなた自身が，あなたのために行うという意味で自分の目標を設定する必要がある。他者の行動という意味で目標を立ててはならない。あなたが断酒会のミーティングに出席することを計画したのに，夫がこれからも飲酒して帰宅することが続けば，あなたは家を出ることはできる。このように論理的に段階を踏むのはあなたの力でできる。あなたが息子のために家庭教師を雇ったり，宿題をするために静かな部屋を用意したり，学校を休まなければならないような家族旅行を計画しないといったことはできる。これもあなたの力でできることだ。しかし，あなたが息子の代わりに，高校を卒業することはできない。

　すばらしい女性がハーブと恋に落ちる「べき」で，そのような女性に自分が見合っていて，人生に現れないのは彼女の側の怠慢だと感じていることが，部分的には，欲求不満や憤りの原因であることに気づいた。彼は態度を変えて，目標を立て直した。この場合，彼は相手をまだ知ってもいなかったのだ。

　結局，自分の「理想の女性」の基準を改訂し，ハーブが受け入れて，合わせることができるような，同じ年代で，同じように気難しくて不完全な女性を含めるようにした。そして，今ではハーブがダーラと結婚して数年になる。

## 失敗の恐怖

　ジェリーは39歳の臨床検査技師で，大きな病院の血液と尿検査の部門で12年間働いてきた。彼女はその職場で昇進し，よりよい仕事を得て，放射線科か超音波の検査部門で働きたかった。しかし，よい職の募集があっても，彼女は結局応募しないことに決めた。「私には本当にその資格がない」と自分に言い

聞かせるか，あるいは「責任が重すぎる」「あの女性のもとでは働けない」というのがその理由であった。

ジェリーには長年にわたっていくつものポストに十分な資格があったのだが，失敗する恐怖のあまり，尻込みしていた。新たな課題や同僚たちを恐れ，とんでもない大失敗をするのではないかと思っていた。

失敗の恐怖に打ち勝つ方法は，失敗についての実際の危険を系統的に評価することである。以下の用紙を用いて，起こり得る最悪のことを見きわめ，どの程度の損害を被るか，さらに対処戦略を検討し，失敗の恐怖を妥当なレベルにまで下げる。

## 危険評価

あなたが恐れている失敗を書いてみる：＿＿＿＿＿＿＿＿＿＿＿＿＿＿＿＿
恐怖感を増すこの出来事についてあなたは自分に何と言っているのだろうか？
＿＿＿＿＿＿＿＿＿＿＿＿＿＿＿＿＿＿＿＿＿＿＿＿＿＿＿＿＿＿＿＿＿＿
あなたの恐怖を1〜10の尺度で表す（10：もっとも恐ろしい）：＿＿＿＿
失敗する確率（0〜100％）：＿＿＿＿＿＿＿＿＿＿＿＿＿＿＿＿＿＿＿＿
最悪の事態が生じると仮定して，
予想される最悪の結果とは何だろうか？：＿＿＿＿＿＿＿＿＿＿＿＿＿＿
＿＿＿＿＿＿＿＿＿＿＿＿＿＿＿＿＿＿＿＿＿＿＿＿＿＿＿＿＿＿＿＿＿＿
可能な対処思考：＿＿＿＿＿＿＿＿＿＿＿＿＿＿＿＿＿＿＿＿＿＿＿＿＿
可能な対処行動：＿＿＿＿＿＿＿＿＿＿＿＿＿＿＿＿＿＿＿＿＿＿＿＿＿
考え直された結果の予測：＿＿＿＿＿＿＿＿＿＿＿＿＿＿＿＿＿＿＿＿＿
＿＿＿＿＿＿＿＿＿＿＿＿＿＿＿＿＿＿＿＿＿＿＿＿＿＿＿＿＿＿＿＿＿＿
再評価した失敗する確率（0〜100％）：＿＿＿＿＿
起こり得る最悪の結果に反する証拠は何か？：＿＿＿＿＿＿＿＿＿＿＿＿
＿＿＿＿＿＿＿＿＿＿＿＿＿＿＿＿＿＿＿＿＿＿＿＿＿＿＿＿＿＿＿＿＿＿
その他の起こり得る結果とは何か？：＿＿＿＿＿＿＿＿＿＿＿＿＿＿＿＿
＿＿＿＿＿＿＿＿＿＿＿＿＿＿＿＿＿＿＿＿＿＿＿＿＿＿＿＿＿＿＿＿＿＿
再評価した失敗の恐怖（0〜10）：　＿＿＿
再評価した失敗の恐怖の確率（0〜100％）：＿＿＿＿＿

この用紙は http://www.newharbinger.com/33933 からダウンロードできる。

以下に，ジェリーが記入した危険評価用紙を挙げる。

## 危険評価

あなたが恐れている失敗を書いてみよう：**新しい職に失敗する。**

恐怖感を増すこの出来事についてあなたは自分に何と言っているのだろうか？：**難しすぎる。私はきっと台無しにする。チャンスを掴もうとしないほうがよい。**

あなたの恐怖を1～10の尺度で表す（10：もっとも恐ろしい）：**9**

失敗する確率（0～100%）：**75%**

最悪の事態が生じると仮定して，

予想される最悪の結果とは何だろうか？：**私は新たな職に応募して，それを手にするが，とんでもない失敗をして，誰かが死んでしまい，私は解雇され，失業し，破産して，死ぬ。**

可能な対処思考：**私は誰も死なせていない。私にはいつも研修期間があり，指導者もいたし，研修期間中の指導も受けられたので，それほど深刻に考える必要はない。**

可能な対処行動：**元の上司に頼んで，元の仕事に戻してもらう。新しい上司に，私は神経質になっているので，できる限り追加の研修が必要であると伝える。**

考え直された結果の予測：**おそらく大丈夫だろう。新しい職を失うことはないだろう。もしも新しい職を失ったとしても，前の仕事に戻ることができるかもしれない。**

再評価した失敗の恐れ（1～10）：**5**

起こり得る最悪の結果に反する証拠は何か？：**部門が変わった人が，いつも台無しにしたり，解雇される訳ではない。**

その他の起こり得る結果とは何か？：**応募しても最初から希望が採用される訳ではないかもしれないが，それでも構わない。私はうまくいって，よい職を得られるかもしれない。うまくいかなくて，様子をよく知っている元の仕事に戻らなければならないかもしれない。別の病院の仕事を探さなければならないかもしれない。**

再評価した失敗の恐怖（0～10）：**3**

再評価した失敗の恐怖の確率（0～100%）：**10%**

こうしてジェリーは応募し，放射線科に職を得て，立派に仕事をし，すぐに昇進し，不安もなくなった。

## 成功の恐怖

マーゴットは63歳の，元郵便局員だった。夫は5年前に他界し，子どもたちは自立していたので，元気なうちに世界旅行をして，面白い人たちに会ってみたいと考えていた。彼女には時間も，資金も，健康でもあったのだが，退職して3年経った今でも，知らぬ街や国を見るのは旅行雑誌の中でだけだった。同年代の女性たちの中には，教会のグループでラスベガスに出かけたり，高齢者ツアーでイエローストーン国立公園のバス旅行に行ったり，英国の湖水地方のウォーキングツアーに出かける者さえいた。マーゴットも湖水地方のツアーにもう少しで参加するところだった。その地方の宿，パブ，教会を歩いて回り，双眼鏡で小鳥を眺め，シェパーズパイ[5]を食べ，インディアナ州から来た陽気な男性とともに拓本をとるといったことを想像していた。しかし，そんなことをしても無駄だと思った。ホームシックになり，足首を捻挫し，古きよき英国の風習を破って，礼儀知らずのヤンキー丸出しになってしまうと思った。陽気な中西部の男性が言い寄ってきても，マーゴットは動転して，パニックに陥ってしまうだろうと思った。あるいは，ふたりが恋に落ちたとしても，相手は自分がごく普通のつまらない女だと気づいて，英国の田舎で捨てられてしまうのが関の山だと思った。あまり野心に富んだことは控えたほうがよい。そんなことは他の人のすることで，マーゴットのすることではなかった。

なぜ成功を恐れる人がいるのだろうか？　誰もが成功したいと願っている。逆説的に見えるかもしれないが，自尊心の低い多くの人は，心の奥底で恥の感覚を抱いていて，その結果，成功を願いつつも，成功を避けることになってしまう。人生でよいことを願っているのだが，自分はそれに値しないと感じている。何らかの成功を達成したとしても，それは後に起きる，より大きな転落の始まりに過ぎないと恐れる。彼らは他者の羨望の的になりやすい。あるいは他者が彼らに頼るようになり，その責任に押しつぶされてしまう。

もしもあなたが妥当な目標を設定し，それをいくつもの単純な段階に分解し，失敗を恐れず，必要な知識や時間管理のスキルを備えて，目標設定を完全に行っ

---

5) シェパーズパイ（shepherd's pie）：マッシュポテトとパイ皮と牛肉で作るイギリスのミートパイ。

たのに，それでも行き詰まるようならば，その時はじめて成功を恐れればよいだろう。

　ここで起きているのは，病的な批評家が心の奥底の暗がりで，あなたの恥をかき立てる次のようなつぶやきを延々と繰り返しているのだ。「お前にはできない。お前は成功に値しない。何様だと思っているんだ？　危険を冒す意味がない。わざわざ試してみて，失敗することはない」

　もしもこれがあなたに当てはまるならば，これまでの章に戻る必要がある。病的な批評家の性質，批評家の口を封じる方法，反論の仕方についての解説を読み返してみよう。以下に挙げるような，批評家に反論するためのマントラを創りあげて，それを練習してはじめて，マーゴットは翌年の湖水地方の旅行の参加申し込みができた。

　　私は人生でよいことを経験するのに値する。
　　私は活気があり，有能な女性である。
　　私は自分の行きたい所に行き，私がしたいことをすることができる。
　　私は些細な失敗に対処できて，それで倒れてしまうようなことはない。
　　疑いを持ったら，まず前進あるのみだ。

# 第14章

# 視 覚 化

　視覚化（visualization）は，自尊心に磨きをかけ，人生に重要な変化をもたらすための，強力で，効果が証明された技法である。この技法には，身体の緊張を和らげ，心を落ち着けて，集中させ，肯定的なシーンを想像することなどが含まれる。

　あなたが視覚化の効果を信じていても，いなくても，問題ではない。この技法を信じている人のほうが，信じていない人よりも，結果が早く現れるかもしれないが，技法への信頼がこの過程に不可欠であるというものでもない。あなたが何を信じていたとしても，視覚化の効果が現れるように，心は作られている。効果を疑っているために，視覚化を試みることにためらうかもしれないが，一度試してみれば，その効果が明らかになるはずだ。

　本章では，基本的な視覚化の技法，ありありとした心の印象を形作る練習，自尊心を高めるためのあなた独自の視覚化練習を手助けする方法などを解説する。

　視覚化は次の3つの方法で自尊心を高める。すなわち，(1) 自己像を改善する，(2) 他者との関係の在り方を変化させる，(3) 特定の目標を達成する手助けとなる，といった方法である。

　自己像を改善するのは，第一の，そしてもっとも重要な段階である。あなたが現在，自分のことを弱々しくて，無能だと思っているのであれば，力強くて，有能だという自分を視覚化する練習を行う。自分のことを無価値で，何にも値しないと考える傾向が強いのであれば，自分に価値があり，世界に対して重要な貢献をするに値する人間であるというイメージを創りあげなければならない。あなたが自分のことを病気がちで，事故を起こしやすく，抑うつ的だと考えているのであれば，自分は健康で，注意深く，快活な人物であるという確

信でもって，現在の自己像に立ち向かう。

　第二の段階は，視覚化を用いて，他者との関係を変化させることである。自分が外交的で，適切に自己主張し，親しげであるといったイメージを視覚化する。家族，恋人，友達，同僚と満足できる関係を保つ自分を視覚化する。あなたが興味深くて，前向きな人々と新たな関係を築き，相手もあなたのことを興味深く，前向きな人だと思うように想像してみる。

　第三に，特定の目標を達成することを視覚化する。昇給，重要な学位の取得，ある地域への転居，お気に入りのスポーツの上達，人生で真の達成を実現することなどに成功した自分を想像してみる。すなわち，自分の在り方，行動，人生で望んだことを実際に手にした光景を想像してみる。

## なぜ視覚化が効果を現すのか？

　批判に対処することを解説した章には，なぜ視覚化が効果を現すのかを説明するのに役立つ比喩が含まれている。その比喩によると，まるで自分の頭の中のテレビ画面に映る像を見て，人は現実を間接的に経験している。けっしてあるがままの世界を経験している訳ではなく，単に画面に映された像を見ているだけである。そして，画面に映された像は，かなりの程度，想像の力で決定されている。これは，心と体は，まるで真の経験に反応しているかのように，想像上の経験に反応しているということである。とくに，無意識は，「真の」感覚入力と，視覚化の練習で作り上げられたありありとした感覚の印象の区別ができないように思われる。

　たとえば，あなたがパーティーで自由に人の輪の中に入っていく自分を想像すると，実際にパーティーに出かけて，うまくやり取りしているのとほぼ同等の自信が得られる。想像することが簡単であるのは，完全に自力でコントロールできて，不安を感じることも少ないからである。

　視覚化とともに行う肯定も，病的な批評家の否定的な意見を意識的かつ肯定的に修正する。これは視覚化についてのナレーションとなり，それはまるで，ドキュメンタリー番組を見ていて，画面に映された像にコメンテーターが解説を加えているような感じである。

　視覚化のスキルを獲得するのは，単にあなたがすでに無意識的に行っていることを，意識的に行う方法を学ぶだけである。あなたはすでに自分の画面に映るものを創り，編集し，解釈している。もしもあなたの自尊心が低いならば，

おそらく自分が負け犬であるといった像を創りあげ，いかなる賞賛の言葉も取り除き，目にするものを自分の不全感の証拠であると解釈する。

このような無意識的で否定的な宣伝の多くを，自分はヒーローで，多くの賞賛を得てしかるべきで，うまく事を運ぶことができるといったシーンで置き換えることができる。ありありとした心の像を結ぶのを学ぶ過程で，現実を正確に認識し，より客観的に自分を観察する能力を高めることになるだろう。

行動や自己像を変化させるうえで視覚化が効果を表すことを理解するもうひとつの方法がある。単純な決定を下す方法を再構築する技法であると，視覚化をとらえてみよう。日々のあらゆる場面で，あなたは小さな，ほとんどが無意識的な決断と直面している。右折か，左折すべきか？ トーストにするか，マフィンにするか？ ジャンのところに行くか，それを延期するか？ もう一切れパイを食べるか，我慢するか？ シートベルトを締めるか，締めないか？ 黄色信号でも進んでしまうか，停車するか？ 水飲み場のグループに加わるか，コーヒー機の場所のグループに加わるか？

視覚化は心のプログラムを作り直して，いかなる2つの選択でもわずかでも肯定的なほうを認識し，選ぶようになる。時間が経つに連れて，数多くの小さな，肯定的な選択が蓄積されていき，それが自尊心や幸福感の高まりにつながる。

この自動的な決断のプログラムはけっして新たなものではない。あなたはこれをすでに行っているのだが，自尊心が低いと，これを逆に行ってしまう。あなたは視覚化を行うのだが，その結果，否定的なほうを選んでしまう。自分のことを価値がないととらえると，負けて，拒絶されて，失望し，抑うつ的で，不安で，疑いや心細さに襲われるように期待し，行動してしまう。肥満であるのに，二切れめのパイを食べてしまう。自分に腹を立てていると，シートベルトを締めず，黄色の信号でも停車しようとしない。あなたは否定的な人や苦痛に満ちた状況に引きつけられてしまう。

視覚化はこのすべてを変化させることができる。視覚化を使って，自動的で，無意識的で，否定的であった過程に，意識的かつ肯定的な刺激を与えることができる。決定過程のプログラムを作り直して，勝って，受け入れられて，期待が叶えられ，肯定的になり，リラックスして，希望や自信に満ちた方向に舵を切ることができるようになる。あなたの肯定的な傾向を強化して，甘い誘惑を拒絶できるようになる。自分自身を正当に認識すると，シートベルトを締めて，馬鹿げた危険を冒すことがなくなる。あなたは肯定的な人や感情的に健康な状況に引きつけられて，そこで成長や成功の機会を得る。

魚の群れがとくに目的もなく左，右へと泳いでいるのを想像してみよう。どの魚も同じエネルギーを使っているのだが，とくにどこに向かっているというのではない。もしもあなたが意識的にプログラムされた魚になったのであれば，あなたは以前よりも多くのエネルギーを使わずに，自分の行きたい所に達することができるようになるだろう。

## 視覚化の練習

　視覚化の第一段階は，リラックスすることである。脳波がアルファ波優位（十分にリラックスしている時だけに生じる）になっている時に，視覚化の効果が最大になる。リラックスしたアルファ波状態は，意識や被暗示性が高まった状態のひとつである。
　視覚化の練習を毎日2回行う。最適な時間帯は，夜の就寝前と朝の覚醒直後である。このような時間帯では，とくにリラックスしていて，暗示性の高い状態である。

　この練習のオーディオ版は http://www.newharbinger.com/33933 でダウンロードできる。

### セッション1

　邪魔が入らない，静かな場所で，頭も支えられるような椅子に腰かけるか，床に仰向けに横たわる。暑すぎたり，寒すぎたりしないようにする。目を閉じる。
　深呼吸をして，ゆっくりと肺に空気を満たしていき，胸と腹のどちらも膨らませる。息をゆっくりと，完全に吐く。このようにゆっくりと深い呼吸を続ける。
　足に注意を向ける。息を吸う時に足に緊張を覚え，息を吐く時に，緊張が和らぐと想像する。足は温かく感じ，リラックスしてくる。
　今度は，脹脛（ふくらはぎ），脛（すね），膝に注意を向ける。息を吸う時に，この領域に緊張を感じる。息を吐くときに，緊張を和らげていき，リラックスしていく。
　注意を太腿に向けていく。息を吸う時に，太腿の大きな筋に緊張を感じる。息を吐く時に，緊張が和らいでいく。
　今度は，息を吸う時に，尻や骨盤領域に緊張を覚える。息を吐く時には，この緊張を和らげていく。
　今度は，息を吸う時に，腹部の筋や腰に緊張を覚える。息を吐く時には，す

べての緊張が和らぎ，リラックスする。

　ゆっくりと息を吸い，胸や上背部の緊張を感じる。ゆっくりと完全に息を吐いて，胸と上背部の緊張を解いていく。

　今度は，注意を手に向ける。息を吸う時に，手，掌(てのひら)，手首に緊張を感じる。ゆっくりと息を吐きながら，この緊張を和らげていく。

　次に，前腕に移り，息を吸う時に，その部分の緊張を感じる。そして，息を吐いて，緊張を和らげていく。

　ゆっくりと息を吸い，上腕の緊張を意識する。息を吐く時に，二頭筋や他の上腕の筋肉をリラックスさせると，重く感じる。

　今度は，肩に緊張を感じないか注意を払う。息を吸いながら，緊張に注意を払う。息を吐きながら，肩の緊張を和らげていく。この部分はとても緊張が強いことがしばしばあるので，もしもその緊張を払う必要があれば，肩を回してみる。

　次は首に移り，息を吸う時に緊張を感じる。息を吐きながら，首の緊張を和らげる。それでも首の緊張が高いならば，首を回してから，もう一度深呼吸をして，首の緊張を和らげる。

　息を吸う時に，口を大きく開けて，いかに歯を食いしばっているかに気づいてみる。息をゆっくりと完全に吐く時に，顎を動かして，緊張を解く。口を少し開け続けて，顎(あご)の緊張が解けたままであるか確かめる。

　今度は，息を吸う時に顔面の筋に焦点を当てる。すなわち，舌，口，頬，額，目の周囲の筋である。息を吐く時に，目を顰(しか)めたり，額に皺を寄せたりして，感覚を和らげていく。

　最後に，あなたの身体全体をスキャンしていく。どこかに緊張が残っていることに気づいたら，ゆっくりと深く呼吸を続けて，完全にリラックスするようにする。視覚化の最中のいかなる時にでも，このリラクセーションの段階に戻って，緊張を覚えている部分をリラックスさせることができる。

　はじめのうちは，視覚化しようとすると，気が散るような考えが心に浮かぶかもしれない。それはごく自然なことである。それがどのような考えやイメージに注意を向けたら，そのまま受け流す。そういった考えに耽る誘惑に耐えて，あなたが視覚化しようとした事柄にもう一度焦点を当てなおす。

1. この最初の練習で，あなたは単純な形と色を想像して，ある時点でひとつの感覚に集中する。これは，タントラのヨガの弟子が瞑想を学ぶ方法と同様である。イスラム教スーフィ派信徒も心の像を訓練するのにきわめて類

似の方法を用いる。

　まず心の中の視覚を練習する。目を閉じたまま，白い背景に黒い円を思い浮かべてみる。完全な円で，完全な黒にする。背景はできる限り明るく，完全な白にする。心の視覚をその円に向けていき，その完全な円形と，白と黒に鋭く分けられた部分に焦点を当てる。

　今度は，円の色を黄色に変化させる。とても明るい，はっきりとした黄色で，想像できる限り鮮やかな黄色にする。背景は明るい白のままにする。

　今度は，黄色の縁が徐々に薄れていき，それを緑色の正方形に変えていく。好みに応じて，明るい緑にするか，濃緑にする。完全な正方形を保つ。長方形や平行四辺形ではなく，完全な正方形である。

　今度は，正方形を消して，青色の三角形を想像する。純粋の青色にする。それは青色の意味を教えるために小学校１年生の教室の壁に掲げられていたような青である。すべての辺が等しい，正三角形を作る。

　今度は，三角形を消して，細い，赤色の線を引く。明るい赤，消防車のような赤にする。背景が今も白であることに気を付ける。

　そして，想像を解放させて，さまざまな色のさまざまな形を作ってみる。背景も前景も変化させる。像の明瞭さや完全さを失うことなく，変化させるスピードを速めていく。

2. 練習の次の部分では音に集中する。心の目を閉じる。形や色について忘れる。何も見えないような濃い霧の中にいると想像するとよいだろう。耳をそばだてる。

　まず，ベルの音を聞く。何度も鳴らしてみる。どのような種類のベルだろうか？　教会の鐘，玄関のベル，夕食を知らせるベル，船のベル，ホテルのフロントのベル，牛の鈴だろうか？

　今度は，半マイルも先の消防車のような，遠いサイレンが聞こえる。ドンドン近づいてきて，音も大きくなり，しまいには今にも両手で耳をふさぐほどになる。そして，そのサイレン音が過ぎ去っていくのが聞こえる。ドップラー効果で，近づきつつある時は音が高くなるが，過ぎ去っていくにつれて，音が低くなっていく。サイレンの音が遠ざかり，最後は聞こえなくなる。

　今度は，波が岩に砕け散る音が聞こえてくる。波が岩に強く当たり，大きく砕ける音を聞く。白波が岩の上に舞い上がり，激しい音を立てるのを聞く。波が最後に海岸の砂や砂利に落ちる時に立てる轟音も聞いてみる。

そこにカモメの鳴き声も加えてみよう。（もしもあなたが海から遠く離れた内陸部でこれまでの生涯を送ってきたのであれば，春の雨で水かさが増した川が音を立てて川床を激しく流れる音を想像してみよう。）

今度は，自動車のエンジン音を聞いてみる。エンジンを始動する。レースを始める。険しい坂を上っていき，エンジンが軋んでいるのを聞く。ガソリンがなくなると，エンジン音が途切れ途切れになる。

今度は，母親があなたを呼ぶのを注意して聞いてみよう。その声には愛情がこめられているか，あるいは怒りの調子を感じるだろうか。その声には，怒り，幸せ，あるいは悲しみがこめられているか考えてみよう。父親の声，恋人の声，あなたの人生の他の人々の声でも同じことを試みてみよう。

3. 次の部分は触覚と関連する。心の霧がますます濃くなってきたと想像してみよう。あなたには何も見えない。耳に綿を詰めたようで，よく聞こえない。あなたができることは触れることだけだ。あなたが固い木製の椅子に座っていると想像してみよう。背中と尻の感じを想像してみる。固い木製のテーブルの端が目の前にある。心の中で手を伸ばして，固い，表面は平らで，角の端に触れてみる。

今度は，テーブルの上にいくつかの物があると想像する。手を伸ばして，最初の物が何であるか考えてみる。それは3インチ四方の，小さな，荒々しい手触りの紙やすりだ。荒い面と滑らかな面を感じ取ってみよう。紙やすりの表面に指を滑らしてみて，ザラザラした面と，もう一方の乾いて，滑らかな面を感じてみよう。紙やすりを曲げてみて，曲げるのに抵抗を覚える感じがある。曲げ続けていくと，突然，紙やすりは半分に折れ曲がってしまう。

紙やすりを置いて，同じ大きさの分厚いビロード布を手にする。その滑らかな感触を味わってみる。それを手に取って，顔に当て，目，頬，唇に当てていく。ビロード布を丸めて，もう一度それを広げて，テーブルの上に置く。

今度は，ビロード布を放っておいて，卵大のツルツルした石を手に取る。その硬さ，滑らかさ，重さを感じてみる。

次に，掌を上にして，そこに誰かがハンドローションを1滴たらしたと想像してみよう。心の中で，ローションを両手全体に塗りこむ。最初はスベスベした，冷たい感じがあり，後に温かさと快さを覚える。

引き続き感触を探っていく。蛇口から出ている熱湯に手を入れることを想像してみよう。温度を高くしたり，低くしたりする。熱湯が人間の皮膚に触れた瞬間を想像する。猫か犬を撫ぜてみよう。あなたのお気に入りの道具や台所用品に触れた感じを想像してみよう。

4. 練習の次の部分は味覚に焦点を当てる。あなたは見えないし，聞こえないし，触れることもできないと想像する。あなたができることは味わうことだけだ。舌の上に数粒の塩が乗っていると想像してみる。塩の味が口全体に広がっていき，唾液が出て，呑みこむ。

　今度は，塩を，レモン汁数滴に変えてみる。酸味に集中する。口全体が酸っぱくなる感じを味わう。

　今度は，とても辛い唐辛子を舌先につける。強烈な辛さがあなたの舌先で燃え上がる。

　次は，バニラアイスクリームを一口食べて，辛さを和らげる。甘くて，冷たくて，滑らかで，クリーミーだ。実際に味わうことを想像してみよう。

　あなたの好きな食物を次々に味わっていく。スープからナッツまで想像上の食物をすべて食べてみる。

5. 今度は，嗅覚に集中してみる。他の感覚をすべて封印し，感謝祭の七面鳥の匂いを想像する。台所に入っていき，オーブンの扉を開け，芳醇な，お祝いの香りがもたらす喜びを再体験してみる。

　次に，お気に入りの香水，コロン，花の香でも同じことをしてみよう。その香りが鼻腔を満たしていく。

　あなたの好きな他の香り，あるいは嫌いな匂いでも同じことを続ける。たとえば，ピザ，ワイン，焼き立てのパン，海の空気，刈ったばかりの草，生乾きのペンキ，熱いタール，プラモデルの接着剤，腐った卵などである。

　とりあえずはこれで十分だ。部屋や家具など，心の中であなたがどこにいるのか思い出そう。心の準備ができたら，目を開けて，立ち上がる前に，現実の自分を取り戻す。練習が長時間にわたっていたり，とくにありありとしたセッションであったりすると，少しめまいを感じるかもしれない。

　あなたの経験を分析してみよう。ある感覚のほうが，他の感覚よりも簡単に浮かび上がってきただろうか？　ほとんどの人は視覚のイメージがもっとも強烈で，次が聴覚である。あなたにとってどの感覚が想像しやすいかは本当の問題ではない。「視覚化」という単語は視覚に関するものを意味しているが，あなたが活用できるどのような感覚印象も効果が現れる。

あなたの長所を活用し，自分にとってもっとも簡単な感覚を強調すればよい。

　誰もが，想像上の感覚印象を作る能力を磨くことができる。感覚印象を作る練習をしていくと，それに磨きがかかってくる。イメージ，音，気分はますます強くなり，ありありとしたものになる。そして，微細な詳しい点まで付け加えられるようになる。

　あるひとつの感覚における想像の能力を改善していくと，他の感覚における能力も改善していく。最初は漠然としたイメージしか浮かばず，何の音も聞こえなくても，視覚イメージの練習を続けていく。像を見る能力が増していくと，そのうち，音を聞くこともできるようになる。気分，触覚，嗅覚も徐々に鮮明になってくる。

　あなたは一時にひとつの感覚に集中するのが難しかっただろうか？　おそらくあなたが青色の三角形を作ろうとしていた時に，小学校1年生の時の光景，音，匂いなどが次々に浮かび上がってきたかもしれない。真っ赤な色を想像しようとした時に，おそらくあなたは完全な消防車のイメージが湧いたかもしれない。あるいは，海の音を想像しようとする時に，塩味の空気の匂いがしたり，それを味わったり，裸足の下に砂を感じたりするかもしれない。これはよい兆候である。感覚の詳しい部分にまで注意を払い，ひとつの感覚系以上の入力を含めようとするコツを掴んだことを示しているからである。

　これから数日間，いくつもの感覚が結び付いて経験を形作るか観察していく。レストランの食事がいかに感覚印象が複雑に組み合わされたものであるかに気づいてほしい。たとえば，食物の視覚，食器や他の客たちの音，食物の味や香，口の中に入れて，それを呑みこむ時の感覚などが複雑に入り混じっている。現実の世界で多くのことに気づけば気づくほど，世界はよりありありとしたものになり，楽しむことができるようになる。あなたの感覚印象と，いかにそれが覚醒時の，意識的で，活動中の状態で関連しあっているかに気づくことは，ありありとした効果的な視覚化を形作るうえでも，想像上の感覚印象を結びつけるすばらしい練習となる。

## セッション2

　この練習では，五感すべての印象を含む完全な，ありありとした経験を創りあげることを練習する。まず，静かな所で，セッション1で学んだリラックス

法を行う。

　今度は，真っ赤な，美味しそうなりんごを完全に経験する。赤という色を視覚化することから始める。次に，色からりんごの形に移っていく。基本的には円形だが，底の部分は少し細くて，頭部が出っ張っている。りんごを三次元的に見る。心の中でそのイメージを回転させてみて，下部に小さなぶつぶつがあることや，上部に果柄(かへい)があることなどに気づくだろう。まだそうしていなければ，色を付けてみよう。一方は明るい赤だが，他の側はより暗い赤になる。真っ赤な美味しいりんごに全体にある小さな白い斑点も付け加える。りんごのイメージが皿に置いてあると想像してみよう。

　次の音を付け加えてみよう。りんごを1インチ持ち上げて，サラの上に落としてみる。皿を木製のテーブルの上で少しずらす。今度はテーブルクロスの上に落としてみる。次に，りんごに噛り付く音を聞いてみる。

　今度は触感を加える。りんごを手に持って，冷たくて，ツルツルした，その重さを感じる。ゆっくりとりんごを齧ってみて，前歯の歯ごたえを感じてみる。

　次に，甘くて，少し酸っぱい果汁があふれるのを味わう。甘い，新鮮な香りが漂ってくるのを嗅ぐ。

　次々に感覚を味わい続ける。りんごの白い果肉の視覚，齧った時の感覚，皮と果肉の味わい，香り，冷たさ，湿った感じ，食べていくにつれて変わっていく重さと形など。食べ終わって，芯を皿の上に置き，唇と手をナプキンで拭くまで，動作を続けることを想像する。

　現実に戻ることでこの練習を終える。心の準備ができたら，目を開けて，この経験を分析する。あなたは自宅の特定の部屋にいる自分を想像していただろうか？　子どもの頃のイメージが浮かび上がってきただろうか？　りんごを食べたくなっただろうか？　この練習をして，おなかがいっぱいになったように感じただろうか？

## セッション3

　このセッションの最初の部分は，目を開けたままの練習で，いつでも行える。全身を映せるような，あるいは十分に大きな鏡を用意して，自分の顔をよく見る。髪の色，髪型，額，眉，目，鼻，頬，笑顔，笑う時にできる皺，口，黒子(ほくろ)，痣(あざ)，産毛，毛穴，皮膚の色調，耳などをよく見ていく。笑ったり，真面目な顔を練習してみる。自分の顔についての専門家になる。あなたは自分自身の顔について新たに多くのことを知って驚くだろう。

同じことを身体の他の部分についても行ってみる。首，肩，腕，手と見ていく。胸，腹，腰，脚とチェックしていく。振り向いて，背後についてもできる限り観察してみよう。姿勢はどうだろうか。胸を張って立ってみて，次に，ゆっくりと前屈みになる。腕を振ってみて，次に，行進してみる。手元に古い写真があれば，それを眺めて，あなたが他者にどのように見えるか考えてみよう。あなたが実際にどのように見えるのかについてはっきりとした，意識的な考えができるようになることが，このセッションの次の段階に進むのに必要である。

　これは批判的に評価すべきではないことに注目してほしい。変化させたいとか，こうあってほしくないといったものをすべてリストにするということではない。

　自分自身の外見についてよくわかったら，このセッションの第二の段階に進むことができる。この部分は，朝覚醒した直後にベッドの中で行う。目は閉じたままで，完全にリラックスした状態でいる必要がある。

　自分が朝散歩している姿を思い浮かべる。ベッドの温かさを感じながら，目蓋の裏側の暗い部分を見る。目覚まし時計のベルの音が聞こえてくる。プラスチックの固いボタンを感じ，それを押してベルを止める。ベッドに戻り，ため息をつき，低い声でうめき，体の向きを変えて，ベッドを出る。

　足の裏に床の冷たさを感じる。振り向いて，あなたの部屋を見る。家具，持ち物，ドア，窓。服を手に取り，一つひとつ着ていき，身体に触れる布地の感触を味わう。服の色も見る。

　髪に櫛を入れる，歯を磨くなど，いつもしている身づくろいをする。歯磨き粉，化粧品などの匂いを感じてみよう。身体が温まり，動き始めたら，身体の中のいつもの痛みにも注意を払う。できる限り，ありありと，現実的に光景を想像する。

　今度は，実際にはあなたはまだベッドにいることを自分自身に言い聞かせる。目を開いて，起き上がり，つい先ほど視覚化したすべての行動を行う。視覚化した感覚と現実の感覚を比較する。両者の差，あなたが見逃したか，誤った点について注意を払う。

　この練習を1週間毎朝行い，毎回，前日に見逃した詳しい点を視覚化に付け加えていく。このようにして，あなたは想像する能力を開発していく。それはまるで，映画監督が実際に撮影する前に，あるシーンがカメラにどう映るのか考える術を身につけていくのとよく似ている。

　この種の系統的な練習を1週間続けると，あなたが創り出す想像のシーンは

ますます複雑で，強烈なものとなっていく。この種のリハーサルは，あなた独自の自尊心を高めるための重要な準備である。

以下のルールも，効果的な自尊心の視覚化に役立つ。

## 効果的な自尊心視覚化のためのルール

1. 毎日目標に向けて小さいけれども，前に進んでいく。成功したこととともに，段階を進めていくことも重要である。引っこみ思案な自分の殻を破りたいのであれば，大きなパーティーでバンドを指揮したり，冗談を言ったりしている自分を視覚化してみる。それでよいのだが，その他にいくつか小さな段階も含める。あなたが前に会ったことのある懐かしい顔つきの人に質問している声を聞いてみよう。あなたが誰かに歩み寄って，ダンスを申しこんでいる姿を視覚化してみよう。パーティーで人の輪に溶けこんで，誰かに会うために，オードブルを差し出す自分を視覚化してみよう。
2. はっきりとした行動を視覚化する。ぼんやりと眺めているとか，何か抽象的な性質のものがあるとか，何かを持っているとかではなく，あなたが現実に何かをしているイメージを抱く。「自尊心が高いということは，行動という視点からは私にどのような意味があるのだろうか？ もしも自尊心が高ければ，私はどのような行動をとるだろうか？ 私の行動はどのように見えて，私の声はどのように響いて，どのように感じるだろうか？」と自問し続ける。たとえば，自分の能力を快く感じているというイメージを作り出したいのであれば，ただ微笑を浮かべている以上のイメージが必要である。そのイメージではどのような意味にでもなり得る。その代わりに，難しいけれど，やりがいのある課題を進んで引き受ける自分を視覚や聴覚のイメージとして作り上げてみる。誰かが仕事がうまくいったとあなたを誉める声を想像してみたり，あなたが自己卑下をせずに，誉め言葉を静かに受けとめる姿を想像してみたりする。
3. 高い自尊心がもたらす肯定的な結果を含める。仕事がうまくいく，親密で満足のいく関係を楽しむ，目標を達成する自分を想像してみる。
4. 適切に自己主張し，高い自尊心を示すボディランゲージを含める。胸を張って立ち，人々に向き合い，笑顔を絶やさず，腕や脚を組まず，距離を置くのではなく人々に近づいていき，誰かが話しかけてきたら頷き，場にそく

しているならば相手に触れる。
5. 最初は必死になって闘い，その後，成功するというイメージを想像する。取りかかって易々と成功してしまうよりも，このようなアプローチのほうが効果的であることが明らかになっている。
6. 他の人があなたのことを好きになるというよりは，あなたが自分自身を好きになるというイメージを抱く。自分を好きになれば，他者もあなたを好きになるのであって，その逆はない。
7. 自分が将来「もっとよくなる」ことを想像するのだが，基本的には今のままでも構わない。
8. 自尊心を何か手の届かないものとしてではなく，すでに自分が持っているものとして考える。自尊心をまるで，失くしてしまっていた宝物がもう一度見つかったと考えてみるとよい。厚い雲が晴れていき，太陽が姿を現すが，その太陽はつねにそこにあったのだ。あなたの自分に対する愛情に目を向けると，そこから美しい音楽が聞こえてくる。どこにしまったかわからなかったカシミヤのセーターがたった今見つかり，温かくて，軟らかい感じを味わってみよう。
9. 視覚化と肯定を結びつけると役立つ。視覚化を行っている最中や，終わった時に，短い肯定の言葉を言ってみる。肯定の言葉は，あなたの無意識に対して言語的に直接働きかける，視覚的，聴覚的，触覚的メッセージとして，催眠の示唆のような効果をもたらす。

肯定の言葉は，何かがすでにそうであることを伝える，強力で，前向きで，豊かな感情を伴う文章である。

「強力」というのは，肯定の言葉が短くて，単純で，無条件でなければならない。

「前向き」というのは，無意識が誤解するような否定的な内容を含んでいてはならないという意味である。無意識は否定語を除去する傾向があるので，「私は過去についてあれこれ考えない」が「私は過去についてあれこれ考える」ととらえられてしまう。

「豊かな感情を伴う」というのは，肯定の言葉には，抽象的な理論ではなく，

感情がこめられていなければならないという意味である。「私は内的な価値を認める」という代わりに，「私は自分を愛している」と言う。

「文章」というのは，肯定の言葉は宣言文であり，質問でも，命令でも，叫びでもない。

「すでにそうである」というのは，無意識が理解できるように，肯定の言葉は現在形であるべきである。無意識に時制の差はなく，過去，現在，未来の区別はない。無意識にとっては，すべてがひとつの大きな現在なのだ。

以下に効果的な肯定の言葉の例をいくつか挙げる。

・私は自分を愛している。
・私には自信がある。
・私は成功している。
・私は全力を尽くす。
・私の人生に興味がある。
・私は今の私のままでまったく大丈夫だ。

　自分のパーソナリティ，状況，目標に合わせられるのが，最高の肯定の言葉であるだろう。他の章の練習であなたが作った肯定の言葉を少し修正すれば，おそらく視覚化の練習にも使うことができるだろう。

10. もしもあなたが霊的な信念や宇宙についての理論を深く抱いているのであれば，それを視覚化の練習に取り入れる。神，仏陀，あるいは他の普遍的な愛の象徴を視覚化するのもよい。全人類に向けた神の愛を思い，あなたは敬意を払いつつ自分を受け止め，大切にする姿を想像することができる。宇宙から不変の愛やエネルギーが湧き上がるイメージを描いたり，エネルギーがあなたに向かってくるのを妨げている画面を取り除いて，自尊心の成長を想像したりできるだろう。あなたの信念を創造的な形で利用する。

　一般的に，宇宙はすべての人にとって感情，身体，精神の十分な栄養を与えてくれる場所であるととらえるのは役立つ。慈悲あふれる宇宙は誰のためにも役立つ可能性がある。そのような宇宙の中で，すべての人間は変化や改善が可能であり，愛に値し，希望を抱くことができるのである。

## 自尊心セッション

　以下に挙げる見本のセッションでは，ガイドラインだけを示す。あなたにとって最適な，特定の感覚的に詳しく肯定するような，自分独自の変わった版を作ってみよう。これらのセッションのオーディオ版は http://www.newharbinger.com/33933 で入手できる。これはあなた独自の版を作るのに役立つだろう。

### 自己像のセッション

　これはあなた自身について最初に行うべき自尊心の視覚化である。自分自身をとらえる方法を修正するというのが，このセッションの一般的な目的である。あなたが次のようなことを示す行動のイメージを作り出す。あなたが無価値ではなくて価値があり，疑い深いのではなくて自信があり，不安ではなくてしっかりしていて，落ちこんでいるのではなくて快活で，自己嫌悪ではなくて自分が好きで，内気ではなくて外交的で，醜いのではなくて魅力的で，無力ではなくて有能で，自責的ではなくて誇りを持ち，自己批判的ではなくて自己受容的である。

　まず静かな所に行き，リラクセーション法を行う。目を閉じて，ゆっくりと深く呼吸をして，次のような最初の光景を想像する。

　　あなたはシャワーを浴びようとしている。湯の温度を見る。暖かい湯が背を打ち，身体中を包んでいく。石鹸やシャンプーの匂いがする。
　　気分は最高で，活気にあふれ，温かく，リラックスしている。純粋な感覚的快楽に耽る。「私はこれを味わうに値する」と自分に言ってみる。全身が清潔になり，さっぱりし，リフレッシュした感覚を楽しむ。
　　シャワー室を出て，身体を乾かす。お気に入りの服を着る。服の色を見てみよう。清潔で，温まった身体にゆっくりと袖を通しながら，生地の感じを味わう。「私はこの素敵な服を着るに値する。私は心地よく感ずるに値する」と自分に言ってみる。
　　鏡の前に行く。服を誉めてみる。その服を着た自分がいかに素敵か見てみよう。まっすぐに立ち，服の下のあなたの身体がいかに清潔で，リフレッシュしているのか，そして胸を張って立つと，あなたの筋肉が力強くて，生き生きしているかを感じてみよう。この時点では，いつも感じている痛

みが消え失せていることに気づいて嬉しくなる。「私はよく見える」と自分に言ってみる。

　好きな髪型に整える。服装を正す。鏡の中の自分に向かって微笑んでみよう。微笑んだ時の顔面の筋肉を実際に感じてみる。自分の微笑を観察して，微笑している時にとても率直でリラックスしていることに注目しよう。いつもは好きではない外見の部分を見て，それがあまり目立っていないし，重要でもないことに気づく。自己批判的な考えが心に浮かんだら，それを払いのけ，受け流す。「私は今のままで大丈夫だ」と自分に言ってみる。

　次に台所に行き，レンジや食器棚など，あるがままに詳しく眺めてみる。冷蔵庫のところに行き，ドアを開ける。新鮮な果物，野菜，牛乳，ジュース，赤身の肉といった栄養豊富で，美味しそうな食物でいっぱいだ。あなたが食べたい健康な食品ならば何でもよい。戸棚を見ると，栄養豊富な全粒粉や豆，自分自身のために揃えた健康な内容の食品が目に入る。「私が必要な物がここにある」と自分に言ってみる。

　自分のために，美味しくて，身体によい簡単な料理を作る。サラダ，スープ，あるいは栄養豊富なサンドイッチかもしれない。ゆっくりと時間をかけて，棚から食材を取り出し，パンや野菜を切り，スープを温めて，皿の上にきれいに盛りつける。「私は栄養のある物を食べるに値する」と自分に言ってみる。

　色，温度，触感，魅力的な香りを味わう。自分のために作った料理を誉める。「私は今，気分がよい」と自分に言ってみる。

　料理を食べながら，そのままテーブルのところに座り，しばらくゆっくり時間を過ごす。一口一口ゆっくり噛んで，自分のために作った美味しい食物を真に味わい，楽しんでいく。食事が終わったら，満腹になり，快い感じを味わい，人生の平穏を慈しむ。少し物憂げだが，幸せに包まれているのを感じてみる。「私は自分を愛している。自分を大切に世話している」と自分に言ってみる。

　料理を片づける。後片づけをしている時に，カップか皿を落として，割ってしまった。「ああ，でも大したことではない」と自分に言う。「間抜け」「不器用」「ヘマ」といった自己卑下的なレッテルが心に浮かんだら，それを振りほどいて，受け流す。「失敗をすることもある。失敗しても，私は私のあるがままで大丈夫だ」と自分に言ってみる。

　さて，自宅を離れる準備ができた。あなたはのんびりと歩いていくこと

にする。家を出て，通りを歩き出す。晴れた日で，暖かくて，気分がよい。筋肉が動き，肺が新鮮で清らかな空気を吸い，肩に温かい日差しを浴びているのを楽しむ。この時点では，いつもの痛みが消え失せているのに気づく。すべてが明るくて，はっきりと，鮮明に見えることに気づく。鳥の鳴き声，遠くで犬が吠える声，自動車が通り過ぎる音，どこかで鳴っている音楽などが耳に入ってくる。「私は人生の単純なことを楽しめる」と自分に言ってみる。

　誰かがこちらに向かって歩いてくるのが見える。まったく見知らぬ人なのか，見かけたことのある近所の人かもしれないが，実際に誰なのかわからない。その人と目が合い，笑顔を送ってくる。あなたも頷いて，視線を落として，目が合わないようにする。いつも感じていて内気だとか引っこみ思案と呼んでいる，少しばかり胸がどきどきして，わずかに気分が沈んだり，アドレナリンが上昇するような気がする。

　また別の見知らぬ人が近づいてくる。今度もその人と目が合い，微笑される。今回は，目をしっかり見つめて，わずかに微笑を返す。「私は進んで危険を冒すことができる」と自分に言ってみる。

　またもや，別の見知らぬ人が近づいて，あなたに微笑する。今度は，しっかりと目を合わせたまま，笑顔のまま，大きな声ではっきりと「こんにちは。ご機嫌いかがですか？」と言う。自分自身に軽く微笑みながら，歩道をそのまま歩き続ける。「私は外交的で，自信に満ちている」と自分に言う。

　これで，このセッションを終える準備ができた。周囲の状況を思い出そう。心の準備が整ったら，目を開けて，立ち上がる。日々の仕事をしている最中に，この視覚化を思い出し，自分自身に対して肯定の言葉を繰り返す。「私はすてきなことをするに値する。私は心地よく感ずるに値する。私はよく見える。私は今のままで大丈夫だ。私が必要な物がここにある。私は栄養のある物を食べるに値する。私はうまく何かをできる。私は自分を愛している。私は自分を大切に世話している。私は失敗することもある。失敗しても，私はあるがままの私で大丈夫だ。私は人生の単純なことを楽しめる。私は進んで危険を冒すことができる。私は外交的で，自信に満ちている」

　自己像についての練習でさらにいくつかの助言をここに挙げておく。

・健康診断のために医師の予約を取る。

- 誉め言葉を優雅に受け入れる。
- 新しい服や家具を買う。
- ビタミン剤や運動器具を買う。
- 身体的な運動や文化的な活動を楽しむ。
- 独りで静かな時間を楽しむ。
- スポーツ活動に上達する。
- お気に入りの余暇を楽しむ。

　自分自身に厳しく当たる状況，あるいはもしも実行できれば，あなたの自尊心の高さを示すような証拠となる状況を選ぶ。

　視覚化に当たっては，前述したルールに従うことを忘れてはならない。すなわち，前向きのボディランゲージ，自己受容の強調を最優先させる，現在のままで基本的には大丈夫であるという視点を含む，明らかな行動を視覚化するというルールである。

## 対人関係のセッション

　このセッションでは，他者との関係についてあなたがどのように感じるかに焦点を当てる。重要な点は，あなたが他者と一緒でも快く感じられ，適切に自己表現ができ，自分が望むことを求めることができ，批判に対処し，対等な立場を保ち，他者との交流に価値ある参加ができるということである。

　以下の視覚化は単なるガイドラインである。これを手本にして，自分のパーソナリティや人生の状況に合ったシーンを作り出してほしい。

　静かな場所に行き，十分に時間をかけて完全にリラックスした状態に入る。リラックスして，セッションを始める準備ができたら，以下を想像してみよう。

　　あなたは，好きな人と上等のレストランで食事をしている。相手はあなたが実際に知っている人でも，もっと親しくなりたいと思っている人でも，想像で創りあげた人でもよい。テーブルの上には蝋燭（ろうそく）が灯っていて，料理の香りがし，味わい，ナイフやフォークが静かに音を立て，会話が聞こえる。小さな，親し気な雰囲気のテーブル越しに相手が見える。洒落た会話に笑顔がこぼれる。相手もあなたと一緒に笑っている。「とても面白い。あなたと一緒にいて本当に楽しい」とあなたは相手に言う。「ありがとう。とても嬉しいわ。あなたと一緒だといつも楽しい」と相手も応える。「私は

友達と一緒だと楽しい。そして，友達も私と一緒だと楽しい」と自分に言ってみる。

　今度は，あなたが自宅で他の人と一緒にいる場面を想像してみよう。あなたはその晩一緒に過ごすことを計画していて，相手は新しくできたハンガリー料理店に行って，その後，隣町に映画を見に行こうと提案している。相手をはっきりと想像してみよう。その人があなたを説得しようとしている声の調子に耳を傾けてみよう。

　相手は，あなたが喜ばせたいと思っている人か，いつも自動的に同意してしまう人だと想像する。しかし，今回は，あなたはすっかり疲れていて，傷ついていることに気づく。あなたは本当はピザの出前でも頼んで，自宅でテレビを見たいと思っている。

　あなたは肩をすくめて，深呼吸して，次のように言う。「そうだね，私は今日，本当に疲れていて，むしろ，ピザの出前を頼んで，家にいたい。テレビでも見て，リラックスしないかい？　遠くまでドライブして，遅くまで外にいる気分ではないんだ」

　友人は同情の言葉を口にして，あなたと一緒に自宅にいることに同意するのを，あなたは聞く。「私は自分が望んでいることを頼むことができる」と自分に言ってみる。

　今度は，あなたが教室，商談の席，委員会，ある種の討議グループにいる場面を想像してみよう。部屋を眺めて，他の人々の声を聞き，自分が何を着ているか，部屋の内装，壁の時計に注意を払う。少し時間をかけて，自分自身についての真の感覚を見てみよう。

　議論に耳を傾けていると，そのグループは全員の合意に達しようとしているが，それは不可能であることが，あなたは気づく。全員が投票したうえで，多数決を受け入れるというアイデアがあなたに浮かぶ。

　あなたは椅子に姿勢よく座り，咳払いをして，深呼吸をすると，「ちょっと待ってください」と言って，議論を止める。全員の注意があなたに向けられたら，次のように言う。「一晩中話しあっても，まだ同意できないかもしれない。投票して，多数決に従うことを，私は提案します。この件よりももっと重要で，先に進まなければならない他の問題があります」

　他の人々も微笑み，頷く。グループのリーダーはあなたに感謝し，投票に移ると言うのが聞こえる。「私には価値ある意見がある。私はグループの中で自分の意見を言うことができる」と自分に言ってみる。

次のシーンでは，あなたが母親か父親，あるいは，あなたのことをよく知っていて，あなたの人生に強い意見を持っている誰かと話している場面を想像する。「なぜお前がこの近辺から引っ越さないのか，私にはわからない。この辺りはスラム街になりつつある。こんな所にどうして住んでいるのだ？」という批判的な意見を耳にする時の，相手の声の調子を慎重に聞き，相手の表情を観察していく。

この批判があなたに向けられると，あなたは少し背を反らせて，攻撃を避けようとしたのに気づく。姿勢がより受動的になったのに気づいただろうか。おそらくあなたは腕を組んで，頭を後ろにそらしているだろう。

次に，適切に自己主張しながら，批判に反応する姿を想像してみよう。あなたは腕を組まずに，頭を前に傾けて，批判している人の目をじっと見つめる。あなたが穏やかに，妥当な声の調子で批判に応えているのが聞こえる。「おそらく，あなたの言う通りでしょう。この近辺は荒廃が進んでいます」。あなたが謝罪したり，自己防衛をしたり，説明をしたり，議論したりしていないことに気づいてほしい。「私は批判を認めつつも，自尊心を保つことができる」と自分に言ってみる。

さて，視覚化を終える準備をする。自分の状況に注意を払い，ゆっくりと目を開けて，自分の状況を確認する。日常生活で誰かに出会う時には，対人関係の視覚化を行い，適切な肯定の言葉を思い出してみよう。「私は友達と一緒だと楽しい。そして，友達も私と一緒だと楽しい。私は自分が望んでいることを頼むことができる。私には価値ある意見がある。私はグループの中で自分の意見を言うことができる。私は批判を認めつつも，自尊心を保つことができる」

試してみることができる他の状況もここにいくつか挙げておく。

- ・デートを申しこむ。
- ・新しい知り合いとの関係を楽しむ。
- ・苦情や対人場面の気まずい状況にうまく対処する。
- ・不良な商品を交換してもらう。
- ・「愛しています」と誰かに言う。
- ・お世辞を言う。
- ・昇給の交渉をする。
- ・仕事に応募する。

・したくないことをさせようとする人にはっきりと断る。

あなたが普通は自信がないと感じ，気落ちするような状況を選ぶ。

対人関係の場面を想像する時に，覚えておくべき最重要のルールは，最初はある程度は必死になって闘い，自己主張的なボディランゲージを含め，その結果として肯定的な結果を得られるという，他者から受け入れられる前に，まず自己受容が優先されるという点である。

## 目標のセッション

目標を設定して，それを達成すると，自尊心を高める大きな刺激となる。視覚化は，目標を明確にして，成功の期待を高めるためのもっとも効果的な手段のひとつである。

小さくて，単純な短期的目標から始める。なんとか成し遂げられるような毎日の目標を選ぶ。たとえば，時間通りに職場に着く，毎週ある決められた量の運動をする，宿題を完成させる，重要な電子メールに答える，歯科医に受診するといったことである。あなたが視覚化を始めたばかりであるならば，あまりにも大きすぎる達成や，20年もかけて高価なものを手に入れるといったことを想像するのはそれほど役立たないだろう。

以下に挙げる視覚化は，どのようにして単純な目標を設定するかの例になる。あなたが達成したいと考えていることについて自分なりのイメージを作る手本として活用できる。

静かな場所に座るか，横たわって，気に入ったリラクセーション法を行う。リラックスして，被暗示性の高い精神状態になったら，次のような場面を想像してみる。

> まず，定刻に職場や教室に着く場面を想像する。ベルの音を耳にする。あなたは目を覚まし，目覚まし時計を止めて，すぐにベッドから抜け出す自分を心に描く。シャワーを浴び，服を着て，朝食をとるといった決まりきったことを続けるが，定刻に着くのにまだ十分な時間がある。あなたの視覚化を鮮明で，現実的なものにするために，五感を活用して，詳しくしていく。
>
> この場面を活用して，あなたがリラックスして，急がず，能率的であることを示すような詳しい点を付け加えていく。鍵や書類は前の晩に揃えて

目の前に置いてある。あなたはすでに，バスの料金，あるいは自動車の給油を済ませ，ベイビーシッターも到着している。これらはどれもあなたが定刻に着くのに必要なことである。「私はきちんとしていて，時間厳守だ」と自分に言ってみる。

電話が鳴るとか，自動車のバッテリーが上がっているとかいった，障害をいくつか考えてみよう。電話を短く切り上げたり，近所の人の自動車からワイヤーを伸ばし，充電したりする姿を想像してみる。「私はリラックスしたまま，予定に焦点を当てることができる」と自分に言ってみる。

定刻に到着することがもたらす肯定的な利点を視覚化してみよう。あなたはリラックスしていて，その日を始める準備ができている。上司，教師，他の人々はあなたに満足している。あなたは幸先のよいスタートを切る。「私は自分の時間をうまく管理できる」と自分に言ってみる。

この場面から離れる前に，「今晩の夕食の直後に，テレビの電源を入れる前に，明朝必要な物をすべてかならず揃えておく」と自分に言ってみる。

今度は，別の場面を想像してみよう。あなたが学位論文，納税用紙，記入しなけらばならない重要な応募用紙に取りかかるのを先延ばしにしてきたと想像してみよう。締め切りが迫っている。あなたはオフィスや図書館に入っていく。紙，ペン，ファイル，本，領収書など，必要な物はすべて揃っている。論理的な段階で仕事の順を定めて，穏やかに，そして粘り強く作業を続けていくことに注意を払う。「一歩一歩進めていくことで，競争に勝つ」と自分に言ってみる。

いくつかの障害を含めておく。あなたは疲れて，イライラし，気落ちしたように感じてくる。目は真っ赤で，空腹で腹が鳴り，作業を止めたくなる。席から立って，ストレッチをして，部屋の中を歩き回ってから，もう一度机に戻る。再び取りかかって，難しい部分を乗り越える方法を考える。「私はこれに対処できる」と自分に言ってみる。

学位論文の最後のページをタイプする，納税用紙の最後に署名する，応募用紙の「提出」ボタンを押すといったことが，どのように見えて，どのように聞こえて，どのように感じるだろうか？「十分な時間の余裕をもって，私は完成した」と自分に言ってみる。

締め切りを守ったことの肯定的な結果を検討してみよう。学位論文を提出した時の学部長の喜びに満ちた笑顔，返還された税金で購入した新しいパソコン，応募を受け入れたという報せなどである。「私はこの報酬に値

する」と自分に言ってみる。

　この場面を離れる前に,「明朝一番で,私が必要としている材料を集めよう」と自分に言ってみる。

　そして,次の場面に進んでいく。あなたは外に出て,少し運動をして,摂取したカロリーを減らしたいと思ったと想像してみる。あなたが進んでいかなければならない論理的段階の一つひとつに詳しい感覚的要素を想像して,付け加えていく。

　たとえば,野菜を植えることについて家主の許可を得ることを想像してみよう。苗床に出かけて,トマトの苗木,大根やレタスの種,キュウリやタマネギの球茎を取ってくるときの光景,音,匂いを創造する。「一度に一歩ずつ進めば簡単だ」と自分に言ってみる。

　手に土を,そして借用した鋤（すき）の固い木製の取っ手を実際に触れた感じや,種を植える土を耕し,平らにしていく時に肩に差す太陽の光の感じを想像してみる。「私はこれがうまい」と自分に言ってみる。

　慎重に種を蒔き,列をまっすぐにし,水を撒き,最初に芽が出て,草をむしり,その後も見守っていくといった光景を想像する。最後に,自分で育てた野菜を収穫し,それを洗い,大きな,豪華なサラダを作る自分を想像する。「私は自分の畑を育てながら,私自身も育てる」と自分に言ってみる。

　肯定的な結果も含める。あなたは日焼けして,筋肉も増し,畑仕事がいかに楽しくて,生産的だろうか。数人の友達を夕食に招いて,「サラダの中の野菜はすべて私の畑で育てた物です」と説明する姿を想像してみる。「私は自分自身の世話をすることができる」と自分に言ってみる。

　この場面を去る前に,「私は第一歩を踏み出し,明日,仕事の後に家主と話しあう」と自分に言ってみる。

　さて,この場面を去る準備ができた。自分がどこにいるのか思い出して,心の準備ができたら,目を開ける。ある時までに第一歩を踏み出すという最後の肯定の言葉を思い出し,そうすることをもう一度決意する。

　自分自身の視覚化を創りあげたら,上述した見本のセッションの3つの別個の場面ではなく,一時にはひとつの目標に集中する。最初は,目標を単純で,短期的なものにしておくことを忘れてはならない。小さな目標を達成することで自尊心を高めることができると,より大きな,より長期的な目標を後に設定

し，それを達成するのに自信が出てくる。

　効果的な目標の視覚化についてのもっとも重要なルールは，必要な段階を小さな段階に分解し，観察可能な行動に集中していくことである。すなわち，最初は必死になって取り組むことを想像し，目標達成のもたらす肯定的な結果も含み，最後には最初の段階をはっきりと表現する肯定の言葉と，それをいつ行うかを含めておく。

## 特別に考慮すべき点

　視覚化セッションが円滑に進まない場合は，止めて，後でもう一度試みることにする。効果的な視覚化は快く，ほとんど努力が要らない。それはリラックスした受容的な状態にかかっている。あまりにも緊張していて，なにかに囚われているならば，何か他のことをしたほうがよいので，視覚化はより穏やかな時に試みるようにする。

　ただちに出る結果もあるし，いつ結果が出るのかわからなかったり，結果が出るまでにとても時間がかかったりする場合もある。また，まったく結果が出ないこともある。現れた物を受け取り，忍耐強く構えて，落胆しないようにする。あなたの無意識が，とくにあなたの病的な批評家が何も起きないし，このような技法はすべて時間の無駄だと言ってくるような場合には，無意識は何か大きな変化をもたらそうとしているのかもしれない。この練習を止めるとか，他の技法を試そうとか決める前に，少なくとも1か月間はこの練習を一生懸命やってみることにしよう。

　あなたがあまりにも必死でなく，多くを望まないような時に，最高の結果が生じる。逆説的ではあるが，あなたがほしいと思っているものを実際に手に入れられるようになるまでは，それをそのまま受け流す必要がある。実際に効果があるかどうかにかかわらず，視覚化の練習を快くて，リラックスしたものと受け止めてほしい。

# 第 15 章

# 私はまだ大丈夫ではない

　29 歳のウェイトレスのシーラは必死になって批評家と闘ってきた。しかし，彼女の自尊心は相変わらず低いままで，基本的な価値感は心の中の批判的な声に打ち負かされていた。シーラはセラピストに次のように語った。

　　私はろくでもない人間で，すべてを台無しにしてしまうという感じです。これはただの直感です。私には何の価値もなく……何も手にする値がないような感じです。批評家はそのような感じから出てきます。私が自分を非難すると，すでにそこにあった感情を言葉に表しているようなのです。たとえ私が批評家の口を封じて，取り除いたとしても，この自己嫌悪感は残って，私にひっついていると固く信じています。

　シーラの意見は的を射ている。彼女が語った「ろくでもない人間」という感じは，アルコール依存症の母親がいつも言っていたことと大いに関係していた。シーラは 3 歳の頃でさえ，「母親に優しくしなければならず，そうしないと母親の怒りが爆発する」と気づいていた。「優しくする」というのは，シーラが母は美しいと言い，母の髪を梳き，母の不平を聞き，ベッドで本を読んで母を寝かしつけるという意味だった。もしもシーラが母に構わずに遊んでいたり，もしも不平を言ったり，助けがほしいと思ったら，母はひどくうろたえた。そして，シーラは自分勝手だ，誰も愛していないと，非難された。あるいは，それよりもひどいことが起きた。ある日，母はやけに礼儀正しく，親切でさえあったのだが，母はシーラにまったく口をきかなくなった。シーラの自己嫌悪感はまさにこのような苦痛に満ちたやり取りが積み重なった結果である。言語を完全に理解するようになる前に，このような経験の多くが起きた。意識の非常に深いレベル

で，自分は「大丈夫ではない」と学んでしまったのだ。レモンが酸っぱくて，夜が暗いというのと同じように，自分は大丈夫ではないと知ってしまった。

シーラのような人にとって，無価値感（feeling of worthlessness）は確固たる信念である。過活動の批評家は問題のごく一部でしかない。批評家の背後に大きな深い傷と罪がある（怒り，憤り，復讐の感情もあるが，これらは本章の議論との関係は薄い）。

自分がどうしようもない人間であるという感じは，多くの原因で生じる。以下にその例を挙げる。

1. 主に世話をする人がしばしば不在であるか，あるいは必要な養育をしない。子どもはこれを自分が見捨てられたと経験し，心のあるレベルで，自分は愛されるだけの価値がないと結論を下す。感情の論理としては，「母が私を愛しているのであれば，私を見捨てることはないだろう。そして，もしも母が私を愛さないのであれば，私は愛される値打ちがないのだろう」という訳である。
2. こどもは遺棄や虐待を経験し，両親に怒りの感情を抱くようになる。しかし，それは次第に自責感に代わる。感情の論理としては，「私は両親を愛さなければならない。したがって，私が両親を憎めば，私はろくでもない人間である」となる。
3. 両親の離婚後，子どもは親権を持たない親とは連絡が途絶える。感情の論理としては，「私が父を追い払った。私が父を憎んでいるから，父は私たちを見捨てた。私はろくでもない人間だ」となる。
4. 子どもが性的虐待の犠牲者である。感情の論理としては，「私はけっして人に話してはならない秘密の，悪いことをしている。＿＿＿は私にその悪いことをさせたがっている。私は悪い人間に違いない」となる。
5. 子どもが極端に，気まぐれな罰を受ける。感情の論理としては，「私がこのように傷つけられるのは，私がひどく間違っているからに違いない」となる。
6. 子どもがその行動や外見について非常に広範囲に極端な非難にさらされている。「父はいつも私が太り過ぎだと言う。私は醜いに違いない」「母は私が怠け者だという。怠け者には何の価値もない」
7. 子どもが極度に抑うつ的，あるいは自己愛的な親を支えることを強いられる。子どもが自分の欲求を満たそうとしたり，独自の行動を起こそうとし

たりすると，極端な拒絶を引き起こす。そして，子どもは「私の欲求はよくないことだ。私の気分は自己中心的だ」と学習する。

人生の初期に自分は悪いと感じるようになる最大の原因は，自分が見捨てられたという感覚である。子どもはさまざまな方法でこのメッセージを受け取るのだが，いったんこれを受け止めてしまうと，自己像に非常に破壊的な影響を受ける。身体的であれ，心理的であれ，見捨てられるということは，子どもにとって命の危険を感じる経験である。それは非常に恐ろしい。そして，このような怖ろしいことが起きるのだから，何かが間違っているに違いないととらえられる。自分が問題ではないととらえられる子どもはほとんどいない。遺棄は，人に話すことができない犯罪に対する罰のように経験される。

## 特別な脆弱性

これまでに述べてきたような家庭環境に育った人は，特別な脆弱性を抱えている。このような人生初期の経験は，最近起きたトラウマを強化するような影響がその後も長く続く。自分が悪いという古くからある感覚が，ごく軽度の傷を徹底的にまで大きくしてしまう影響を及ぼす。たとえば，誰かがあなたに腹を立てると，あなたはひどく自分が悪いと反射的に反応してしまう。瞬間的に，あなたは自分にはまったく価値がないという気分に落ちこむ。それを否定したり，あるいは自分に腹を立てたりして，その気分を取り除く必要がある。関係の喪失，批判，無理やり何かをさせられたり，無視されたりするといった，ほとんどいかなる苦痛に満ちた出来事も「私が悪い」という気分を引き起こしかねない。些細な間違いや失敗が，取り返しのつかない大惨事のようになりかねない。他者から支配されているとか，無視されているといった感覚が，「私が悪い」という信念に変化することもある。孤独や単なる退屈もこの「私が悪い」という基本的な信念を確認するかもしれない。あるレベルでは，自分は苦痛を与えられても当然であるとさえ感じるかもしれない。そして，苦痛は，あなたがいかに非道な罪を犯したかの証明となる。

これはまるであなたが怖ろしい秘密を抱いているような感じである。社会に対して被っている仮面の下の，本当のあなたを見たら誰も耐えることができないような心の怪物がいるといった秘密である。しかし，誰かに正体を暴かれてしまうといった恐怖にとりつかれてつねに生きていて，あなたの側に何らかの

失敗やうまくいかないことがあると，仮面の下の無価値な人間を見つけ出されてしまうと怖れている。誰かがあなたに腹を立てたり，批判したり，押しのけようとすると，その人があなたの正体を見破って，あなたを拒絶したからだと直感する。最近経験したトラウマがいかに些細なものであったとしても，子どもの頃に拒絶されたり，見捨てられたりして，自分にその責任があると信じるようになった時のことが思い出される。

## 苦痛から身を守る

自分が間違っているという基本的な気分のために，非常に強い苦痛をつねに感じる危険がある。厳しい一言，不快そうな一瞥(いちべつ)，些細な失敗も，このような苦痛を引き起こしかねない。それを受け流したり，批評家に反論したりするといったわずかな防衛がいつもうまくいく訳ではないのが，問題である。その苦痛は単に激しすぎるのだ。それは些細なことだ，誰もが時には煩わしいこともあるとつねに自分に言い聞かせる。しかし，洪水のように押し寄せる「自分が悪い」という気分の中に，理にかなった言葉は呑みこまれてしまう。すべての根底に，無価値感が存在する，空虚で孤独な場所がある。そして，あなたはそこに落ちこむことを恐れている。あまりの恐ろしさのために，自分を救い，どのような方法であってもその感覚から身を守らなければならないと強く思う。極度の苦痛に対して大々的な防衛線を築かなければばらない，それは心理的なマジノ線[6]である。主に3種の防衛の方法がある。

1. 逃避する。この防衛には，薬物やアルコール，さまざまな形の回避，心理的な孤立が含まれる。
2. 他者を攻撃する。他者に怒りを向けることで，自分が悪いという感覚を遮断する。
3. 自分を攻撃する。自己に向けられた怒りでもって，自分が悪いという感覚を遮断する。

最初の2種の防衛は外からも明らかに見て取れるが，最後の防衛は馬鹿げていると思われるかもしれない。自分を攻撃することが，どのようにして無価値

---

6) 第一次大戦後にフランス・ドイツ国境を中心に構築されたフランスの対ドイツ要塞で，当時，難攻不落とされた。

感を遮断することになるのだろうか？　その答えは，完璧を達成しようとして，自分を攻撃するということである。基底にある信念は，一生懸命に頑張れば，最後には失敗を修正して，罪を償うことができるだろうというものである。自己攻撃全体は否認の行為であり，これからもつねに今感じているような無価値感を抱き続けるという極度の怖れを否認している。自分に対して怒りを向けていると，自分について憎んでいることのすべては修正できるという，万能の空想を抱いている。そして，まさに自分を徹底的に叩きのめすと，無価値感がとうとう薄れていくのである。

　この自己批判は実際に苦痛を和らげる。自分の失敗を探すことに集中し，必死になって心理的修復を図ろうとすると，深い無価値感が一時的に覆い隠されてしまう。

## 防衛の殻に籠る

　アルコール嗜癖になるといった，自己の心理的防衛の殻に籠ってしまうことがある。当初は，防衛は，深いレベルの不安や傷をある程度癒すのに役立つかもしれない。それが効果的で，あなたがそれにすっかり頼ってしまうと，この同じ対処戦略を繰り返し用いるようになる。しばらくすると，この防衛を用いないと，ほんの少しの不安や傷に耐えられなくなる。アルコール依存症患者が酒瓶に手を伸ばすのと同じように，無価値感の兆候に少しでも気づくと，あなたは繰り返し逃げ出し，他者を攻撃し，あるいは自分を攻撃するようになる。

　本章の残りの分では，主として自己攻撃という形の防衛に焦点を当てる。その理由は，自己攻撃は，逃避や他者への攻撃よりも，自尊心に直接的な悪影響を及ぼすからである。逃避や他者への攻撃は家族，友達，同僚との関係を傷つけるが，自己攻撃は自分の基本的なアイデンティティを傷つけることになる。

　ほとんど基本的な人間の問題のひとつに，ある種の苦痛に直面するのをためらうということがある。これはよく理解できる。しかし，結局，この防衛は，逃避しようとしていた元の感情よりも，多くの苦痛を生じることになる。嗜癖は損失をもたらす。短期的な苦痛の緩和は，破壊的なパターンを生み，他者との関係や自尊心をひどく傷つけてしまう。アルコール依存症者は，飲酒後は一時的に気分がよくなる。しかし，職場の業績は落ち，子どもたちに対するエネルギーも失せて，妻も酔っぱらって正体を失くす夫の世話に辛抱できなくなる。自己攻撃も同じような結果となる。自分のあら探しをして，逆説的に急性の無価値感がしばらくの間和らいで，気分がよくなる。しかし，時間とともに，ま

すます自己価値を貶（おとし）めるようになっていく。そして，自分が完全であることに失敗すると，毛虫が蝶になれないと，自分についてつねに信じていた否定的なことがすべて証明されたように感じる。

## 嗜癖者が現実に直面する

真実に直面しなければ，嗜癖から回復することはできない。断酒会では，メンバーは皆の前に立ってスピーチする。たとえば，最初に「私はアルコール依存症です」と認めてからスピーチを始める。あなたは自分の防衛に嗜癖している。あなたは自己攻撃に嗜癖している。何かを変えようとするならば，その前に，あなたはこの事実を認めなければならない。

自分の悪い部分を直したいとか，直すことができるというのは，否認の機制の一部である。必死になってよくしようと試みる度に，現実から逃避することになる。完璧な基準を満たすことは可能だという振りをしているだけなのだ。最終的には自分は完全な姿になれるという空想を創りあげている。それはまるで，あなたの心が無反応な一塊の木で，削ったり，測ったり，切ったりして，傑作の彫刻を作り上げようとしているようなものである。しかし，うまくいかないと，あなたは悪戯（いたずら）をした子どものように，叩かれて，正道に戻るように躾けられてしまう。

この嗜癖は2つの方法で現実を否認する。第一に，完璧であることは可能だし，それが望ましいのだと主張することで，人間であることを否認する。これでは自分の欲求，強く望むこと，何かを恋い慕うことを忘れてしまっている。そのようなものを手に入れられないとどのような感じか，どのようにして試み，それでも手が届かないというのはどのような感じか，どのようにして代わりのものを求めるのかといった，部分的な達成の戦略などを忘れてしまう。心理的かつ身体的な生存はこの基本的な闘争によっている。障害は高く，失敗も多いのだが，闘い続けなければならず，欲求を満たすわずかな希望があれば，苦痛に満ちた，破壊的なアプローチを続けていかなければならない。これこそが人間であることを意味している。このように人間は創られているのであって，つねに成長を求めている。完璧を期待するというのは，この基本的な人間の闘争を無視しているのだ。

現実を否認する第二の方法は，自分を傷つけているのに，害よりも利益を多く生み出すことができると考えることである。自分を攻撃することによって，健康な変化，すなわち価値感に必要なひとつの要素を傷つける手助けをしてい

る。自分自身について快く感じていると，抑うつ感よりも動機づけが高まるし，自分が魅力的で，人との関係もうまくいき，危険を冒したり，新たなことを試したりする勇気も湧いてくる。自己攻撃は，変化，挑戦，何かに近づこうとするような能力を実際に減退させる。何かをよくできるようにするどころか，絶望感を深めてしまう。

## 結果について検討する

アルコール依存症者のように，あなたも自分の防衛がどのような影響をもたらしているのか考えてみなければならない。「第3章　批評家を武装解除する」では，批評家の主張に耳を傾けることによって，あなたがどれほどの代償を支払っているのか検討した。自己攻撃のために被(こうむ)る否定的な結果のリストを検討してみるのは有用である。

自分自身に対して厳しすぎる判断を下すと，人生のあらゆる側面がますます困難になっていく。以下にいくつかの例を挙げる。

- 他者があなたの欠点を見つけ出して，あなたと同じように，他者は不快に感じると思う。したがって，あなたは他者からの避けられない拒絶に備えて，つねに警戒を怠ってはならない。
- 「本当の自分」は拒絶されるに決まっていると思っているので，他者に対して率直であったり，自分のことを素直に語ることができない。
- あなたは批判されると，ひどく怒ったり，気分が落ちこんだりする。
- 批判や拒絶を受けるような可能性のある対人状況を避ける。あなたは危険を冒さず，見知らぬ人に会おうとせず，誰かに近づこうとするよりも，孤独に耐えたほうがよいと思いこむ。
- あなたは失敗を恐れるあまりに，新しいことをしたいと思わない。失敗は避けられず，そのために打撃を受けるので，何かを学ぼうとするのが難しい。あなたのしていることについて誰からも非難されないようにするために，必死になって努力しなければならない。
- 失敗すると思うので，挑戦を避ける。
- 子どもを怒らせるのではないかと心配して，子どもの躾(しつけ)を控える。
- もしも他者が困惑すると，気まずくなるので，他者の依頼を断ったり，関係に制限を設けたりするのが難しい。
- 断られると，それは自分が無価値な人間であることを意味するので，何

かをしてほしいと依頼するのが怖い。
- 欠点があったり，あなたに耐えてくれるような，性的パートナーを選んだりする。あなたのような人と一緒にいたいと思ってくれるとはとても想像できないので，本当に魅力的な人を追い求めることが難しい。
- 他の方法では相手があなたに付き合ってくれるとはまるで思えないので，あなたはあまりにも多くを与えすぎたり，相手の思い通りにあなたを利用させたりする。
- 自分の欠点ばかりに注意を向けているために，しばしば気分が落ちこんだり，自己嫌悪に陥ったりする。自分のしていることの多くが，悪いことで，馬鹿馬鹿しく，無駄に思える。
- 自分自身の現実ではなく，何かを取り違えていたり，ひどく劣っているために違いないと考えたりして，あなたを尊敬する人や真に愛する人を避ける。

　以上のすべての例があなたに当てはまるわけではないかもしれないが，どれもがあなたの人生を制限する傾向がある。あなたの欲求を満たし，あなたを興奮させることをして，あるいは人生を真に豊かにしてくれるような人と一緒にいることがますます難しくなる。
　あなたは自分が間違っていて，愛情から切り離されていると感じる家族で育ったのかもしれない。このような気分に向き合うのは非常に難しい。しかし，あなたは次の点について理解する必要がある。自己攻撃という防衛は，損害をますます大きくするだけであり，あなたはますます無力になってしまう。結局，自己攻撃は，最初の傷よりもはるかに深刻な悪影響をもたらすことになる。

## 完全な節制を学習する

　真のアルコール依存症者にとって，解決策はひとつしかない。完全な禁酒である。自己攻撃の嗜癖に陥っている人にとっても同じである。すべての種類の病的判断を完全に断たなければならない。
　病的判断とは，物事は本質的に善か悪かのどちらかであるという信念に基づいている。自分自身と他者を善か悪か，正か邪かで判断する。対照的に，健康的判断は，何かがよりよいかより悪いかと感じるか，それがよい気分か悪い気分かに影響すると認識している。単純にまとめると，病的判断ではあることが悪いと決めつけて，健康的判断はそれは気分が悪いととらえる（すなわち，苦

痛に満ちている気分という意味である)。あなたが控えるべきである判断の例をいくつか挙げておく。

1. 誰かの行動をよいとか悪いとか判断する。これは難しく響くが，他者の行動について道徳的判断をしないようにすべきである。その時点での認識や欲求を考えると，その人はできる限り最高の選択をしたという態度を育む。他者のその行動についてあなたが不快に感じたり，あなたによくないことであったとしても，それ自体が悪いわけではないことを明らかにしておく。
2. あなたがどこかで読んだり，テレビで見たり，通りで観察した善か悪か，正か邪かの評価をそのまま受け入れる。襲撃，爆弾テロ，政治腐敗などについての判断である。
3. ある人物がよりよいとか，別の人物がより悪いとか，人々をいかなる次元でも比較する。誰のほうが知的で，寛容で，有能かと推測することなどもこれに含まれる。
4. いかなる種類の否定的で大雑把なレッテル貼りをする（例：「間抜け」「自己中心的」「狂った」「醜い」「デブ」「嘘くさい」「空っぽ」など)。
5. 人を実際とは異なっていると期待する。（現在の欲求や意識を受け入れて）他者が実際に行っている通りに受け入れることが重要である。他者があるがままに行動していることはあなたにとって不快であったり，苦痛に満ちていたりするかもしれないが，その時点で，まさにそうあるべき行動をしていることを受け入れなければならない。
6. 自分の苦痛について他者を責める。たしかに苦痛があるのだが，そのために他者を責めるというのは，他者のありのままの存在を認めないということになる。
7. どのような方法であれ，自分をよいとか悪いとか判断する。これには，あなたの思考，気分，動機，欲求，空想，行動が含まれる。

あなたの判断は毒である。それは，肝硬変の人にとってのダブルのウィスキー，糖尿病の人にとってのチョコレートのようなものである。自分自身にとっても，誰か他の人にとっても，一方的な判断は控えるべきである。他者に対して価値判断を下す度に，批評家が同じ判断をあなたに投げつけてくるのを許すことになる。あなたの友達，恋人，新聞で読んだ人に対してあなたが当てはめた「〜すべき」思考はすべて，あなた自身に戻ってきて，つきまとう。逆説的

ではあるが、他者のためにあなたが作ったルールが他者に影響を及ぼすことはめったになく、そのルールはつねにあなたに影響を及ぼし、あなたを貶めることになる。

　一方的な判断には、霊的な契約効果がある。それはあなたの中に壁や制限を築きあげる。これを感じるのはよいが、あれを感じるのはよくない、これを言うのはよいが、あれを言うのはよくない、これを欲しがってもよいが、あれを欲しがってはならないといった制限を設ける。正か邪か、無価値な思考、気分、衝動かの間であなたはつねに動揺しているが、あなたの内的な世界が障壁になる。あなたは自発性や率直な態度を失っていく。自分を拒絶するのは、すべてのルールにつねに従うのは不可能であるからだ。判断は人生から、喜びや広がりを奪ってしまう。あなたは判断されることの恐怖にとりつかれてしまい、抑うつに陥りやすくなる。

　自己攻撃に囚われきっている人が一方的な判断を止めるにはどのようにしたらよいだろうか？　多くの意志の力も真剣な関わりあいも必要である。「彼は馬鹿だ……彼女は怠け者だ……彼は腐っている……私は自己中心的だ……近所の人はだらしない」と言いたい小さな声を止めるにはつねに警戒を払う必要がある。小さな声が多くの時間、毒をまき散らしている。それを封じる方法を見つけ出す必要がある。完全な節制という概念がここで鍵となる。アルコール依存症者がたとえ1杯でも飲まないようにするのと同じように、あなたもたとえ1つの一方的な判断も控えるようにすべきである。一方的な判断には何の価値もない。よいものもなければ、悪いものもない。いずれにしても出来事は生じる。それは楽しいものかもしれないし、苦痛に満ちたものかもしれないし、ごく中立的なものかもしれない。誰かは避けたいけれども、誰かには会いたいというのと同様に、後悔するものもあれば、繰り返し起きてほしいものもあるだろう。どれについてもよいとか、悪いとかはない。

　一方的な判断を控えるというのは、楽しくない人と一緒にいて、相手に好きなようにさせたり、あなたを搾取するようなことを許したりするという意味ではない。自分を大切にして、自分を守るために、あなたが最高だと思うことを行う自由は残されている。バディ・ホリー（Buddy Holly）[7] が好きだけれど、ヨハネス・ブラームス（Johannes Brahms）[8] は好きではないといった具合に、

---

7) ロックンロール草創期に活躍したアメリカのミュージシャン。
8) 19世紀ドイツ新古典派の作曲家、ピアニスト、指揮者。

好みがあっても構わない。しかし，これらの選択はあなたの特定の欲求や好みに基づいたものであり，道徳的な基準にそったものではない。結婚における貞節についてはあなたはどのようにでも考えることができるが，それを守らない人に対して一方的な判断を下すべきではない。あなたは暴力にひるむかもしれないが，それでも，暴力に及んだ人が（その時点における欲求や認識の範囲で）手に入る最高の選択をしていることを認識すべきである。

　次の点を忘れてはならない。あるひとつの判断が別の判断を生む。たとえば，誰かの服装がみすぼらしいと考えるとか，小さな脱線であったとしても，自分自身の振る舞いについて一方的な判断を下すようになる。会議の進行がひどく不完全だったと考えると，次にあなたが何かを招集する時に問題を引き起こしやすくなる。そして，一方的な判断を強めるような世間の視点に舞い戻ってしまうのは実に簡単である。

1. ある人々が「よくないこと」をする選択をしているのをあなたは目撃する。彼らには他の方法もあるのだが，「安易な方法」を選んだと，あなたは考える。彼らは互いに傷つけあっていて，傷つけあうことを選んだのは，「誘惑」に屈しやすいからであるのだから，そのまま放っておけばよいと，あなたは考える。
2. ある人々が「馬鹿げた」ことをして，自分も他人も傷つけていて，あえて馬鹿げた道を選んだと，あなたは想像する。
3. ある人々は弱さに「屈して」しまい，罪を犯し，あえて他者を愛したり，大切にすることを選ばなかったりしたので，自ら自己中心的な態度，腐敗，強欲などに落ちていったと，あなたは信じている。
4. あなたの個人的なルールが普遍的なものであり，すべての人にも当てはまるべきだと，あなたは想像している。

　このように物事をとらえるのは，非常に満足がいくことがある。正しいという感覚ばかりか，優越感さえ覚える。世界を善か悪かに二分割すると，より妥当に思える。相手に責めを負わせて，間違っているととらえると，自分の怒りが正当化された気がする。そして，自分が間違ったことや馬鹿げたことをするのをあえてしたと感じると，自分を拒絶するのは容易い。

　世界には多くの苦痛に満ちた出来事があり，それに邪悪のレッテルを貼って，拒絶するのは快い。何か苦痛なものを悪いものとして決めつけると，それから

距離を置くことができて，自分を守ることになる。これはまったく自然なことである。しかし，このように判断するのは，人は自分の望むままに何でもできるという想像をするからである。そして，自分や他者に苦痛をもたらす失敗をすると，それは自分があまりにも怠けていたり，自己中心的であったりしたために，正しいことができなかったからであるとされる。

このような世界観からどのようにして抜け出すことができるだろうか？　人は皆，自分が考えた最高の選択をしているという認識を育むことによって，このような世界観から解放される。プラトンは，人間はつねに最高の善を選択すると述べた。このような行為は，その時点においてあなたの欲求がもっとも顕著な状況に応じて満たされようとしている。性的な興奮を感じているのならば，最高の善とはセックスであるかもしれない。ただし，より大きな競合する欲求が感情的な苦痛からあなたを守ろうとしなければである（たとえば，あなたが配偶者以外の誰かに惹かれるのだが，配偶者が傷つき，怒ることを知っているといった場合である）。もうひとつの競合する欲求とは，自尊心を守ることかもしれない（例：「最初のデートでセックスをしたら，私を軽く見るかもしれない」とか「私はあまりにも神経質になっていて，うまく振る舞えないかもしれない」）。

次のような状況を考えてみてほしい。あなたがテレビを見ているところに，娘がやってきて，宿題を手伝ってほしいと言ってきた。あなたにはいくつかの競合する欲求がある。

1. 引き続きテレビ番組を楽しみたいという欲求，あるいは，
2. 娘の宿題を手伝いたいという欲求。

さらに，ある信念や認識もある。

1. 娘は自力でできる宿題をしばしばあなたに頼ってくる。
2. 娘は自力で何かをして，自分の問題を解決することを学ぶべきだと，あなたは信じている。
3. 親はいつでも進んで子どもを助けるべきだとも，あなたは信じている。

あなたにとっての最高の善とは，これらの欲求や認識のどれがもっとも強いかということと関連している。結局，あなたがテレビ番組を楽しむとともに

娘がもう少し人に頼らずに自立しなければならないというあなたの確信がもっとも強いと明らかになったようだ。あなたの信念と認識が正しいとか誤っているとか，あなたの決断が長期的に娘にどのような影響を及ぼすかといったことは，無関係である。その時のあなたの優勢な欲求と認識に基づいて行動を起こすことができるというだけなのだ。娘が3か月後にひどい成績表を持ち帰ったら，宿題の助けをしなかったことが誤りだったかを判断しなければならないかもしれない。しかし，決断を下している時には，後に何が起きるか知ることはできない。

　ここに別の例がある。あなたと友人がパーティーに出席したと考えてみよう。他のほとんどの人があなたには見知らぬ人で，その友人の支えや関心が必要である。しかし，あなたには問題がある。直接何かを頼むのが怖いのだ。あなたの家族は直接的なコミュニケーションのスタイルを取らなかったので，あなたは自分の欲求をどのように伝えたらよいのかよくわからない。あなたは自分に関心を払ってほしいので，まずそうするためのいくつかの戦略を検討する。ここでもまた，あなたの決断は現在の認識と完全に関係している。できることといったらせいぜい，無関心にしていて，苛立ち，友人があなたのつらさに気づいてくれることを望むくらいであるならば，それがあなたの戦略となるだろう。適切な自己主張を学ぶ講座を受けて，6か月後，あなたは少し今までとは異なる行動がとれるようになった。しかし，パーティーに出席したこの時点では，あなたのその時の認識に基づいた選択ができるだけなのだ。

　最高の善を選ぶというのはどのような意味なのだろうか？　それは，ある時点において，あなたが全力を尽くしているという意味である。人はその時点で優勢な自らの認識，欲求，価値にそってつねに行動するという意味である。テロリストでさえも無辜の人々を傷つける爆弾を設置するという決断は，自分の最高の善に基づいている。あなたも自分自身を非難することはできない。ある人物の認識がいかに歪められ，誤っていたとしても，罪はなく，責めることはできない。というのは，現在の認識とは異なるように行動することは誰もできず，認識が変化した時だけ，あなたは変わることができるからである。

## 練　　習

　以下の練習は，中立的な態度を自分の人生に組み入れていくのに役立つ。

1.　報道されているいかなる行動に対しても何の一方的な判断も加えずに，記

事を読む練習をする。(あなたには完全には信じられないかもしれないが)誰もが現在の認識に基づいて最高の善を選んでいるという立場を認める。

2. 危険な運転をしたり，運転マナーを守らない人を見かけても，判断を下さずに，その行動を受け入れる。そのような運転をするのは，その人の現在の欲求や意識を直接反映している。スピード違反をしているティーンエイジャーはガールフレンドに見せつけたいのかもしれないし，怒りのためかもしれないし，あるいは安全運転よりは男らしさを示したいのかもしれない。若さへの自信が薄らいでいき，危険や死を意識するようになると，運転の仕方も変わるだろう。認識が変われば，その人も変化するだろう。

3. ひどい服装や髪型の人を見たり，身体的な外見があなたの好みと異なる場合には，次のマントラを繰り返してみる。「あのような外見を作り出した選択に対して，あの人を非難できない」

4. 大嫌いな政治家を思い浮かべてみよう。しばらくの間，あなたがその人を本当に嫌うことを想像してみる。次に，その政治家の現在の意識や野望の限界の中で，その信念，価値，行動は唯一可能なことであるという立場をとってみる。

5. あなたがもっとも嫌いな人を心の中に想像してみる。その人があなたの目の前に座っている姿を詳しく想像する。声の調子に耳を傾け，癖に注意を払い，表情を観察する。その人に本当に腹を立てた過去の出来事を思い出してみよう。判断を加えない，中立的な態度を試してみる。その人があえて悪い人となるように選択したわけではないことを忘れないようにする。自分の欲求や意識の限りにおいて，その人は全力を尽くしている。その行動はあなたに苦痛をもたらすが，そのためにその人を責めることはできない。他のすべての人と同様に，その時点における最高の善を追求して，生き延びようとしている。この人は，意識が変化するまでは，今ある姿以外ではあり得ない。

6. 職場でもっとも苦手な人物としばらく会話を交わしてみる。その人のイラつく癖，スタイル，意見などに注意を払う。しかし，判断を下してはならない。独自の状況によって，その人がこのようになったという立場をとる。その人は可能な中で最善の選択をしたのだ。

7. あなたが嫌いな家族の誰かに電話をかけてみる。会話の最中に，判断を下さない，中立的な態度を練習する。相手の言葉をよいか悪いか，正しいか間違っているかなどと評価してはならない。

8. この練習では，過去のある時点を思い出す必要がある。他者からひどく反対されたり，ひどく反対されて，自分が間違ったと感じたりしたいくつかの過去のシーンを思い出してみる。このようなシーンを少しずつありありと思い出す。どのような行動が明らかになるだろうか。しかし，この場合には，判断を下さずに，出来事を経験していく。誰もが最高の善を選択し，可能な限り最高の選択をしていることを，自分に言い聞かせる。ある人物の欲求と認識がいかにその選択を形作っているのか理解するように努力する。自分自身の欲求や選択について共感的な視点を得るようにする。
9. 友達が誰かの噂話をして，悪口を言っている時に，それに加わりたいという気持ちに抵抗してみる。穏やかに「あれもこれもそれほどひどくもない」とほのめかして，会話の輪から離れる。

## 苦痛に向き合う

　一方的な判断を控えると，いくつかの重要な感情の変化に気づくだろう。しばらくすると，「間違っている」という基本的な感覚をこれまで以上に意識するようになるだろう。一方的な判断をするというのは，心の中の空虚で，無価値な，落とし穴に落ちるのではないかという恐怖感に対する防衛である。一方的な判断を下さないと，この感覚を和らげるために，自分や他者に対して怒りをぶつけることができない。
　アルコール依存症患者が自分の感情から逃げ出す習慣を止める方法を学習するのと同じように，あなたも自分が間違っていると判断する習慣を止めることを学習していく。しかし，それは苦痛に立ち向かうことを意味している。もちろん，これは言うのは簡単だが，実行するのは難しい。苦痛は非常に強いかもしれない。しかし，唯一の選択肢がそれを避けることであると，この戦略の代償は非常に大きなものとなる。
　苦痛に立ち向かうというのはひとつのスキルである。苦痛がどのように機能し，それにどのように対処すべきかを知っていれば，実際に苦痛を経験しても，その影響はそれほど大きなものとはならない。それが歯痛であろうと，無価値感であろうと，大きな苦痛を経験していると，その苦痛は意識を独占し，唯一の問題となる。苦痛がなかった時のことを思い出すのも，ふたたび状況が改善することを想像するのも難しくなる。まるで，苦痛のために過去も未来も消されてしまうかのようだ。あなたが心配するのはすべて今のことで，それも耐え

られないように思える。

あなたの注意を圧する苦痛の持つ独特な能力はその本質を覆い隠す。苦痛はけっして静的なものでもなければ、いずれおさまるものでもない。苦痛は波状攻撃を仕掛けてくる。

おそらく、苦痛がその激しさを増したり減らしたりする状態をもっともよく表しているのが、死別（grief）である。喪失感に圧倒され、その感覚はあまりにも強くて、それが終わることなど想像できない。しかし、ある時期が来ると、茫然自失の状態となり、平穏で安堵する時期が訪れる。間もなく、茫然自失が新たな喪失感に置き換えられる。そして、喪失の波、穏やかさ、喪失、穏やかさと続いていく。

これは苦痛の自然のサイクルである。過剰な負荷がかかると、感情が遮断されて、しばらくの間は感情が停止する。このような波が続いていき、徐々に弱まり、感情が遮断された時期が長くなっていき、最後に苦痛がおさまる。

身体は同じように身体的な痛みに反応する。手に激痛を覚えたある男性はその反応を次のように述べた。「あまりにも激しい痛みで、私は叫び出したかった。でも、しばらくすると不思議なことに気づいた。時々、おそらく10秒か20秒間、痛みがおさまる。そして、また痛みが襲ってくる。それはとても規則的に起きて、私は痛みがおさまるのが待ち遠しかった。痛みがおさまると、私は少し休むことができた。時々、短い休憩があるのを知っていたから、その痛みに耐えられると思った」

体も心にも、ほんの短い間だけ、苦痛を和らげて、そこで一息つけるという体制がある。苦痛を理解するというのは、この苦痛がおさまる時期があることを前もって知っておき、それを利用して苦痛からの休憩時間とするという意味である。

「私は大丈夫ではない」という感覚は、他のいかなる苦痛と同じように、まったく同じ変動を示す。苦痛があまりにも強いと、何とかそこから逃げ出したいとばかり思う。しかし、苦痛に正面から向き合うと、その波は間もなく過ぎ去ることに気づくだろう。強い波と波の間では、対処するためのマントラを思い出す。この感覚を前にも経験したことがあり、そのうち過ぎ去るということを忘れないでおく。苦痛が間もなく終わるとわかれば、自分自身や他者を攻撃する必要はない。

重要な点は、今まさに感じている苦痛に翻弄されないことである。次のような考えに囚われてはならない。

・苦痛は永遠に続く。
・私は苦痛に耐えられない。

その代わりに，苦痛に対処する次のように考えてみよう。

・苦痛はいずれ消え去るだろう。
・波が過ぎ去るまで私は待つことができると承知している。
・この感覚は過去の傷から生じている。私の真の価値とは何の関係もない。
・私は自分が悪いと感じているけれども，それでも私は善良である。

## 苦痛を受け流す

　苦痛に向き合うということは，一方的な判断という自己防衛をしないという意味である。しかし，それは他の方法で自分を守ることができないという意味ではない。攻撃の波を受け止めて，それがおさまる時を待つ以外に，苦痛から身を守る最善の方法は，距離を置くことである。（イメージか言葉を用いて）あなた自身と苦痛の間に距離を置き，傷を受け流すことである。

　あなたがボートに乗って，島の周りをゆっくりと漕いでいる姿を想像してみよう。さまざまなシーンが目に浮かんでくる。あるシーンはインディアンによる虐殺を描く。木の小屋が燃えている。開拓者の家族が無残にも殺され，庭にその遺体が横たわっている。動くものは何もない。ボートは島の湾曲部をゆっくり通り過ぎて，虐殺シーンも視界から過ぎ去っていく。

　このようにして，過去の苦痛を受け流していくことができる。それがしばらくの間過ぎ去ることを，あなたは知っている。ただそれが過ぎ去るのを待てばよい。傷や誤ったことを，ゆっくりと，淡々と受け流していく。過去の傷を受け流す際に，距離を置くための方法をいくつか挙げておく。

　苦痛の光景を想像してみる。形や色をありありと想像する。好きなだけ醜く，奇妙なものにしてよい。数回深呼吸する。1回の呼吸ごとに，苦痛が遠のいていくのがわかる。過去を受け流し，それはどんどん遠のいていく。苦痛が少しずつ和らいでいくにつれて，呼吸に集中し続ける。

　想像の中では，自分自身から抜け出してみよう。いかに不快に感じているかわかる。どれほど必死になって苦痛と闘っているかもわかる。自分の顔や身体の姿勢も想像してみよう。あなたの身体の真っ赤な火のように苦痛を想像して

みる。しばらくすると，火は弱くなっていく。真っ赤な火が消えていくのを見ながら，深呼吸する。火が徐々に消えていくにつれて，傷も遠のいていくのを想像する。心の準備ができたら，あなた自身の中に戻っていく。

　深呼吸する。呼吸，そのリズム，新鮮な空気が胸に入ってくる感覚に焦点を当てる。まさにこの時点であなたの身体がどのように感じているか注目する。身体の緊張した部分がどこにあって，それがどのように和らいでいったかよく味わう。否定的な気分に引き起こされた否定的な思考に耳を傾けてはならない。苦痛に満ちた気分が過ぎ去るまで，リラクセーションと呼吸についてだけ考える。

　この苦痛が過ぎ去った，数日後，あるいは数年後のあなたを心の中で想像してみる。あなたが自信に満ちて，リラックスしている姿を心に浮かべてみよう。

　「これは過去の気分であるが，同じ状況が生じれば，また舞い戻ってくる。私はそれを生き延びることができるだろう。最悪のことが過ぎ去るまで，私はそれを受け流すだろう」と自分に言ってみる。

## 古きよき日々に錨を下す

　あなたもすでに気づいているように，深く信じられた「私は大丈夫ではない」という感覚に反論するのは易しいことではない。というのも，「大丈夫ではない」という感覚は，あなたの人生で両親や他の強い絆のある人々との多くの否定的なやり取りに根を下ろしているからである。このような感情に反論しようとすると，必死の闘いは，イメージに反抗する言葉になってくる。そして，その闘いの結果，しばしばイメージが勝利する。この解決策は，自分の長所に錨を下すという技法を用いることである。自分自身について自信があり，善良であると感じていた時を再体験するのに役立つ技法を用いて，大丈夫ではないという感覚に立ち向かうことができる。

　「アンカーリング（anchoring）」という術語は，リチャード・バンドラー（Richard Bandler），ジョン・グラインダー（John Grinder），レスリー・キャメロン・バンドラー（Leslie Cameron Bandler），ジュディス・ディロージャ（Judith DeLozier）らが開発した神経言語学的プログラム，コミュニケーションモデルに由来している。アンカー（錨）は，同じ反応をつねに引き起こす刺激と，彼らは考えている。あなたがアロハシャツを目にすると，かならずアルバート叔父さんを思い浮かべるならば，アロハシャツはあなたにとってのアンカーである。シャツが刺激であり，叔父についてのあなたの記憶が一貫した反応となっている。

ほとんどのアンカーは自発的なものではなく，日々生活している中で自動的に形創られた感覚関連の結果である。しかし，自発的にアンカーを形創ることは可能であり，これは意識的な関連で，自尊心を高めるために活用できる。自尊心を高めるためにアンカーを活用する鍵は，単純な刺激と強烈な反応を選ぶことである。以下のアンカーリングの練習では，手首に触れることを刺激とするが，それはいつでも実施できる。反応は，記憶や空想に基づく，自信や自己受容である。少し時間をかけて，この簡単だが，強力な練習をしてみよう。

1. 邪魔の入らない場所で，心地よい姿勢をとる。両手を膝の上に置くが，少し間を空ける。目を閉じて，しばらく全身をリラックスさせる。頭から爪先まで全身を観察していき，緊張を感ずる部分をリラックスさせる。
2. 目を閉じて，時間を遡る。成功したと感じ，とくに自信があった時，自分自身についてとても快く感じた時のことを心に思い浮かべてみる。その時を思いついたら，深呼吸をする。その時のことのすべてに注意を払う。視覚，聴覚，触覚，味覚，気分などに注意を払う。あなたはどのように見えて，他の人々はどのように見えるだろうか。自信と自己受容の感覚を味わう。
　　強い自信を感じるような記憶を見つけるのが難しければ，同じような効果をもたらす空想のイメージを作る。将来のある時期にあなたが自信に満ちて，価値があると感じている自分を空想する。空想があり得ないとか，非現実的だと心配する必要はない。それはあなたが追い求めている自信の感覚である。
3. イメージがはっきりして，自信を覚えたら，右手で左手首に触れる。よく覚えておくことができるように，左手首の特定の部分にしっかりと触れる。手首のこの部分に触れることで自信の感覚をアンカーし（錨を下ろし），後に同じように触れることで自信を再現させることができる。
4. 4種の他の記憶や空想上のシーンでも同じように一連の動作を繰り返してみる。心の中のシーンが強い自己価値感を生み出したら，同じように手首に触れてみる。

　ジャックという理髪師が無価値感と闘った例を挙げておく。自信があって，価値を感じられた，古きよき記憶を探っていった。すばらしい絵の見本をクラス全体に示すために，小学校5年生の時の教師がジャックの絵を黒板の上に張り出した時のことを思い出した。その時の教室の光景，音，匂いに集中して，1歳の時に成し遂げたのと同じ，自信や達成感が胸の中に沸いてきて，温か

くなるような感じを味わった。その時に，ジャックは左手首の内側に触れて，この記憶をアンカーさせようとした。

次に海軍に入隊してはじめて自宅を離れた時のことを思い出した。ジャックは高校時代のガールフレンドを訪ねたのだが，海軍の軍服に身を包み，基本訓練の後で引き締まって日焼けしていた。ガールフレンドはジャックを大歓迎してくれて，自分がいかに強くなり，成長したのか，一人前の男として祖国のために闘うのだというのを思い出した。このような気分が最高になったところで，左手首の内側に触れ，この記憶をアンカーした。

次のシーンとして，USS コンスティテューション号[9)]のプラモデルを作った時の記憶を思い出した。それはとても高価で，複雑なプラモデルで，16歳の夏休みの時に組み立てた。くすんだ銅色に船体を塗っている時に，母のレコードプレイヤーからブロードウェイミュージカルのサウンドトラックが聞こえていた日のことを思い出した。母は病院に受診し，弟はキャンプに出かけ，父は仕事に行っていた。ジャックは自宅を独占し，楽しみに浸りきっていた。自分の手先が器用なことを思い出した。自分に作れないものや，作ることを学習できないものはなかった。レコードに合わせて歌を歌い，自分の声や歌詞を記憶していることについて自分を誉めた。この満足感と自分を好もしく思う気持ちが強まると，ジャックは左手首に触れて，古きよき記憶をアンカーした。

ジャックはその他に強い記憶を思いつかなかったので，空想のシーンを選択した。ダウンタウンの洒落た場所に自分の理髪店を開業し，男女の客の髪の全体的な手入れをすることを空想した。彼は自分が一番目の椅子に座った客の散髪をし，他に5人の従業員がいて，彼のスタイルのセンスやビジネスの腕前に感心し，リーダーシップを尊敬している。一日の終わりにレジの中身を計算し，チップを分け，スタッフに50ドル札を渡す。従業員たちの表情に賞賛と感謝を見て取り，実際の感謝の言葉も聞こえてくる。成功と達成の感覚がもっとも強くなると，手首に触れて，その感覚をアンカーした。

翌日バスに乗って職場に行くときに，馴染みの無価値感が晴れているのに気づいた。しかし，今は反撃するためのしっかりアンカーされた資源があることを忘れてはいなかった。バスに乗っている間，彼は手首に触れて，惨めな気分が晴れたことを喜んでいた。これらのシーンを必死になって繰り返す必要はなかった。クレヨン，着古した海軍の軍服，銅色の塗料が入った小さな壺，電気

---

9) 米海軍の木造の帆船で，その名は米国憲法 (United States Constitution) から採られており，世界の航行可能な就役艦船で最古かつ米海軍の現役艦である。

リカンのうなる音を心に描くだけでよかった。さらに重要なのは，誇り，力，力の高さ，成功といった感情との接触を回復したことであった。

古きよき時代の記憶に錨を下すこと（アンカーリング）ができるようになる。自分は大丈夫ではないという感情と闘う必要がある時にはいつも，手首にれればよい。あなたの肯定的な記憶や空想は，自信が必要な時にいつでも呼出せる資源となる。あなたはただ右手で左手首に触れればよいだけで，自分間違っているといった感じを中和させるのに役立つ。ここで，あなたは言葉上の武器を手にしたことになる。手首に触れて，古きよき肯定的な気分やイージとつながることで，否定的な気分やイメージと闘うことができるのだ。

## 治療の選択

大丈夫ではないという感覚を克服するのが非常に難しく感じられることが々ある。本書で解説してある多くの技法を試してみたのに，気分に変化が見れないからといって，あなたの状況に希望がないと考えるべきではない。自書はすべての人にとっての答えにはならない。長期にわたる否定的な気分を化させるには，専門の心理療法家の援助が必要な人も多い。

心理療法は自尊心の問題を抱えている人にはきわめて効果的であると，研究明らかにしている。あなたの長所をよく知っていて，完璧ではないあなたけ入れてくれるセラピストとの関係は，長期的には多くの変化をもたらす可性がある。救いを求めるのを恐れてはならない。あなたのことを大切に思い，化の過程を指導する知識のある人から支援してもらうことが必要不可欠であことが時々ある。

# 第 16 章

# 信　　念

　自尊心を構成する基本的な要素は中核的な確信，すなわち信念（core belief）である。これは，世界におけるあなたの価値についての基本的な前提とも言える。信念に従って，自分自身を価値があり，安全で，有能で，力強く，自立して，愛される存在であるとみなす程度が決定される。これはまた，所属感や自分が他者からどのように取り扱われているかという基本像も形作る。

　否定的な信念は，「私は馬鹿だから，人前で話すべきではない」とか「私はあまりにも不器用なので，オートマチック車しか運転できない」といった毎日使うルールを作り上げてしまう。肯定的な信念からは，自分は賢いので代数学を理解できるとか，自分には価値があるので昇給を要求できるという考えが承認される。

　心の中の独語は信念から深刻な影響を受ける（例：「プラグを自分で直そうとするな。お前はおそらく感電する」）。逆に，心の中の独語が信念を強化する役を果たすこともある。自分は馬鹿だとつねに自分に言い聞かせていると，これが真実だと自分自身に信じこませてしまう。同様に，自己に対する語りかけが自分の知能に対する基本的な信念を反映していると，この信念が確認され，強化される。

　信念は自尊心のまさに基礎となり，自分ができることやできないことが何であるか（それはルールのように表現される），あなたの世界で起きたことをどのように解釈するか（心の中の独語として表現される）を決めつける。

　信念は，人生早期のトラウマや喪失のためにしばしば歪（ゆが）められている。傷や拒絶に反応して，自分には欠陥があり，無価値であるとみなすようになる。誰も自分の価値を改めて見直そうとはしないので，単に無価値であるという視点だけを受け入れてしまう。

自分の信念を変化させるには，時間も努力も必要であるのだが，それを変化させると，自分自身や周囲の環境についての視点も基本的に変化させることになる。否定的な信念をより現実的な方向に変えるのは，遊園地の歪んだ鏡を平らな鏡に置き換えるようなものである。歪んだ鏡に映った3フィートの奇人を眺めるのではなく，平らな鏡の中の正常で，均衡のとれた自分自身を眺めるのだ。

　否定的な信念を同定し，検証し，修正するのに役立つ技法については，筆者らの『「思いこみ」に気づく心理学：自分が変わる，生き方が変わる（Prisoners of Belief）』（近藤裕・訳：大和書房，1999年）に詳しい（McKay and Fanning 1991）。あなたが危機の最中にあるか，児童虐待の犠牲者であるか，自尊心が極端に低い場合には，これらの技法を活用する際に精神保健の専門家の指導を受けてほしい。

## 信念を同定する

　否定的な信念に気づくことが，それを変えるための第一歩である。間柱や床下の梁のように，信念は表に現れて，すぐに見えるものではないのだが，すべてはその上に成り立っている。自分のことを馬鹿で，無能で，醜くて，負け犬で，ほとんどの時間ろくでもないと感じていると，このような気分を創り出している信念にすぐには気づくことができないかもしれない。しかし，行動，思考，気分の非常に多くの部分は信念の直接的な結果であり，その明らかではない影響は人生のほとんどの領域に及んでいる。

　自分の信念についての意識を高めるためには，独語日記をつけなければならない。このような日記をつけることによって，あなたが当惑し，怒り，気分が落ちこみ，自責的になっている時に，心の中の独語，すなわち自分に対する語りかけを記録する機会が得られる。

　これは最初は易しくないかもしれない。否定的な思考をする自分をとらえるのは非常に難しいかもしれない。そのような思考は心の奥底に組みこまれているので，人生の他の背景雑音からそれを取り出すには特別な努力が必要である。思考と気分を識別するのが難しい人も多い。この項の後で例を挙げるが，気分は普通1～2語でまとめられてしまう（例：「無能」「不適切」「負け」）のに反して，思考はより複雑で，ふと耳にした対話の断片のようにとらえられる。すると，思考は心の中の独語のようになる。そして，それは基本的な信念を強化

したり，確認したりする役割を果たす。

　本項の用紙を使って，1週間，独語日記をつけてみる（この用紙も本書のウェブサイトでダウンロードできる）。この用紙を用いて，自尊心がとくに低くなる状況を明らかにして，信念を同定していく（例：退屈，魅力がない，価値がない，悪い，失敗，馬鹿，無能，欠点だらけなどと感じる状況を探る）。この日記をいつも持ち歩き，このような状況，思考，気分が生じたら，心の中でそれが新鮮なうちに，できる限り詳しく記録していく。

独語日記：例
ジョージは離婚していて，子どもがいる，工具製作の仕事をしている。

　　開始日：10月2日（金）
　　終了日：10月8日（木）

| 状況 | 自分に対する語りかけ | 気分 |
|---|---|---|
| 仕事をし過ぎて，破産して，死ぬ。 | 「間抜けな馬鹿で，……いつも混乱している」 | 無能，役立たず |
| 息子のビリーは自転車の乗り方を覚えようとして，腕にひどい傷を負った。 | 「どうしてお前はもっと注意していなかったのだ？　何ひとつまともにできない。お前がいないほうが，皆幸せだ」 | 不適切 |
| 壊れた金型について上司と話しあう。 | 「上司は私がヘマをしたことを知っている。私はけっして昇給しない。間抜けな馬鹿で，頭に脳が入っていないような話し方をする」 | 負け犬，怒り |
| 仕事，子どもたち，サラのことを心配して，眠れない。 | 「お前は家族にとって十分よくない。口を開くと，まるで馬鹿に見える。いつも問題を起こす。女性がそばにいるとどう振る舞ってよいかわからない。洗練されていない。サラが私のもとを去っても何も不思議はない」 | 絶望 |
| 食料品店で，後ろの女性が先にしてほしいと頼んできた。するとその夫がカートに食料品を満載して，現れた。 | 「私はなんて騙されやすいんだ。人々は私をちょろい奴と思っている。『私を蹴飛ばしてくれ』といった看板を掲げているようなものだ」 | 怒り |

独語日記：

　　開始日：
　　終了日：

| 状況 | 自分に対する語りかけ | 気分 |
|---|---|---|
|  |  |  |
|  |  |  |
|  |  |  |
|  |  |  |
|  |  |  |
|  |  |  |
|  |  |  |

　繰り返しになるが，始める前に未記入の独語日記の用紙は http://www.newharbinger.com/33933 で最低15部コピーを取っておく。あるいは，ノートに3列の表を作っておく。本章で解説する練習では，同じノートを使うことができる。開始日と終了日を記入し，1週間を通じてこの日記に記録していく。

## ラダーリングとテーマ分析

　心の中の独語の断片を思い出せない時にはいつでも，ある状況の特定の詳細な点を思い出すのに視覚化を使ってみよう（第14章参照）。視覚化は記憶を刺激し，その時の気分や自己に対する語りかけを詳しく思い出すのに役立つ。

　1週間にわたって，自己に対する語りかけを記録したら，それを分析して，それを増幅させているかもしれない信念を明らかにしていく。このためには，ラダーリング（laddering）とテーマ分析（theme analysis）という技法を用いる。

　ラダーリングとは，独語日記に記録された言葉について質問して，信念を明らかにしていく。質問は，自己に対する語りかけの背景にある信念を系統的に探り出す方法になる。

　ラダーリングを活用するために，まず心の中の独語から自分に対する，ある語りかけを選ぶ（例：ジョージの例で言えば，「私はなんて騙されやすいんだ」）。新しい紙を取り出して，その語りかけの論理的に極端な内容を含む質問を書く。次に，個人的な意味という視点で最初の質問に対する答えを分析するような，次の質問を書いてみる。最初の質問は次のような形を取るようにする。「もし

も＿＿＿＿＿＿＿＿であるならば，どうだろうか？」第二の質問は「それは私にとってどのような意味があるのだろうか？」とする。

　では，質問に答える過程を始めて，その都度，「それは私にとってどのような意味があるのだろうか？」と繰り返して終える。まるで梯子（ladder）の段を下りていくように，このように繰り返す過程は，自己に対する語りかけの基底に存在する深い信念を探り当てていくのに役立つ。ジョージの場合に役立った過程は以下のようであった。

　　　もしも私が騙されやすいとしたら，どうなるだろうか？　それは私にとってどのような意味があるのだろうか？　それは，人はいつも私を利用しようとしているという意味である。

　　　もしも人がいつも私を利用しようとしているならば，どうなるだろうか？　それは私にとってどのような意味があるのだろうか？　それは私がいつも貧乏籤を引くという意味である。

　　　私がいつも貧乏籤を引いたとしたら，どうなるだろうか？　それは私にとってどのような意味があるのだろうか？　それは私が犠牲者だという意味である。

　　　私が犠牲者であるならば，どうなるだろうか？　それは私にとってどのような意味があるのだろうか？　それは私が何を試みても，成功しないという意味である。

　ジョージはここで止めた。「私は何て騙されやすいんだ」という思考の基底にある信念に到達した。
　ラダーリングの過程では，気分でもって質問に答えてはならないというのは（「私は怖くて圧倒されていると感じるという意味である」），そうしてもどこにも行きつくことはないし，信念を探り当てられないからである。その代わりに，持論，思いこみ，確信を表わしている語りかけに答えるだけにする。
　信念を明らかにするもうひとつの技法はテーマ分析である。問題の多い状況の多くで明らかになるテーマの意味を探っていく。ジョージは自分が不快に感じる状況の多く（例：仕事をし過ぎて死ぬ，息子が怪我する，上司から叱責さ

れる）で，無能や馬鹿といったテーマに気づいた。
　非常勤の看護師のスージーは，不安や抑うつを引き起こす問題の多い状況のリストを読み返した。

　　中古車を購入する。
　　フィルが私に性的な興奮を感じない。
　　昇給を願い出ようとする。
　　娘の学校での行動についての苦情に対処する。
　　患者の利益のために，医師の指示について質問する。

　このリストを読んで，スージーは自分の基本的な確信とは，自分は無力で，問題を解決することができず，欲求を満たすことができず，問題にうまく対処できないというものであった。
　自己に対する語りかけは，無力であって，弱々しいという自己に対する語りかけを確認した（例：「ただの女性……それは間違っているだろう……彼はけっしてあなたの言うことに耳を傾けない……まるで暖簾に腕押しだ」）。
　あなたの独語日記をこのように分析することによって，信念を明らかにできる。問題の多い状況で優勢となるテーマを探して，それを書き出す。

## 自分のルールについて知る

　以下の練習は，信念に沿って気分や行動を保つためにあなたが作り上げた無言のルールを探り当てるのに役立つ。前の練習で複数の信念が明らかになったら，あなたの自尊心にもっとも悪影響を及ぼしている信念に焦点を当てる。たとえば，この信念のために，あなたは自分のことを負け犬で，魅力がなく，無能で，無価値だと考えているだろうか？　今こそこの信念を変化させる時である。
　不幸なことに，信念はあまりにも主観的であるために，それを直接的に検証することができない。しかし，そこから派生するルールを検証することは可能である。一つひとつの信念から，どのように生きるべきか，どのように苦痛や大惨事を避けるべきかという青写真が出来上がる。たとえば，もしもあなたが自分は負け犬だと信じているならば，次のようなルールができるだろう。何も一生懸命に試みるな。質問をするな。スポーツチームに加わろうとするな。仕事を辞めるな。他者の意見にけっして反論するな。もしもあなたが自分には

値がないと信じているならば，次のような人生のルールができるだろう。けっして何かを求めるな。いつも極端に一生懸命仕事をしろ。何に対しても「いいえ」と言うな。いつも完全を目指せ。けっして過ちや失敗を認めるな。魅力的だと思う人にけっして自分から近づこうとするな。

次の練習をすることによって，ある特定の信念から生じているルールを明らかにできる。

## 練　習

ステップ１：ページの上部にあなたの信念を書く。

ステップ２：以下に挙げる基本的ルール・チェックリストを読む。チェックリストの各項目について，「もしも私の信念が正しいのであれば，この状況に対する私のルールは何だろうか？　私は何をすべきで，何をしてはならないだろうか？」と自問してみる。自分に正直であるように努める。「この信念に対処するのに私は何をすべきか？　この状況で苦痛や大惨事から我が身を守るにはどのようにしたらよいだろうか？　私はどのような気分や行動を避けるべきだろうか？　私はどのように行動すべきだろうか？　私の限界は何だろうか？」とも自問してみる。この答えが，あなたが生きていくうえでの基本的なルールを定めている。それを，修正せずに，そのまま冒頭の信念の下に書く。未記入のチェックリストを余分にコピーしておく。これは http://www.newharbinger.com/33933 でダウンロードできるので，信念を探っていくのに利用できる。

**基本的なルール・チェックリスト（Basic Rules Checklist）**
（『「思いこみ」に気づく心理学：自分が変わる，生き方が変わる』（近藤裕・訳：大和書房, 1999 年）より転載（McKay and Fanning 1991））

他者との関係
- 怒り
- 欲求，願望，依頼
- 失望，悲哀感
- 引きこもり
- 賞賛と支え
- 批判
- 失敗に対処する

ストレス，問題，喪失に対処する
危険を冒す
新たなことや挑戦を試みる
会話
あなたの〜を表す
・欲求
・気分
・意見
・怒り
・苦痛
・希望，願望，夢
・限界や拒否
支援や援助を求める
〜でいること
・孤独
・見知らぬ人と一緒
・友達と一緒
・家族と一緒
他者を信じる
〜と親しくなる
・誰を探すか
・どのように振る舞うか
性的パートナーを探す
・誰を探すか
・どのように振る舞うか
現在進行中の恋愛関係
セックス
仕事と経歴
子どもとの関係
健康と病気
余暇活動
旅行
環境の維持と自己管理

看護師のスージーは基本的ルール・チェックリストを手引きとして，彼女の人生のルールを探った。

他者からの怒りへの対処：
**波風を立てず，フィルが腹を立てたら，彼に同意する。**
自分の欲求を伝える：
**部屋を片づけることをジュリーに無理強いしない。**
**フィルやジュリーに助けを求めない。**
意見を伝える：
**喧嘩腰にならない。**
怒りを表す：
**医師の無能さを報告しない。**
限界を伝える：
**ジュリーの学校の教師と言い争わない。**
ストレス，問題，喪失に対処する：
**自力で決断を下したり，問題を解決しようとしない。**
セックス：
**フィルが積極的でない場合には，彼を興奮させようとしない。**

ルールのリストを仕上げたら，その各ルールを強化している破局的な予測をリストにしていった。（次頁）

あなたのルールのすべては，それを破れば，何か怖ろしいことが起きるという信念に支えられている。このような破局的な予測は非常に恐ろしいものであり，ルールに挑戦することができない。このような破局的な予測は，依存や危機の状況，小児期，虐待的な関係にある時などに強まっていく。しかし，このような予測はもはや正当な前提ではないかもしれない。現時点における妥当性を検証し，もはやこのような予測が妥当でないのであれば，肯定的なルールや信念を創ることができる。

## ルールを検証する

各ルールについて破局的予測を書上げたら，以下の5つの手引きに沿って，検証するルールを選んでいく。ここでもスージーを例として挙げる。

| ルール | 破局的予測 |
|---|---|
| フィルに同意する | 彼は私を捨てて,出て行ってしまうだろう。 |
| ジュリーに無理強いしない | 彼女はそっぽを向き,私を拒絶し,おそらく家出するだろう。 |
| 波風を立てない | 私はトラブルメーカーと見られてしまい,仕事の時間が減らされるだろう。 |
| 医師の無能さを報告しない | 私は解雇されるだろう。医師たちは腹を立てるだろう。 |
| ジュリーの先生に文句を言わない | 先生はジュリーにつらく当たるだろう。 |
| 助けを求めない | 彼らは腹を立てて,私を拒むだろう。 |
| 決断しない | 私は間違ったことをして,事態を悪化させてしまう。 |
| セックスで主導権を取ろうとしない | 私は恥をかく。フィルは私を拒むだろう。 |

1. **検証し易いルールを選ぶ**。「部屋を片づけるようにと,ジュリーに無理強いしない」というルールがスージーには検討し易いと思えた。彼女がしなければならなかったのは,はっきりとそう伝えることだった。「医師の無能さを報告しない」というのが難しかったのは,そのような状況が出現するのをじっと待たなければならなかったからである。

2. **信念を直接検証できるようなルールを選ぶ**。「波風を立てない」というのは検証するのに適したルールではない。たとえスージーが苦情を申し立てても,とくに変化が起きなければ,言い換えると,何も悪いことが起きなければ,その経験は自分は無力であるという信念に大きな影響を及ぼさないからである。成功をもたらすような決断は無力とは正反対であるので,「自力で決断を下さない」というルールが検証に向いている。

3. **ルールには,主観的な気分だけではなく,(自分や他者の) 行動の反応についてはっきりとした予測が立てられなければならない**。「セックスで主導権を取ろうとしない」というのがスージーにとって検証に値するルールであった。というのも,フィルが拒むか否かを検証するのは簡単であるからだ。スージーの破局的予測には他者の気分を「読心」することが含まれたので,「救いを求めない」というのはあまり検証には適切ではない。

4. **結果が比較的すぐに現れるものであるべきだ**。評価するのに数週間から数か月間かかるものは検証の対象とすべきではない。

5. 検証をするうえで恐怖感が比較的低いルールを選ぶか，危険度が低いものから高いものへと段階的に検証していくことができるルールを探す。ジュリーの教師に向き合うというのは，とくに最初は危険が高いだろう。決断を下すことには危険が低いし，最初は比較的些細な選択が関与する。スージーの自信が増してきたら，より重要な決断へと進んでいくことができる。

　どのルールを選んで検証するのが最適であるかを見きわめるには，以下のガイドラインが参考になるだろう。
　**最初に検証するのは比較的危険が低い状況にする。**スージーは「波風を立てず，フィルが腹を立てたら，彼に同意する」というルールを検証することに決めた。フィルはこれまでに暴力的になったりしたこともなければ，スージーに冷淡に振る舞ったこともなかったので，彼に同意しないというのは危機的な状況を招くという不安を引き起こさなかった。
　**予測を記録する。**ノート（あるいは，本書のウェブサイトで入手できる用紙）にルールを守らなかったら起きると予想される破局的な結果についての特定の行動を書き出す。スージーはすぐにフィルに同意してしまうというルールを次のように検証しようと計画した。「フィルが私のお金の使い方について腹を立てたら，落ち着いた後で，そのことについて話しあう時間を約束する」。スージーの予測した最悪のことは，フィルが家族を捨てて，出て行ってしまうことだった。フィルの気分もスージーの気分もその予測に含まれていたのだが，スージーは客観的な結果を見守るほうが容易であると気づいた。
　**ルールを破るという契約を自分自身とかわす。**特定の時間，場所，状況を決めて，可能であるならば，協力してくれる人との関わりを確認する。後に，その人に検証結果を伝えることができる。
　**新たな行動の台本を書く。**あなたが将来行うことを視覚化する。協力してくれる人とともに想像の中で試してみたり，空想上の検証を記録してみたりする。あなたが避けたいと考えている結果を促進したり，創りあげている否定的な兆候の声の調子やボディランゲージを検証したりする。冷淡で，批判がましく，防衛的であったり，自信がないような声の響きや態度をとったりするのは，自ら将来を予言しているような印象を与えかねない。
　**新たな態度を試して，データを集める。**予測記録の中に，検証結果を書きこんでいく。予測した中で，実際には何が起きただろうか？　何が起きなかっただろうか？　自分が観察したことを確認するために，協力してくれる人に依頼

して，検証に対するあなたの反応を検討するために次のような質問をしてもらう。

- それはあなたにどのような影響を及ぼしただろうか？
- あなたは私の言ったことに何らかの反応を示しただろうか？
- 私たちが_____について話した時に，私は何かが起きるとは言えなかった。
- 私が_____について話した時に，私はあなたは_____を感じていたという印象を抱いた。
- 私が_____でも，あなたは大丈夫だろうか？

あなたが気づいた他のこととともに，答えを記録していく。たとえば，検証の最中に，他の人々はどのように見えただろうか？ 実際に何と言っただろうか？ 他の人々のボディランゲージは何を伝えていただろうか？

**追加の状況を選んでルールを検証し，それぞれステップ2から5を繰り返す。**徐々に危険度が高くなるような状況を選んでいく。状況に対して少しずつ肯定的な結果を得て，あなたの信念は結局，修正されていく。

スージーは「波風を立てず，フィルが腹を立てたら，彼に同意する」というルールを繰り返し検証した。フィルは確固とした意見で相変わらずスージーを説き伏せたが，以前ほど厳しい態度には出ないようになった。（最初の検証の際には，フィルは1時間外出してしまったが，スージーが予期していたように，家族を捨てるということは起きなかった。）スージーは「フィルやジュリーに助けを求めない」というルールも検証し始めた。フィルとジェリーはイライラしたり，抵抗したりするように見えることもあったが，スージーが予測したような破局的な事態は起きなかった。およそ4回に3回は，スージーが頼んだことに応じてもらえたことに気づいた。

スージーはルールを積極的に検証していき，より反射的で，危険度の高いものを取り上げるようになっていった。フィルの怒りに向き合うという台本をしばしば書くようになった。自尊心が高まってくるにつれ，信念のルールを厳しく書き換えていった。

あなた自身のルールの検証を続けていく。その途中で，後退を経験するかもしれないが，自分のルールを破った時の危険について客観的に予測できるよ

なっていく。恐怖心に対抗するために客観的に予測できる視点を得ると，こ〔れ〕からも軌道に乗り続けるのに役立つだろう。

## 新たな信念

ルールを十分に検討し，予測記録簿にその結果を記入したら，今度は検証し〔て〕きた信念を書き換える番である。完全に誤っていることが明らかになったら，〔現〕実とのバランスをとって，自分についての否定的な信念を改訂，あるいは和〔ら〕げていくことに注目する。もしも信念がおおむね正しいのであれば，それを〔例〕外としておく。

ジョージについて思い出してみよう。彼は自分のことを馬鹿で，無能だと信〔じ〕ていた。息子が自転車から転落して，怪我をしたのは父親である自分の不注〔意〕だったと，自分を責めた。ジョージのルールは「息子の面倒を十分に見られ〔な〕いから，ビリーをどこかに連れて行ってはいけない。ビリーは迷子になった〔り〕，怪我をしたりするだろう」というものであった。ジョージは離婚していた〔の〕で，彼と息子の関係では，このルールはほとんど意味がなかった。しかし，〔こ〕れは父と息子の関係に悪影響を及ぼした。ジョージがこれまで以上に冒険の〔多〕い外出をして，このルールを検証したところ，誤った信念を書き換えて，「も〔し〕も私が注意深くすれば，責任ある父親でいられる。私は十分にビリーの世話〔が〕できる。これまでの15週間の土曜日に，ごく普通の問題がいくつかあった。〔し〕かし，ビリーが迷子になることもなかったし，本当にひどいことは何も起き〔な〕かった」とした。

スージーもひとつの信念を書き換えた。その結果は，「私は問題を解決した〔り〕，決断を下したりする能力があるし，とくにフィルとジュリーとの関係で，〔私〕の欲求を満たすことができる。(病院での深刻な問題に対処するいった) い〔く〕つかの本当に大きな挑戦は今も怖いが，(とくにフィルに対する) 怒りや葛〔藤〕に向き合うことが少しずつできるようになっている」というものであった。

これらの例を利用して，スージーやジョージと同じステップを踏んでいき，〔あ〕なたの深い信念を修正していこう。あなたの検証や試行錯誤は数週間かかる〔か〕もしれないが，辛抱して続けよう。その結果はその努力に見合うものになる〔は〕ずだ。

## 新たな信念は新たなルールを必要とする

　古い信念を修正すると，そこから生じるルールのある部分も変更する必要がある。自分自身を肯定するという形で，新たなルールを作る。それを一人称で書く（例：「あなたは葛藤に対処できる」ではなく，「私は葛藤に対処できる」と書く）。肯定の言葉は簡潔に，前向きに，単純にする。そして，現在形で書くことも忘れてはならない（例：「私はこれからよい決断をするだろう」ではなく，「私はよい決断をしている」と書く）。

　このような肯定の言葉や新たなルールは最初は心地よくないかもしれない。そう感じるのはよく理解できる。というのは，それは長期にわたって，自分自身や世界について固く信じてきた考えとは反するからである。しかし，それを用いて，自分自身に新たな信念を言い聞かせ続ければ，この肯定の言葉はあなたが引き起こそうとしている変化を支持し，強化してくれるだろう。

　以下は，スージーの古いルールと新たな肯定の言葉を比較したものである。

　新たなルールを書いてみると，それはまるで新たな別の人で，自分がいつも思い描いていた自分よりも肯定的な人のルールのように思えるかもしれない。信念に働きかけていくと，あなたが劇的に変わるというのは正しい。このように感じるので，自分の新たなルールがなかなか信じられないように感じるかもしれない。新たなルールを確認するのに役立つ技法は，証拠記録簿（evidence log）をつけることである。すでに解説したように，証拠記録簿は，あなたの変化の妥当性を信じる手助けとなる技法である。必要であるのは，ノートの未

| 古いルール | 新たなルール |
| --- | --- |
| 1. フィルに同意する。 | 1. 私は葛藤に対処できる。 |
| 2. ジュリーに無理強いしない。 | 2. 私はジュリーに理にかなった期待ができる。 |
| 3. 波風を立てない。 | 3. 私は重要なことについて意見を言う。 |
| 4. 医師の無能さを報告しない。 | 4. 私は正しいと思うことに危険を冒す。 |
| 5. ジュリーの教師と言い争わない。 | 5. 私は重要なことについて意見を言う。 |
| 6. 助けを求めてはならない。 | 6. 私は必要な助けを求められる。 |
| 7. 決断を下してはならない。 | 7. 私はよい判断をする。 |
| 8. 自分からセックスに誘ってはならない。 | 8. そうしたい時には，私がセックスに誘うことができる。 |

記入のページと、あなた自身についての慎重な観察である。新たなルールによって生じた変化が証拠記録簿で確認されると、新たな信念やルールに対する自信が強化されていく。

## 証拠記録簿

証拠記録簿を用いて、あなたの新たなルールや信念を支持し、確認するやり取り、出来事、会話を記録する。ページの左端に日付けを書き、次に「起きたこと」という見出しをつける。右端には「その意味」という見出しをつける。(本書のウェブサイトからこの用紙を入手することもできる。)

一例として、スージーの新たな信念「いつかの欠点はあるものの、私は強い女性だ」について彼女が記入したものを挙げておく。

新たなルールを検証し、証拠記録簿にその結果を書いていくことで、新たな信念を強化していく。粘り強く新たなルールを確認していくのだが、最初は検証する状況に比較的安全な指標を設定する。たとえば、協力的な人の助けを借りて、危険の少ない環境(例:職場以外)で、あるいは完全に安全と感じられるような場所や状況で、新たなルールを検証していく。後に、自信や自尊心が増してきてから、検証の指標を広げていき、あまり安全でもなく、サポートが得られないような行動領域も含めていく。

あるひとつの新たな信念を十分に活性化できたならば、次の新たな信念に取り組んでいく。本章で解説したステップを踏んでいき、ルールに挑戦し、検証していく。信念を改訂していくことは、自尊心を高めることに大いに貢献するであろう。

| 日付 | 起きたこと | その意味 |
|---|---|---|
| 10/8 | 台所の改修について大きな決断をした。 | 怖かったけれども、自信はある。これまでに自力でこのような決断を下したことはなかった。業者と話しあい、計画を立て、予算を守った。私は実に立派な仕事をした。 |
| 10/14 | 手術中に酔っていた麻酔科医について報告した。 | 仕事を失うかもしれないと心配だが、私は正しいことをした。患者を守ったのだ。 |
| 10/15 | 手を焼く患者について助けを求めた。 | 私はもっと同僚からサポートが得られる。文句を言われずに助けてもらうことができて、自信がついた。 |

# 第 17 章

# 子どもの自尊心を育む

ジュディス・マッケイ（Judith McKay）；正看護師

　あなたは自分の子どもに最高のものを授けたいと思っているだろう。世界の中で，善良で，成功し，有能な人間に育ってほしいと考えている。友達ができて，才能を活用し，世界も子どものために機能してほしいと願っている。

　子どもに強い自尊心を育むことを手助けするのは親にとってもっとも重要な課題である。適切な自尊心を持つ子どもは，幸福で，成功した大人に育つ絶好の機会を得る。自尊心は，違法薬物，アルコール，不健康な対人関係，非行などといった，人生の怪物から子どもを守る盾となる。

## 親 の 力

　あなたが誰であれ，あなたの親（あるいは，育ての親）は人生でもっとも重要な人であり続ける。だからこそ，あなたが自分自身について感じていることにもっとも大きな影響を及ぼしているのだ。適切な自尊心を築こうというあなたの必死の努力を見ていくと，あなたの心の中で批判して，一方的な判断を下す声は，実はあなたが子どもの時に聞いた声であることに気づく。今必死になって闘っている恐怖感，制限，絶望感は，人生の初期からあなたのすぐそばにあった。

　有能か無能か，馬鹿か賢明か，能率的か絶望的か，価値がないか愛すべきかと自分をとらえるようになったのは，まさに親の影響である。そして，あなたが喜んでほしいと思っているのもまさに自分の親である。親の欲求はあまりにも強いために，親の承認を得るという衝動は，親の死後も長期にわたって続いていく。

　あなたが親から何を望んでいたのか思い出してほしい。あなたは親から赦し，

承認，賞賛を望んでいたのだろうか？　あなたの限界，特別な能力，夢といった，今のありのままの自分を親に理解してもらうということはどのような意味があるのだろうか？

おそらくあなたは親からこのような理解をけっして得られないだろう。だからこそ，受容という贈り物を自分自身に与える術を身につける必要がある。この贈り物を自分の子どもに与えることは可能である。受容という贈り物を子どもに与えるならば，子どもをありのままに見て，価値を認め，理解するならば，一生にわたる心理的な盾を子どもに贈ったことになる。

## 鏡の役割としての親

あなたは赤ん坊にとっては，快楽や安全のすべての源泉であり，恐怖や苦痛を取り除いてくれる，まさに全世界である。新たにこの世に生まれてきた人に自分が誰であるかを伝える鏡でもある。

あなたの笑顔を見て，赤ん坊は自分が嬉しいとわかり，あなたが触れると，自分は安全だとわかる。泣いているところをあやしてもらうと，自分の行動が影響を及ぼし，自分が重要であるとわかる。これは，自己の価値や自尊心という積み木を築き上げることについての最初の学習となる。

あやしてもらえない，抱いてもらえない，話しかけられない，優しく揺すってもらえない子どもは，自分の価値について他の教訓を得る。苦痛の叫びが救済をもたらさないことを学習する。絶望感を学習する。自分は重要ではないとわかる。これが自尊心の低さの最初の教訓である。

成長していくにつれて，子どもは自分が誰であるかを映す他の鏡を手にする。教師，友達，ベイビーシッターなどの人々が皆この役割を果たすのだが，善良で，重要で，基本的な価値についての感覚は，親が持っていた鏡に映った像に戻っていく。

子どもに肯定的な鏡を与えるというのは，子どもがすることすべてを認めるとか，子どもの思う通りに家族が行動するという意味ではない。強い自尊心を持つ，社会的で，妥当な子どもに育てる方法がある。そのためには，あなたの子ども，あなた自身，そして，あなたのコミュニケーションのパターンをよく観察する必要がある。

## 自分の子どもをよく観察する

　子どもを本当に見るというのは簡単ではない。希望や恐怖感はあなたの視界を曇らせる。あなたの息子を見て，あなた，あなたの友人，あるいは他の子どもを思い出すかもしれない。娘がどうあるべきで，将来どのようになってほしいといった意見があなたにはある。とても難しい課題であるが，自分の子どもを正確に観察できると，子どもとの関係を楽しみ，妥当な期待を持ち，葛藤も少なくなるだろう。そして，あなたも子どもの適切な自尊心の発達に貢献できるだろう。

　実際に，子どもをよく観察すると4つの意味で自尊心を育むことになる。

　第一に，その子の独自の能力や才能に気づくことができ，それを強化し，育み，子どもが自分は特別だと認識するように手助けできる。

　第二に，ありのままのその子どもという状況で行動を理解できる。生来の内気な態度を無愛想だとか，独りでいたいという欲求を拒絶だとか誤解することがない。状況の中で観察すると，たとえ否定的な行動さえもより理解や予測が可能になる。

　第三に，子どもを正確に観察すると，変化させるのが重要な行動だけを変化させることに集中するのに役立つ。すなわち，自分にとって有害な行動，孤立に結びつく行動，家族にとって有害な行動などである。

　第四に，親から真に見てもらい，理解されていると感じている子どもは自分のことを本物だととらえるようになる。そのような子どもは拒絶を恐れないので，自分の一部を隠す必要はない。もしもあなたがよい所も悪い所も，子どもの全部を受け入れることができれば，子どもは自分自身を受け入れることができる。これこそが適切な自尊心の基礎になる。

## 練習：ありのままの子どもを観察する

　この練習は，あなたの子どもを観察し，発見したことを理解する手助けとなる。

1. 1週間にわたって，あなたの子どもについて記録していく。その子に一度も会ったことのない誰か（たとえば，学生時代の旧友や，遠くに住む親戚

の人）に向けて書いているつもりになって記述していく。身体，友達とのつながり，知能，感情などすべての面について子どもを書き記す。あなたの娘は学校ではどのように振る舞っているだろうか？　ひとりでいる時には何を楽しんでいるだろうか？　あなたの息子が怒ったり，嬉しそうにしたり，頭を抱えたりするのはどのような場合だろうか？　何が一番得意だろうか？　何が一番苦手だろうか？　どのようにして，安全，関心，愛情といった欲求を満たしているだろうか？　子どものどのような点があなたにとってもっとも難しいだろうか？　あなたの息子はあなたにどのように似ているだろうか？　どのように異なっているだろうか？　あなたの娘は生活するうえでの制限や自由の中で全力を尽しているだろうか？　秩序を好むだろうか，混乱を好むだろうか？　音楽，スポーツ，絵画，本，数学を楽しんでいるだろうか？

　1週間できるだけ詳しく，追加して書いていく。子どもが生まれてからこれまで以上に，子どもについて考えて，慎重に観察していることに気づくだろう。今までには気づいていなかった性質を発見したり，これまでの意見を変えたりするかもしれない。ある母親は16歳になる息子を未だに「ボンヤリしていて，心ここにあらず」というタイプだと見ていることに気づいた。その息子が12歳の頃，外出すると，いつもドアを開け放しにしていた。いつも弁当をバスに，そして上着を校庭に忘れ，間違った宿題を学校で提出していた。息子について記述してみて，母親は息子がとても変わったことに気づいた。家事も責任を持ち，学校でもまずまずの成績で，放課後のアルバイトもして，自分の貯金で自動車を購入した。もはや12歳の頃のような「ボンヤリしていて，心ここにあらず」というタイプではなかった。

　子どもについて記述している際に，教師，友達，友達の親といった他の人々にも意見を聞いてみよう。あなたが自宅では気づいていなかったことを他の人々が気づいていて，あなたはきっと驚く（そして喜ぶ）はずだ。彼らはあなたの娘が真のリーダーでチームワークが得意だなどと言うかもしれない。進んで手助けをして，感受性豊かで，ユーモアあふれていると言うかもしれない。他の人々からこのように言われるのは，まるで子どもの才能の宝探しのようだ。才能の種を探していく。子どもの限界，悩ましい癖，葛藤の原因についても正直に観察していく。

2. 今度は，記述した内容を読み直して，子どもの肯定的な性質と否定的な性質に下線を引く。この2種のリストを比較してみよう。一方には，才能，能力，興味，あなたが伸ばしたいと考える成長の可能性のある領域を挙げる。他方には，否定的な性質，制限，可能性のある問題，悪習慣などを挙げる。

以下に挙げるのは，12歳の器械体操の好きな，皆の人気者のジェーンのリストの一部である。

| 肯定的性質 | 否定的性質 |
|---|---|
| 面白い | 過活動，じっと座っていられない |
| 創造的 | すぐに欲求不満に陥る |
| 決断力がある | 数学が不得意 |
| 芸術的：絵，粘土細工，ドレス作り | 妹と喧嘩する |
| 外交的：人と一緒に過ごすのが好き | だらしない，忘れっぽい |
| 協調的：スポーツ万能 | 友達の影響を受けやすい |
|  | 計画の変更に対応するのが下手 |

## よい点を見る

　まず，肯定的な性質のリストを見て，その中からすぐに強化したいと思うものを2～3項目選ぶ。それはあなたがそうあってほしいというものではなく，たしかに今，子どもの中に存在する真の長所，能力，特別な才能の領域でなければならない。（誉めたり，褒美をあげたり，それを認めたりすることで）この行動を強化する度に，子どもはもう一度それがしたいと思う。真の肯定的な性質を強化するのは，自尊心を育むための重要な戦略である。
　肯定的な性質を強化するための3つの戦略を以下に挙げる。

1. 多くのさまざまな状況で能力を示す例（才能，スキル，興味など）に注目する。学校でこのような能力をどのように示しているだろうか？　自宅ではどうだろうか？　このような能力があることを子どもに指摘する。子どもはこのような能力に気づいていないかもしれない。「あなたは問題をうまく解決する」「あなたは本当の芸術家のように花を飾る。とても美しい」「あの木に登って，引っかかった凧を取ってくるなんて，器用でバランス

感覚のよい子しかできなかっただろう」などと指摘する。
2. しばしば子どもを誉める。（そして，その能力について他の人々の前で誉めるのを忘れてはならない。）誉め言葉については本章の後の部分で詳述する。子どもの作品，トロフィー，作文，粘土細工を飾る。難問を抱えたけれども，子どもがそれを解決した話をする。いかに粘り強く，工夫をして，断固たる態度を取ったかを話す。その話の中であなたの子どもをヒーローにする。
3. 子どもに自分の能力を示す機会を頻繁に与える。能力を発達させ，証明し，強化し，それを頼りにできるようにするには，多くの機会が必要である。水泳，読書，思考などいかなる能力を発達させるためには，子どもには多くの練習の機会が必要である。

この3つの段階は肯定的な行動を強化する。子どもはこれらの才能を大切に思い，自分は能力があり，特別だと認識するようになる。たとえ他の領域で問題を抱えたとしても，ある領域で優れているので，自分は大丈夫だと感じることができる。

このように行動強化を2週間行ったら，もう一度リストに戻って，他の2〜3項目を選んで，同様に強化する。すぐに，あなたは子どもの日常生活の中で特別な肯定的な性質を探すのに慣れてくる。あなたが子どもを肯定的にとらえるようになると，子どもも自分自身を同じようにとらえるようになっていく。自尊心を育んだり，圧殺したりする内なる声である内在化された親の声は，誉め言葉と賞賛に満ちた温かいものとなる。そして，あなたの子どもは自身の自尊心を育む能力を発達させていく。

## 否定的な点を見る

子どもの行動はすべて，自分の欲求を満たそうとする試みである。欲求を満たすことに成功しているか否かにかかわらず，これは真実である。行動が受け入れられるものか否かにかかわらず，これは真実である。

兄弟と喧嘩をする，不快な態度を取る，赤ちゃん言葉で話す，退行した行動を取る子どもは何かを必要としているのだ！　関心を引きたかったり，プレッシャーを和らげたかったり，もっと挑戦したかったりするのかもしれない。反抗的な態度を取る息子は，行動を制限してほしいのかもしれないし，自分の人生にもっと多くの選択を求めているのかもしれない。文句を言ったり，泣き

を言ったりする娘は，あなたからしばらくの間だけ特別の関心を払ってもらえば，あなたが耳を傾けてくれることを感じて，その後は本当に望んでいることを言うことができるかもしれない。多くの場合，どのような欲求が訴えられているのかわかれば，子どもがその欲求を適切な形で満たす手助けをすることができる。

　以下の練習をしてみよう。否定的な性質のリストの各項目について，以下の3つの質問を自問してみよう。

1. この行動でどのような欲求が訴えられているのだろうか？
2. この行動によって，肯定的な性質が表されているだろうか？
3. 子どもがもっと前向きな方法で，この欲求を表して，それを満たすために，私はどのように手助けできるだろうか？

　ある父親は娘を「頑固で，融通がきかず，意地悪で，人に命令する」と述べた。まず，彼はこの行動が表している欲求を探っていった。娘に起きていることを必死になってコントロールする欲求に，父親は気づいた。「頑固で，融通がきかない」という否定的なレッテルで娘を見るのではなく，その行動を肯定的にとらえなおした。物事がこうあってしかるべきだという確固とした意見のある，決断力があり自立した子どもであると，娘をとらえなおした。しばらく考えた後，父親は3種の戦略を用いて，娘がコントロールしようとする欲求を満たすとともに，自立していることを表現するのを助けようとした。

1. 可能な限り，娘の選択を許す。（例：「宿題を今するか，食後にするか？」「テレビを1時間見てもよい。何を見るかは自分で決める」）
2. 自分の決断と自立を表す，前向きで，適切な方法を強化する。（例：「お前は何かがほしければ，断固たる態度を取る。私はその態度が好きだ」）
3. 娘が失望を受け入れるのが実に難しいかを認める。（例：「他の子どもたちのほうがずっと大きいのに，それをやり続けるには根性が必要だったね。チームが作れなかったことはとても残念だ」）

　娘の決意が固くて，自立心に富んでいたとしても，しばしば他の人々と協調しなければならないので，もちろん，つねに彼女の思い通りに事が進む訳ではない。しかし，親がありのままの子どもを理解し，受け入れ，問題や努力に気

づいていると感じると，子どもは失望や欲求不満を受け入れやすくなる。

　ジェイミーの両親は，彼女が宿題やピアノの練習に取りかかるのが難しいことに気づいた。ジェイミーはいつもそわそわと，落ち着きがなく，妹と喧嘩をして，何かと言い訳を見つけては席を立ち，歩き回るのだった。

　どのような欲求がここでは表されていたのだろうか？　ジェイミーには身体や神経の有り余るエネルギーがあった。「ただじっと座っている」のが彼女にはとてもつらかったのだ。学校が終わるまで走り回っている必要があった。そこで，有り余るエネルギーを問題とみるのではなく，肯定的にとらえなおさなければならないと，両親は気づいた。放課後はサッカーチームに加わってエネルギーを発散させたところ，スポーツによってジェイミーの自尊心や自信が改善し，30分間以上も大人しく座っていることができるようになった。スポーツで気分転換を図った後には集中力が増したため，短い時間内に多くのことが実際にできるようになった。ピアノのレッスンの代わりに，ドラムのレッスンを受け，週末には柔道教室にも参加した。そこで，エネルギーを前向きに使いながら，彼女は礼儀と節制を学んだ。

　無視した方がよい行為もあった。否定的な性質の項目をもう一度眺めてみよう。このうちのいくつかは，実際には好み，性向，個人のスタイルの問題ではないだろうか？　このような点を変えるのに時間やエネルギーを使うべきではない。これらの点は放っておけばよい。どれほど叱ったり，指摘したところで，内気な子どもが外交的になったり，不器用な子どもが品よく振る舞ったりできない。ヘアースタイル，服装，音楽の好みなどについてはあれこれ口を挟まない。このようなことをくどくどと取り上げても，変化は起きない。むしろ，親子関係が悪化しかねない。このような行動のいくつかは，子どもの年齢や子どもが生活している文化に関連しているのかもしれない。たとえば，8歳の少年が男らしいスーパーヒーローの真似をしたり，12歳の少女がひどく「男の子に夢中」になったりすることがある。ティーンエイジャーが自立を求めて，制限を緩めるように要求してくることはごく一般的である。ティーンエイジャーにその外見や部屋の装飾について口やかましく言ったところで，親子関係は悪くなる一方で，変化はほとんど起きない。子どもを守り，清潔を保つためにはある程度の制限を設ける必要があるが，それよりも重要な全体像に焦点を当てるようにする。

## 特別な挑戦：変わった子ども

　あなたは自分の子どもが別の家族の方がよく適応できるのではないかと感じることがあるかもしれない。「この子はいったいどこから来たのだろうか？」とあなたは自問するかもしれない。その子は，スポーツ一家でただひとりの芸術家だったり，外交的な人ばかりの家族でただひとりひどく内気だったり，学者ばかりの家族の中でただひとり勉強ができないのかもしれない。ひとりの子どもだけが皆と同じだとか，そうではないと認めるのは大きな挑戦となる。その子どもを「枠にはめよう」とすると，その子は欲求不満になり，不幸せに感じ，自分のどこかが間違っていると信じるようになってしまう。もしもあなたがその子の独特な才能を認めて，高く評価すれば，皆の輪に入っていけない子どもも自分について快く感じ，高い自尊心を抱くことができる。

　一家中が皆すばらしいスポーツ選手である中で，マーティンだけが運動が苦手だった。父親は地域のフットボールの花形選手であって，今は学校のチームのコーチをしていた。兄は陸上競技，野球，フットボールの選手だった。姉は陸上競技と水泳の選手だった。マーティンは運動に向いていなかったが，機械工作の才があり，音楽を愛していた。幼い頃は，よく機械を分解しては，それを組み立てなおそうとしていた。あるものがどのように動くのかといつも質問していた。10歳の時に，古い蓄音機を直して，ガレージセールや中古品店で古いオペラのレコードをいくつも買ってきた。自分でラジオを作って，コンサートを聴き，何年もかけて偉大なオペラやクラシック音楽について独学した。しかし，両親はマーティンが達成したことにまったく関心を払わなかった。父親は欲求不満に陥った。父親はマーティンにバットの振り方やウェイトトレーニングを教えようとしたが，マーティンはこのようなことにまったく関心がなかったので，父と息子の関係はほとんどなくなってしまった。家族の中で負け犬のように感じて，才能があるにもかかわらず，マーティンの自尊心は低いまま，育った。両親はマーティンを「貶め」たりはしなかったものの，「持ち上げる」こともなかった。自分や自分と同じような他者が生まれついた能力の価値を重んじて，励まされるべきだと彼がわかるまでに長期間かかった。

　もしもあなたの子どもの長所が，家族の基準と異なる場合には，あなたはその長所に気づくのが難しいかもしれない。息子は「日の当たる戸外に出て，スポーツをするよりも，部屋の掃除をしている」と，マーティンの父親は考えていた。息子が父親の答えられない質問をするので，父親も不適切だと感じてい

た（例：「どうしてラジオは動いているの？」）。父親はスポーツについての知識を息子と共有する機会はまったくなかった。

## 練　習

　あなたの子どものひとりが家族基準に合わないように思えたら，この練習をしてみよう。家族基準にもっと合うような「理想的な子ども」を短く書き表してみよう。この子はどのように見えるだろうか？　この子はどの点で優れているのだろうか？　その子にはどのような興味，パーソナリティ特性，好き嫌いがあるだろうか？　この理想的な子どもの特性を，あなたの現実の子どもに認められる特性と比較してみる。理想的な子どもと似ているものに「○」，異なるものに「×」の印を付ける。（「異なる」というのは「否定的」という意味ではない。理想的な子どもとは異なったとしても，肯定的な要素である場合もあり得る。）

1. 印を付けた項目を眺めて，あなたの子どもが今はそうではないことから，現実にそうであることに，焦点を当てなおすことができるだろうか。もしも息子があなたの好きなことが嫌いならば，息子の好きなことを記録する。あなたが高い価値を置くスキルを息子が得意でないならば，息子が得意なスキルを記録する。もしも娘が数学に弱いのであれば，どの科目が得意か探っていく。それは英語，討論，陸上競技，音楽だろうか？
2. 子どもの他とは異なる特性は，根底で，あなたが価値を置く何かだろうか？　たとえば，マーティンも父親も深く分析する傾向があった。父親は生徒を深く分析しているので，とてもよいコーチであった。父親は子どもが投げるのをよく観察して，優れた投手になるには，どのように構えて，腕を振り，集中するかを変化させなければならないかを教えることができた。マーティンは他の方法で分析的能力を発揮した。15歳になるまでに，機械ならばほとんどが修理できるようになり，エンジン音を聞いただけで，自動車のどの部分が不具合か指摘できるようになった。
3. あなたの新たな発見も含めて，子どもの肯定的性質と否定的性質を書き直す。

　もしも子どもが家族基準とは異なっているならば，その差を肯定的に認識し強化し，承認することが非常に重要である。子どもの潜在的な能力を認めるこ

とができないと，自尊心や達成の重要な機会を逃してしまう可能性がある。

　両親はナンシーのアイススケートの技をけっして高く評価することはなく，子どもっぽくて，自己満足的で，時間と金の浪費と考えていた。ナンシーは優れたスケーターとして奨学金を得て，地元の競技会で活躍し始めた。両親は大会に来ることはなく，スケートのために学業の時間がとられてしまうと心配した。勉強しなければ，スケートをやめさせると，両親はしばしばナンシーに迫った。両親の支えと承認があれば，ナンシーは「満足できる人間」になれただろうが，実際にはそれは得られなかったので，失望し，自分の能力を発揮できないままドロップアウトしてしまった。

　他とは異なる子どもに認められる肯定的な性質を強化する際に，家族基準とは異なる性質や才能をいくつか含めるようにすべきである。その差の中にこそ，その子どもがいかに特別であるかを伝える特徴がある。たとえば，「お前だけが何でも直すことができる。それに比べると，私は何て不器用なんだ」「家族の中でお前だけが本当に創造的だ。お前なしでは，私たちは何もできない」

　その子どもが異なる性質を表していたとしても，家族と似ている点についても強調することができる。そうすることによって，たとえ皆とは異なっていても，部外者である感覚を減らすことができるだろう。「私たちは芸術家の家族だ。音楽家が3人とダンサーが1人だ」「私たちは皆新しいことを覚えるのが好きだ。本から学ぶのが好きな者もいれば，経験から学ぶのが好きな者もいる」

## あなた自身のイメージの子ども

　あなたの子どもはあなた自身を思い出させるかもしれない。それは今のあなたかもしれないし，あなたがかつてそうであった姿かもしれない。もしも子どもにあなたと同じような否定的な性質があるならば，あなたはそれに対してひどく敏感になるだろう。好みや性向の問題，あるいは子どものコントロールが及ばない何かに関連する否定的な行動について焦点を当てすぎるという罠に，親として囚われないように注意すべきである

　アンはかつて肥満児だった。何年にもわたるダイエットの結果，ようやく減量に成功し，サイズ7の服が着られるようになったと胸を張った。娘のヘザーは8歳ごろから太り始めて，アンは食事の度に口やかましく，食物の注意を与えて，苦労した。アンは徐々に自宅からジャンクフードを取り除いていき，健康な食品を与えるようにしたのだが，ヘザーはますます体重が増えていくのに気づいた。

もしも子どもにあなたと同じ肯定的な性質があるのに，何かを成し遂げられなかったり，できることを追求しようとしなかったら，あなたは強い反応を示すだろう。あなたととても似ている子どもの肯定的な性質を強化する際に，彼らが自分とは異なるという点を認めて，似たような性質を異なる方法で表現するという点も認めるべきである。

　たとえば，クララは母親と同じく聡明で，成績もよいのだが，歴史よりも科学に興味があり，物を書くことよりも話をする能力が優れている。このような差に気づいて，強化されるべきである。すべての子どもはそれぞれ独特であり，自分なりに成長することを許されるべきである。

## 傾　　聴

　16歳のカーラは「私は母にけっして何も言ってこなかった」と話す。「母には絶望しています。私が学校から帰宅すると，母はいつも携帯電話でメールを送ったりしています。どんな一日だったかと私に尋ねますが，まったく私の言葉に耳を傾けていないことが私にはよくわかります。メールを送りながらでも，話は聞けると母は言うのですが，そんな馬鹿なことはありません。私が昼食の時に誘拐されて，刺されたとしても，母が携帯電話から目を離すかどうか知りたい衝動に駆られたと言いたくなることがあります。母は会話の真っ最中に突然立ち上がって，台所に行き，夕食の支度を始めることもあります。私はすっかりやる気をなくしてしまいます」

　カーラの母親だけではない。善意の親たちの多くが，真剣に注意を払わずに，聞き流している。あなたは職場から帰宅し，注意を払わなければならないことがあまりにも多い。他の子どもたち，家事，電話，犬の世話等々。疲れ果てていて，子どもの言葉に集中できないかもしれない。

　しかし，子どもの自尊心にとっては，あなたが話を聴く時間をとって，興味と愛情を示すように聴くということはきわめて重要である。そこで立ち止まって，誰かに耳を傾けるというのは，「あなたはとても大切である。あなたの話は私にはとても重要だ。あなたは私には掛け替えのない人だ」と伝えていることになる。

### 子どもの言葉にどう耳を傾けるか

1. **話を聴く準備ができているかを伝える**。職場から帰宅して，集中して話を

聴くには，30分ほど息を整える必要があるだろう。歯が欠けたのが気になったり，新聞のスポーツ欄に熱中していたりするかもしれない。仕事のメールの返事を書いている最中かもしれない。子どもの話に一生懸命に耳を傾ける前に，あなた自身の欲求のいくつかを満たす必要もあるだろう。

2. **完全に子どもの話に集中する。**子どもが学校から帰宅して，これから外に遊びに出かける前の5分間であったとしても，電話機を置いて，コンピュータの電源を切って，座って，子どもと向き合う。
3. **邪魔が入らないようにする。**電話が鳴っても，折り返し電話をすると伝えて，短く切る。他の子どもたちには「フィルと私は今話をしている。あとでセーターを探すのを手伝う」などと伝える。何か個人的なことや恥ずかしいことを打ち明けるような場合には，子どもは他の子どもたちと離れて，プライバシーが必要かもしれない。もしも邪魔が入らないようにできなければ，子どもにそう言って，後で話しあう時間を決める。「私はミンディのことを心配している。学校から帰ってくるのが1時間遅い。今は話に集中できないので，夕食後に話をする時間を見つけましょう」
4. **積極的に話を聴く。**子どもの目を見つめながら，質問をして，状況を明らかにし，反応する。子どもの話にとても興味を持っているという鍵を示す。友達の名前やペットの名前を忘れないでおく。前日心配していたことがあれば，今日の様子を尋ねる。子どもの話に耳を傾け，子どもが心配していることを覚えていると，子どもは自分が大切にされていると感じる。
5. **子どもに話をする機会を与える。**あなたが帰宅すると，飛びついてきて，新たに起きたことを話したくてウズウズしている子どもがいる。しかし，大家族の中には，なかなか話に割って入れない子どももいるだろう。その子があなたの関心を引こうとしなかったとしても，それでも関心を払ってもらう必要がある。その子のためだけの特別な時間を作る。まず自由に答えることのできる質問から始めて，次は子どもに話させる。これは成績不良について話しあったり，散らかった部屋について不平を言ったりする時間ではない。

## 何に耳を傾けるか

1. **話の重要な点に気を配りながら聞く。**息子の話を聞きながら，「これが息子にとって重要である理由は何だろうか？　息子は私に何を伝えようとし

ているのだろうか？」と自問してみる。息子はあなたに計画について話しているのだろうか？　あるいは、うまく問題を解決できたのだろうか？　息子は自分が力強くて、勇敢だと言いたいのだろうか？　あるいは、うろたえ、怒り、混乱していたのだろうか？　話の要点に戻り、あまりにも細かい点に煩わされないようにする。

　14歳のスージーは母親にその日の学校での出来事を話している。彼女はとても興奮していて、延々と話した。「美術室に数学の本を置いてきたので、私は2時間目の授業に遅刻してしまったの。それで、先生に埋め合わせとして、昼休みに試験を受けるようにと言われてしまった。でもそれはとても困ったわ。というのも、たくさんのお金を貸しているキムを探せなくなってしまうから。それでお金がなくて、お昼が食べられなくなってしまったの。昨日上着を体育館に忘れていたので、そこまで戻ることにしたら、バスケットボールのコートで男の子がひとりでフリースローの練習をしていたのよ。私はそこに座って、しばらく見てたんだけれど、その男の子も観客がいて嬉しそうだったわ。私はそこにいたの。しばらくして私たちは話し始めて、今日は昼食抜きだとか、上着を失くしたことなどおしゃべりをしたのよ。彼はコークを持っていて、私にも分けてくれたわ。彼はとても格好よかったわ。私のことが好きなのかしら」

　スージーの話を聞いていて、母親は話の要点を危く聞き逃したかもしれない。娘の忘れっぽさにがっかりしたかもしれない（例：数学の本や上着を失くす）。試験を受けなかったことに腹を立てたかもしれない。キムにお金を貸して、昼食をとらず、空腹のまま、体育館でブラブラしていたことなどに苛立ったかもしれない。しかし、スージーの話の要点は、格好いい男の子に出会ったということである。スージーはこのワクワクした気持ちを母親と共有したかったということこそを伝えたかったのだ。

2. **事態を修復しなければならないと感じる必要はない。** 子どもの話を聞く時にもっとも難しいのは、示唆したり、助言を与えたり、問題を解決しようとしたりすることを控えるということである。誰かに話している最中で、話を遮られて「解決策」を告げられることほど、苛立ち、不満なことはないとあなたは知っている。話の腰を折られた気になる。あなたは気分を発散したり、問題を詳しく話したりすることができない。さらに、自分自身で解決策を考え出す機会を奪われてしまう。しかし、子どもが問題について話している時に、親が早々に解決策を示そうとすることがあまりにも多

い。あなたは「事態を修復し，よりよくしたい」，子どもはあまりにも幼過ぎる，あるいは自力で答えを出すには経験がなさすぎると怖れている。実際には，子どもは解決策を求めているのではなく，経験をあなたと共有したいのである。

　適切であるならば，子どもが十分な時間話した後に，問題の解決策を探る手助けをする。子どもが自力で解決策を見出すことができれば，親に事態を修復してもらうよりも，自尊心にとってはよほど好ましい。さらに，この問題には解決策がなかったり，あるいは，子どもの怒りや失望がおさまった後に，解決策が明らかになったりするかもしれない。

3. **気分に耳を傾け，反応する。** あなたの娘の話を聞く時には，単語だけではなく，娘の気分にも注意を払う。姿勢や声の調子に示される鍵にも注意する。娘は興奮していて，幸せだろうか？　失望していたり，落ちこんでいたりするような声の調子だろうか？　背筋を伸ばして座っているか，落ち着きなく動き回っているか，ふてくされてソファーに寝そべっているだろうか？　話に耳を傾けるとともに，あなたが目にしている感情にも反応していく。「あなたがパーティーでとてもワクワクしていたのはよくわかるわ。じっと座ってなんかいられないのね。何がそんなにあなたにとって特別なの？」

　幼い子どもの場合，自分の気分を表現する言葉を探す手助けをすることがしばしば必要である。「あなたも輪に入ることができなかったので，怒っているように聞こえるわ。腹が立って，悲しかった。そう感じているの？」

## 子どもの否定的な気分を受け入れる

　あなたがとても信じられないと思いたくなるような気分を子どもが表すと，ひどく当惑させられる。あなたの息子が兄や義父を憎んでいるとか，あなたに腹を立てている。あなたの娘は，あなたがそうすべきだと考えていることに反抗したり，あなたが重要だと感じていることを拒んだりする。強い否定的な気分が表されると，子どもの言葉を遮ろうとする誘惑に駆られ，煮えたぎった気分の大鍋に蓋をしても，その気分が消え失せることはない。

　子どもは自分の強い感情をしばしば恐れている。怒り，欲求不満，嫉妬，恐怖などで圧倒されていることもある。そのような気分を「悪い」と決めつけらしてしまったり，気分を抑圧したり，否認したり，隠したりすると，その結果は，

(1) 自尊心の低さ（例：「私が悪いからこのように感じているに違いない」），(2) 不当な行動（例：「私は両親に受け入れられるような行動をしなければならない。もしも両親が私の気分に気づいたら，私を見捨てるかもしれない」），(3) 否定的な感情も肯定的な感情も，適切な感情表現ができなくなる。喜び，興奮，愛情，好奇心は，怒り，嫉妬，恐怖などとともに押し殺されてしまう。気分は要求されて創り出されるのでもなければ，不便な時に姿を消すものでもないということを忘れてはならない。子どもが強い否定的な気分を抱いても構わないと認められたり，受け入れられる形で気分を表すことを支えられたりすると，徐々にそのような気分を受け流すことができるようになる。ふくれっ面をしたり，文句を言ったり，あれこれ思い悩む必要がない。よい気分は十分に楽しみ，悪い気分も時には発散すればよいだけの話である。

　子どもが自分の気分を否認するようにする5つの親の一般的な反応を挙げておく。

1. 気分が存在することを否認する。例：「お前の肘は痛くない。ちょっと瘤（こぶ）ができただけ」
2. 子どもが感じなければならないことを言う。例：「お前は弟を大切にしなければならない」
3. 子どもを他の子どもたちと比べる。例：「ジミーは歯医者さんのところであんな風に振る舞わない。お前はどうしたというの？」
4. 嘲（あざけ）ったり，皮肉を言う。例：「できないからって，また泣くのか。赤ちゃんね」
5. 脅したり，罰を使う。例：「三振の度に そんな感じになるなら，もう野球のことは忘れてしまいなさい」

　子どもが強い否定的な感情と向き合うのを助けるためのいくつかの方法を挙げておく。

1. 安全で，受容的な環境で，子どもが真の感情を表すように働きかける。プライバシーと十分な時間を与えて，怒り，悲しみ，欲求不満といった感情を表現させる。もしもあなたの息子があなたに怒っているならば，防衛的になったり，説得しようとしたりしない。謝罪したり，屈服したりせず，その気分を受け入れる。たとえば，「あなたが私にどれほど腹を立てているかわかったわ。何かしろと私に言われるのが嫌なのね」「あなたがシー

ラの家に泊まりにとても行きたいのに，今晩は行けないことに腹を立ててるのがわかったわ」
2. 子どもが気分を発散させる他の方法を探すのを手助けする。幼い子どもが怒りを表すために，呻ったり，枕を叩いたり，地団駄を踏んでもよいと働きかける。子どもは真のカタルシスのために繰り返し話をしなければならないことがしばしばある。少し年長の子どもは，絵を描いたり，同情してくれるような友達に手紙を書いたり，電話をかけたりして，何が起きたか伝えるかもしれない。スポーツや激しい身体活動も強い感情の発散となり得る。
3. 想像を用いて気分を表現するように子どもに働きかける。たとえば，「あなたはいじめっ子に何かを言ったり，何かをしたりしたかったの？」「その子よりも速く走って，高く飛ぶには，あなたはどれくらい大きくならなければいけないの？」「あなたは消えてしまいたいの？ 透明人間になりたいの？」
4. 同じような苦境に陥った時の話をして，同じような気分になったことを伝える。たとえば，「私があなたと同じくらいの歳の頃，妹がよく私の箪笥からこっそり服を持ち出していたの。私はとても頭に来た」。子どもはこのような気分になるのは自分だけではないとわかり，理解してもらって安心する。（しかし，あなたが会話の中心になってしまうような話をしたり，子どもの苦しさを見くびるような話をしたりすることがないように，十分注意する。）
5. あなたが自分の強い感情に対処するよい手本になる。あなた自身の対処スキルを子どもに示す。
6. 敗北や失望に向き合ったとしても，自分自身に誇りを持つことができるように，子どもを助ける。たとえば，「試合には勝てなかったけれど，お前のバタフライはとてもよくなった。スピードさえ増せば，もう向かうところ敵なしだ」「迷子になってしまって，怖かっただろうけれど，あなたが店員さんに助けを求めたのはとてもよかった。どうやってそれを考えついたの？」

## 自尊心を育む言葉かけ

親として自尊心を育むための最強の道具は，あなたが使う言葉である。毎日，

子どもとの数多くのやり取りの中で，あなたは子どもがどういう人間であるのかと伝えている。彫刻家が軟らかい粘土に使う道具のように，あなたの言葉や声の調子は，子どもの自画像を作り上げる。この理由で，あなたが子どもにかける言葉は，誉め言葉も，何か振る舞いを直すようにという言葉も，自尊心を育む言葉として伝えられる。

自尊心を育む言葉かけには以下の3つの要素がある。

1. **行動についての描写**：自尊心を育む言葉かけとは，描写するような言葉である。子どもに一方的な判断を下さずに，その行動を描写する。このようにすると，子どもの価値と行動を分けておくことができる。これは重要な識別である。あなたの息子は他の子どもにおもちゃを貸してあげるから，よい子であるというのではない。あなたの息子は弟を叩くから，悪い子であるというのでもない。あなたの息子は存在しているから，あなたが愛し大切にしているから，あなたにとって特別であるから，善であるのだ。あなたの息子が善を行うことができることもある（例：助ける，分け与える，達成する）。（あなたが見て，聞いて，実際に起きたことの）行動を描写すると，子どもは自分がどのような行動を起こして，その行動が他者に及ぼした影響について正確なフィードバックが得られる。しかし，子どもがよいとか，悪いとかレッテルを貼らないことによって，子どもの行動についての賞賛と，子どもの基本的な価値を切り離しておく。

2. **行動に対するあなたの反応**：自尊心を育む言葉とは，あなた自身の何かを子どもと共有することである。あなたの賞賛，興奮，喜びを，あるいは反対，苛立ち，怒りを共有する。何かをしてほしいとか，ある状況に対するあなたの反応の理由を伝える。子どもが周囲の人々がなぜこのように反応するのか理解できれば，周囲からの期待に応えて，葛藤を避けるのが容易になる。

3. **子どもの気分の承認**：自尊心を育む言葉とは，子どもの経験を承認することである。成功したか否かにかかわらず，あなたの子どもの努力を認めてあげる。子どもの苦境，動機，混乱，不注意もすべて認める。たとえ注意されたとしても，子どもは見守られて，理解されていると感じる。

以下の項では，これらのフィードバックの三要素を，子どもを誉めたり，注意したりする場面に応用してみる。

## 誉　め　る

　あなたの承認が行動を形作る。親を喜ばせることは，子どもにとって言葉使いからテーブルマナーまですべてを学ぶ動機づけとなる。子どもは誉められると，それをしても大丈夫だ，自分のしたことは受け入れられ，理解されているというメッセージとして受け止める。

　しかし，自尊心を育む言葉として子どもを誉めるのは，単なる承認以上を伝えることになる。子どもはそれを受け入れて，それとともに生きていく。何が特別で，自分のしたことの何を誇りにできるのか学ぶ。自分自身を誉め，自分の努力や才能を認識し，大切にすることを学ぶことができる。

　ジョーイの例を考えてみよう。学校で描いた絵を誇らしげに父親に見せた。父親は大袈裟に「なんてすばらしい絵なんだ。私はこの絵が大好きだ。お前はすごい」と言った。しかし，ジョーイには父親が絵を気に入っているとは思えない。その結果，ジョーイは後で思い出して，自分が達成したことの何がすごかったのだろうかと自問自答した。自尊心を育む言葉を使って，父親は次のように言うことができたかもしれない。「これはすばらしい。明るい花の中に家と少年が描かれている（描写）。私はお前が選んだ色や，空に浮かぶ雲が好きだ。それに，少年のズボンのポケットをとても丁寧に描いたのがわかる（反応）。きっと一生懸命描いたのだね（承認）。この絵を飾って，お母さんにも見せよう」

　**誉める時に気分を共有する**。あなた自身の何かを子どもと共有すると，子どもはあなたにとって何が大切かを学び始める。子どもはあなたの欲求や気分をよく知るようになり，あなたを喜ばせたり，あなたが怒っている時にはあなたを避けたりするようになる。たとえば，子どもが朝，ベッドをきちんとするとあなたが喜ぶと，あなたが整理整頓された部屋が好きであると子どもは理解する。電話をしている時には放っておいてくれると嬉しいということは，あなたは電話を邪魔されたくないと子どもは理解する。このような反応を子どもと共有すると，親が気まぐれではなく，理解が可能であると子どもに知らせることができる。親は理由もなく怒ったり，冷たくなったりする予測不可能な人間ではなくなる。

　アーリーンは14歳のデビッドが学校から帰宅するのを待っている。歯科医に受診しなければならないので，息子に子守りをしてもらう必要がある。デ

ビッドが帰宅すると，アーリーンはぴしゃりと言い放つ。「時間通りに帰ってきてくれて嬉しいわ。絶対に忘れないと信じていた。さて出かけなければ。行ってくるわね」。デビッドは母親が神経質になっているのはわかったが，その理由が理解できない。彼は忘れていなかったし，時間通りに帰宅したのに，なぜ母親はイライラしているのだろうか？ もしもアーリーンが次のように自尊心を育む言葉を用いることを忘れなかったとしたら，自分の気分を息子と共有できただろう。「時間通りに帰ってきてくれてありがとう（描写）。あなたが忘れてしまっているのではないかと心配だった（反応）。放課後，友達と遊んでいたいというのはわかっているのよ（承認）。私は今日，歯科医の予約があって，いつも神経質になる（反応）」

　このような誉め言葉で，デビッドは母親と自分自身について何かを学ぶことができる。歯科医の予約があるので，今日の母親は神経質で，苛立っていた。友達と遊ばずに，帰宅する約束を守って誉められた。必要とされていることを行って，信頼できる人間であると自分をみなすようにもなった。

　せいぜい子どもを誉めることである。できる限り多くの機会を見つけて，誠実に子どもを誉める。子どもがどのようであるかではなく，親が子どもはどのようにできる可能性があるかということを，肯定的な方法で子どもがとらえるのを，誉めることで手助けする。子どもは最高の自己について承認を得る。

**誉め過ぎると子どもは居心地が悪くなる**。あなたの娘は自分が「クラスでもっとも聡明で，本当の天才」ではないことを知っている。娘は今日の数学の試験で好成績をおさめたかもしれないが，あまり誉めると毎日よい成績を取らなければならないとプレッシャーを感じさせてしまう。もしもBかCの成績をとったら，「馬鹿か低能」ということになってしまうだろうか？

　子どもがよくやったことに親が注意を向けると，子どもはその反対のことをするから，子どもを誉めることに抵抗を感じるという親がいる。この現象は誉め過ぎが原因である。誉め過ぎによる緊張はあまりにも強くて，耐えられない。あなたの娘は「世界最高の少女」であるよりは，「ありのままの自分」であるほうがよほど心地よいのだ。

　スージーの事例について考えてみよう。彼女の友達のモリーがスージーの家で遊ぶことになった。モリーがやってくると，スージーは人形を手渡す。「なんてすてきな女の子なの！ 私がこれまでに会ったなかで一番気前のよい女の子だわ。あなたは天使よ」。このような誉め言葉はスージーを不安にさせか

ない。スージーは自分が世界で一番気前のよい少女ではないことを知っている。おそらくスージーは気前よく感じていたかもしれないし，モリーの注意をもっと大事な玩具から逸らそうとしていたのかもしれないし，モリーの母親に愛想を言って，あとでアイスクリームを買ってもらおうとしていたのかもしれない。いずれにしても，スージーが誉め言葉を受け入れられなければ，それは彼女が世界で一番自己中心的な少女であるという意味になってしまうのではないだろうか？ もしも自尊心を育むような言葉を使ってスージーを誉めるとするならば，次のようになるだろう。「すてきだわ。あなたのお人形をモリーに遊ばせてくれて，ありがとう（描写，反応）。大事な玩具を誰かに貸してあげるのは難しいことがあるわね（承認）」。この種の誉め言葉は，もしもスージーが受け入れなかったとしても自分のアイデンティティを危険に曝すことなく，玩具をモリーに貸してあげたことについて自分に快く感じるのを許す。

**間接的な誉め言葉を使わない。**間接的な誉め言葉には，賞賛と侮辱が混ざり合っている。首尾よくやってのけたことに対しては賞賛するが，同時に，過去の失敗を思い出させる。そのような誉め言葉をもらっても快く感じないのは当然である。

　　間接的な誉め言葉：「あなたの髪形は今朝よりもずっとよく見える」
　　真の誉め言葉：「私はあなたが髪に櫛を入れる方法が好きです」

　　間接的な誉め言葉：「土壇場まで待とうと考えたのはとてもすばらしい」
　　真の誉め言葉：「よい仕事をした。それもとても短い期間でやった」

　　間接的な誉め言葉：「だいたいの時間だ」
　　真の誉め言葉：「あなたがそれをやり遂げて，私は嬉しい」

　　間接的な誉め言葉：「とうとうやった。驚いたなあ」
　　真の誉め言葉：「おめでとう。あなたならできると信じていた。よくやった」

## 子どもを叱る

　子どもの問題行動を正そうとする時はまさに，自尊心を育むような言葉を慎

重に使うべきである。虐待するような言葉を浴びせかけられている子どもは，親も含めて他者に対してひどい言葉を使いがちである。理由を説明されずに矯正される子どもは，理不尽になる傾向がある。努力しても認められない子どもは，「誤解されている」と言って憤る。自分に何が期待されているのかはっきりと伝えられていない子どもは，何も適切にできないと言って，敗北感や絶望感を覚える。自分の行動が他者の怒りや不快感を引き起こすと，子どもが自分には価値があるという感覚を育むのが難しくなる。

親はその子どもにとって鏡であるとともに，教師でもある。衝動を制御し，責任を取り，プレッシャーに抵抗し，他者を思いやることを，親は子どもに教える必要がある。この学習の過程は，子どもとのやり取りの中で自尊心を育む言葉を使うという親の能力にかかっている。もしも拒絶や侮蔑の形で叱られると，子どもは新たな情報に心を開かなかったり，正しい行動をとったりしようとは思わないだろう。たとえ子どもが言いつけに「従った」としても，憤り，敗北感を覚え，怒っている。

自尊心を育むような言葉を使って叱るのであれば，子どもは叱られたことの重要な点を理解し，自分を悪い人間などと考えずに，行動を変化させるようになる。子どもを叱る時に使う言葉は，誉める時に使う言葉と非常によく似ている。以下の4つのステップを踏んでいく。

1. （中立的な言葉を用いた）**行動の描写**：たとえば，「この部屋はまだ片づいていない」「今朝，皿がまだ洗っていない」「成績表によると，あなたは英語の授業を9回欠席した」
2. **行動を変える理由**：単純で的を射た理由にする。たとえば，「私は今疲れている」「私はあなたの帰宅が遅くなると心配だ」「彼女は私たちが時間通りに来るのを期待している」
3. **子どもの気分**（あるいは，努力，問題，動機）**を認める**：たとえば，「あなたがとても怒っているのがわかる」「おそらくそれがあなたにとって唯一の選択と思えたのだろう」「あなたはそのことに強いプレッシャーを感じたに違いない」
4. **何が期待されているかの明確な表明**：たとえば，「私は今すぐにあなたに助けに来てもらいたい」「許可をとらずに，お姉さんの部屋から何か持っていってはいけない」「時間通りに帰宅してほしい」

以下の例は，相手を攻撃するフィードバックと自尊心を育む言葉を対比したものである。5つの典型的な怒りに満ちた反応の一つひとつに，侮辱，怒り，拒絶を含めずに，言葉を言い換えて，はっきりと要点を伝える例を挙げてある。

**攻撃的なコミュニケーション**：滅茶苦茶だ！　ブタのような暮らし方だ。（否定的なレッテル貼り）。
**自尊心を育む言葉**：服，本，レコードが部屋中に散らばっている（行動の描写）。部屋を片づけたら，遊ぶ場所が広くなる（行動変化の理由）。あなたはおそらく一体どこから片づけ始めたらよいのかわからないのでしょう（気分の承認）。服は籠に入れて，本は机の上に置き，レコードはこれから30分間は端に置いておきなさい（期待の表明）。

**攻撃的なコミュニケーション**：私について回らないで。ひとりで遊んでいられないの？（拒絶）
**自尊心を育む言葉**：あなたは家中，私の周りをついて回っているのね（行動の描写）。私はとても大切な電話をかけなければなりません（行動変化の理由）。仕事が済んだら，すぐに学校で必要な物を買いに行くと約束したのを忘れていないわ（気分の承認）。私が電話をしている間，あなたには静かに遊んでいてほしいの。それから，買い物に行きましょう（期待の表明）。

**攻撃的なコミュニケーション**：止めて，このちびっこモンスター（否定的なレッテル貼り）。
**自尊心を育む言葉**：あなたはスージーを叩いた（行動の描写）。スージーは痛がっている（行動変化の理由）。スージーがあなたの玩具を取ったので，あなたが怒っているのはよくわかるわ（気分の承認）。でも叩くのは駄目よ（期待の表明）。

**攻撃的なコミュニケーション**：静かにできないの？　シートベルトをしないと，事故になる（威嚇）。
**自尊心を育む言葉**：自動車の中で大声で，動き回っている（行動の描写）。私は注意が散漫になって，安全に運転できない（行動変化の理由）。長い間，じっと座っているのが難しいのはわかっているわ（気分の承認）。もう

すぐお昼ご飯にするから，それまではシートベルトをして，静かに話していて（期待の表明）。

**攻撃的なコミュニケーション**：あなたは自分のことばかり考えている（過度の一般化）。
**自尊心を育む言葉**：あなたは今晩，子守りをすると約束したのに，今はコニーのパーティーに行きたいという（行動の描写）。お父さんとお母さんは今晩劇の切符があって，あなたを当てにしていました（行動変化の理由）。パーティーに行けなくて残念なのはわかるわよ（気分の承認）。でも，あなたに約束を守ってもらい，弟と一緒に家にいてほしいの（期待の表明）。

　子どもを叱る際に前述した4つのステップを守ることによって，あなたは親子の争いや子どもからの抵抗を避けて，子どもに対して明快なコミュニケーションのスタイルを示すことができる。後に，子どもが成長すると，内在化された親の声はより支持的なものになるだろう。そして，子ども自身が他者に対して自尊心を育むような言葉を使うようになると，重要な人生のスキルを学んだことがわかるだろう。
　子どもを叱る際に，以下のような破壊的な言葉のスタイルをできる限り控えるようにする。このようなスタイルは自尊心を確実に貶める。

1. **過度の一般化**：たとえば，「お前はいつも間違える」「行動する前にけっして考えない」「友達のことしか考えていない」。過度の一般化が真実ではないのは，否定的な行動を強調し，肯定的な行動を無視しているからである。結局，子どもは否定的な一般化を信じるようになり，正しく行ったことについても絶望感を抱いてしまう。
2. **沈黙での対処**：あなたが立腹していたり，注意が散漫になっているならば，やり取りを先延ばしにするのが賢明かもしれないが，かならず子どもと問題について話しあう時間を計画するのを忘れてはならない。たとえば，「私は今は腹が立っているので，しばらくひとりになる必要がある。落ち着いたら，一緒に話しあいましょう」と言う。話しあうのを拒否したり，悪さしたことに対して子どもを睨みつけたりすると，子どもはやり直したり態度を改めたりする機会がないまま，拒絶された感じを抱く。
3. **漠然とした，あるいは暴力的な威嚇**：たとえば，「私が家に帰るまで待

なさい」「今度こんなことをしたら，どうなるかわかっているわね」「もう一度こんなことをしたのを見つけたら，お前の首を折ってやる」「お前のお尻をきつく叩いて，1週間は座れなくしてやる」。この種の威嚇には子どもはすっかり嫌気がさす。幼い子どもは親の言葉を文字通り受け止めて，想像の中の暴力的な行為（例：首を折られる，尻が痛すぎて座れない）はきわめて怖ろしいものになるかもしれない。そのような罰を受けるのは自分がとても悪いからに違いないと思いこむ。より年長の子どもは，親が本当にそんなことをするはずはないとわかる。いずれの方法でも，子どもは親が怒っていて，自分が悪いということ以外は学ぶことがない。

あなたが子どもを叱る方法を変えるというのは，最初はそれほど簡単ではないかもしれない。慣れ親しんだレッテル貼り，一方的な判断，威嚇，小言に戻ってしまうかもしれない。しかし，落胆することはない。自尊心を育むような言葉をうまく使えるようになっていくと，子どもとの関係が改善していき，長年にわたる葛藤，行き詰まり，過去の抵抗から自由になっていくだろう。

以下の3つの練習は，あなたが言葉をどのように使って，自尊心を育むコミュニケーションという新たな習慣を身につけていく手助けになるだろう。

## 練　習

1. 遊び場，スーパーマーケット，友達や親戚への訪問といった状況であなたが目にした親子のやり取りに耳を傾けてみよう。単語にだけでなく，声の調子にも注意を払う。あなたが耳にするのは，行動の描写だろうか，一方的な判断だろうか？　親は子どもの感情を承認しているだろうか，それとも子どもを貶めているだろうか？　親は理にかなっているだろうか，それとも勝手気儘に振る舞っているだろうか？　あなたははっきりとした期待の表明を耳にするだろうか？　親子のやり取りが子どもの自尊心を高めるだろうか，それとも危険に曝すだろうか見きわめてみる。

    あなたが気づいたこのような3種のやり取りを記録しておく。次に，自尊心を育む言葉で，4つのステップを修正して，そのシーンを心の中で書き換えてみよう。（たとえその結果が多少不自然に感じたとしても，すべてのステップを使う練習をする。）

2. 同じように，今度はあなた自身の子どもとのやり取りに注意を払う。子ど

もを叱る場合にすべてのステップを使うことに成功したら，それぞれの反応の違いを考えてみよう。葛藤や，口論や，抵抗が少ないだろうか？　この感じに気づいたときにあなたがどのように感じるか，その差に注意してみよう。あなたの怒りは減っただろうか？　あなたがなぜ何かをしたいのか理にかなった説明ができるならば，自分を正当化できると感じるだろうか？　あなたが明快な期待の表明をすると，子どもに自制が増していると感じるだろうか？

3. 自尊心を育む言葉を使うのにもっとも難しい場合について考えてみよう。それは，あなたが怒っていたり，多くのストレスに曝されている時かもしれない。あるいは，馴染み深い反応が慢性の葛藤のために引き起こされたのかもしれない。あなたが怒りを爆発させたならば，後にやり取りを検討して，すでに習ったステップを用いて心の中でそのシーンを書き換えてみよう。遅刻，就寝，家事，宿題といった葛藤状況を予期する場面に，前もって計画しておくと役に立つだろう。すでに学んだ4つのステップすべてを使って，コミュニケーションを予行演習しておく。

# 躾(しつけ)

　躾とは，精神的機能や道徳的特徴を修正し，成形し，あるいは完全なものにしようとするあらゆる指導や訓練をいう。親は定義の上では指導者であり，コーチでもあり，子どもがこの世で生きていくのに必要とされる，衝動制御，対人関係の持ち方，決断の下し方といったスキルのほとんどを教える。親に多くのルールがあるとしても，あるいはほとんどルールがなかったとしても，そのルールが子どもにどのように示されて，適用されるかが問題となる。もしもルールが公正で，予測可能なものであれば，たとえ子どもの行動が受け入れがたいものであったとしても，子どもは人間として受け入れられていると感じ，適切な自尊心を持って成長し，学習することができる。もしもルールが恣意的なものであって，勝手気儘に適用されるならば，あるいは，子どもが恥ずかしく，非難され，圧倒され，馬鹿にされていると感じるならば，自分には価値がないことを学習し，物事を正しくできるという自信を失ってしまう。

　矯正も制限もされなかった子どもであっても，高い自尊心をもって成長することができると考えるのは誤りである。実際に，その反対こそが正しい。適

な躾を受けずに育てられた子どもは，自尊心が低く，依存的で，達成度が低くなり，世界をコントロールする力が低いと感じている。世界は不幸な驚きに満ちていて，このような子どもは教師からの反対や，同世代の仲間からの冷酷な反応に遭遇する。（非常に楽天的な親も最後にはその忍耐力の限界に達してしまい）このような子どもはどのような制限があり，いつトラブルに出くわすか正確に知らないので，さらに不安が強まる傾向がある。ルールや制限による身体的・感情的な保護がないために，しばしば自分は愛されていないと感じる。「もしも私がすることが何も関係ないのであれば，親は私のことを大切に思っていないに違いない」ととらえてしまう。

躾は，自尊心に対する攻撃である必要はない。それは，学習が起きる安全で，支持的な家庭環境を作る手段となる。それは，子どもとの良好な関係を築きあげる出発点であり，子どもは自分が何を期待されていて，不適切な行動がもたらす結果が予測できて，合理的で，公正であることを知る。

## 罰に反対する事例

罰は，「従順の強制，あるいは命令」と定義され，外部の力によってある人物をコントロールすることを示唆している。親であるあなたは子どもよりも身体的に強く，知的であり，経験豊富である。あなたは資源を支配していて，子どもはあなたの家に住んでいる。子どもは支持，承認，愛，価値感を親に頼っているので，親には子どもを脅し，従わせる力がある。「私が言ったようにしろ」「後悔するぞ」「そんなことをしてみろ」「それをしたらどうなるかわかっているな」などと迫ることさえできる。

もしも罰する理由が子どもに振る舞いを変えるように教えることであるならば，罰は効果を表さない。実際に，これでは子どもがしたこと，あるいはしなかったことに対して反省することから目を逸らせてしまう。むしろ子どもの心には，反抗心，罪責感，復讐心が湧く。子どもが覚えているのは，せいぜい「いつかきっと仕返しをしてやる」「後悔させてやる」「次は絶対に話さないし，母親に見つからないようにする」といったことである。罰せられた子どもにとって，親は不公平に見える。勝手に力を振るわれ，子どもが犠牲者となる。同時に，自尊心への悪影響は非常に大きい。子どもは辱められ，馬鹿にされ，無力で，一方的に悪者にされたと感じる。子どもは自分なりの方法で行う必要があり，欲求は忘れてしまえというメッセージを受け取る。「私の欲求など重要で

はないし，私も重要ではない」とのメッセージである。

　結局，罰を与える親も非常に不快である。協力と支持といった良好な家族の感情も得られないし，その否定的な感情は家族関係から喜びを奪ってしまう。不品行，罰，怒り，復讐，不品行という悪循環は，罰から生じる。親も子ども同様に罠に囚われてしまう。

　厳しい躾の問題に対処するには，罰以外の選択肢がある。それには罰を与える以上に，しっかり考えて，計画する必要があるのだが，その見返りは親にとっても家族にとってもとても大きなものである。それを始めるのは，不品行が起きる前からであり，躾の必要が起きる前からである。子どもとの良好な関係を築き，それを維持することから始める。この関係は，子どもがその行動を変える動機を高めるための最強の手段となる。子どもが親を喜ばせたいならば，親の承認を得たいならば，子どもの不品行が減る可能性が高い。

　しかし，子どもを修正し，制限を加え，規律を教えようとしている時に，どのようにして良好な関係を保つことができるのだろうか？　葛藤を抱えた他の人々に向き合う時に使う同じコミュニケーションスキルを使うのである。

- これまでの憤りを募らせてはならない。
- 他者のために何かする場合に，自分を押し殺したり，自分が不快に思うほどまで譲歩したりしてはならない。
- 批判や攻撃をせずに，自尊心を育む言葉を用いて，はっきりとしたコミュニケーションを図る。
- 読心，他者の動機や欲求を推測することを控える。
- 一時にひとつの問題に対処する。何もかも一か所に投げこんだりしない。
- 他者の気分，問題，欲求を認める。

## 正しく行うことを易しくする

　子どもが適切に行動しやすくするのをあなたが手助けできれば，子どもの自尊心が育まれていく。子どもは自分が協力的で，役に立ち，親を喜ばせることができると感じて，自己を肯定的にとらえることを学習していく。子どもが親の期待に応えることを助けるためのいくつかの助言を挙げておく。

1. **親の期待が子どもの年齢にとって妥当で，適切であることを確認する。** 3歳の娘が飲み物をこぼさないことを期待するのは妥当ではない。その子の協調運動は単にまだ十分に発達していない。12歳の息子を週末の間中，自宅で独りだけで過ごさせるのも妥当ではないだろう。この子にこの種の責任を負わせるのは理にかなっていない。子どもの成熟の水準に合った妥当な期待を抱くことが，葛藤や失望を避けることになる。
2. **前もって計画しておく。** ある状況が子どもにとって難しいとわかっているのであれば，子どもがそれに対処するのを親は手助けする。玩具や菓子を用意しておけば，長距離ドライブも少しは我慢できるようになるだろう。疲れて，空腹になると，子どもは我慢できなくなり，機嫌が悪くなって，頑固にもなる。親が前もって計画して，子どもの欲求を予期しておけば，子どもをより扱いやすくすることができる。
3. **親の期待をはっきりとさせておく。**「お祖母さんの家では行儀よくする」というのがどのような意味であるのかはっきりさせておくと，子どもが親の期待に応える可能性は高くなる。家具の上に飛び乗らない，骨董品に触れない，弟と喧嘩をしないといった具合に，具体的に子どもに話して聞かせる。
4. **肯定的な面に焦点を当てる。** あらゆる機会を見つけて，「よい行い」や努力を賞賛し，強化する。子どもの行いを直そうとする時には，悪い点とともに，よい点も指摘する。子どもが直すべき点とともに，正しく行ったことも認める。子どもがすでに部分的にはうまくできたと感じているならば，さらに試みて，うまくやり通すのは容易いことになる。たとえば，「私はあなたが書いた旅の作文が大好きだけれど，字が少し読みにくいわ。できるだけもう一度きれいに書き直してほしいの。そうすれば，明日，先生はきっとこの作文を楽しく読んでくれるでしょう」
5. **可能な限り他の選択肢を示す。** 子どもに選択肢を示すと，支配感が増す。その結果，抵抗も減る。たとえば，「家に帰る前にもうひとつ乗る時間がある。どの乗り物に乗りたいの？」
6. **褒美を与える。** 少し遅くまで起きていることを許したり，特別なデザートを食べに外出するといったことは，子どもが古い習慣を変えるさらなる刺激となり得る。たとえば，「もしも1週間，時間通りに起きることができたら，金曜日にアイスクリームを食べに行こう」「この学期の成績が平均Bだったら，クリスマス休暇にスキーに行く費用を払うことにしよう」。

子どもが追求する目標は，妥当な努力で達成可能なものとすべきである。豪華な褒美である必要はない。理科の試験用紙の上に付けられた金の星や飾りのシールでさえも，効果的な刺激になり得る。

## 子どもを問題解決に関与させる

あなたの家庭の慢性的な行動の問題や葛藤は何だろうか？ 就寝時間が問題の家庭もあれば，朝子どもたちを起こして，服を着せ，食事をさせて，学校に送り出すのがひと苦労だという家庭もあるだろう。子どもに宿題をさせるのが問題の家庭もあれば，兄弟姉妹の物を黙って使って，返さないことに苦労している家庭もある。家族の自動車やゲーム機を使うことが葛藤の原因になっているかもしれない。

どのようにしたら問題を解決できるだろうかと単に子どもに質問をすることができる時もある。子どもが工夫して解決策を編み出すことに，親は驚くかもしれない。問題解決の過程に子どもにも入らせるだけで，問題の視点を変えて，子どもはその解決に興味を持つ。

問題解決過程に子どもを関与させるもうひとつの方法として，家族「ブレインストーミング」会議がある。会議の目的は，誰もが納得する解決策を見つけることであり，親がルールを決めるといった集まりにすべきではない。たとえ幼い子どもであっても，この過程に参加して，よい結果が得られることがある。

第一に，話し合いたい問題を前もって家族に知らせておき，全員が参加できる時間を決める。会議の前にその問題について考えておいて，進んで解決策を見出すことができるようにと呼びかけておく。会議では，十分な時間をとり，親の欲求も含めて，全員の欲求が述べられるようにする。全員が話す機会を得られるようにする。一方的な判断を下さないで，提案はすべて書きとめる。不合理な提案は後で取り除く。子どもたちが話しづらそうにしている時には，親がいくつか提案をして，それを記録する。子どもも参加できるように時間をたっぷり与えて，リストに意見を書き加える。次に，そのリストを絞っていき，皆が賛成できるような妥当な意見にまとめるのを助ける。最初の計画には全員の意見が反映されるように注意する。その解決策には何が含まれていて，いつどこで，どのようにして，誰が実施するのか。もしも誰かがこの計画に加わらなかったら，どうするかということも含めておく。会議を終了する前に，今後（1週後，1か月後に）ふたたび集まって，その計画がうまくいっているかを

討して，必要な修正を加えることにする。ジュリアは毎朝2人の息子（8歳と11歳）を送り出すのが大変だった。起こすだけでも30分間かかり，どの服を着たいかあれこれ言い合う。息子たちはジュリアの用意した昼食に文句をつけ，しばしばそれを学校に持っていくのを忘れてしまう。

　ジュリアはいちいち抵抗にあっているように感じ，文句を言い，脅し，最後には大声で怒鳴る。自動車に乗りこむ頃には3人ともすっかり疲れ果てている。家族会議では以下のような合意を得た。

1. 息子たちは昼食に希望する食物のリストを作る。
2. 息子たちは前の晩にその日に着る服を選んで，並べておく。
3. 息子たちは前の晩に学校の鞄に必要な物を詰めておき，玄関の脇に置いておく。
4. ジュリアは息子たちに目覚まし時計を買う。
5. 息子たちは午前7時に起床するように，自分で目覚まし時計をセットする。15分以内にベッドから出てきたら，ジュリアは昼食にデザートを入れる。
6. ジュリアは昼食を作って，玄関脇の学校鞄の上に置く。

　この計画は朝の問題の多くを解決した。息子たちは自分専用の目覚まし時計を使うのが楽しかったし，お気に入りの音楽を目覚まし時計にセットした。昼食のご褒美目当てに，彼らはベッドから起きてきた。ジュリアは子どもに怒鳴って，用事を思い出させる必要がなくなった。目覚まし時計は午前7時に鳴り出し，子どもたちは起きてくる。目覚まし時計は7時15分を指し，昼食にデザートがほしければすぐにベッドから抜け出さなければならない。昼食に何がほしいか，どのような服が着たいか，自由に決められることを楽しんでいた。玄関のドアの脇に本と一緒に弁当が置いてあることを息子たちに思い出させるのも，ジュリアは楽にできるようになった。

## 人生の事実：結果が伴うことを教える

　自分の子どもには人生の真の事実を教える必要がある。すべての行動には結果が生じる。新しいスポーツカーでスピードを出し過ぎれば，速度違反の切符を切られる。誰かを侮辱すると，もうあなたの友達でいたいとは思わなくなる。バス停に着くのが遅れれば，バスに乗り遅れる。

当然の結果は，権威者から課せられるものではない。子どもの行動に当然の結果が生じることが最高の学習手段である例が多い。息子が今昼食を食べなければ，後で空腹になる。娘が勉強をしなければ，試験に合格しない。もしも末っ子の成績が平均C以下だったら，コーチはチームへの参加を許さない。

　当然の結果が起きるのを許すことで，子どもに自分の行動に責任を持たせる。あなたは，文句を言い，罰を与え，非難する悪者ではない。あなたは同情し，支持さえ与えることができる。しかし，子どもはある方法で行動すると，ひどいことが起きるという教訓を得る。当然の結果が起きるのを妨げてしまうと，子どもの学習の機会と，行動を変化させる刺激を奪い続けることになる。

　ある種の結果が生じるのが妥当ではない場合もある。危ない通りで遊ぶとか，火遊びをすることで当然の結果を学ばせるという危険を冒すことはできない。その結果は，命の危険をもたらしかねない。このような場合の結果は起こすべきではなく，親としては不品行についての適切な結果を考えなければならない。効果的で，公正な結果を作るのに役立つ以下のようなルールがある。

1. 結果は妥当なものであるべきだ。結果の深刻さが問題行動の重要性に見合っていなければならない。子どもが帰宅時間に30分遅れたのであれば，妥当な結果とは，翌日は30分早く帰宅するというものである。1週間の外出禁止は妥当とは言えない。
2. 結果をその出来事と関連させる。もしもあなたの息子が自転車を雨の中に放置したのであれば，結果は電話の使用ではなく，自転車の使用に関連させると，効果が大きい。デイブが皿洗いをしたが，おざなりな洗い方だったので，洗いなおさなければならなかった。母親はもう二度とデイブには皿洗いを頼まないと言って，反応した。デイブは雑な仕事をすると，その仕事からすっかり解放されるという結果を得た。これでどうやって皿洗いの技術を改善させられるだろうか？　母親がデイブ自身に皿をもう一度洗わせれば，彼の皿洗いの技能はすぐに完璧なものとなっただろう。
3. 結果は出来事から時間が経たないうちに起きるべきである。子どもが上着を失くしたのであれば，1週間後ではなく，その晩のテレビを制限する。1週間後とすると，あまりにも親が身勝手で，不当に感じられてしまう。
4. 結果を一貫して課する。これはおそらくもっとも難しいルールだが，もっとも重要である。親が一貫していないことを子どもが気づいてしまうと自分の行動を変化させようという動機づけが下がってしまう。息子がレ

トランの中で走り回っていたら，そこから出るとはっきりと告げる。そして，言葉通りの行動に出る。おそらくこの不便さに一度耐えれば，この行動はもはや問題ではなくなる。あなたが疲れていたとしても，祖父母が訪ねてきていたとしても，あなたが電話中であったとしても，かならず一貫した態度を取る。心穏やかで，怒っていない時に，前もって妥当な結果を選んでおくと，一貫した態度を取るのが簡単になるだろう。

5. 結果について，親子の双方が前もって理解しておく。こうすることによって，子どもは自分の行動に責任を取ることができ，親がストレスを感じていたり，怒っていたりする時でも，妥当な結果を生み出すというプレッシャーを感じずに済む。8歳のレンは窓を割るといけないので，家の近くでボール遊びをしないようにと言いきかされてきた。窓が割れる音を耳にして，母親はひどく腹を立てた。その場で結果を示そうとして，母親は「バットを取り上げる」と脅したかもしれない。しかし，レンは前もって，もしも窓ガラスを割ったら，小遣いから弁償するか，小遣いで足りなければ，週末に家の仕事をして不足分を補わなければならないという約束をしていた。レンは言い争ったり，説明をする必要がなかったし，母親も詰ったり，脅したりする必要がなかった。

　子どもに自分の行動の結果を経験させることは，自分の行動に責任を取ることを教える。このように責任を取ることは自制心を鍛えるので，自尊心を育むことになる。子どもは攻撃されたり，叱られたりするのではないので，自責的になることもない。親子関係も危険に曝されることもない。子どもが失敗をしても，あなたは子どもを受け入れ，大切にすることができる。

## 自 主 性

　ナンシーは子どもが生まれて，退院する時の気持ちを語った。「責任感で押しつぶされそうに感じたのをよく覚えています。赤ちゃんはとても弱々しく見えて，周りには危険が一杯です。通りを走る自動車の音さえ大きすぎて，近すぎるように感じたのです。赤ちゃんの安全を守って，生き延びさせて，どうやって欲求に応えたらよいのだろうかと思いました。赤ちゃんは完全に両親に頼り切っていたのです」

　フランクは18歳になる娘がはじめて自宅を離れて，遠くの大学に入学した

ことについて語った。「私は娘を見つめました。若い女性が人生に乗り出し(て)いく。もちろん，これまでの18年間，娘は愛する父親から安全と支持を与(え)られてきました。しかし，もう彼女が学ぶ必要のある教訓は私が与えること(が)できないのです。娘は他の人々とうまくやっていき，時間を管理し，経済的(な)配慮をして，自分自身を守る方法を身につけていく必要があります。娘が自(分)の生活をしていくことができるのはわかっていますが，実行してみて，それ(を)証明しなければなりません。私はこれからの数年間娘を見守りますが，娘(はま)さに綱渡りをしているのです」

　巣立ちに必要なスキルと知識を子どもに教えることは，親の基本的な課題(で)ある。子どもが自分の世話ができて，十分な自信でもって問題に立ち向かっ(て)ほしいと，親は望んでいる。親は子どもに社会に適応してほしいが，自分ら(し)さを失わず，対人関係においても寛容で，他者を信頼できるようであってほ(し)いと思っている。弱々しい新生児を抱き上げた時と，荷物をまとめて人生に(旅)立つ時までの間に，あなたの子どもはいずれかの自主性を達成している。そ(し)て，自主性は適切な自尊心にとって欠かせない。

　もしもあなたがようやく歩き始めた子どもとしばらく一緒にいる機会があ(れ)ば，何とか子どもなりに自主性を達成しようとしている姿が見て取れる。子(ど)もは必死になって，身体的かつ知的なスキルを学び，それを我が物にしよう(と)しているのがわかる。周囲にあるものに何でもよじ登り，摑(つか)み，触れ，口(に入)れようとする。必死になって言語を獲得しようとし，最初の単語（「いやだ(！」)がもっとも重要だ）を使って，世界に影響を及ぼそうとする。

　子どもが自主性を育む過程は連続している。親であるあなたは，探索の機(会)と，あなたの保護の元での安全の間にバランスを取る。安全と成長のバラン(ス)はつねに変化している。しかし，変動はあるものの，その傾向はつねに自主(性)に向かっている。それはまるで潮が寄せてくるのを見つめているようなものだ(。)一つひとつの波は前の波よりも近寄ってくるようには見えないが，1時間も(す)ると，海の面積が増えて，浜辺の面積が減っていき，そろそろ毛布を片づけ(る)時間であって，そうしないとあなたは濡れてしまう。子どもが成長するにつ(れ)て，より多くの挑戦と立ち向かい，多くの選択肢が許され，多くの責任を負(う)ようになるが，あなたは子どもの自尊心を育むうえで，肯定的な鏡の役割(を果)たす。子どもを信頼し，その能力を信じる。あなたは子どもの自主性の獲得(に)向けた衝動を承認し，成長し，遠くに旅立つことは安全であると保障する。

## 第17章 子どもの自尊心を育む

### 信を増す

**自立に必要なスキルを教える。** 靴紐を結んだり，服を着たりすることから，自動車を修理したり，夕食の調理を手助けすることまで，自立した機能を助ける。子どもが学ぶすべてのことは，世界の中で自分には能力があり，実行できるのだという自信を増す。

**子どもの達成を記録しておく。** 子どもの背が伸びたことを壁の表に記録していくように，他の領域でも子どもの進歩を記録していく。昨年（あるいは，先月）に比べると，能力が増し，技術が上達し，理解が深まり，多くの冒険をするようになったことを子どもに示す。このようにして子どもは，発達しつつあるスキルを認識し，信頼できるようになっていく。

**子どもに家庭内で責任を持たせる。** どれほど幼い子どもであっても，自分が家族に貢献しているのだと感じるのは，自尊心を育むうえで，重要な刺激となる。幼い子どもであっても，テーブルを整えたり，おもちゃを片づけたり，庭のホースの水を出したり，犬に水をやったりできる。より年長の子どもは，何かに責任を持ったり，それをどのように実行したりといった具合に，責任を負うことができる。もちろん，最初のうちは親がやった方が簡単な（そして早くて，きちんとできる）ことも多い。しかし，それでは，子どもはけっして重要なスキルを学ぶことができない。より深刻なのは，子どもが必要とされて，その努力が認められ，感謝されるという，自尊心を育むような経験を奪われてしまうことである。

### 功感を高める

子どもが何か新しいことを試みて，その挑戦に直面することに成功すると，尊心が高まる。以下の4条件を備えることで，あなたの子どもが新たな経験試みる勇気を持つことができるように手助けする。

**何を期待されているのか子どもに理解させる。** 歯科医院がどのような感じで，歯科医はどのような仕事をするのか，どのように感じるのか，どのくらいの時間がかかるのか，どこに行くのかなどについて説明を受けていれば，幼い子どもが初めて歯科医を受診することが円滑に進む。自宅で子どもを高い椅子に座らせて，棒を鏡に見立てて子どもの前に差し出すといった具合に，歯科受診を予行してみる。このように心の準備ができる子ども

は，新たな経験を楽しみにすることができる。子どもに何が起きるのか[を]解させることによって，多くの恐ろしくて，震え上がるような出来事[を]冒険に変えることができる。

2. **子どもに必要なスキルを練習させる。**10歳のイーサンは父親が洋服箪[笥]のペンキ塗りをする手伝いをしたかったが，数分後にイーサンとブラシ[が]ペンキの中に落ちてしまった。父親は苛立ち，イーサンにあれこれと[指示]し出した。「ブラシをそんなにペンキに深く漬けたら駄目だ。しずく[用の]布を使え。靴に注意しろ。そこに触れるな」。すっかり傷つき，落ち込[ん]でしまい，イーサンは浴室を片づけようとした。彼は浴室の浴槽，マット，タオルをペンキで塗ってしまった。すると，父も母もすっかりイーサン[に]呆れ果ててしまった。最初は冒険だったのが，大惨事になってしまっ[た。]ブラシの先端だけをペンキ缶に漬け，余分なペンキを拭い，しずく除[け]にブラシを走らせ，ペンキが飛び散らないようにブラシを使うといった[必]要なスキルをまず練習していたならば，イーサンが父親の手伝いをうま[く]できた可能性は高まっただろう。

3. **辛抱強く事に当たる。**何か新しいことを試みる時には，可能であれば，[子]どもが十分な時間をかけて，ゆっくり進んでいくことができるようにす[る。]あなたの息子は，空手教室の子どもたちの輪の中に加わる前に，たっぷ[り]時間をかけて新しい環境や人々を確かめる必要があるだろう。あなたの[娘]子は通りで自転車に乗ってみる前に，新しい自転車の感じを実感してみ[る]必要があるかもしれない。心の準備ができない前にプレッシャーを感じ[る]と，子どもは新たな挑戦から身を引いてしまうかもしれない。

4. **失敗しても安全であるようにする。**子どもが何か新しいことを試みよう[と]しているということは，すでに成功しているという意味である。子ども[は]挑戦に立ち向かうことにすでに成功している。もしも子どもが何かをは[じ]めて試すのにプレッシャーを感じていないのであれば，その挑戦を受け[入]れているか，それをマスターするまで試みを続けるということである。[最]初の試みの結果よりも，むしろ進んでそれを試みようとしている態度を[褒]めることによって，子どもの自尊心を育むことができる。

## 学校での成功を促進する

学校で得る教訓は，読み，書き，算数，歴史，理科の知識ばかりではない[。]子どもが課題をまずまずきちんと，そして注意を払って時間内にこなすこと

できたならば，非常に重要な人生のスキルを学んだことになる。まとめて，前もって計画し，やり遂げ，自己規制も学んだのだ。満足できる成績をとることも自尊心の支えとなる。あなたの息子は宿題の用紙の先頭部分に星印やニコニコマークのシールを付けてもらってきたが，それは教師が喜んでいて，息子に対して親し気に振る舞っている証拠であり，他の生徒たちも息子のことをよくできる子だと認めている証拠となる。

学校であまりうまくやっていないことが続いている子どもは，毎日，自尊心に対する攻撃に向き合っている。成績不良，教師からの不承認，仲間外れなどの苦痛に満ちた重荷を背負っている。自尊心は，子どもが後ろへ後ろへと落ちこんでいくにつれて，ますます痛手を被ることになる。

もちろん，子どもが学校でうまくいかない多くの理由がある。あなたの息子は，教師の書いたことを読んだり，その説明を聞いたりするのに問題があるのかもしれない。あるいは，学習障害があるのかもしれない（例：失語症，失読症，多動症）。あなたの娘は，課題があまりにも簡単すぎて，退屈しているのかもしれないし，授業についていけずに，欲求不満に陥っているのかもしれない。あるいは，近くに座っている同級生にしばしば邪魔されているのかもしれない。

いかなる問題であろうとも，あなたは子どもが学校に通い始めた早い段階で，自分を負け犬だなどと思うようになる前に，不満な教師から何年間も認められずに悩む前に，問題に取り組む必要がある。まず子どもの状態を確認する。子どもが何を問題としてとらえていて，それを解決するために何が必要と考えているのか話してもらう。

教師にも確認する。あなたは問題が手に負えなくなってしまう前に，いかなる問題についても教師から教えてもらい，あなたがとても関心のある親であって，子どもも努力していることを，教師に知ってもらう。親と教師の会合を情報交換の場ととらえる。教師は家庭でも子どもに影響を及ぼしている状況があるのか知っておく必要がある。たとえば，弟妹の誕生，最近の転居，祖父母やペットの死，家族の病気，両親の結婚の問題などである。親も子どもが何を期待されていて，どの程度，期待に応えているか知る必要がある。

教師が問題をどのようにとらえているのか，熱心に耳を傾けよう。教師の認識は妥当に思えるだろうか？　あなたの息子は落ち着きがなかったり，注意散漫だったりするのだろうか？　課題を完成できないだろうか？　教科書を忘れるだろうか？　勉強がとても遅かったり，試験でひどく緊張してしまったりするのだろうか？　試験用紙，絵，机，ノートを見てみよう。友達との関係や授

業への参加の仕方についても尋ねてみる。子どもの学校での経験がどのようなものであるのか理解するようにしてみよう。何が問題であるかよく理解して，解決のための計画に合意できなければ，教師との会合の席を立ってはならない。数週間後に，また検討して，どのような改善を認めたのか確かめる。

　4年生のマルコはとても聡明だが，しばしば退屈していた。算数の成績がいつものAからCに落ちてしまったので，父親はマルコに何が問題であると考えているのかと質問した。マルコは算数を理解できるのだが，馬鹿げていて，退屈だと答えた。父親は教師と話しあった。父親が息子の算数の試験問題と解答用紙を見たところ，何が問題かたちどころにわかった。マルコの字があまりにも汚くて，7が9に，5が8に見えたのだ。いくつかの誤答は数字を不正確に書いているためだった。応用問題に取りかかっている時には，マルコは問題をどのように解けばよいのかわかっているようだが，いくつかの段階を飛ばしてしまうのだと，教師は指摘した。毎晩，父親がマルコの宿題を見て，正確で読みやすい文字を書くように指導することに，教師と父親は合意した。マルコが応用問題を解いている時には，段階を飛ばさないように，父がチェックすることになった。マルコが算数を退屈だと思っているだろうと，教師も同意した。一般の課題を終えたら，マルコが何か面白い算数のゲームができるように，教師は工夫した。このような簡単な工夫をしたところ，マルコはふたたび軌道に乗り，算数の成績が改善した。さらに重要だったのは，マルコの自尊心も高まった。きれいに字が書けるようになったことで，マルコは教師から誉められ，特別な注意を払ってもらい，算数のゲームという挑戦にも立ち向かった。

　子どもがうまくやり，自分自身について心地よく感じ，学校で成功するのを助けるために，親と教師は協力していかなければならない。もしも教師があなたの子どもに（「のみこみが遅い」「絶望的」「変人」「トラブルメーカー」などの）レッテルを貼って，見捨てていたり，あなたと肯定的な方法で協力しないと感じたりしたら，子どもを他のクラスに移すようにすべきだ。

## 対人スキルを促進する

　あなたの子どもに他の子どもたちと一緒に過ごす機会を与える。対人スキルは練習を通じてしか学習できない。子どもたちは，何かを分け与え，順番を守り，協力し，交渉することを学習する必要がある。他者とうまくやっていき，他者が自分にどのように反応するかを学習していく。他の子どもが怒りにどのよ

に対処しているのか，どのように妥協するのか，どのように自己主張するのかを見習う必要がある。同世代の仲間たちとうまくやっていくというのは，大人が相手の場合とは，異なるスキルであり，小児期に他者から得た教訓は，子どもがティーンエイジャーや成人として，社会的に成功するのに不可欠である。

　まだ幼い子どもにとっては，たとえ週に数日であったとしても，友達と一緒に遊んだり，幼稚園に行くことはとても貴重である。チームスピリットや仲間意識を楽しむことを学べるので，課外活動に参加することも勧めるとよい。放課後に友達を自宅に呼んだり，友達の家を訪ねたりすることも積極的にしてみよう。友達を誘って，外出するのもよいだろう。外出時に特別な一対一の関係を持つことは友情を強めて，学校の環境を離れても続いていく。これは内気な子どもにはとくに貴重な機会である。

　他の子どもたちと同じように振る舞うのはあなたの子どもにとって強いプレッシャーになることに留意しておく。通りで自転車に乗ること，デートや門限の制限など，子どもは「他の誰もがやっている」ことをしたがる。しかし「他の誰も」というが，それは地域によってそれぞれ異なり，当然，あなたが期待することとも異なる。髪型，服装，音楽などは，昔から思春期では家族葛藤という闘いの原因である。しかし，特定のスタイルや哲学を持つグループの一部であることによって，ティーンエイジャーは既成のアイデンティティと安全感を得られるとともに，自分とは何か，自分は何を望んでいるのかを必死になって探っている。子どもが独立したアイデンティティを確立する欲求を受け入れることと，子どもの身体的かつ心理的安全に関する領域で確固とした限界設定をすることの間で微妙なバランスをとることに，あなたは親として直面する。子どもが十分な経験を積んで，社会の中でうまく生きていけると感じるようになれば，たとえ危険に出会っても，多くの人々と協力していくというプレッシャーに向き合える確率が高くなるだろう。

## 自尊心の手本

　あなたが示した手本によって，子どもは自分の価値を学習していく。あなたに自分に寛容であるという自尊心があれば，子どもは自分に寛容であることを学習する。あなたが外見や行動について受容的に話すと，子どもも同じようにすることを学習する。あなたが制限を設定し，自分を守るような自尊心を持っていると，子どもはあなたの例を手本にする。子どもも制限を設定し，自分を

守ることを学習する。

　自尊心を手本にするということは，自分自身の基本的欲求を大切にするために，自分の高い価値を認めるという意味である。つねにあなたが自分を最後に置き，慢性的に子どものために犠牲になっているならば，人は他者の役に立ってこそ価値があるのだと，あなたは子どもに教えていることになる。あなたは子どもにあなたを利用し，後には自分たちも利用されるようになるのだと教えている。一貫した，支持的な制限を設定し，過重な要求から自分を守るということは，あなたにとっても子どもにとっても大切で，正当な欲求があるというメッセージを子どもに送る。関係のある人々はそれぞれに価値があり，各自の重要な欲求を満たすためにはバランスを取らなければならないことを，あなたは子どもに示す。

　自己犠牲的な親というイメージはしばしば理想的であるととらえられる。よき父親は，どのような犠牲を払ってでも，子どものためにすべてを捧げる。よき母親はけっして休まず，自宅外で友情や活動を持たない。よき両親は，自分の欲求を無視し，先送りし，忘れてしまう。しかし，これが本当に理想的な姿なのだろうか？

　実際には，この正反対こそが真実である。ストレスに圧倒された親はしばしば苛立ち，憤り，抑うつ的である。アクセルを踏まなければ，自動車を運転し続けることができないのとまったく同様に，時には心に給油しなければ，子どもに与え続けることはできない。自分自身を大切にするということは，子どもに自分を大切にする能力を伝えるということである。友達と一緒に昼食に出かける，配偶者とともに夕食に出かける，毎週の運動教室に参加する，本を片手に１時間ほど浴槽で独り過ごすといったことをすると，充電されて，興味が湧き，忍耐力も戻り，また子育てに戻っていくことができる。

# 文　献

Barksdale, L. S. Building Self-Esteem. Idyllwild, CA: The Barksdale Foundation, 1972.
Berne, P. H., and L. M. Savary. Building Self-Esteem in Children. New York: Continuum Publishing, 1985.
Brandon, N. The Psychology of Self-Esteem. New York: Nash, 1969.
Briggs, D. C. Celebrate Yourself. Garden City: Doubleday, 1977.
Briggs, D. C. Your Child's Self-Esteem. New York: Doubleday, 1970.
Browne, H. How I Found Freedom in an Unfree World. New York: Macmillan Publishing, 1973.
Burns, D. D. Feeling Good. New York: Signet, 1981.
Coopersmith, S. The Antecedents of Self-Esteem. San Francisco: W. H. Freeman, 1967.
Durrell, D. The Critical Years. Oakland, CA: New Harbinger Publications, 1984.
Eifert, G. H., and J. P. Forsyth. Acceptance and Commitment Therapy for Anxiety Disorders: A Practitioner's Treatment Guide to Using Mindfulness, Acceptance and Values-Based Behavior Change Strategies. Oakland, CA: New Harbinger Publications, 2005.
Eifert, G. H., M. McKay, and J. P. Forsyth. ACT on Life not on Anger: The New Acceptance and Commitment Therapy Guide to Problem Anger. Oakland, CA: New Harbinger Publications, 2006.
Faber, A., and E. Mazlish. How to Talk So Kids Will Listen and Listen So Kids Will Talk. New York: Avon, 1982.
Faber, A., and E. Mazlish. Liberated Parents/Liberated Children. New York: Avon, 1975.
Hayes, S. C, and S. Smith. Get Out of Your Mind and Into Your Life: The New Acceptance & Commitment Therapy. Oakland, CA: New Harbinger Publications, 2007.
Hayes, S. C., K. D. Strosahl, and K. G. Wilson. Acceptance and Commitment Therapy: An Experiential Approach to Behavioral Change. New York: Guilford Press, 1999.
Hayes, S. C., K. D. Strosahl, and K. B. Wilson. Acceptance and Commitment Therapy: An Experiential Approach to Behavior Change. 2nd Ed. New York: Guilford Press, 2013.
Isaacs, S. Who's in Control? New York: Putnam, 1986.
McKay M., and Fanning, P. Prisoners of Belief. Oakland, CA: New Harbinger Publications, 1991.
McKay, M., Fanning, P. and P. Zurita Ona. Mind and Emotions: A Universal Treatment for

Emotional Disorders. Oakland, CA: New Harbinger Publications, 2011.
McKay, M., M. Davis, and Fanning, P. Messages: The Communication Skills Book. Oakland, CA: New Harbinger Publications, 1983.
McKay, M., M. Davis, and Fanning, P. Thoughts and Feelings: The Art of Cognitive Stress Intervention. Oakland, CA: New Harbinger Publications, 1981.
Rubin, T. I. Compassion and Self-Hate. New York: Ballantine, 1975.
Wassmer, A. C. Making Contact. New York: Dial Press, 1978.
Zilbergeld, B. The Shrinking of America. Boston: Little Brown, 1983.
Zimbardo, P. G. Shyness. Reading, MA: Addison-Wesley, 1977.

# 訳者あとがき

　本書は，Matthew McKay, Patrick Fanning 著『Self-Esteem (4ed.)』(New Harbinger Publications, 2016) の全訳である。

　一言でまとめると，人生をどのようにとらえるかという自己の独特な認知を変化させることによって，自尊心を改善させることができるというのが，本書の主張である。自分を一方的に，否定的に断罪するのを止め，他者からの傷と自己拒絶といった古傷を癒して，適切な自尊心を育む方法が詳しく解説されている。そして，このような認識や気分が変化すると，人生のすべての部分に波及効果が現れて，徐々に自由の感覚が広がっていく。健康な自尊心と不健康な自尊心をどのように識別するか，一方的で否定的な判断を下す自己敗北的な思考に対してどのように距離を置くか，自分自身や自分の人生をどのように肯定的にとらえるかといった点について詳しく解説されている。

　本書はあくまでも自習書であり，自尊心の低さに悩む人が本書を手に取り，自尊心を改善するための方法を独力で学ぶことできる。厚い本ではあるが，少しずつ読み進めていくことで，認知行動療法の基本も理解できる。けっして高度に学術的な本ではなく，一般読者にとっても読みやすくまとめられている。米国でこれまでに80万部が売り上げられているということからも，本書が広く受け入れられていることは明らかである。熾烈な競争社会である米国では，適切に自己主張し，実際に業績を上げて，自己の能力を証明することが求められる。そのような社会環境の中で自尊心の低さに悩む人もけっして少なくないというのが，本書が広く読まれている背景であるのだろう。

　簡単にまとめると，認知行動療法では，次のような理論的枠組みがある。ある人物が人生の中である出来事を経験すると，その人独自の方法で，その出来事をとらえ（認知），それに伴って，独自の思考や感情が湧き上がり，独特の反応へとつながる。この「出来事→思考→認知→感情→行動」の一連の流れは，ある人物にとって独自のパターンを形作る。そこで，この一連の独自の思考，

認知，感情，行動の関連を適切に認識し，それを変化させることによって，非適応的なパターンをより適応的なものに修正しようとするのが認知行動療法の基本である。

このパターンが非適応的であると，人生の課題達成の失敗，対人関係の問題，うつ病やアルコール依存症といった心の問題が起きる原因ともなりかねない。この非適応的パターンの根底にあるのが，自尊心の低さである。それはまるで，自分の心の中に，自分の思考，感情，行動のすべてに対して，つねに一方的で，辛辣で，否定的な批判を浴びせかけてきて，自尊心を貶め続ける批評家を抱えているようなものである。その一方的で否定的な批判を止め，自尊心を育むための方法が，本書では段階的に示される。

自尊心の低い人は，自分の短所に囚われきっているが，長所が皆無な人などいるはずがない。自分の長所と短所を正確に評価することが，自尊心を変化させる第一歩となる。「～すべき」思考（強すぎる規範意識）などといった，自尊心の低さを生む，認知の歪曲や非合理的な思考法について解説されている。これはまさに認知療法理論の基礎である。

拡散や視覚視といった，心の中の批評家に対抗し，自尊心を高めるための具体的な練習も本書では各所で取り上げられる。当然，人生において，自分が何を望み，それをどのように求めるのかといった点も解説されている。そのための目標設定の方法と，達成に向けた段階の進み方が取り上げられる。

失敗のない人生などあり得ない。失敗に向き合う態度を変化させ，過去の失敗に囚われている自分を解き放ち，失敗に対してどのように対処すべきかについても詳しく解説されている。また，自信を失わず，他者を攻撃せずに，他者からの批判にどのように反応すべきかについても取り上げられている。

著者らは繰り返し，自尊心は親から子どもへと，まるで遺産のように代々手渡されていくと述べている。最終章では，子どもの自尊心を育むための具体的な策を取り上げて，自尊心という何物にも替え難い遺産をどのようにしたら子どもに譲り渡すことができるのかという重要な問題に焦点を当てている。

本書は，自尊心の低さに悩んでいる一般の人にぜひ一読を勧めたい。同時に，日々の臨床において，そのような人に向き合っている精神科医，看護師，臨床心理士，ソーシャルワーカー，カウンセラー，家族といった人々にとっても，どのようにして目の前の患者（クライアント）を理解し，具体的に認知療法理論に基づくスキルを伝えたらよいかの絶好の助言を得られることだろう。

最後になったが，本書の翻訳を提案してくださった金剛出版代表取締役の立石正信氏に深謝する。氏は訳者にとって最初の著書である『自殺の危険：臨床的評価と危機介入』（金剛出版，1992年）を世に送り出してくださり，それ以来，数多くの激励をいただいてきた。氏の提案がなければ，そもそも本書が世に出ることはなかっただろう。

2018年1月
高橋祥友

## 著者略歴

### マシュー・マッケイ（Matthew McKay, PhD）

　カリフォルニア州バークレーのライト研究所教授。『The Relaxation and Stress Reduction Workbook』,『Self-Esteem』,『Thoughts and Feelings』,『When Anger Hurts』,『ACT on Life Not on Anger』等の多くの著書,共著書がある。『Us』と『The Wawona Hotel』の2冊の小説も執筆している。カリフォルニア専門心理学会より臨床心理学の学位を取得し，専門は不安やうつ病に対する認知行動療法である。サンフランシスコ・ベイエリアに住み，活動を続けている。

### パトリック・ファニング（Patrick Fanning）

　精神保健領域が専門のライター。『Self-Esteem』,『Thoughts and Feelings』,『Couple Skills』,『Mind and Emotions』等の，18冊の自習書の著書，共著書がある。

## 訳者略歴

### 高橋祥友（たかはし・よしとも）

　1979年，金沢大学医学部卒業。東京医科歯科大学，山梨医科大学，UCLA，東京都精神医学総合研究所,防衛医科大学校を経て,2012年より筑波大学医学医療系災害・地域精神医学教授。医学博士，精神科医。

［著書］：
　『自殺の危険：臨床的評価と危機介入』『青少年のための自殺予防マニュアル』(以上，金剛出版),『医療者が知っておきたい自殺のリスクマネジメント』『自殺のポストベンション；遺された人々への心のケア』(以上，医学書院),『自殺予防』(岩波新書),『群発自殺』(中公新書),『自殺のサインを読みとる』『自殺の心理学』『自殺未遂』(以上，講談社) 他。

［訳書］：
　E. S. シュナイドマン『シュナイドマンの自殺学』，E. S. シュナイドマン『生と死のコモンセンスブック：シュナイドマン90歳の回想』，A.L. ミラーら『弁証法的行動療法：思春期患者のための自殺予防マニュアル』，G.A. ボナーノ『リジリエンス　喪失と悲嘆についての新たな視点』，C.A. キングら『十代の自殺の危険：臨床家のためのスクリーニング,評価,予防のガイド』，M.E. トーマス『ソシオパスの告白』，H. キャントリル『火星からの侵略：パニックの心理学的研究』(以上，金剛出版)，D.A. ブレントら『思春期・青年期のうつ病治療と自殺予防』，J. モリソン『精神科初回面接』，J. モリソン『モリソン先生の精神科診断講座』(以上，医学書院) 他。

## 自尊心の育て方

2018年3月20日 印刷
2018年3月31日 発行

著 者 マシュー・マッケイ
　　　　パトリック・ファニング

訳 者 高橋 祥友

発行者 立石 正信

印刷所 新津印刷
装 丁 永松 大剛

株式会社 金剛出版
〒112-0005 東京都文京区水道1-5-16
　　　　　電話03（3815）6661（代）
　　　　　FAX03（3818）6848

ISBN978-4-7724-1611-5　C3011　　　　Ⓒ 2018

## 青少年のための自尊心ワークブック
### 自信を高めて自分の目標を達成する

［著］＝リサ・M・シャープ　［訳］＝高橋祥友

●B5判　●並製　●240頁　●定価 **2,800** 円＋税
● ISBN978-4-7724-1579-8 C3011

心の危機にある青少年が自尊心を育み
自己洞察を深めるための
明解な 40 の対処法（スキル）を
ワークブック形式で示す。

## 自尊心を育てるワークブック

［著］＝グレン・R・シラルディ　［訳］＝高山巖

●B5判　●並製　●230頁　●定価 **3,000** 円＋税
● ISBN978-4-7724-1213-1 C3011

対人関係を育てるための
健全な "自尊心" の確立に
不可欠な各要素をマスターするため
必要なスキルの養成を解説した実践的プログラム。

## セルフ・コンパッション
### あるがままの自分を受け入れる

［著］＝クリスティーン・ネフ　［訳］＝石村郁夫　樫村正美

●A5判　●並製　●296頁　●定価 **3,800** 円＋税
● ISBN978-4-7724-1396-1 C3011

セルフ・コンパッションの概念から
著者がそこへと至る過程，セルフ・コンパッションの構成要素
セルフ・コンパッションと自尊心の違い
セルフ・コンパッションの活用方法を紹介する。

## 地域におけるひきこもり支援ガイドブック
### 長期高年齢化による生活困窮を防ぐ

[編著]＝境泉洋

●A5判 ●並製 ●230頁 ●定価 **3,200**円+税
● ISBN978-4-7724-1582-8 C3011

長期高年齢化するひきこもりの人たちを
地域にどうつなげ，支援するか。
生活困窮者自立支援法を踏まえた
ひきこもり支援のあり方を提案。

## ひきこもりの心理支援
### 心理職のための支援・介入ガイドライン

[監修]＝一般社団法人日本臨床心理士会監修　[編集]＝江口昌克

●A5判 ●並製 ●230頁 ●定価 **3,400**円+税
● ISBN978-4-7724-1595-8 C3011

心理職として「ひきこもり」をどう理解し
アセスメントし，支援していくか。
援助技術各論を紹介しつつ
その課題も含めて詳述する。

## 学校コミュニティへの緊急支援の手引き
### 第2版

[編]＝福岡県臨床心理士会　[編著]＝窪田由紀

●A5判 ●並製 ●320頁 ●定価 **3,800**円+税
● ISBN978-4-7724-1594-1 C3011

事件・事故・災害……，突然遭遇する学校の危機に
支援者はどう対応すべきか。
日常の対応システムの構築と渦中の対応の実践を紹介。

## 自殺の危険 第3版
### 臨床的評価と危機介入

[著]=高橋祥友

●A5判 ●上製 ●430頁 ●定価 **5,800**円+税
● ISBN978-4-7724-1358-9 C3011

自殺の危険を評価するための
正確な知識と自殺企図患者への
面接技術の要諦を多くの症例を
交えて解説した画期的な大著。

## 患者の自殺
### セラピストはどう向き合うべきか

[著]=カイラ・ミリヤム・ワイナー　[訳]=高橋祥友

●四六判 ●上製 ●226頁 ●定価 **2,800**円+税
● ISBN978-4-7724-1182-0 C3011

自殺による死者は
今も年間3万人を超えている。
患者の自殺というセラピストにとっての
個人的トラウマ,悲嘆を乗り越えるための必読書。

## 十代の自殺の危険
### 臨床のためのスクリーニング,評価,予防のガイド

[著]=シェリル・A・キング　シンシア・E・フォスター　ケリー・M・ロガルスキー
[監訳]=高橋祥友

●四六判 ●並製 ●250頁 ●定価 **2,800**円+税
● ISBN978-4-7724-1466-1 C3011

自殺リスクの高いティーンエイジャーへの
スクリーニング,評価,治療面接を集大成した
臨床家のためのガイドブック。

## ソシオパスの告白

[著]=M・E・トーマス　[訳]=高橋祥友

●四六判　●並製　●360頁　●定価 **2,800**円+税
● ISBN978-4-7724-1182-0 C3011

現代社会で時として遭遇する
あまりに身勝手で自己中心的な人々……。
本書は，驚きに満ちた自伝であり
ソシオパスの心理を紹介する旅への誘い。

## ストレス軽減ワークブック
認知行動療法理論に基づくストレス緩和自習書　プレッシャーを
和らげ，関わりを改善し，葛藤を最小限にする単純な戦略

[著]=ジョナサン・S・アブラモウィッツ　[監訳]=高橋祥友

●B5判　●並製　●330頁　●定価 **3,600**円+税
● ISBN978-4-7724-1349-7 C3011

CBTやSST，アサーション，リラクセーション，
マインドフルネス瞑想の技法を活用した，
最強のストレスマネジメントプログラム。

## 災害精神医学入門
災害に学び，明日に備える

[編]=高橋晶　高橋祥友

●A5判　●並製　●204頁　●定価 **3,000**円+税
● ISBN978-4-7724-1424-1 C3011

大規模災害時に，心の健康をいかに守るか？
被災者と支援者のメンタルヘルスを
災害精神医学という
これから発展する分野から解説。

## 認知行動療法に基づいた
# 気分改善ツールキット
### 気分の落ちこみをうつ病にしないための有効な戦略

[著]=ディヴィッド・A・クラーク　[監訳]=高橋祥友

●B5判　●並製　●260頁　●定価 **3,600**円+税
●ISBN978-4-7724-1426-5 C3011

"抑うつ"を減らし，幸福感や喜びといった
肯定的な感情を改善させるための
〈80〉の戦略を本書は提示する。

---

# 弁証法的行動療法
### 思春期患者のための自殺予防マニュアル

[著]=A・L・ミラー, J・H・レイサス, M・M・リネハン
[訳]=高橋祥友

●A5判　●上製　●480頁　●定価 **6,500**円+税
●ISBN978-4-7724-1016-8 C3011

標準的な認知行動療法を自殺の危険の高い
自傷行為に及ぶ患者に適用したことからDBTが生まれ
あらゆる実践場面で治療効果が検証されてきた。

---

# セラピストのための自殺予防ガイド

[編著]=高橋祥友

●A5判　●並製　●240頁　●定価 **2,800**円+税
●ISBN978-4-7724-1115-8 C3011

年間自殺者3万人台という事態が続いている。
学校で，会社で，地域で自殺予防に取り組む際の
精神療法的アプローチについて
基本を分かりやすく解説。